기출로 뽀개는

초격차
모의고사

영어

SD에듀
(주)시대고시기획

Always **with you**

사람의 인연은 길에서 우연하게 만나거나 함께 살아가는 것만을 의미하지는 않습니다.
책을 펴내는 출판사와 그 책을 읽는 독자의 만남도 소중한 인연입니다.
SD에듀는 항상 독자의 마음을 헤아리기 위해 노력하고 있습니다.
늘 독자와 함께하겠습니다.

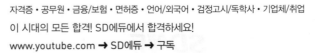

가장 좋은 문제는 기출문제란 말이 있습니다. 수험서 출판사, 강사, 학원들이 나름대로 심혈을 기울여 만든 모의고사를 제공하지만, 결국 그 수준은 기출문제를 넘지 못하는 것도 사실입니다.

공무원 시험을 준비하는 수험생이라면 기출문제를 한 번쯤은 풀어봤을 것입니다. 그런데 어떤 이들은 많이 풀어본 기출문제보다 새로운 문제로 구성된 모의고사를 더 선호합니다. 왜냐하면 이러한 수험생들은 새로운 형태의 문제를 풀어보고 싶기 때문입니다. 그것도 일정 부분 설득력있지만, 대부분 자신이 응시하고자 하는 직렬의 기출문제만을 풀어보거나 심지어는 자신이 응시하고자 하는 직렬의 기출문제조차도 '확실하게' 풀어보지 않고 시험장에 들어가는 경우가 많습니다.

같은 이론을 바탕으로 출제한다고 하더라도, 시행연도 · 출제자 · 응시직렬에 따라 다른 형태의 문제로 새롭게 출제됩니다. 이를 통해 본 연구진은 여러 직렬의 기출문제를 풀어본다면, 기출문제로도 다양한 형태의 문제를 풀어보는 효과를 누릴 수 있을 것이라는 점에 주목했습니다.

본서의 특징은 다음과 같습니다.

❶ 국가직, 지방직(서울시) 기출문제는 기본이고, 법원직, 국회직 등 다양한 직렬의 기출문제 중 빈출도가 높은 문제만을 엄선하여 모의고사로 재구성하였습니다.

❷ 난도에 따라 Basic(기초난도) – High(고난도) – Average(종합난도)로 구분하여 각 단계별 5회분씩, 총 15회분 모의고사를 수록하였습니다.

❸ 문항마다 상세한 해설과 함께, 어법 영역 중 주요 문제에서는 남보다 한 문제를 더 맞힐 수 있도록 핵심 이론을 담은 '2점 UP 포인트'를 구성하였습니다.

본서는 다양한 직렬의 기출문제 중 양질의 문제만을 엄선하여 모의고사를 구성함으로써 타 직렬 기출문제까지 모두 풀어볼 수 있도록 하였습니다. 본 연구진은 새로운 문제도 좋지만 '기출문제'를 적극적으로 활용하는 것이 합격에 이르는 가장 빠른 길이라 확신합니다. 본서를 통해 모든 수험생 분들이 원하는 직렬에 최단기간 합격하시길 진심으로 기원합니다.

SD 공무원시험연구소 일동

최신 출제경향

2023 국가직 한줄평

과년도 기출문제와 비슷한 난도로 평이했다. 이번 시험에서는 어휘, 어법이 1문제씩 줄고 대신 표현과 독해가 1문제씩 더 늘어났다. 특히, 표현 영역에서 생소한 표현이 출제되어 변별력이 있었을 것이다. 전반적으로 지엽적인 내용보다는 주요 논점을 중심으로 출제했는데, 이는 올해 초에 인사혁신처에서 발표한 지엽적인 문제 출제를 탈피하겠다는 기조를 따른 것으로 보인다.

어법	지엽적인 내용을 배제하고 핵심적인 문법 사항 위주로 출제되어 평이한 수준이었다.
어휘	기출문제 범위 내에서 출제되어 평소 기출문제를 중심으로 공부했다면 무난한 수준이었을 것이다.
표현	기출문제 범위 내에서 출제되어 평이한 수준이었지만, 생소한 표현이 있어 실수하기 쉬웠다.
독해	추론형 문제 위주로 출제하겠다는 발표가 있었지만, 생각보다 크게 까다롭지 않았다.

2022 국가직 한줄평

과년도 기출문제와 난도, 문제 배열 방식 등이 유사하고 기출의 범위를 벗어나지 않고 출제되어 체감 난도는 높지 않았다. 독해에서 새로운 주제가 제시되어 다소 생소했을 수 있지만, 정답에 대한 근거가 문제 안에 명확하게 주어졌기 때문에 어렵지 않게 풀 수 있었다. 따라서 기출문제를 중심으로 성실하게 준비한 수험생들은 고득점을 충분히 받을 수 있었을 것이라 생각된다.

어법	지엽적인 문법 포인트를 묻는 문제보다는 분사구문이나 수일치, 수동태, 비교급 등 기존에 빈출되었던 문제들이 주로 출제되어 큰 어려움 없이 해결할 수 있었을 것이다.
어휘	출제된 어휘들은 기본 수준을 벗어나지 않았으며 모두 기출문제의 범위 내에서 출제되어 평이한 수준이었다.
표현	문맥에 따라 풀 수 있도록 출제되었으며 평이한 수준이었다.
독해	과학과 관련된 내용이 많이 출제되어 지문을 완벽하게 파악하려 한 수험생들에게는 체감 난도가 높았을 것으로 예상된다. 그러나 정답에 대한 근거가 지문에 명확하게 주어졌으므로 문제유형별 근거 파악 방식에 집중해 문제를 푼 수험생들은 어렵지 않았을 것이다.

집중! 고득점 Point

HIGH SCORE POINT

문 6. 어법상 옳지 않은 것은?

① All assignments are expected to be turned in on time.

② Hardly had I closed my eyes when I began to think of her.

③ The broker recommended that she buy the stocks immediately.

④ A woman with the tip of a pencil stuck in her head has finally had it remove.

---

❶ 형태에 주목!

②의 'Hardly + had + 주어 + 과거분사 ~ when + 주어 + 과거동사'는 '~ 하자마자 … 했다'라는 의미로 올바른 표현이다.

❷ 풀이에 주목!

③의 동사인 recommend가 주장 · 요구 · 명령 · 제안 · 조언 · 권고 동사이므로 that절 내의 동사는 '(should) + 동사원형'으로 나타난다. 따라서 buy로 쓴 것은 적절하다.

❸ 소거에 주목!

④의 사역동사 have를 보고 목적어와 목적격 보어의 관계를 빠르게 파악하는 게 중요하다. 여기서는 it이 가리키는 것이 the tip of a pencil인데, 문맥상 연필 끝은 '제거되는' 것이므로 수동의 의미인 과거분사 removed가 있는지 확인한 후 재빨리 소거하고 나머지 선지를 더 파악하도록 하자.

문 7. 우리말을 영어로 잘못 옮긴 것은?

① 내 고양이 나이는 그의 고양이 나이의 세 배이다.

→ My cat is three times as old as his.

② 우리는 그 일을 이번 달 말까지 끝내야 한다.

→ We have to finish the work until the end of this month.

③ 그녀는 이틀에 한 번 머리를 감는다.

→ She washes her hair every other day.

④ 너는 비가 올 경우에 대비하여 우산을 갖고 가는 게 낫겠다.

→ You had better take an umbrella in case it rains.

---

❶ 소거에 주목!

②의 동사 finish는 동작의 완료를 나타내는 동사이므로, 동작의 완료를 의미하는 by가 있는지 확인한 후 재빨리 소거하고 나머지 선지를 더 파악하도록 하자.

❷ 풀이에 주목!

③은 의미상 현재의 습관을 나타내고 있으므로 현재시제로 쓰인 washes는 적절하다.

❸ 형태에 주목!

④에 나온 'had better + 동사원형'은 '~ 하는 편이 낫다'의 뜻으로 동사원형 take가 온 것은 올바르다.

구성과 특징

문제편

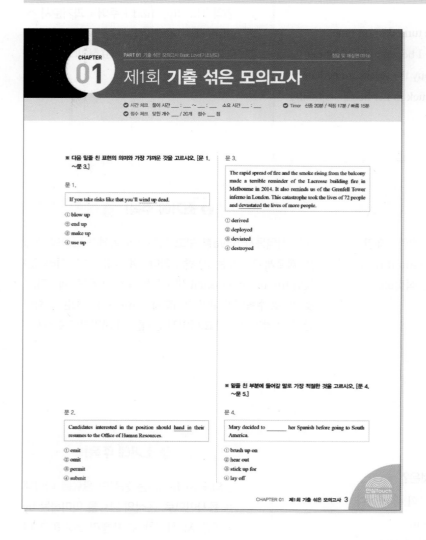

난도별로 구성된 15회분 모의고사 수록

Basic Level–High Level–Average Level 로 나누고 각 난도별로 모의고사를 5회분씩 수록하여 총 15회분의 모의고사로 구성했습니다. 각 회차마다 시간 체크, 점수 체크, Timer를 두어 본인의 현재 실력을 가늠해볼 수 있습니다.

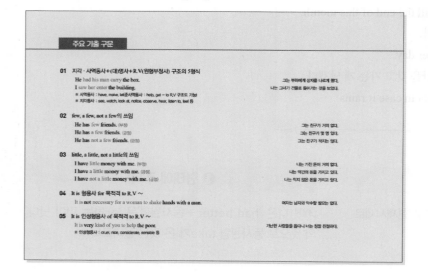

주요 기출 구문 수록

파트별 가장 앞부분에는 주요 기출 구문을 수록하여 모의고사 시작 전에 한 번 더 중요한 내용을 리마인드해볼 수 있습니다.

정답 및 해설편

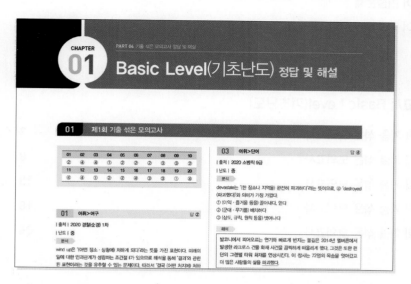

빠른 정답표와 상세한 해설 수록

각 회차마다 빠른 정답표를 수록하여 학습의 효율성을 높였으며, 최대한 상세하게 해설을 수록함으로써 혼자 공부하더라도 쉽게 이해할 수 있습니다.

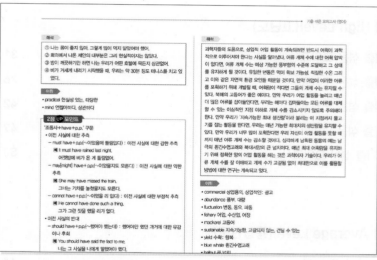

남보다 1문제 더! 2점 UP 포인트 수록

주요 문제에는 심화 이론인 2점 UP 포인트를 수록하였습니다. 이를 통해 해당 문제에서 다룬 이론을 심도 있게 공부하여 남보다 1문제 더 맞힐 수 있습니다.

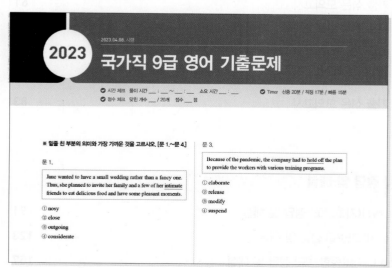

2023년 국가직 9급 기출문제 수록 및 완벽 분석

2023년 4월 8일에 시행된 2023년 국가직 9급 기출문제 유형을 특별부록으로 수록하고, 완벽히 분석했습니다. 기출문제를 통해 최신 기출 경향을 파악하여 보다 효율적으로 공부할 수 있습니다.

특별부록 최신기출

2023년 국가직 9급 기출문제 + 정답 및 해설

※ 밑줄 친 부분의 의미와 가장 가까운 것을 고르시오. [문 1.~문 4.]

문 1.

Jane wanted to have a small wedding rather than a fancy one. Thus, she planned to invite her family and a few of her intimate friends to eat delicious food and have some pleasant moments.

① nosy
② close
③ outgoing
④ considerate

문 2.

The incessant public curiosity and consumer demand due to the health benefits with lesser cost has increased the interest in functional foods.

① rapid
② constant
③ significant
④ intermittent

문 3.

Because of the pandemic, the company had to hold off the plan to provide the workers with various training programs.

① elaborate
② release
③ modify
④ suspend

문 4.

The new Regional Governor said he would abide by the decision of the High Court to release the prisoner.

① accept
② report
③ postpone
④ announce

문 5. 밑줄 친 부분 중 어법상 옳지 않은 것은?

While advances in transplant technology have made ① it possible to extend the life of individuals with end-stage organ disease, it is argued ② that the biomedical view of organ transplantation as a bounded event, which ends once a heart or kidney is successfully replaced, ③ conceal the complex and dynamic process that more ④ accurately represents the experience of receiving an organ.

문 6. 어법상 옳지 않은 것은?

① All assignments are expected to be turned in on time.
② Hardly had I closed my eyes when I began to think of her.
③ The broker recommended that she buy the stocks immediately.
④ A woman with the tip of a pencil stuck in her head has finally had it remove.

문 7. 우리말을 영어로 잘못 옮긴 것은?

① 내 고양이 나이는 그의 고양이 나이의 세 배이다.
　→ My cat is three times as old as his.
② 우리는 그 일을 이번 달 말까지 끝내야 한다.
　→ We have to finish the work until the end of this month.
③ 그녀는 이틀에 한 번 머리를 감는다.
　→ She washes her hair every other day.
④ 너는 비가 올 경우에 대비하여 우산을 갖고 가는 게 낫겠다.
　→ You had better take an umbrella in case it rains.

문 8. 다음 글의 내용과 일치하지 않는 것은?

Are you getting enough choline? Chances are, this nutrient isn't even on your radar. It's time choline gets the attention it deserves. A shocking 90 percent of Americans aren't getting enough choline, according to a recent study. Choline is essential to health at all ages and stages, and is especially critical for brain development. Why aren't we getting enough? Choline is found in many different foods but in small amounts. Plus, the foods that are rich in choline aren't the most popular: think liver, egg yolks and lima beans. Taylor Wallace, who worked on a recent analysis of choline intake in the United States, says, "There isn't enough awareness about choline even among health-care professionals because our government hasn't reviewed the data or set policies around choline since the late '90s."

① A majority of Americans are not getting enough choline.
② Choline is an essential nutrient required for brain development.
③ Foods such as liver and lima beans are good sources of choline.
④ The importance of choline has been stressed since the late '90s in the U.S.

문 9. 다음 글의 내용과 일치하는 것은?

Around 1700 there were, by some accounts, more than 2,000 London coffeehouses, occupying more premises and paying more rent than any other trade. They came to be known as penny universities, because for that price one could purchase a cup of coffee and sit for hours listening to extraordinary conversations. Each coffeehouse specialized in a different type of clientele. In one, physicians could be consulted. Others served Protestants, Puritans, Catholics, Jews, literati, merchants, traders, Whigs, Tories, army officers, actors, lawyers, or clergy. The coffeehouses provided England's first egalitarian meeting place, where a man chatted with his tablemates whether he knew them or not.

① The number of coffeehouses was smaller than that of any other business.
② Customers were not allowed to stay for more than an hour in a coffeehouse.
③ Religious people didn't get together in a coffeehouse to chat.
④ One could converse even with unknown tablemates in a coffeehouse.

※ 밑줄 친 부분에 들어갈 말로 알맞은 것을 고르시오. [문 10.~ 문 11.]

문 10.

> A: I got this new skin cream from a drugstore yesterday. It is supposed to remove all wrinkles and make your skin look much younger.
> B: _____
> A: Why don't you believe it? I've read in a few blogs that the cream really works.
> B: I assume that the cream is good for your skin, but I don't think that it is possible to get rid of wrinkles or magically look younger by using a cream.
> A: You are so pessimistic.
> B: No, I'm just being realistic. I think you are being gullible.

① I don't buy it.

② It's too pricey.

③ I can't help you out.

④ Believe it or not, it's true.

문 11.

> A: I'd like to go sightseeing downtown. Where do you think I should go?
> B: I strongly suggest you visit the national art gallery.
> A: Oh, that's a great idea. What else should I check out?
> B: _____
> A: I don't have time for that. I need to meet a client at three.
> B: Oh, I see. Why don't you visit the national park, then?
> A: That sounds good. Thank you!

① This is the map that your client needs. Here you go.

② A guided tour to the river park. It takes all afternoon.

③ You should check it out as soon as possible.

④ The checkout time is three o'clock.

문 12. 두 사람의 대화 중 자연스럽지 않은 것은?

① A: He's finally in a hit movie!

　B: Well, he's got it made.

② A: I'm getting a little tired now.

　B: Let's call it a day.

③ A: The kids are going to a birthday party.

　B: So, it was a piece of cake.

④ A: I wonder why he went home early yesterday.

　B: I think he was under the weather.

문 13. 다음 글의 제목으로 알맞은 것은?

> The feeling of being loved and the biological response it stimulates is triggered by nonverbal cues: the tone in a voice, the expression on a face, or the touch that feels just right. Nonverbal cues—rather than spoken words—make us feel that the person we are with is interested in, understands, and values us. When we're with them, we feel safe. We even see the power of nonverbal cues in the wild. After evading the chase of predators, animals often nuzzle each other as a means of stress relief. This bodily contact provides reassurance of safety and relieves stress.

① How Do Wild Animals Think and Feel?

② Communicating Effectively Is the Secret to Success

③ Nonverbal Communication Speaks Louder than Words

④ Verbal Cues: The Primary Tools for Expressing Feelings

문 14. 다음 글의 주제로 알맞은 것은?

There are times, like holidays and birthdays, when toys and gifts accumulate in a child's life. You can use these times to teach a healthy nondependency on things. Don't surround your child with toys. Instead, arrange them in baskets, have one basket out at a time, and rotate baskets occasionally. If a cherished object is put away for a time, bringing it out creates a delightful remembering and freshness of outlook. Suppose your child asks for a toy that has been put away for a while. You can direct attention toward an object or experience that is already in the environment. If you lose or break a possession, try to model a good attitude ("I appreciated it while I had it!") so that your child can begin to develop an attitude of nonattachment. If a toy of hers is broken or lost, help her to say, "I had fun with that."

① building a healthy attitude toward possessions

② learning the value of sharing toys with others

③ teaching how to arrange toys in an orderly manner

④ accepting responsibility for behaving in undesirable ways

문 15. 다음 글의 요지로 알맞은 것은?

Many parents have been misguided by the "self-esteem movement," which has told them that the way to build their children's self-esteem is to tell them how good they are at things. Unfortunately, trying to convince your children of their competence will likely fail because life has a way of telling them unequivocally how capable or incapable they really are through success and failure. Research has shown that how you praise your children has a powerful influence on their development. Some researchers found that children who were praised for their intelligence, as compared to their effort, became overly focused on results. Following a failure, these same children persisted less, showed less enjoyment, attributed their failure to a lack of ability, and performed poorly in future achievement efforts. Praising children for intelligence made them fear difficulty because they began to equate failure with stupidity.

① Frequent praises increase self-esteem of children.

② Compliments on intelligence bring about negative effect.

③ A child should overcome fear of failure through success.

④ Parents should focus on the outcome rather than the process.

문 16. 밑줄 친 부분에 들어갈 말로 알맞은 것은?

In recent years, the increased popularity of online marketing and social media sharing has boosted the need for advertising standardization for global brands. Most big marketing and advertising campaigns include a large online presence. Connected consumers can now zip easily across borders via the internet and social media, making it difficult for advertisers to roll out adapted campaigns in a controlled, orderly fashion. As a result, most global consumer brands coordinate their digital sites internationally. For example, Coca-Cola web and social media sites around the world, from Australia and Argentina to France, Romania, and Russia, are surprisingly _____. All feature splashes of familiar Coke red, iconic Coke bottle shapes, and Coca-Cola's music and "Taste the Feeling" themes.

① experimental

② uniform

③ localized

④ diverse

문 17. 다음 글의 흐름상 어색한 문장은?

In our monthly surveys of 5,000 American workers and 500 U.S. employers, a huge shift to hybrid work is abundantly clear for office and knowledge workers. ① An emerging norm is three days a week in the office and two at home, cutting days on site by 30% or more. You might think this cutback would bring a huge drop in the demand for office space. ② But our survey data suggests cuts in office space of 1% to 2% on average, implying big reductions in density not space. We can understand why. High density at the office is uncomfortable and many workers dislike crowds around their desks. ③ Most employees want to work from home on Mondays and Fridays. Discomfort with density extends to lobbies, kitchens, and especially elevators. ④ The only sure-fire way to reduce density is to cut days on site without cutting square footage as much. Discomfort with density is here to stay according to our survey evidence.

문 18. 주어진 문장이 들어갈 위치로 알맞은 것은?

They installed video cameras at places known for illegal crossings, and put live video feeds from the cameras on a Web site.

Immigration reform is a political minefield. (①) About the only aspect of immigration policy that commands broad political support is the resolve to secure the U.S. border with Mexico to limit the flow of illegal immigrants. (②) Texas sheriffs recently developed a novel use of the Internet to help them keep watch on the border. (③) Citizens who want to help monitor the border can go online and serve as "virtual Texas deputies." (④) If they see anyone trying to cross the border, they send a report to the sheriff's office, which follows up, sometimes with the help of the U.S. Border Patrol.

문 19. 주어진 글 다음에 이어질 글의 순서로 알맞은 것은?

All civilizations rely on government administration. Perhaps no civilization better exemplifies this than ancient Rome.

(A) To rule an area that large, the Romans, based in what is now central Italy, needed an effective system of government administration.

(B) Actually, the word "civilization" itself comes from the Latin word *civis*, meaning "citizen."

(C) Latin was the language of ancient Rome, whose territory stretched from the Mediterranean basin all the way to parts of Great Britain in the north and the Black Sea to the east.

① (A) − (B) − (C)

② (B) − (A) − (C)

③ (B) − (C) − (A)

④ (C) − (A) − (B)

문 20. 밑줄 친 부분에 들어갈 말로 알맞은 것은?

Over the last fifty years, all major subdisciplines in psychology have become more and more isolated from each other as training becomes increasingly specialized and narrow in focus. As some psychologists have long argued, if the field of psychology is to mature and advance scientifically, its disparate parts (for example, neuroscience, developmental, cognitive, personality, and social) must become whole and integrated again. Science advances when distinct topics become theoretically and empirically integrated under simplifying theoretical frameworks. Psychology of science will encourage collaboration among psychologists from various sub-areas, helping the field achieve coherence rather than continued fragmentation. In this way, psychology of science might act as a template for psychology as a whole by integrating under one discipline all of the major fractions/factions within the field. It would be no small feat and of no small import if the psychology of science could become a model for the parent discipline on how to combine resources and study science _____.

① from a unified perspective

② in dynamic aspects

③ throughout history

④ with accurate evidence

01	02	03	04	05	06	07	08	09	10
②	②	④	①	③	④	②	④	④	①
11	12	13	14	15	16	17	18	19	20
②	③	③	①	②	②	③	③	③	①

01 어휘>단어 답 ②

| 난도 | 하

정답해설

밑줄 친 intimate는 '친한'의 뜻으로 이와 의미가 가장 가까운 것은 ② 'close(친한)'이다.

오답해설

① 참견하기 좋아하는
③ 외향적인
④ 사려 깊은

해석

> Jane은 화려한 결혼식보다는 작은 결혼식을 하고 싶었다. 따라서 그녀는 가족과 그녀의 친한 친구 몇 명을 초대해 맛있는 음식을 먹고 즐거운 시간을 보내려고 계획했다.

어휘

• fancy 화려한, 값비싼
• rather than ~보다는

02 어휘>단어 답 ②

| 난도 | 하

정답해설

밑줄 친 incessant는 '끊임없는'의 뜻으로 이와 의미가 가장 가까운 것은 ② 'constant(끊임없는)'이다.

오답해설

① 빠른
③ 중요한
④ 간헐적인

해석

> 더 적은 비용으로 얻는 건강상 이점으로 인한 끊임없는 대중의 호기심과 소비자 수요가 기능성 식품에 대한 관심을 증가시켰다.

어휘

• public 일반인[대중]의
• consumer demand 소비자 수요
• due to ~에 기인하는, ~때문에
• benefit 혜택, 이득
• functional food 기능성[건강 보조] 식품

03 어휘>어구 답 ④

| 난도 | 하

정답해설

밑줄 친 hold off는 '미루다'의 뜻으로 이와 의미가 가장 가까운 것은 ④ 'suspend(연기하다)'이다.

오답해설

① 정교하게 만들다
② 풀어 주다, 석방[해방]하다
③ 수정하다

해석

> 전국적인 유행병 때문에 그 회사는 직원들에게 다양한 연수 프로그램을 제공하려는 계획을 미뤄야 했다.

어휘

• pandemic 전국[전 세계]적인 유행병
• provide A with B A에게 B를 제공하다

04 어휘>어구 답 ①

| 난도 | 하

정답해설

밑줄 친 abide by는 '준수하다, 지키다'의 뜻으로 이와 의미가 가장 가까운 것은 ① 'accept(받아들이다, 수용하다)'이다.

오답해설

② 보고하다
③ 미루다
④ 발표하다

해석

신임 지방 주지사는 그 죄수를 석방하라는 고등법원의 결정을 준수할 것이라고 말했다.

어휘

- Regional Governor 지방 주지사
- the High Court 고등법원
- release 풀어주다, 석방하다

05 어법>비문 찾기 답 ③

| 난도 | 상

정답해설

③ 밑줄 친 conceal의 주어는 단수명사(the biomedical view)이므로 3인칭 단수형 동사로 수일치해야 한다. 따라서 conceal → conceals가 되어야 한다.

오답해설

① 'make+it(가목적어)+목적격 보어+to부정사(진목적어)'는 'to부정사하는 것을 목적격 보어하게 만들다'라는 뜻이다. 이때 it은 가목적어로 진목적어(to extend the life of individuals with end-stage organ disease)를 대신하고 있으므로 올바르게 사용되었다.

② 'it(가주어)+is argued+that(진주어)' 구문에서 가주어(it)와 진주어(that 이하)가 올바르게 사용되었으며, 명사절 접속사 that 다음에 완전한 문장이 왔으므로 어법상 적절하다.

④ accurately는 동사(represents)를 수식하는 부사로 올바르게 사용되었다.

해석

이식 기술의 발전은 말기 장기(臟器) 질환 환자의 생명 연장을 가능하게 만들었지만, 장기이식을 일단 심장이나 신장을 성공적으로 교체하면 끝나는 한계성 사건으로 보는 생물 의학적인 견해는 장기이식 경험을 더 정확하게 보여주는 복잡하고 역동적인 과정을 숨기고 있다고 주장되고 있다.

어휘

- advance 진전, 발전
- transplant 이식, 이식하다
- extend 연장하다
- end-stage 말기의
- biochemical 생물 의학적인
- organ transplantation 장기이식
- bounded 경계[한계]가 있는
- kidney 신장, 콩팥
- replace 바꾸다[교체하다]
- conceal 숨기다, 감추다
- accurately 정확하게
- represent 나타내다, 보여주다

06 어법>비문 찾기 답 ④

| 난도 | 중

정답해설

④ '사역동사(have)+목적어+목적격 보어'는 '목적어를 ～하도록 하다'의 뜻으로 목적어와 목적격 보어의 관계가 능동이면 원형부정사를, 수동이면 과거분사를 목적격 보어로 취한다. had it remove에서 목적어 it이 가리키는 것은 the tip of a pencil인데, 문맥상 연필 끝은 머리에서 제거되는 수동의 관계에 있으므로 remove → removed가 되어야 한다.

오답해설

① 'be expected to+동사원형'은 '～할 것으로 기대된다'의 뜻이다. 과제(assignments)는 제출되는 수동의 대상이므로, 어법상 to be turned in이 올바르게 사용되었다.

② 'Hardly+had+주어+과거분사 ～ when+주어+과거동사'는 '～하자마자 … 했다'의 뜻으로, 어법상 올바르게 사용되었다.

③ '주장·요구·명령·제안·조언·권고 동사+that절'에서 that절의 동사는 '(should)+동사원형'을 쓰므로 recommended that 다음에 should가 생략되어, 동사원형 형태인 buy가 되어야 한다.

해석

① 모든 과제는 제시간에 제출될 것으로 예상된다.
② 나는 눈을 감자마자 그녀를 생각하기 시작했다.
③ 그 중개인은 그녀에게 즉시 주식을 사라고 권했다.
④ 머리에 연필심이 박힌 여자가 마침내 그것을 제거했다.

어휘

- assignment 과제, 임무
- turn in 제출하다
- broker 중개인
- stock (주로 복수로) 주식
- stick 찌르다(with, on)

2점 UP 포인트

사역동사+목적어+목적격 보어: '목적어를 ～하도록[당하도록] 하다'

'사역동사(have, make, let 등)+목적어+목적격 보어'에서 목적어와 목적격 보어가 능동 관계이면 목적격 보어로 원형부정사가 오고, 수동 관계이면 목적격 보어로 과거분사가 온다.

make	목적어를 ～하도록[당하도록] 만들다	• make/have/let+목적어+목적격보어(원형부정사): 능동
have	목적어를 ～하도록[당하도록] 하다	
let	목적어를 ～하도록[당하도록] 허락하다	• make/have/let+목적어+목적격보어(과거분사): 수동

예 He made his secretary fill orders and handle meetings with clients.
그는 비서가 주문을 이행하고 고객들과의 회의를 진행하도록 했다.

예 She refused to let her question ignored by the upper management.
그녀는 고위 경영진들에 의해 그녀의 질문이 무시되는 것을 거부했다.

07 어법>영작하기　　　　　답 ②

| 난도 | 중

정답해설

② 전치사 by는 동작의 완료를, until은 동작의 지속을 나타내는 동사들과 함께 사용된다. finish는 '~을 마치다'의 뜻으로 동작의 완료를 나타내는 동사이므로, until → by가 되어야 한다.

오답해설

① '배수사+as+형용사/부사+as'의 배수사 비교 구문은 '~배만큼 …한[하게]'라는 뜻이다. '내 고양이'와 '그의 고양이'를 비교하고 있으므로, as 다음에 his cat이 소유대명사 his(그의 것=그의 고양이)로 올바르게 사용되었다.

③ 습관은 현재시제로 쓰므로 washes로 올바르게 사용되었다.

④ 'had better+동사원형'은 '~하는 편이 낫다'의 뜻으로 동사원형 take는 올바르게 사용되었다. in case는 '~에 대비하여'의 뜻으로 조건부사절을 이끄는 접속사구이다. 시간·조건 부사절에서 현재시제가 미래시제를 대신하므로, 현재시제 rains는 어법상 올바르다.

어휘

- every other day 이틀에 한 번, 격일로
- in case ~에 대비하여
- had better ~하는 편이 낫다

2점 UP 포인트

현재시제의 쓰임

- 현재의 사실, 동작, 상태를 나타낸다.
  - 예 She looks very happy.
    그녀는 매우 행복해 보인다.
- 현재의 습관, 반복적 동작을 나타낸다.
  - 예 She washes her hair every other day.
    그녀는 이틀에 한 번 머리를 감는다.
- 객관적인 진리, 사실, 격언, 사회적 통념을 나타낸다.
  - 예 The early birds catch the worm.
    일찍 일어나는 새가 벌레를 잡는다.
- 왕래발착(go, come, arrive, leave, begin, start 등) 동사는 미래 부사구와 함께 쓰여 미래를 나타낸다.
  - 예 The flight to Seoul arrives ten o'clock tomorrow evening.
    서울행 비행기는 내일 저녁 10시에 도착할 거야.
- 시간·조건 부사절에서 현재시제가 미래시제를 대신한다.
  - 예 Employees are entitled to use sick leave if an illness prevents them from performing their duties.
    직원들은 질병으로 인해 직무를 수행하지 못할 경우 병가를 사용할 권리가 있다.
  - 예 The bus will depart after everyone fastens their safety belts.
    버스는 모든 사람이 안전벨트를 맨 후에 출발할 것이다.

08 독해>세부 내용 찾기>내용 (불)일치　　　　　답 ④

| 난도 | 하

정답해설

마지막 문장에서 'Taylor Wallace, who worked on a recent analysis of choline intake in the United States, says, "There isn't enough awareness about choline even among health-care professionals because our government hasn't reviewed the data or set policies around choline since the late '90s."(최근 미국의 콜린 섭취량에 대한 분석을 시행한 Taylor Wallace는 우리 정부가 90년대 후반 이후로 콜린에 관한 데이터를 검토하거나 정책을 수립하지 않기 때문에 보건 전문가들 사이에서조차 그것에 대해 잘 모른다.)'라고 했으므로, 글의 내용과 일치하지 않는 것은 ④ 'The importance of choline has been stressed since the late '90s in the U.S(미국에서 90년대 후반부터 콜린의 중요성이 강조되었다).'이다.

오답해설

① 대다수 미국인들은 충분한 콜린을 섭취하고 있지 않다. → 네 번째 문장에서 'A shocking 90 percent of Americans aren't getting enough choline, according to a recent study(최근 연구에 따르면, 충격적이게도 미국인의 90%가 콜린을 충분히 섭취하고 있지 않다고 한다).'라고 했으므로 글의 내용과 일치한다.

② 콜린은 두뇌 발달에 필요한 필수 영양소이다. → 다섯 번째 문장에서 'Choline ~ is especially critical for brain development(콜린은 ~ 특히 두뇌 발달에 매우 중요하다).'라고 했으므로 글의 내용과 일치한다.

③ 간과 리마콩과 같은 음식은 콜린의 좋은 공급원이다. → 여덟 번째 문장에서 'Plus, the foods that are rich in choline aren't the most popular: think liver, egg yolks and lima beans(게다가 콜린이 풍부한 음식은 그다지 인기가 없다. 간, 달걀노른자, 리마콩을 생각해 보라).'라고 했으므로 글의 내용과 일치한다.

해석

당신은 콜린을 충분히 섭취하고 있습니까? 아마 이 영양소는 심지어 당신의 레이더에 없을(알지도 못할) 것이다. 이제 콜린이 관심을 받을 만한 때이다. 최근 연구에 따르면, 충격적이게도 미국인의 90%가 콜린을 충분히 섭취하고 있지 않다고 한다. 콜린은 모든 연령과 (발달) 단계에서 건강에 필수적이며, 특히 두뇌 발달에 매우 중요하다. 왜 우리는 (콜린을) 충분히 섭취하고 있지 않을까? 콜린은 다양한 음식에서 발견되지만, 극소량이다. 게다가 콜린이 풍부한 음식은 그다지 인기가 없다. 간, 달걀노른자, 리마콩을 생각해 보라. 최근 미국의 콜린 섭취량에 대한 분석을 시행한 Taylor Wallace는 "우리 정부가 90년대 후반 이후로 콜린에 관한 데이터를 검토하거나 정책을 수립하지 않았기 때문에 보건 전문가들 사이에서조차 그것에 대해 잘 모른다."라고 말한다.

어휘

- choline 콜린(비타민 B 복합체의 하나)
- chances are 아마 ~할 것이다
- nutrient 영양소, 영양분
- radar 레이더
- deserve ~을 받을 만하다, 마땅히 ~할 만하다
- essential 필수적인
- critical for ~에 매우 중요한
- lima bean 리마콩(연녹색의 둥글납작한 콩)
- intake 섭취(량)
- awareness 의식[관심]
- set policy 정책을 설정하다

09 독해>세부 내용 찾기>내용 (불)일치   답 ④

| 난도 | 중

정답해설

마지막 문장에서 '~ where a man chatted with his tablemates whether he knew them or not(그곳에서 아는 사람이든 모르는 사람이든 같은 테이블에 앉은 사람들과 대화를 나눴다).'이라고 했으므로 글의 내용과 일치하는 것은 ④ 'One could converse even with unknown tablemates in a coffeehouse(커피 하우스에서 같은 테이블에 앉은 사람들은 심지어 모르는 사람과도 대화할 수 있었다).'이다.

오답해설

① 커피 하우스의 수는 다른 어느 사업체 수보다도 적었다. → 첫 번째 문장에서 '~ occupying more premises and paying more rent than any other trade(다른 어느 업종보다도 더 많은 부지를 점유하고 더 많은 임차료를 내고 있었다고 한다).'라고 했으므로 글의 내용과 일치하지 않는다.

② 고객들은 커피 하우스에 한 시간 이상 머무를 수 없었다. → 두 번째 문장에서 'because for that price one could purchase a cup of coffee and sit for hours listening to extraordinary conversations(누구나 그 가격(1페니)에 커피 한 잔을 사면 몇 시간이고 앉아 특별한 대화들을 들을 수 있었기 때문이었다).'라고 했으므로 글의 내용과 일치하지 않는다.

③ 종교인들은 잡담하기 위해 커피 하우스에 모이지 않았다. → 마지막에서 두 번째 문장에서 'Others served Protestants, Puritans, Catholics, Jews, ~ actors, lawyers, or clergy(다른 곳들은 개신교도들, 청교도들, 천주교도들, 유대인들, ~ 배우들, 변호사들, 성직자들을 대접했다).'라고 했으므로, 글의 내용과 일치하지 않는다.

해석

> 일설에 의하면, 1700년경 런던에 2,000개가 넘는 커피 하우스가 있었으며, 다른 어느 업종보다도 더 많은 부지를 점유하고 더 많은 임차료를 내고 있었다고 한다. 그것들은 'penny universities'로 알려지게 되었는데, 누구나 그 가격(1페니)에 커피 한 잔을 사면 몇 시간이고 앉아 특별한 대화들을 들을 수 있었기 때문이었다. 각각의 커피 하우스는 각기 다른 유형의 고객층을 전문으로 했다. 한 곳에서는 의사들과 상담할 수 있었다. 다른 곳들은 개신교도들, 청교도들, 천주교도들, 유대인들, 문인들, 상인들, 무역 상인들, 휘그당원들, 토리당원들, 육군 장교들, 배우들, 변호사들, 성직자들을 대접했다. 커피 하우스는 영국 최초로 평등주의적 만남의 장소를 제공했고, 그곳에서 아는 사람이든 모르는 사람이든 같은 테이블에 앉은 사람들과 대화를 나눴다.

어휘

- by some accounts 일설에 의하면[따르면]
- occupy 차지하다
- premises 부지[지역], 구내
- specialized 전문적인, 전문화된
- clientele 모든 고객들
- clergy 성직자들
- egalitarian 평등주의(자)의
- tablemate 함께 식사하는 사람

10 표현>일반회화   답 ①

| 난도 | 중

정답해설

A가 어제 새로 산 스킨 크림의 효능을 말하는 대화로 A가 빈칸 앞에서 'It is supposed to remove all wrinkles and make your skin look much younger(이것은 주름을 없애주고 피부를 훨씬 어려 보이게 해줄 거야).'라고 말하고, 빈칸 다음에서 'Why don't you believe it(왜 안 믿는 거니)?'라고 했으므로 대화의 흐름상 B가 빈칸에서 크림의 효과를 믿지 않는다고 말했음을 유추할 수 있다. 따라서 빈칸에 들어갈 말로 알맞은 것은 ① 'I don't buy it(난 안 믿어).'이다.

오답해설

② 너무 비싸.
③ 난 널 도와줄 수 없어.
④ 믿거나 말거나 사실이야.

해석

> A: 어제 약국에서 이 새 스킨 크림을 샀어. 이것은 모든 주름을 없애주고 피부를 훨씬 어려 보이게 해줄 거야.
> B: <u>난 안 믿어.</u>
> A: 왜 안 믿는 거니? 난 블로그들에서 이 크림이 정말 효과 있다는 글도 읽었어.
> B: 그 크림이 피부에는 좋겠지만, 크림 하나 쓴다고 주름이 없어지거나 마법처럼 더 어려 보이게 하는 게 가능하다고 생각하지 않아.
> A: 넌 너무 비관적이야.
> B: 아니야, 난 그냥 현실적인 거야. 난 네가 잘 속아 넘어가는 것 같아.

어휘

- be supposed to ~하기로 되어 있다
- wrinkle 주름
- work 효과가 나다[있다]
- assume 추정[상정]하다
- get rid of 제거하다, 끝내다
- pessimistic 비관적인
- gullible 잘 속아 넘어가는
- pricey 돈[비용]이 드는, 비싼

11 표현>일반회화 답 ②

| 난도 | 하

정답해설

대화에서 시내 관광을 원하는 A가 빈칸 앞에서 'What else should I check out(또 어떤 것을 봐야 하나요?)'이라고 물었고, 빈칸 다음에서 그럴 시간이 없다고 했으므로 빈칸에는 B가 추천한 관광 장소와 그 소요 시간에 관한 내용이 와야 함을 유추할 수 있다. 따라서 빈칸에 들어갈 말로 알맞은 것은 ② 'A guided tour to the river park. It takes all afternoon(강 공원으로 가는 가이드 투어요. 오후 내내 걸려요.)'이다.

오답해설

① 이게 당신의 고객에게 필요한 지도예요. 여기 있어요.
③ 가능한 한 빨리 그걸 봐야 해요.
④ 체크아웃 시간은 3시입니다.

해석

> A: 시내 관광을 하고 싶어요. 제가 어디로 가야 한다고 생각해요?
> B: 국립 미술관을 방문하는 것을 강력히 추천해요.
> A: 아, 좋은 생각이네요. 또 어떤 것을 봐야 하나요?
> B: 강 공원으로 가는 가이드 투어요. 오후 내내 걸려요.
> A: 그럴 시간이 없어요. 3시에 고객을 만나야 하거든요.
> B: 아, 그렇군요. 그러면 국립 공원을 방문해보는 건 어때요?
> A: 좋네요. 감사합니다!

어휘

- go sightseeing 구경을 다니다
- check out (흥미로운 것을) 살펴보다[보다]

12 표현>일반회화 답 ③

| 난도 | 중

정답해설

A가 아이들이 생일 파티에 갈 거라고 하자 B가 'So, it was a piece of cake(그래서 그건 식은 죽 먹기였어.)'라고 대답한 ③의 대화는 흐름상 자연스럽지 않다.

해석

> ① A: 그가 마침내 흥행작에 출연했어!
>   B: 그래, 그는 성공했구나.
> ② A: 나 이제 좀 피곤해.
>   B: 오늘은 여기까지 하자.
> ③ A: 아이들이 생일 파티에 갈 거야.
>   B: 그래서 그건 식은 죽 먹기였어.
> ④ A: 어제 그가 왜 집에 일찍 갔는지 궁금해.
>   B: 내 생각엔 그가 몸이 안 좋았던 거 같아.

어휘

- get it made 잘 풀리다, (부러울 정도로) 잘되다
- call it a day ~을 그만하기로 하다
- wonder 궁금해 하다
- under the weather 몸이 안 좋은

13 독해>대의 파악>제목, 주제 답 ③

| 난도 | 중

정답해설

주어진 글은 비언어적 신호의 중요성에 관한 내용이다. 두 번째 문장에서 'Nonverbal cues—rather than spoken words—make us feel that the person we are with is interested in, understands, and values us(비언어적인 신호는 말보다. 우리가 함께 있는 사람이 우리에게 관심을 갖고 이해하고 우리를 소중하게 여긴다는 것을 느끼게 한다.)'라고 했으므로, 글의 제목으로 알맞은 것은 ③ 'Nonverbal Communication Speaks Louder than Words(비언어적 소통이 말보다 더 크게 말한다[중요하다])'이다.

오답해설

① 야생동물들은 어떻게 생각하고 느낄까?
② 효과적으로 의사소통하는 것이 성공의 비결이다.
④ 언어적 신호: 감정을 표현하는 주요 도구

해석

> 사랑받는다는 느낌과 그것이 자극하는 생물학적 반응은 목소리의 톤, 얼굴 표정 혹은 딱 맞는 느낌의 손길 같은 비언어적인 신호에 의해 촉발된다. 비언어적인 신호는 말보다. 우리가 함께 있는 사람이 우리에게 관심을 갖고 이해하고 우리를 소중하게 여긴다는 것을 느끼게 한다. 우리가 그것들과 함께 할 때, 우리는 안전하다고 느낀다. 우리는 심지어 야생에서도 비언어적인 신호의 힘을 본다. 포식자들의 추적을 피한 후에, 동물들은 종종 스트레스 해소의 수단으로 서로 코를 비빈다. 이러한 신체적 접촉은 안전에 대한 확신을 제공하고 스트레스를 덜어준다.

어휘

- biological 생물체의
- stimulate 자극[격려]하다
- trigger 촉발시키다
- nonverbal 비언어적인
- cue 신호
- value 소중하게[가치 있게] 생각하다[여기다]
- evade 피하다[모면하다]
- chase 추적, 추격
- predator 포식자, 포식 동물
- nuzzle 코[입]를 비비다
- as a means of ~의 수단으로서
- bodily 신체의
- reassurance 안심시키는 말[행동]
- relieve 없애[덜어] 주다

| **14** 독해 > 대의 파악 > 제목, 주제 | 답 ① |

| 난도 | 중

정답해설

제시문은 자녀에게 물건에 대한 건강한 비의존성을 가르치는 방법을 설명하고 있다. 두 번째 문장에서 'You can use these times to teach a healthy nondependency on things(당신은 이 시기를 물건에 대한 건강한 비의존성을 가르치기 위해 이용할 수 있다.)'라고 하면서 당신의 자녀를 장난감들로 둘러싸지 말고 그것들을 바구니에 정돈하고 한 번에 바구니 하나씩 꺼내놓으라고 했다. 또한 소유물을 잃어버리거나 망가뜨린 경우, 당신의 자녀가 물건에 집착하지 않는 태도를 기를 수 있도록 "난 그것을 가지고 있는 동안 감사했어!"라는 좋은 태도를 모범으로 보이라고 했으므로, 글의 주제로 알맞은 것은 ① 'building a healthy attitude toward possessions(소유물에 대한 건강한 태도를 형성하기)'이다.

오답해설

② 다른 사람들과 장난감을 공유하는 것의 가치를 배우기
③ 장난감을 질서정연하게 정리하는 방법을 가르치기
④ 바람직하지 않은 방식으로 행동하는 것에 대한 책임을 받아들이기

해석

> 명절과 생일처럼 아이의 삶에 장난감과 선물이 쌓이는 시기가 있다. 당신은 이 시기를 물건에 대한 건강한 비의존성을 가르치기 위해 이용할 수 있다. 당신의 자녀를 장난감들로 둘러싸지 마라. 대신 그것들을 바구니들에 정리해 한 번에 바구니 하나씩 꺼내놓고 가끔 바구니들을 교체해라. 소중한 물건이 잠시 치워지면, 그것을 꺼내오는 것은 즐거운 기억과 관점의 신선함을 만들어 낸다. 가령 당신의 자녀가 한동안 치워둔 장난감을 요구한다고 가정해 보자. 당신은 이미 주위(환경)에 있는 물건이나 경험으로 관심을 이끌 수 있다. 당신이 소유물을 잃어버리거나 망가뜨린 경우, 당신의 자녀가 물건에 집착하지 않는 태도를 기를 수 있도록 "난 그것을 가지고 있는 동안 감사했어!"라는 좋은 자세를 모범으로 보이려고 노력하라. 아이의 장난감이 망가지거나 분실된 경우, 아이가 "재미있게 가지고 놀았어."라고 말하도록 도와줘라.

어휘

• accumulate 모으다, 축적하다
• nondependency 비의존성
• surround 둘러싸다, 에워싸다
• arrange 정리하다, 배열하다
• rotate 회전하다[시키다]
• occasionally 가끔
• cherish 소중히 여기다, 아끼다
• put away 넣다[치우다]
• bring out ~을 끌어내다[발휘되게 하다]
• delightful 정말 기분 좋은[마음에 드는]
• outlook 관점, 세계관, 인생관
• suppose 가령[만약] ~이라고 하다
• direct 지휘하다, 총괄하다
• possession 소유, 소지, 보유
• model 모형[견본]을 만들다

| **15** 독해 > 대의 파악 > 요지, 주장 | 답 ② |

| 난도 | 중

정답해설

제시문은 부모가 칭찬하는 방식이 아이들의 발달에 미치는 영향에 대한 내용이다. 네 번째 문장에서 노력보다 지능으로 칭찬받은 아이들은 결과에 지나치게 집착하게 된다는 사실을 발견했다고 말한다. 또, 마지막 문장에서는 아이들의 지능을 칭찬하는 것은 그들로 하여금 어려움을 두려워하게 만드는데, 그것은 그들이 실패를 어리석음과 동일시하기 때문이라고 했다. 따라서 요지로 알맞은 것은 ② 'Compliments on intelligence bring about negative effect(지능에 대한 칭찬은 부정적인 영향을 초래한다).'이다.

오답해설

① 잦은 칭찬이 아이들의 자존감을 증가시킨다.
③ 아이는 성공을 통해 실패에 대한 두려움을 극복해야 한다.
④ 부모들은 과정보다 결과에 집중해야 한다.

해석

> 많은 부모들이 '자존감 운동'에 의해 잘못 인도되었는데, 그 운동은 자녀들의 자존감 개발하는 방식이 자녀들이 얼마나 어떤 일을 잘하는지 말하는 것이라고 알려준다. 안타깝게도, 당신의 자녀들에게 그들의 능력을 확신시키는 것은 실패할 가능성이 큰데, 그것은 인생이 아이들에게 성공과 실패를 통해 그들이 실제로 얼마나 유능하거나 무능한지를 명백히 알려주기 때문이다. 연구는 당신이 자녀를 칭찬하는 방식이 그들의 발달에 강력한 영향을 미친다는 것을 보여주었다. 일부 연구자들은 노력에 비해 지능에 대해 칭찬받은 아이들이 결과에 지나치게 집착하게 된다는 사실을 발견했다. 실패 후, 이 아이들은 덜 끈기를 보였고, 덜 즐거워했으며, 실패를 그들의 능력 부족 탓으로 돌리며, 향후 성취를 위한 노력에서 저조한 성과를 보였다. 아이들의 지능을 칭찬하는 것은 그들로 하여금 어려움을 두려워하게 만드는데, 그것은 그들이 실패를 어리석음과 동일시하기 때문이다.

어휘

• misguide 잘못 이끌다
• build 만들어 내다, 창조[개발]하다
• self-esteem 자부심
• convince 납득시키다, 확신시키다
• competence 능숙함, 능숙도
• unequivocally 명백히
• capable ~을 할 수 있는
• as compared to ~과 비교하여
• overly 너무, 몹시
• persist 집요하게 계속하다
• attribute ~ to ~을 …의 탓으로 돌리다
• equate 동일시하다
• stupidity 어리석음, 우둔

16 독해>빈칸 완성>단어·구·절　　답 ②

| 난도 | 중

정답해설

제시문은 소비자들의 온라인 활동이 활발해짐에 따라 글로벌 브랜드의 광고 표준화에 대한 필요성이 대두되고 있다는 내용이다. 세 번째 문장에서는 온라인상에서 연결된 소비자들이 인터넷과 소셜 미디어를 통해 국경을 넘나들어서 광고주들이 통제되고, 질서정연한 방식으로 캠페인을 펼치기 어렵다고 했다. 빈칸 앞 문장에서는 대부분 글로벌 브랜드들이 자신들의 디지털 사이트들을 국제적으로 조정한다고 했고, 빈칸 다음 문장에서 친숙한 코카콜라의 붉은색과 상징적인 병 모양, 음악, 주제 등을 특징으로 한다고 했다. 따라서 빈칸에 들어갈 말로 알맞은 것은 ② 'uniform(획일적인)'이다.

오답해설

① 실험적인
③ 국지적인
④ 다양한

해석

최근 온라인 마케팅과 소셜 미디어 공유의 인기가 증가하면서 글로벌 브랜드의 광고 표준화에 대한 필요성이 커졌다. 대부분의 대형 마케팅 및 광고 캠페인은 대규모 온라인상에서의 영향력을 포함한다. (온라인상에서) 연결된 소비자들은 인터넷과 소셜 미디어를 통해 국경을 쉽게 넘나들 수 있게 되었는데, 이것은 광고주들로 하여금 통제되고 질서정연한 방식으로 맞춤화된 캠페인을 전개하는 것을 어렵게 한다. 그 결과, 대부분의 글로벌 소비자 브랜드들은 전 세계적으로 그들의 디지털 사이트를 조정한다. 예를 들어, 코카콜라의 웹사이트와 소셜 미디어 사이트들은 호주와 아르헨티나에서부터 프랑스, 루마니아, 러시아에 이르기까지 놀랄 만큼 전 세계적으로 획일적이다. 모든 것이 친숙한 코카콜라의 붉은색, 코카콜라의 상징적인 병 모양, 코카콜라의 음악, "Taste the Feeling"이라는 주제 등을 특징으로 한다.

어휘

• boost 신장시키다, 북돋우다
• advertising 광고
• standardization 표준화
• online presence 온라인상에서의 존재감, 영향력
• zip 쌩[휙] 하고 가다[나아가게 하다]
• via 경유하여[거쳐]
• roll out 출시하다, 시작하다
• orderly 정돈된, 정연한
• coordinate 조정하다
• feature 특징을 이루다

17 독해>글의 일관성>무관한 어휘·문장　　답 ③

| 난도 | 중

정답해설

제시문은 하이브리드 근무 방식, 즉 사무실 출근과 재택근무를 병행하는 근무 형태가 점점 늘어나서 사무실에서 근무하는 일수가 줄어들었지만, 사무실 공간은 별로 줄지 않고 사무실 공간의 밀집도가 크게 낮아졌다는 내용이다. ③ 앞 문장에서 사무실에서의 고밀집도는 불편하고 많은 근로자들이 그들의 책상 주변이 붐비는 것을 싫어한다고 했고, ③ 다음 문장에서 밀집도로 인한 불편함은 로비, 주방, 엘리베이터까지 연장된다고 했다. 따라서 글의 흐름상 어색한 문장은 ③ 'Most employees want to work from home on Mondays and Fridays(대부분 직원이 월요일과 금요일에 재택근무를 원한다).'이다.

해석

미국의 근로자 5,000명과 미국의 고용주 500명을 대상으로 매월 실시하는 우리의 설문조사에 따르면, 사무직 및 지식근로자 사이에서 하이브리드 근무로의 대규모 전환이 매우 뚜렷하게 보인다. 새롭게 나타난 표준은 1주일 중 3일은 사무실에서, 2일은 집에서 근무하는 것으로 현장근무일수가 30% 이상 줄었다. 당신은 이러한 단축으로 인해 사무실 공간 수요가 크게 감소될 것이라고 생각할 수도 있다. 그러나 우리의 설문조사 데이터는 사무실 공간은 평균 1~2%의 축소를 보여주는데, 이는 공간이 아닌 밀집도의 큰 감소를 시사한다. 우리는 그 이유를 이해할 수 있다. 사무실에서의 고밀집도는 불편하며 많은 근로자가 그들의 책상 주변이 붐비는 것을 싫어한다. 대부분의 직원이 월요일과 금요일에 재택근무하기를 원한다. 밀집도로 인한 불편함은 로비, 주방, 특히 엘리베이터까지 연장된다. 밀집도를 낮출 수 있는 유일하고 확실한 방법은 (사무실의) 평방 피트를 줄이지 않고 현장근무일을 줄이는 것이다. 우리의 조사 증거에 따르면, 밀집도에 대한 불편함은 앞으로도 계속될 것이다.

어휘

• huge shift 엄청난 입장변화/전환
• hybrid 혼성체, 혼합물
• abundantly 풍부하게
• emerging 최근 생겨난
• norm 규범, 규준
• cutback 삭감, 감축
• imply 암시[시사]하다
• reduction 축소, 삭감
• density 밀도(빽빽한 정도)
• extend 연장하다
• sure-fire 확실한, 틀림없는
• reduce 줄이다[축소하다]
• square footage 평방 피트
• be here to stay 우리 생활의 일부이다

18 독해>글의 일관성>문장 삽입

답 ③

| 난도 | 중

정답해설

주어진 문장에서 '그들은 불법적인 국경 횡단 장소로 알려진 곳에 비디오카메라를 설치했고 실시간 비디오 자료를 웹사이트에 올렸다.'라고 했으므로 주어진 문장의 앞에는 They가 가리키는 대상이, 주어진 문장 다음에는 실시간 비디오 자료를 웹사이트에 올린 결과가 나와야 한다. They는 ③ 앞 문장의 불법 이민자들을 단속하는 Texas sheriffs를 가리키며, 새로운 인터넷 활용법(a novel use of the Internet)은 카메라를 설치하고 불법 국경 횡단자들이 찍은 비디오 자료를 실시간으로 웹사이트에 올리는 것을 의미한다. ③ 다음 문장에서 국경 감시를 돕고자 하는 시민들은 온라인에 접속해 가상 보안관 역할을 할 수 있다고 했는데, 이것은 실시간 비디오 자료를 웹사이트에 올린 결과가 된다. 따라서 주어진 문장이 들어갈 위치로 알맞은 것은 ③이다.

해석

이민 개혁은 정치적 지뢰밭이다. 광범위한 정치적 지지를 받는 이민 정책의 거의 유일한 측면은 불법 이민자들의 흐름을 제한하기 위해 멕시코와 미국 사이 국경을 안전하게 지키겠다는 결의이다. 텍사스 보안관들은 최근에 그들의 국경 감시를 돕기 위해 새로운 인터넷 활용법을 개발했다. 그들은 불법적인 국경 횡단 장소로 알려진 곳에 비디오 카메라를 설치했고, 카메라의 실시간 비디오 자료를 웹사이트에 올렸다. 국경 감시를 돕고자 하는 시민들은 온라인에 접속해 '가상 텍사스 보안관' 역할을 할 수 있다. 국경을 넘으려는 사람을 발견하면 그들은 보안관 사무실에 보고서를 보내고, 이것은 때로 미국 국경 순찰대의 도움으로 추가 조사된다.

어휘

- immigration 이민
- reform 개혁[개선]
- minefield 지뢰밭
- command 요구하다, 강요하다
- resolve 결심[결의]
- secure 획득[확보]하다
- illegal immigrant 불법 입국[체류]자
- sheriff 보안관
- novel 새로운, 신기한
- install 설치[설비]하다
- illegal 불법적인
- video feed 비디오 자료
- virtual 가상의
- follow up (방금 들은 내용에 대해) 더 알아보다

19 독해>글의 일관성>글의 순서

답 ③

| 난도 | 중

정답해설

주어진 글은 정부 행정에 의존하는 문명의 대표적 예시로 고대 로마 문명을 소개하고 있다. 주어진 글에 언급된 civilization이 라틴어 civis에서 유래했다는 내용을 담은 (B)로 이어지는 것이 자연스럽다. 다음으로, 라틴어가 고대 로마의 언어였음을 부연하면서, 로마의 영토를 설명하는 (C)가 와야 한다. 마지막으로, 로마의 방대한 영토를 an area that large로 받는 (A)로 마무리하는 것이 자연스럽다. 따라서 글의 순서로 알맞은 것은 ③ '(B) – (C) – (A)'이다.

해석

모든 문명은 정부 행정에 의존한다. 아마 고대 로마보다 이것을 대표적인 예시로 더 잘 보여주는 문명은 없을 것이다.
(B) 사실, '문명'이라는 단어 자체는 '시민'을 의미하는 라틴어 civis에서 유래했다.
(C) 라틴어는 고대 로마의 언어였는데, 그들의 영토는 지중해 유역부터 북쪽의 영국 일부와 동쪽의 흑해까지 뻗어 있었다.
(A) 그렇게 넓은 영토를 통치하기 위해, 현재의 이탈리아 중부에 기반을 두고 있었던 로마인들은 효과적인 정부 행정 시스템이 필요했다.

어휘

- rely on 의존하다
- administration 관리[행정]
- exemplify 전형적인 예가 되다
- come from ~에서 나오다
- territory 지역, 영토
- stretch 뻗어 있다
- basin 유역
- rule 통치하다, 다스리다
- based in ~에 기반을 둔

20 독해>빈칸 완성>단어 · 구 · 절

답 ①

| 난도 | 상

정답해설

제시문은 심리학의 하위분야들에 대한 통합의 필요성과 이 과정에서 심리 과학이 통합의 중추 역할을 할 것이라는 내용으로, 글의 세 번째 문장에서 'Science advances when distinct topics become theoretically and empirically integrated under simplifying theoretical frameworks(과학은 서로 다른 별개의 주제들이 단순화된 이론적 틀 아래에서 이론적, 경험적으로 통합될 때 발전한다).'라고 했다. 또한 빈칸 앞 문장에서 이러한 방식으로 심리 과학은 그 분야 내 모든 주요 분과/분파를 '하나의 학문하에(under one discipline)' 통합함으로써 심리학 전체에 대한 본보기 역할을 할 수 있을 것'이라고 했으므로 빈칸 문장 앞부분의 'how to combine resources and study science(자료를 결합하고 과학을 연구하는 방법)'을 수식하는 빈칸에 들어갈 말로 알맞은 것은 ① 'from a unified perspective(통합된 관점에서)'임을 유추할 수 있다.

오답해설

② 역동적인 측면에서
③ 역사를 통틀어
④ 정확한 증거를 가지고

해석

지난 50년 동안 심리학의 모든 주요 하위분야는 교육이 점점 전문화되고 그 초점이 좁아짐에 따라 서로 점점 더 고립되어 왔다. 일부 심리학자들이 오랫동안 주장해 온 것처럼, 심리학 분야가 과학적으로 성숙해지고 발전하려면 그것의 이질적인 부분들 [예를 들어, 신경과학, 발달 (심리학), 인지 (심리학), 성격 (심리학), 사회 (심리학)]이 다시 하나가 되고 통합되어야 한다. 과학은 서로 다른 별개의 주제들이 단순화된 이론적 틀 아래에서 이론적, 경험적으로 통합될 때 발전한다. 심리 과학은 여러 하위영역의 심리학자들 간의 협업을 장려하여 이 분야가 지속적인 분열보다는 일관성을 성취하도록 도울 것이다. 이러한 방식으로 심리 과학은 그 분야 내 모든 주요 분과/분파를 하나의 학문하에 통합함으로써 심리학 전체에 대한 본보기 역할을 할 수 있을 것이다. 심리 과학이 통합된 관점에서 자료를 결합하고 과학을 연구하는 방법에 대한 모 학문의 모범이 될 수 있다면, 이는 결코 작은 업적이 아니며 그 중요도 또한 작지 않을 것이다.

어휘

- subdiscipline 학문분야의 하위 구분
- isolated from ~에서 고립된
- in focus 초점[핀트]이 맞아
- mature 발달하다
- advance 증진되다[진전을 보다]
- disparate 이질적인
- neuroscience 신경 과학
- developmental 발달[개발]상의
- cognitive 인식[인지]의
- integrate 통합시키다[되다]
- theoretically 이론상
- empirically 실증적으로
- simplify 간소화[단순화]하다
- framework 체제, 체계
- encourage 권장[장려]하다
- achieve 달성하다, 성취하다
- coherence 일관성
- fragmentation 균열, 분절
- act as ~으로서의 역할을 하다[맡다]
- template 견본, 본보기
- fraction 부분, 일부
- faction 파벌, 파당
- model 모범, 귀감
- feat 위업, 개가

우리 인생의 가장 큰 영광은

결코 넘어지지 않는 데 있는 것이 아니라

넘어질 때마다 일어서는 데 있다.

– 넬슨 만델라 –

PART
01

기출 섞은 모의고사
Basic Level(기초난도)

주요 기출 구문

01 지각·사역동사+(대)명사+R.V(원형부정사) 구조의 5형식

He had his man carry the box.   그는 부하에게 상자를 나르게 했다.

I saw her enter the building.   나는 그녀가 건물로 들어가는 것을 보았다.

※ 사역동사 : have, make, let(준사역동사 : help, get – to R.V 구조도 가능)

※ 지각동사 : see, watch, look at, notice, observe, hear, listen to, feel 등

02 few, a few, not a few의 쓰임

He has few friends. (부정)   그는 친구가 거의 없다.

He has a few friends. (긍정)   그는 친구가 몇 명 있다.

He has not a few friends. (긍정)   그는 친구가 적지는 않다.

03 little, a little, not a little의 쓰임

I have little money with me. (부정)   나는 가진 돈이 거의 없다.

I have a little money with me. (긍정)   나는 약간의 돈을 가지고 있다.

I have not a little money with me. (긍정)   나는 적지 않은 돈을 가지고 있다.

04 It is 형용사 for 목적격 to R.V ∼

It is not necessary for a woman to shake hands with a man.   여자는 남자와 악수할 필요는 없다.

05 It is 인성형용사 of 목적격 to R.V ∼

It is very kind of you to help the poor.   가난한 사람들을 돕다니 너는 정말 친절하다.

※ 인성형용사 : cruel, nice, considerate, sensible 등

제1회 기출 섞은 모의고사

※ 다음 밑줄 친 표현의 의미와 가장 가까운 것을 고르시오. [문 1. ~문 3.]

문 1.

> If you take risks like that you'll <u>wind up</u> dead.

① blow up
② end up
③ make up
④ use up

문 2.

> Candidates interested in the position should <u>hand in</u> their resumes to the Office of Human Resources.

① emit
② omit
③ permit
④ submit

문 3.

> The rapid spread of fire and the smoke rising from the balcony made a terrible reminder of the Lacrosse building fire in Melbourne in 2014. It also reminds us of the Grenfell Tower inferno in London. This catastrophe took the lives of 72 people and <u>devastated</u> the lives of more people.

① derived
② deployed
③ deviated
④ destroyed

※ 밑줄 친 부분에 들어갈 말로 가장 적절한 것을 고르시오. [문 4. ~문 5.]

문 4.

> Mary decided to _____ her Spanish before going to South America.

① brush up on
② hear out
③ stick up for
④ lay off

문 5.

> A mouse potato is the computer _____ of television's couch potato : someone who tends to spend a great deal of leisure time in front of the computer in much the same way the couch potato does in front of the television.

① technician
② equivalent
③ network
④ simulation

문 6. 다음 글의 내용과 일치하는 것은?

> Prehistoric societies some half a million years ago did not distinguish sharply between mental and physical disorders. Abnormal behaviors, from simple headaches to convulsive* attacks, were attributed to evil spirits that inhabited or controlled the afflicted person's body. According to historians, these ancient peoples attributed many forms of illness to demonic possession, sorcery, or the behest** of an offended ancestral spirit. Within this system of belief, called *demonology*, the victim was usually held at least partly responsible for the misfortune. It has been suggested that Stone Age cave dwellers may have treated behavior disorders with a surgical method called *trephining*, in which part of the skull was chipped away to provide an opening through which the evil spirit could escape. People may have believed that when the evil spirit left, the person would return to his or her normal state. Surprisingly, trephined skulls have been found to have healed over, indicating that some patients survived this extremely crude operation.
>
> *convulsive : 경련의
> **behest : 명령

① Mental disorders were clearly differentiated from physical disorders.
② Abnormal behaviors were believed to result from evil spirits affecting a person.
③ An opening was made in the skull for an evil spirit to enter a person's body.
④ No cave dwellers survived trephining.

문 7. 다음 문장 중 어법상 가장 적절하지 <u>않은</u> 것은?

① I'm feeling sick. I shouldn't have eaten so much.
② Most of the suggestions made at the meeting was not very practical.
③ Providing the room is clean, I don't mind which hotel we stay at.
④ We'd been playing tennis for about half an hour when it started to rain heavily.

문 8. 다음 글의 제목으로 가장 적절한 것은?

> With the help of the scientist, the commercial fishing industry has found out that its fishing must be done scientifically if it is to be continued. With no fishing pressure on a fish population, the number of fish will reach a predictable level of abundance and stay there. The only fluctuation would be due to natural environmental factors, such as availability of food, proper temperature, and the like. If a fishery is developed to take these fish, their population can be maintained if the fishing harvest is small. The mackerel of the North Sea is a good example. If we increase the fishery and take more fish each year, we must be careful not to reduce the population below the ideal point where it can replace all of the fish we take out each year. If we fish at this level, called the *maximum sustainable yield*, we can maintain the greatest possible yield, year after year. If we catch too many, the number of fish will decrease each year until we fish ourselves out of a job. Examples of severely overfished animals are the blue whale of the Antarctic and the halibut of the North Atlantic. Fishing just the correct amount to maintain a maximum annual yield is both a science and an art. Research is constantly being done to help us better understand the fish population and how to utilize it to the maximum without depleting the population.

① Say No to Commercial Fishing
② Sea Farming Seen As a Fishy Business
③ Why Does the Fishing Industry Need Science?
④ Overfished Animals : Cases of Illegal Fishing

문 9. 밑줄 친 부분 중 어법상 옳지 <u>않은</u> 것은?

Elizabeth Taylor had an eye for beautiful jewels and over the years amassed some amazing pieces, once ① <u>declaring</u> "girl can always have more diamonds." In 2011, her finest jewels were sold by Christie's at an evening auction ② <u>that</u> brought in $115.9 million. Among her most prized possessions sold during the evening sale ③ <u>were</u> a 1961 bejeweled timepiece by Bulgari. Designed as a serpent to coil around the wrist, with its head and tail ④ <u>covered</u> with diamonds and having two hypnotic emerald eyes, a discreet mechanism opens its fierce jaws to reveal a tiny quartz watch.

문 10. 밑줄 친 부분 중 글의 흐름상 가장 <u>어색한</u> 것은?

In 2007, our biggest concern was "too big to fail." Wall Street banks had grown to such staggering sizes, and had become so central to the health of the financial system, that no rational government could ever let them fail. ① <u>Aware of their protected status, banks made excessively risky bets on housing markets and invented ever more complicated derivatives.</u> ② <u>New virtual currencies such as bitcoin and ethereum have radically changed our understanding of how money can and should work.</u> ③ <u>The result was the worst financial crisis since the breakdown of our economy in 1929.</u> ④ <u>In the years since 2007, we have made great progress in addressing the too-big-to-fail dilemma.</u> Our banks are better capitalized than ever. Our regulators conduct regular stress tests of large institutions.

문 11. 두 사람의 대화 중 가장 <u>어색한</u> 것은?

① A : What time are we having lunch?

　B : It'll be ready before noon.

② A : I called you several times. Why didn't you answer?

　B : Oh, I think my cell phone was turned off.

③ A : Are you going to take a vacation this winter?

　B : I might. I haven't decided yet.

④ A : Hello. Sorry I missed your call.

　B : Would you like to leave a message?

문 12. 밑줄 친 부분에 들어갈 말로 가장 적절한 것은?

A : I heard that the university cafeteria changed their menu.

B : Yeah, I just checked it out.

A : And they got a new caterer.

B : Yes. Sam's Catering.

A : _____?

B : There are more dessert choices. Also, some sandwich choices were removed.

① What is your favorite dessert

② Do you know where their office is

③ Do you need my help with the menu

④ What's the difference from the last menu

문 13. 다음 글에 나타난 Johnbull의 심경으로 가장 적절한 것은?

In the blazing midday sun, the yellow egg-shaped rock stood out from a pile of recently unearthed gravel. Out of curiosity, sixteen-year-old miner Komba Johnbull picked it up and fingered its flat, pyramidal planes. Johnbull had never seen a diamond before, but he knew enough to understand that even a big find would be no larger than his thumbnail. Still, the rock was unusual enough to merit a second opinion. Sheepishly, he brought it over to one of the more experienced miners working the muddy gash deep in the jungle. The pit boss's eyes widened when he saw the stone. "Put it in your pocket," he whispered. "Keep digging." The older miner warned that it could be dangerous if anyone thought they had found something big. So Johnbull kept shoveling gravel until nightfall, pausing occasionally to grip the heavy stone in his fist. Could it be?

① thrilled and excited

② painful and distressed

③ arrogant and convinced

④ detached and indifferent

문 14. 우리말을 영어로 잘못 옮긴 것은?

① 우리가 영어를 단시간에 배우는 것은 결코 쉬운 일이 아니다.

→ It is by no means easy for us to learn English in a short time.

② 우리 인생에서 시간보다 더 소중한 것은 없다.

→ Nothing is more precious as time in our life.

③ 아이들은 길을 건널 때 아무리 조심해도 지나치지 않다.

→ Children cannot be too careful when crossing the street.

④ 그녀는 남들이 말하는 것을 쉽게 믿는다.

→ She easily believes what others say.

문 15. 우리말을 영어로 가장 잘 옮긴 것은?

① 당신이 부자일지라도 당신은 진실한 친구들을 살 수는 없다.

→ Rich as if you may be, you can't buy sincere friends.

② 그것은 너무나 아름다운 유성 폭풍이어서 우리는 밤새 그것을 보았다.

→ It was such a beautiful meteor storm that we watched it all night.

③ 학위가 없는 것이 그녀의 성공을 방해했다.

→ Her lack of a degree kept her advancing.

④ 그는 사형이 폐지되어야 하는지 아닌지에 대한 에세이를 써야 한다.

→ He has to write an essay on if or not the death penalty should be abolished.

문 16. 주어진 문장이 들어갈 위치로 가장 적절한 것은?

It was then he remembered his experience with the glass flask, and just as quickly, he imagined that a special coating might be applied to a glass windshield to keep it from shattering.

In 1903 the French chemist, Edouard Benedictus, dropped a glass flask one day on a hard floor and broke it. (①) However, to the astonishment of the chemist, the flask did not shatter, but still retained most of its original shape. (②) When he examined the flask he found that it contained a film coating inside, a residue remaining from a solution of collodion that the flask had contained. (③) He made a note of this unusual phenomenon, but thought no more of it until several weeks later when he read stories in the newspapers about people in automobile accidents who were badly hurt by flying windshield glass. (④) Not long thereafter, he succeeded in producing the world's first sheet of safety glass.

문 17. 밑줄 친 부분이 지칭하는 대상이 다른 것은?

Dracula ants get their name for the way they sometimes drink the blood of their own young. But this week, ① the insects have earned a new claim to fame. Dracula ants of the species *Mystrium camillae* can snap their jaws together so fast, you could fit 5,000 strikes into the time it takes us to blink an eye. This means ② the blood-suckers wield the fastest known movement in nature, according to a study published this week in the journal *Royal Society Open Science*. Interestingly, the ants produce their record-breaking snaps simply by pressing their jaws together so hard that ③ they bend. This stores energy in one of the jaws, like a spring, until it slides past the other and lashes out with extraordinary speed and force — reaching a maximum velocity of over 200 miles per hour. It's kind of like what happens when you snap your fingers, only 1,000 times faster. Dracula ants are secretive predators as ④ they prefer to hunt under the leaf litter or in subterranean tunnels.

문 18. 주어진 글 다음에 이어질 글의 순서로 가장 적절한 것은?

In World War II, Japan joined forces with Germany and Italy. So there were now two fronts, the European battle zone and the islands in the Pacific Ocean.

(A) Three days later, the United States dropped bombs on another city of Nagasaki. Japan soon surrendered, and World War II finally ended.

(B) In late 1941, the United States, Britain and France participated in a fight against Germany and Japan; the U.S. troops were sent to both battlefronts.

(C) At 8:15 a.m. on August 6, 1945, a U.S. military plane dropped an atomic bomb over Hiroshima, Japan. In an instant, 80,000 people were killed. Hiroshima simply ceased to exist. The people at the center of the explosion evaporated. All that remained was their charred shadows on the walls of buildings.

① (A) − (B) − (C)
② (B) − (A) − (C)
③ (B) − (C) − (A)
④ (C) − (A) − (B)

문 19. 밑줄 친 (A), (B)에 들어갈 말로 가장 적절한 것은?

Assertive behavior involves standing up for your rights and expressing your thoughts and feelings in a direct, appropriate way that does not violate the rights of others. It is a matter of getting the other person to understand your viewpoint. People who exhibit assertive behavior skills are able to handle conflict situations with ease and assurance while maintaining good interpersonal relations.   (A)   , aggressive behavior involves expressing your thoughts and feelings and defending your rights in a way that openly violates the rights of others. Those exhibiting aggressive behavior seem to believe that the rights of others must be subservient to theirs.   (B)   , they have a difficult time maintaining good interpersonal relations. They are likely to interrupt, talk fast, ignore others, and use sarcasm or other forms of verbal abuse to maintain control.

	(A)	(B)
①	In contrast	Thus
②	Similarly	Moreover
③	However	On one hand
④	Accordingly	On the other hand

문 20. 다음 글의 빈칸에 들어갈 내용으로 가장 적절한 것은?

Life is full of hazards. Disease, enemies and starvation are always menacing primitive man. Experience teaches him that medicinal herbs, valor, the most strenuous labor, often come to nothing, yet normally he wants to survive and enjoy the good things of existence. Faced with this problem, he takes to any method that seems adapted to his ends. Often his ways appear incredibly crude to us moderns until we remember how our next-door neighbor acts in like emergencies. When medical science pronounces him incurable, he will not resign himself to fate but runs to the nearest quack* who holds out hope of recovery. His urge for self-preservation will not down, nor will that of the illiterate peoples of the world, and in that overpowering will to live is anchored the belief in supernaturalism, _____.

*quack : 돌팔이 의사

① and the number of its supporters has increased dramatically

② which caused ancient civilizations to develop into modern ones

③ which has had a positive effect on medical science

④ which is absolutely universal among known peoples, past and present

제2회 기출 섞은 모의고사

문 1. 다음 빈칸에 들어갈 단어로 가장 적절한 것은?

> The detectives _____ some clues of the hit-and-run accident and could successfully arrest the real criminal.

① obliterated

② distorted

③ complimented

④ scrutinized

※ 밑줄 친 부분과 의미가 가장 가까운 것을 고르시오. [문 2.~ 문 4.]

문 2.

> It is easy to understand the conflict that arises between humans and nature as human populations grow. We bring to every encounter with nature an ancient struggle for our own survival. In the old days, all too often it was nature — her predators, winters, floods, and droughts — that did us in.

① confrontation

② reproduction

③ encouragement

④ magnificence

문 3.

> The influence of Jazz has been so pervasive that most popular music owes its stylistic roots to jazz.

① deceptive

② ubiquitous

③ persuasive

④ disastrous

문 4.

> All along the route were thousands of homespun attempts to pay tribute to the team, including messages etched in cardboard, snow and construction paper.

① honor

② compose

③ publicize

④ join

문 5. Hansberry에 관한 다음 글의 내용과 일치하지 <u>않는</u> 것은?

Hansberry was born on May 19, 1930, in Chicago, Illinois. She wrote *The Crystal Stair*, a play about a struggling black family in Chicago, which was later renamed *A Raisin in the Sun*, a line from a Langston Hughes poem. She was the first black playwright and, at 29, the youngest American to win a *New York Critics' Circle* award. The film version of *A Raisin in the Sun* was completed in 1961, starring Sidney Poitier, and received an award at the Cannes Film Festival. She broke her family's tradition of enrolling in Southern black colleges and instead attended the University of Wisconsin in Madison. While at school, she changed her major from painting to writing, and after two years decided to drop out and move to New York City.

① *The Crystal Stair*라는 연극 작품을 썼다.
② 29세에 *New York Critics' Circle* 상을 수상했다.
③ 가문의 전통에 따라 남부 흑인 대학에 등록했다.
④ 학교에서 전공을 미술에서 글쓰기로 바꿨다.

문 6. 다음 문장들 중 어법상 가장 적절한 것은?

① They are looking forward to meet the President.
② The committee consists with ten members.
③ Are you familiar to the computer software they use?
④ Radioactive waste must be disposed of safely.

문 7. 다음 글의 제목으로 가장 적절한 것은?

Warming temperatures and loss of oxygen in the sea will shrink hundreds of fish species — from tunas and groupers to salmon, thresher sharks, haddock and cod — even more than previously thought, a new study concludes. Because warmer seas speed up their metabolisms, fish, squid and other waterbreathing creatures will need to draw more oxygen from the ocean. At the same time, warming seas are already reducing the availability of oxygen in many parts of the sea. A pair of University of British Columbia scientists argue that since the bodies of fish grow faster than their gills, these animals eventually will reach a point where they can't get enough oxygen to sustain normal growth. "What we found was that the body size of fish decreases by 20 to 30 percent for every 1 degree Celsius increase in water temperature," says author William Cheung.

① Fish Now Grow Faster than Ever
② Oxygen's Impact on Ocean Temperatures
③ Climate Change May Shrink the World's Fish
④ How Sea Creatures Survive with Low Metabolism

문 8. 밑줄 친 부분 중 어법상 옳지 <u>않은</u> 것은?

Domesticated animals are the earliest and most effective 'machines' ① <u>available</u> to humans. They take the strain off the human back and arms. ② <u>Utilizing</u> with other techniques, animals can raise human living standards very considerably, both as supplementary foodstuffs (protein in meat and milk) and as machines ③ <u>to carry</u> burdens, lift water, and grind grain. Since they are so obviously ④ <u>of</u> great benefit, we might expect to find that over the centuries humans would increase the number and quality of the animals they kept. Surprisingly, this has not usually been the case.

문 9. 다음 글의 밑줄 친 부분 중 가리키는 대상이 나머지 셋과 다른 것은?

Monte, a 20-month-old chocolate Labrador, is a cure dog and was trained to help autistic children like Jacob. Jacob, now six, suffers from autism and goes to a school in Ontario, Canada. ① He needs more care compared to other kids his age. He seems to like Monte, as they become friends and learn from each other. Monte's key functions are to keep Jacob from running away and to help ② his parents supervise their son. ③ He also helps teachers and special educators. But most of all, he is a good friend of Jacob's and connects ④ him to the real world as much as possible.

문 10. 밑줄 친 부분에 들어갈 말로 가장 적절한 것은?

Social media, magazines and shop windows bombard people daily with things to buy, and British consumers are buying more clothes and shoes than ever before. Online shopping means it is easy for customers to buy without thinking, while major brands offer such cheap clothes that they can be treated like disposable items — worn two or three times and then thrown away. In Britain, the average person spends more than £ 1,000 on new clothes a year, which is around four percent of their income. That might not sound like much, but that figure hides two far more worrying trends for society and for the environment. First, a lot of that consumer spending is via credit cards. British people currently owe approximately £ 670 per adult to credit card companies. That's 66 percent of the average wardrobe budget. Also, not only are people spending money they don't have, they're using it to buy things _____. Britain throws away 300,000 tons of clothing a year, most of which goes into landfill sites.

① they don't need

② that are daily necessities

③ that will be soon recycled

④ they can hand down to others

문 11. 다음 대화의 빈칸에 들어갈 말로 가장 적절한 것은?

A : I am totally drained.
B : What do you mean? You drank too much water?
A : No, I mean I am exhausted.
B : You are quite tired today.
A : Much more than that. I am totally worn out.
B : Okay. Then you should _____.

① keep your promise

② find the door and leave

③ take a rest and get some sleep

④ work out at a gym and go hiking

문 12. 빈칸에 들어갈 말로 가장 적절한 것은?

A : Ryan and I are having a chess match today. Do you think I'll win?
B : Of course, you'll win. I'm _____. After all, I'm betting ten bucks that you'll win.
A : Thanks.

① counting on you

② worn out

③ expecting company

④ all ears

※ 우리말을 영어로 <u>잘못</u> 옮긴 것을 고르시오. [문 13.~문 14.]

문 13.

① 커피 세 잔을 마셨기 때문에, 그녀는 잠을 이룰 수 없다.

→ Having drunk three cups of coffee, she can't fall asleep.

② 친절한 사람이어서, 그녀는 모든 이에게 사랑받는다.

→ Being a kind person, she is loved by everyone.

③ 모든 점이 고려된다면, 그녀가 그 직위에 가장 적임인 사람이다.

→ All things considered, she is the best-qualified person for the position.

④ 다리를 꼰 채로 오랫동안 앉아 있는 것은 혈압을 상승시킬 수 있다.

→ Sitting with the legs crossing for a long period can raise blood pressure.

문 14.

① 혹시 내게 전화하고 싶은 경우에 이게 내 번호야.

→ This is my number just in case you would like to call me.

② 나는 유럽 여행을 준비하느라 바쁘다.

→ I am busy preparing for a trip to Europe.

③ 그녀는 남편과 결혼한 지 20년 이상 되었다.

→ She has married to her husband for more than two decades.

④ 나는 내 아들이 읽을 책을 한 권 사야 한다.

→ I should buy a book for my son to read.

문 15. 다음 글의 주제로 가장 적절한 것은?

Deforestation can destroy natural habitats for millions of species. To illustrate, seventy percent of Earth's land animals and plants live in forests, and many cannot survive the deforestation. Deforestation also deprives the forest of its canopy that blocks the sun's rays during the day and holds in heat at night. This disruption leads to more extreme temperature swing that can be harmful to plants and animals. Furthermore, trees help maintain the water cycle by returning water back into the atmosphere. Without trees to fill these roles, many former forest lands can quickly become deserts.

① The process of deforestation by desertification

② Efforts to prevent deforestation around the world

③ Negative effects of deforestation on the environment

④ A bitter controversy over forest development

문 16. 주어진 글 다음에 이어질 글의 순서로 가장 적절한 것은?

Nowadays the clock dominates our lives so much that it is hard to imagine life without it. Before industrialization, most societies used the sun or the moon to tell the time.

(A) For the growing network of railroads, the fact that there were no time standards was a disaster. Often, stations just some miles apart set their clocks at different times. There was a lot of confusion for travelers.

(B) When mechanical clocks first appeared, they were immediately popular. It was fashionable to have a clock or a watch. People invented the expression "of the clock" or "o'clock" to refer to this new way to tell the time.

(C) These clocks were decorative, but not always useful. This was because towns, provinces, and even neighboring villages had different ways to tell the time. Travelers had to reset their clocks repeatedly when they moved from one place to another. In the United States, there were about 70 different time zones in the 1860s.

① (A) – (B) – (C)

② (B) – (A) – (C)

③ (B) – (C) – (A)

④ (C) – (A) – (B)

문 17. 다음 글에서 전체 흐름과 관계없는 문장은?

Gum disease is frequently to blame for bad breath. In fact, bad breath is a warning sign for gum disease. ① This issue occurs initially as a result of plaque buildup on the teeth. ② Bacteria in the plaque irritate the gums and cause them to become tender, swollen and prone to bleeding. ③ Foul-smelling gases emitted by the bacteria can also cause bad breath. ④ Smoking damages your gum tissue by affecting the attachment of bone and soft tissue to your teeth. If you pay attention when you notice that bacteria-induced bad breath, though, you could catch gum disease before it gets to its more advanced stages.

문 18. 주어진 문장이 들어갈 위치로 가장 적절한 것은?

But there is also clear evidence that millennials, born between 1981 and 1996, are saving more aggressively for retirement than Generation X did at the same ages, 22~37.

Millennials are often labeled the poorest, most financially burdened generation in modern times. Many of them graduated from college into one of the worst labor markets the United States has ever seen, with a staggering load of student debt to boot. (①) Not surprisingly, millennials have accumulated less wealth than Generation X did at a similar stage in life, primarily because fewer of them own homes. (②) But newly available data providing the most detailed picture to date about what Americans of different generations save complicates that assessment. (③) Yes, Gen Xers, those born between 1965 and 1980, have a higher net worth. (④) And that might put them in better financial shape than many assume.

문 19. 다음 빈칸에 들어갈 말로 가장 적절한 것은?

Saint Paul said the invisible must be understood by the visible. That was not a Hebrew idea, it was Greek. In Greece alone in the ancient world people were preoccupied with the visible; they were finding the satisfaction of their desires in what was actually in the world around them. The sculptor watched the athletes contending in the games and he felt that nothing he could imagine would be as beautiful as those strong young bodies. So he made his statue of Apollo. The storyteller found Hermes among the people he passed in the street. He saw the god "like a young men at that age when youth is loveliest," as Homer says. Greek artists and poets realized how splendid a man could be, straight and swift and strong. He was the fulfillment of their search for beauty. They had no wish to create some fantasy shaped in their own minds. All the art and all the thought of Greece ＿＿＿＿＿＿＿.

① had no semblance of reality

② put human beings at the center

③ were concerned with an omnipotent God

④ represented the desire for supernatural power

문 20. 다음 글에 나타난 화자의 심경으로 가장 적절한 것은?

My face turned white as a sheet. I looked at my watch. The tests would be almost over by now. I arrived at the testing center in an absolute panic. I tried to tell my story, but my sentences and descriptive gestures got so confused that I communicated nothing more than a very convincing version of a human tornado. In an effort to curb my distracting explanation, the proctor led me to an empty seat and put a test booklet in front of me. He looked doubtfully from me to the clock, and then he walked away. I tried desperately to make up for lost time, scrambling madly through analogies and sentence completions. "Fifteen minutes remain," the voice of doom declared from the front of the classroom. Algebraic equations, arithmetic calculations, geometric diagrams swam before my eyes. "Time! Pencils down, please."

① nervous and worried

② excited and cheerful

③ calm and determined

④ safe and relaxed

제3회 **기출 섞은 모의고사**

※ 밑줄 친 부분의 의미와 가장 가까운 것을 고르시오. [문 1.~ 문 3.]

문 1.

> Privacy as a social practice shapes individual behavior <u>in conjunction with</u> other social practices and is therefore central to social life.

① in combination with

② in comparison with

③ in place of

④ in case of

문 2.

> Defeat at this stage would <u>compromise</u> their chances of reaching the finals of the competition.

① rate

② fancy

③ reduce

④ squander

문 3.

> Riding a roller coaster can be a joy ride of emotions : the nervous anticipation as you're strapped into your seat, the questioning and regret that comes as you go up, up, up, and the <u>sheer</u> adrenaline rush as the car takes that first dive.

① utter

② scary

③ occasional

④ manageable

문 4. 밑줄 친 부분에 들어갈 말로 가장 적절한 것은?

> Tests ruled out dirt and poor sanitation as causes of yellow fever, and a mosquito was the _____ carrier.

① suspected

② uncivilized

③ cheerful

④ volunteered

문 5. 밑줄 친 부분 중 어법상 옳지 <u>않은</u> 것은?

To find a good starting point, one must return to the year 1,800 during ① <u>which</u> the first modern electric battery was developed. Italian Alessandro Volta found that a combination of silver, copper, and zinc ② <u>were</u> ideal for producing an electrical current. The enhanced design, ③ <u>called</u> a Voltaic pile, was made by stacking some discs made from these metals between discs made of cardboard soaked in sea water. There was ④ <u>such</u> talk about Volta's work that he was requested to conduct a demonstration before the Emperor Napoleon himself.

※ 밑줄 친 부분에 들어갈 말로 가장 적절한 것을 고르시오. [문 6. ~문 7.]

문 6.

Excellence is the absolute prerequisite in fine dining because the prices charged are necessarily high. An operator may do everything possible to make the restaurant efficient, but the guests still expect careful, personal service : food prepared to order by highly skilled chefs and delivered by expert servers. Because this service is, quite literally, manual labor, only marginal improvements in productivity are possible. For example, a cook, server, or bartender can move only so much faster before she or he reaches the limits of human performance. Thus, only moderate savings are possible through improved efficiency, which makes an escalation of prices _____. (It is an axiom of economics that as prices rise, consumers become more discriminating.) Thus, the clientele of the fine-dining restaurant expects, demands, and is willing to pay for excellence.

① ludicrous
② inevitable
③ preposterous
④ inconceivable

문 7.

When you are with Marines gathering to eat, you will notice that the most junior are served first and the most senior are served last. When you witness this act, you will also note that no order is given. Marines just do it. At the heart of this very simple action is the Marine Corps' approach to leadership. Marine leaders are expected to eat last because the true price of leadership is the willingness to place the needs of others above your own. Great leaders truly care about those they are privileged to lead and understand that the true cost of the leadership privilege comes at the expense of _____.

① health
② self-interest
③ faith
④ freedom

문 8. 밑줄 친 부분 중 어법상 옳지 <u>않은</u> 것은?

A myth is a narrative that embodies — and in some cases ① <u>helps to explain</u> — the religious, philosophical, moral, and political values of a culture. Through tales of gods and supernatural beings, myths ② <u>try to make</u> sense of occurrences in the natural world. Contrary to popular usage, myth does not mean "falsehood." In the broadest sense, myths are stories — usually whole groups of stories — ③ <u>that can be</u> true or partly true as well as false; regardless of their degree of accuracy, however, myths frequently express the deepest beliefs of a culture. According to this definition, the *Iliad* and the *Odyssey*, the Koran, and the Old and New Testaments can all ④ <u>refer to</u> as myths.

문 9. 다음 글의 내용과 가장 일치하지 <u>않는</u> 것은?

An idea came to me, and I turned off the lights in the studio. In the darkness, I put the cello's spike into a loose spot on the carpet, tightened the bow and drew it across the open strings. I took off my shirt and tried it again; it was the first time in my life I'd felt the instrument against my bare chest. I could feel the vibration of the strings travel through the body of the instrument to my own body. I'd never thought about that; music scholars always talk about the resonating properties of various instruments, but surely the performer's own body must have some effect on the sound. As I dug into the notes I imagined that my own chest and lungs were extensions of the sound box; I seemed to be able to alter the sound by the way I sat, and by varying the muscular tension in my upper body.

① 화자는 어둠 속에서 첼로 연주를 했다.
② 화자는 태어나서 처음으로 첼로를 연주했다.
③ 음악학자들은 여러 악기들이 가진 공명의 특성들을 말한다.
④ 화자는 연주할 때 본인의 자세가 첼로 소리에 영향을 준다고 생각했다.

문 10. 다음 글의 주제로 가장 적절한 것은?

Having a children's party can be an example of a relatively inexpensive benefit to provide for your employees that can yield great returns on the investment. There are unlimited occasions and places to entertain children today. As a boss, you can help your employees' children celebrate holidays, Halloween, spring, or any other event or season. Employees and their children will appreciate the company providing this benefit. This is an excellent way to show appreciation to your employees' families for all the sacrifices they make to support their husbands, wives, fathers, or mothers as they go off to work each day. Finally, everyone will feel good about the company or organization.

① drawbacks of regular family gatherings
② merits of medical support for employees
③ employees' sacrifices for company growth
④ supporting family-related events and its effects

문 11. 대화 중 가장 <u>어색한</u> 것은?

① A : What was the movie like on Saturday?
　 B : Great. I really enjoyed it.
② A : Hello. I'd like to have some shirts pressed.
　 B : Yes, how soon will you need them?
③ A : Would you like a single or a double room?
　 B : Oh, it's just for me, so a single is fine.
④ A : What time is the next flight to Boston?
　 B : It will take about 45 minutes to get to Boston.

문 12. 밑줄 친 부분에 들어갈 말로 가장 적절한 것은?

A : Did you have a nice weekend?
B : Yes, it was pretty good. We went to the movies.
A : Oh! What did you see?
B : *Interstellar*. It was really good.
A : Really? ＿＿＿＿＿＿＿＿＿＿＿＿＿
B : The special effects. They were fantastic. I wouldn't mind seeing it again.

① What did you like the most about it?
② What's your favorite movie genre?
③ Was the film promoted internationally?
④ Was the movie very costly?

※ 우리말을 영어로 잘못 옮긴 것을 고르시오. [문 13.～문 14.]

문 13.

① 그의 소설들은 읽기가 어렵다.
　 → His novels are hard to read.
② 학생들을 설득하려고 해 봐야 소용없다.
　 → It is no use trying to persuade the students.
③ 나의 집은 5년마다 페인트칠 된다.
　 → My house is painted every five years.
④ 내가 출근할 때 한 가족이 위층에 이사 오는 것을 보았다.
　 → As I went out for work, I saw a family moved in upstairs.

문 14.

① 개인용 컴퓨터를 가장 많이 가지고 있는 나라는 종종 바뀐다.

→ The country with the most computers per person changes from time to time.

② 지난 여름 나의 사랑스러운 손자에게 일어난 일은 놀라웠다.

→ What happened to my lovely grandson last summer was amazing.

③ 나무 숟가락은 아이들에게 매우 좋은 장난감이고 플라스틱 병 또한 그렇다.

→ Wooden spoons are excellent toys for children, and so are plastic bottles.

④ 나는 은퇴 후부터 내내 이 일을 해 오고 있다.

→ I have been doing this work ever since I retired.

문 15. 다음 글에서 유추할 수 있는 내용으로 가장 적절한 것은?

The primary purpose of peppers, as with all fruits, is to disperse seeds. However, just as fruit attracts helpful organisms which spread the seeds, like birds, it also attracts harmful microbes that destroy seeds, like fungus. Studying wild pepper plants, a group of international researchers found that in areas with a high prevalence of fungus, peppers contained more capsaicin, a natural antifungal agent. These findings support the hypothesis that environmental factors trigger adaptive responses in the chemistry of fruits.

① Birds are always helpful in dispersing fruits' seeds.

② Capsaicin in peppers attracts not only helpful but also harmful organisms.

③ Fruits' chemistry can be influenced by the microbes in their environment.

④ The more capsaicin peppers contain, the better they taste.

문 16. 글의 흐름상 가장 어색한 문장은?

Children's playgrounds throughout history were the wilderness, fields, streams, and hills of the country and the roads, streets, and vacant places of villages, towns, and cities. ① The term playground refers to all those places where children gather to play their free, spontaneous games. ② Only during the past few decades have children vacated these natural playgrounds for their growing love affair with video games, texting, and social networking. ③ Even in rural America few children are still roaming in a free-ranging manner, unaccompanied by adults. ④ When out of school, they are commonly found in neighborhoods digging in sand, building forts, playing traditional games, climbing, or playing ball games. They are rapidly disappearing from the natural terrain of creeks, hills, and fields, and like their urban counterparts, are turning to their indoor, sedentary cyber toys for entertainment.

문 17. 다음 글의 제목으로 가장 적절한 것은?

The future may be uncertain, but some things are undeniable : climate change, shifting demographics, geopolitics. The only guarantee is that there will be changes, both wonderful and terrible. It's worth considering how artists will respond to these changes, as well as what purpose art serves, now and in the future. Reports suggest that by 2040 the impacts of human-caused climate change will be inescapable, making it the big issue at the centre of art and life in 20 years' time. Artists in the future will wrestle with the possibilities of the post-human and post-Anthropocene — artificial intelligence, human colonies in outer space and potential doom. The identity politics seen in art around the #MeToo and Black Lives Matter movements will grow as environmentalism, border politics and migration come even more sharply into focus. Art will become increasingly diverse and might not 'look like art' as we expect. In the future, once we've become weary of our lives being visible online for all to see and our privacy has been all but lost, anonymity may be more desirable than fame. Instead of thousands, or millions, of likes and followers, we will be starved for authenticity and connection. Art could, in turn, become more collective and experiential, rather than individual.

① What will art look like in the future?

② How will global warming affect our lives?

③ How will artificial intelligence influence the environment?

④ What changes will be made because of political movements?

문 18. 다음 글의 밑줄 친 부분 중, 문맥상 낱말의 쓰임이 가장 적절하지 <u>않은</u> 것은?

My own curiosity had been encouraged by my studies in philosophy at university. The course listed the numerous philosophers that we were supposed to study and I thought at first that our task was to learn and absorb their work as a sort of secular Bible. But I was ① <u>delighted</u> to discover that my tutor was not interested in me reciting their theories but only in helping me to develop my own, using the philosophers of the past as stimulants not authorities. It was the key to my intellectual ② <u>freedom</u>. Now I had official permission to think for myself, to question anything and everything and only agree if I thought it right. A ③ <u>good</u> education would have given me that permission much earlier. Some, alas, never seem to have received it and go on reciting the rules of others as if they were sacrosanct*. As a result, they become the unwitting** ④ <u>opponents</u> of other people's worlds. Philosophy, I now think, is too important to be left to professional philosophers. We should all learn to think like philosophers, starting at primary school.

*sacrosanct : 신성불가침의
**unwitting : 자신도 모르는

문 19. 주어진 문장이 들어갈 위치로 가장 적절한 것은?

Some of these ailments are short-lived; others may be long-lasting.

For centuries, humans have looked up at the sky and wondered what exists beyond the realm of our planet. (①) Ancient astronomers examined the night sky hoping to learn more about the universe. More recently, some movies explored the possibility of sustaining human life in outer space, while other films have questioned whether extraterrestrial life forms may have visited our planet. (②) Since astronaut Yuri Gagarin became the first man to travel in space in 1961, scientists have researched what conditions are like beyond the Earth's atmosphere, and what effects space travel has on the human body. (③) Although most astronauts do not spend more than a few months in space, many experience physiological and psychological problems when they return to the Earth. (④) More than two-thirds of all astronauts suffer from motion sickness while traveling in space. In the gravity-free environment, the body cannot differentiate up from down. The body's internal balance system sends confusing signals to the brain, which can result in nausea lasting as long as a few days.

문 20. 주어진 문장 다음에 이어질 글의 순서로 가장 적절한 것은?

A technique that enables an individual to gain some voluntary control over autonomic, or involuntary, body functions by observing electronic measurements of those functions is known as biofeedback.

(A) When such a variable moves in the desired direction(for example, blood pressure down), it triggers visual or audible displays — feedback on equipment such as television sets, gauges, or lights.
(B) Electronic sensors are attached to various parts of the body to measure such variables as heart rate, blood pressure, and skin temperature.
(C) Biofeedback training teaches one to produce a desired response by reproducing thought patterns or actions that triggered the displays.

① (A) − (B) − (C)
② (B) − (C) − (A)
③ (B) − (A) − (C)
④ (C) − (A) − (B)

제4회 기출 섞은 모의고사

문 1. 다음 (A), (B)에 공통으로 들어갈 단어로 가장 적절한 것은?

• The food supplies were ____(A)____ to meet the needs of the flood victims.
• They are blaming their failure on ____(B)____ preparation.

① ambiguous
② thorough
③ inadequate
④ sufficient

※ 빈칸에 들어갈 말로 가장 적절한 것을 고르시오. [문 2.~문 3.]

문 2.

Globalization leads more countries to open their markets, allowing them to trade goods and services freely at a lower cost with greater _____.

① extinction
② depression
③ efficiency
④ caution

문 3.

Firefighters are people whose job is to put out fires and _____ people. Besides fires, firefighters save people and animals from car wrecks, collapsed buildings, stuck elevators and many other emergencies.

① endanger
② imperil
③ rescue
④ recommend

문 4. 밑줄 친 부분의 의미와 가장 가까운 것은?

Ms. West, the winner of the silver in the women's 1,500m event, stood out through the race.

① was overwhelmed
② was impressive
③ was depressed
④ was optimistic

문 5. 밑줄 친 부분 중 어법상 틀린 것은?

Honey's role as a primary sweetener was challenged by the rise of sugar. Initially made from the sweet juice of sugar cane, sugar in medieval times was very expensive and time-consuming ① to produce. By the eighteenth century, however, sugar — due to the use of slave labor on colonial plantations — ② had become more affordable and available. Honey is today ③ far more expensive than sugar or other artificial sweeteners. While ④ considering as something of a luxury rather than an essential, honey is still regarded with affection, and, interestingly, it continues to be seen as an ingredient with special, health-giving properties.

문 7. 어법상 옳은 것은?

① The traffic of a big city is busier than those of a small city.

② I'll think of you when I'll be lying on the beach next week.

③ Raisins were once an expensive food, and only the wealth ate them.

④ The intensity of a color is related to how much gray the color contains.

문 6. 다음 글의 내용과 일치하지 <u>않는</u> 것은?

Umberto Eco was an Italian novelist, cultural critic and philosopher. He is widely known for his 1980 novel *The Name of the Rose*, a historical mystery combining semiotics in fiction with biblical analysis, medieval studies and literary theory. He later wrote other novels, including *Foucault's Pendulum and The Island of the Day Before*. Eco was also a translator : he translated Raymond Queneau's book *Exercices de style* into Italian. He was the founder of the Department of Media Studies at the University of the Republic of San Marino. He died at his Milanese home of pancreatic cancer, from which he had been suffering for two years, on the night of February 19, 2016.

① *The Name of the Rose* is a historical novel.

② Eco translated a book into Italian.

③ Eco founded a university department.

④ Eco died in a hospital of cancer.

문 8. 다음 (A), (B), (C)에 들어갈 단어로 가장 적절한 것은?

Efficiency means producing a desired outcome rapidly, with the _____(A)_____ amount of cost. The idea of efficiency is specific to the interests of the industry or business, but is typically advertised as a _____(B)_____ to the customer. The salad bars, self-service gasoline, ATMs, and microwave dinners are some good examples. The interesting element here is that the customer often ends up doing the work that previously was done for them. This means that the customer may end up _____(C)_____ more time and sometimes more money in order for the business to operate more efficiently.

	(A)	(B)	(C)
①	most	loss	saving
②	minimum	benefit	spending
③	maximum	benefit	spending
④	least	loss	saving

문 9. 다음 글에서 필자가 주장하는 바로 가장 적절한 것은?

Judge Nicholas in Brooklyn supplied much-needed shock treatment by preventing New York City from hiring firefighters based on a test that discriminated against black and Hispanic applicants. At the time, only 2.9 percent of firefighters were black, even though the city itself was 27 percent black. One of the biggest obstacles to fairness has been a poorly designed screening test measuring abstract reasoning skills that have little to do with job performance. So it is time to design and develop a new test that truthfully reflects skills and personality characteristics that are important to the firefighter's job. It would be fairer if it is more closely tied to the business of firefighting and ensures all the candidates who are eligible to be hired can serve as firefighters, no matter whether they are blacks or not.

① 신속한 소방 활동을 위해 더 많은 소방관을 채용해야 한다.
② 소방관 채용에서 백인에 대한 역차별 문제를 해소해야 한다.
③ 소방관의 직무와 직결된 공정한 소방관 선발 시험을 개발해야 한다.
④ 소방관 선발 시험을 고차원적 사고 기능 중심으로 출제해야 한다.

문 10. 다음 글의 주제로 가장 적절한 것은?

Imagine that two people are starting work at a law firm on the same day. One person has a very simple name. The other person has a very complex name. We've got pretty good evidence that over the course of their next 16 plus years of their career, the person with the simpler name will rise up the legal hierarchy more quickly. They will attain partnership more quickly in the middle parts of their career. And by about the eighth or ninth year after graduating from law school the people with simpler names are about seven to ten percent more likely to be partners — which is a striking effect. We try to eliminate all sorts of other alternative explanations. For example, we try to show that it's not about foreignness because foreign names tend to be harder to pronounce. But even if you look at just white males with Anglo-American names — so really the true in-group, you find that among those white males with Anglo names they are more likely to rise up if their names happen to be simpler. So simplicity is one key feature in names that determines various outcomes.

① the development of legal names
② the concept of attractive names
③ the benefit of simple names
④ the roots of foreign names

※ 밑줄 친 부분에 들어갈 말로 가장 적절한 것을 고르시오. [문 11. ~문 12.]

문 11.

A : Oh, another one! So many junk emails!
B : I know. I receive more than ten junk emails a day.
A : Can we stop them from coming in?
B : I don't think it's possible to block them completely.
A : _____?
B : Well, you can set up a filter on the settings.
A : A filter?
B : Yeah. The filter can weed out some of the spam emails.

① Do you write emails often
② Isn't there anything we can do
③ How did you make this great filter
④ Can you help me set up an email account

문 12.

A : Hello. I need to exchange some money.
B : Okay. What currency do you need?
A : I need to convert dollars into pounds. What's the exchange rate?
B : The exchange rate is 0.73 pounds for every dollar.
A : Fine. Do you take a commission?
B : Yes, we take a small commission of 4 dollars.
A : _____?
B : We convert your currency back for free. Just bring your receipt with you.

① How much does this cost
② How should I pay for that
③ What's your buy-back policy
④ Do you take credit cards

※ 우리말을 영어로 잘못 옮긴 것을 고르시오. [문 13.~문 14.]

문 13.

① 보증이 만료되어서 수리는 무료가 아니었다.
   → Since the warranty had expired, the repairs were not free of charge.
② 설문지를 완성하는 누구에게나 선물카드가 주어질 예정이다.
   → A gift card will be given to whomever completes the questionnaire.
③ 지난달 내가 휴가를 요청했더라면 지금 하와이에 있을 텐데.
   → If I had asked for a vacation last month, I would be in Hawaii now.
④ 그의 아버지가 갑자기 작년에 돌아가셨고, 설상가상으로 그의 어머니도 병에 걸리셨다.
   → His father suddenly passed away last year, and, what was worse, his mother became sick.

문 14.

① 제가 당신께 말씀드렸던 새로운 선생님은 원래 페루 출신입니다.
   → The new teacher I told you about is originally from Peru.
② 나는 긴급한 일로 자정이 5분이나 지난 후 그에게 전화했다.
   → I called him five minutes shy of midnight on an urgent matter.
③ 상어로 보이는 것이 산호 뒤에 숨어 있었다.
   → What appeared to be a shark was lurking behind the coral reef.
④ 그녀는 일요일에 16세의 친구와 함께 산 정상에 올랐다.
   → She reached the mountain summit with her 16-year-old friend on Sunday.

문 15. 글의 흐름상 가장 적절하지 않은 문장은?

It seems to me possible to name four kinds of reading, each with a characteristic manner and purpose. The first is reading for information — reading to learn about a trade, or politics, or how to accomplish something. ① We read a newspaper this way, or most textbooks, or directions on how to assemble a bicycle. ② With most of this material, the reader can learn to scan the page quickly, coming up with what he needs and ignoring what is irrelevant to him, like the rhythm of the sentence, or the play of metaphor. ③ We also register a track of feeling through the metaphors and associations of words. ④ Courses in speed reading can help us read for this purpose, training the eye to jump quickly across the page.

문 16. 다음 글의 제목으로 가장 적절한 것은?

While most desert animals will drink water if confronted with it, for many of them the opportunity never comes. Yet all living things must have water, or they will expire. The herbivores find it in desert plants. The carnivores slake their thirst with the flesh and blood of living prey. One of the most remarkable adjustments, however, has been made by the tiny kangaroo rat, who not only lives without drinking but subsists on a diet of dry seeds containing about 5% free water. Like other animals, he has the ability to manufacture water in his body by a metabolic conversion of carbohydrates. But he is notable for the parsimony with which he conserves his small supply by every possible means, expending only minuscule amounts in his excreta* and through evaporation from his respiratory tract.

*excreta : 배설물

① Survival of Desert Animals
② The Way the Kangaroo Rat Copes with Lack of Water
③ The Small Amounts of Water the Kangaroo Rat Drinks
④ The Effect the Environment Lacking in Water Has on Animals

문 17. 다음 밑줄 친 he[him]가 가리키는 대상이 나머지 셋과 다른 것은?

Victor is a motorman for the Chicago Transit Authority. "Thank you for riding with me this evening. Don't lean against the doors, I don't want to lose you," ① he tells passengers over the intercom as the train departs. As the train makes its way north, ② he points out notable sites, including which connecting buses are waiting in the street below. People compliment ③ him all the time, telling the city he's the best motorman. Why does he have such a positive approach to his job? "My father is a retired motorman, and one day he took me to work with ④ him and I was so impressed looking out that window," he says, speaking of the city skyline. "Ever since I was five years old, I knew I wanted to run the train."

문 18. 다음 글의 내용과 일치하지 않는 것은?

Women are experts at gossiping, and they always talk about trivial things, or at least that's what men have always thought. However, some new research suggests that when women talk to women, their conversations are far from frivolous, and cover many more topics (up to 40 subjects) than when men talk to other men. Women's conversations range from health to their houses, from politics to fashion, from movies to family, from education to relationship problems, but sports are notably absent. Men tend to have a more limited range of subjects, the most popular being work, sports, jokes, cars, and women. According to Professor Petra Boynton, a psychologist who interviewed over 1,000 women, women also tend to move quickly from one subject to another in conversation, while men usually stick to one subject for longer periods of time. At work, this difference can be an advantage for men, as they can put other matters aside and concentrate fully on the topic being discussed. On the other hand, it also means that they sometimes find it hard to concentrate when several things have to be discussed at the same time in a meeting.

① 남성들은 여성들의 대화 주제가 항상 사소한 것들이라고 생각해 왔다.
② 여성들의 대화 주제는 건강에서 스포츠에 이르기까지 매우 다양하다.
③ 여성들은 대화하는 중에 주제의 변환을 빨리한다.
④ 남성들은 회의 중 여러 주제가 논의될 때 집중하기 어렵다.

문 19. 주어진 문장 다음에 이어질 글의 순서로 가장 적절한 것은?

> Devices that monitor and track your health are becoming more popular among all age populations.

(A) For example, falls are a leading cause of death for adults 65 and older. Fall alerts are a popular gerotechnology* that has been around for many years but have now improved.

(B) However, for seniors aging in place, especially those without a caretaker in the home, these technologies can be lifesaving.

(C) This simple technology can automatically alert 911 or a close family member the moment a senior has fallen.

*gerotechnology : 노인을 위한 양로 기술

① (B) − (C) − (A)

② (B) − (A) − (C)

③ (C) − (A) − (B)

④ (C) − (B) − (A)

문 20. 〈보기〉의 문장이 들어갈 위치로 가장 적절한 것은?

┤보기├

> In this situation, we would expect to find less movement of individuals from one job to another because of the individual's social obligations toward the work organization to which he or she belongs and to the people comprising that organization.

Cultural differences in the meaning of work can manifest themselves in other aspects as well. (①) For example, in American culture, it is easy to think of work simply as a means to accumulate money and make a living. (②) In other cultures, especially collectivistic ones, work may be seen more as fulfilling an obligation to a larger group. (③) In individualistic cultures, it is easier to consider leaving one job and going to another because it is easier to separate jobs from the self. (④) A different job will just as easily accomplish the same goals.

제5회 기출 섞은 모의고사

⊙ 시간 체크 풀이 시간 ___ : ___ ~ ___ : ___   소요 시간 ___ : ___   ⊙ Timer 신중 20분 / 적정 17분 / 빠름 15분

⊙ 점수 체크 맞힌 개수 ___ / 20개 점수 ___ 점

※ 밑줄 친 부분과 의미가 가장 가까운 것을 고르시오. [문 1.~ 문 3.]

문 1.

There was the <u>unmistakable</u> odor of sweaty feet.

① accessible

② distinct

③ desirable

④ complimentary

문 2.

It is not unusual that people <u>get cold feet</u> about taking a trip to the North Pole.

① become ambitious

② become afraid

③ feel exhausted

④ feel saddened

문 3.

It is <u>obligatory</u> for everyone in a car to wear a seat belt.

① clumsy

② nebulous

③ compulsory

④ mutable

문 4. 다음 글의 빈칸에 들어갈 말로 가장 적절한 것은?

If someone has a cardiac arrest, he will suddenly become _____ and show no signs of breathing or a pulse.

① selfish

② sensible

③ unconscious

④ tremendous

문 5. 다음 글의 내용과 가장 일치하지 <u>않는</u> 것은?

The aye-aye, the largest nocturnal primate in the world, displays an unusual degree of fearlessness towards humans. Wild aye-ayes have been known to appear unexpectedly from nowhere in the rainforest to sniff a researcher's shoes. It is different from the other lemurs* because it is highly specialized in many ways; its continuously growing incisor teeth (which led to its being considered a rodent during part of the 19th century), its large ears (almost certainly used in locating insect larvae in dead wood), and its long skeleton-like middle finger used to extract larvae from holes. So unique is it among the lemurs that it has proven extremely difficult to determine which other lemurs are its closest relatives. The aye-aye is so unusual that it is not only strange within the context of the primates, but it is one of the most distinctive mammals on earth.

*lemur : 여우원숭이

① 야행성 영장류인 아이아이원숭이는 이상할 정도로 인간을 두려워하지 않는다.
② 아이아이원숭이는 계속 자라나는 앞니 때문에 19세기 이래로 설치류로 간주되고 있다.
③ 아이아이원숭이의 커다란 귀는 유충을 찾는데, 긴 중지는 유충을 꺼내는 데 사용된다.
④ 아이아이원숭이는 가장 독특한 포유류 중 하나이다.

문 6. 밑줄 친 부분 중 어법상 옳지 <u>않은</u> 것은?

Allium vegetables — edible bulbs ① <u>including</u> onions, garlic, and leeks — appear in nearly every cuisine around the globe. ② <u>They</u> are fundamental in classic cooking bases, such as French mirepoix (diced onions, celery, and carrots), Latin American sofrito (onions, garlic, and tomatoes), and Cajun holy trinity (onions, bell peppers and celery). ③ <u>While</u> we sometimes take these standbys for granted, the flavor of allium vegetables can not be replicated. And neither their health benefits ④ <u>can</u>, which include protection from heart diseases and cancer.

문 7. James Baldwin에 관한 다음 글의 내용과 일치하지 <u>않는</u> 것은?

James Baldwin was one of the leading African American authors of the past century. Novelist, essayist, poet, dramatist — as a writer, he knew no limits. Born in Harlem in 1924 to an unwed domestic worker from Maryland, Baldwin shouldered a good deal of household responsibility in helping raise his eight siblings. Baldwin found an early outlet in writing. He edited the junior high school newspaper. He graduated from DeWitt Clinton high School and worked in construction in New Jersey until he moved to Greenwich Village in 1944. His first sale was a book review to *The Nation* in 1946. Baldwin came to know civil rights activists Martin Luther King Jr. and Malcolm X. Baldwin earned a number of awards, including a Guggenheim Fellowship. In 1987, the author died of cancer, leaving unfinished a biography of Martin Luther King Jr. Baldwin appeared on a commemorative U.S. postage stamp in 2004 — emblematic of his enduring power for the next generations.

① 아프리카계 미국인 작가였다.
② 1944년에 Greenwich Village로 이사했다.
③ Martin Luther King Jr.의 전기를 완성했다.
④ 2004년 미국 기념우표에 나왔다.

문 8. 다음 중 문법적으로 올바른 문장은?

① Both adolescents and adults should be cognizant to the risks of second-hand smoking.
② His address at the luncheon meeting was such great that the entire audience appeared to support him.
③ Appropriate experience and academic background are required of qualified applicants for the position.
④ The major threat to plants, animals, and people is the extremely toxic chemicals releasing into the air and water.

문 9. 다음 글의 주제문을 만들기 위해 (A), (B)에 들어갈 말로 가장 적절한 것은?

Classification allows us to focus on one or two features and see something in terms of those characteristics alone. To classify plants and animals, we have to ignore all the variations that distinguish one plant from another and one animal from another. We have to focus only on those aspects that are shared by all plants and that differentiate them from all animals. We ignore the great variation that exists within each group and reduce its members to the common ground that ties all the members of that group together. As a result, we come to see objects in terms of their membership in a particular group, and we miss seeing that each is more than its group membership. Trapped by the category of doors, we become blind to the three-by-seven-foot pieces of wood that are right in front of us.

┌─ 주제문 ├─

In classification, we concentrate on a few features ____(A)____ to group members, and in doing so, we tend to overlook ____(B)____ within the group.

	(A)	(B)
①	distinctive	membership
②	different	great variation
③	shared	group membership
④	common	individual variations

문 10. 글의 문맥에 가장 어울리는 순서대로 배열한 것은?

(A) Today, however, trees are being cut down far more rapidly. Each year, about 2 million acres of forests are cut down. That is more than equal to the area of the whole of Great Britain.

(B) There is not enough wood in these countries to satisfy the demand. Wood companies, therefore, have begun taking wood from the forests of Asia, Africa, South America, and even Siberia.

(C) While there are important reasons for cutting down trees, there are also dangerous consequences for life on earth. A major cause of the present destruction is the worldwide demand for wood. In industrialized countries, people are using more and more wood for paper.

(D) There is nothing new about people cutting down trees. In ancient times, Greece, Italy, and Great Britain were covered with forests. Over the centuries those forests were gradually cut back. Until now almost nothing is left.

① (A) − (B) − (C) − (D)
② (D) − (A) − (B) − (C)
③ (B) − (A) − (C) − (D)
④ (D) − (A) − (C) − (B)

문 11. 밑줄 친 부분에 들어갈 말로 가장 적절한 것은?

A : My computer just shut down for no reason. I can't even turn it back on again.
B : Did you try charging it? It might just be out of battery.
A : Of course, I tried charging it.
B : _____
A : I should do that, but I'm so lazy.

① I don't know how to fix your computer.
② Try visiting the nearest service center then.
③ Well, stop thinking about your problems and go to sleep.
④ My brother will try to fix your computer because he's a technician.

문 12. 밑줄 친 부분의 뜻으로 가장 적절한 것은?

> A : 119, what is your emergency?
> B : There is a car accident.
> A : Where are you?
> B : I'm not sure. I'm somewhere on Hamilton Road.
> A : Can you see if anyone is hurt?
> B : One of the drivers is lying on the ground unconscious and the other one is bleeding.
> A : Sir, I need you to stay on the line. I'm sending an ambulance right now.
> B : Okay, but hurry!

① 전화 끊지 말고 기다려 주세요.
② 차선 밖에서 기다려 주세요.
③ 전화번호를 알려 주세요.
④ 차례를 기다려 주세요.

※ 우리말을 영어로 잘못 옮긴 것을 고르시오. [문 13.~문 14.]

문 13.
① 나는 네 열쇠를 잃어버렸다고 네게 말한 것을 후회한다.
  → I regret to tell you that I lost your key.
② 그 병원에서의 그의 경험은 그녀의 경험보다 더 나빴다.
  → His experience at the hospital was worse than hers.
③ 그것은 내게 지난 24년의 기억을 상기시켜준다.
  → It reminds me of the memories of the past 24 years.
④ 나는 대화할 때 내 눈을 보는 사람들을 좋아한다.
  → I like people who look me in the eye when I have a conversation.

문 14.
① 모든 정보는 거짓이었다.
  → All of the information was false.
② 토마스는 더 일찍 사과했어야 했다.
  → Thomas should have apologized earlier.
③ 우리가 도착했을 때 영화는 이미 시작했었다.
  → The movie had already started when we arrived.
④ 바깥 날씨가 추웠기 때문에 나는 차를 마시려 물을 끓였다.
  → Being cold outside, I boiled some water to have tea.

문 15. 빈칸에 들어갈 말로 가장 적절한 것은?

> As more and more leaders work remotely or with teams scattered around the nation or the globe, as well as with consultants and freelancers, you'll have to give them more _____. The more trust you bestow, the more others trust you. I am convinced that there is a direct correlation between job satisfaction and how empowered people are to fully execute their job without someone shadowing them every step of the way. Giving away responsibility to those you trust can not only make your organization run more smoothly but also free up more of your time so you can focus on larger issues.

① work
② rewards
③ restrictions
④ autonomy

문 16. 글의 흐름상 가장 어색한 문장은?

> Children's book awards have proliferated in recent years; today, there are well over 100 different awards and prizes by a variety of organizations. ① The awards may be given for books of a specific genre or simply for the best of all children's books published within a given time period. An award may honor a particular book or an author for a lifetime contribution to the world of children's literature. ② Most children's book awards are chosen by adults, but now a growing number of children's choice book awards exist. The larger national awards given in most countries are the most influential and have helped considerably to raise public awareness about the fine books being published for young readers. ③ An award ceremony for outstanding services to the publishing industry is put on hold. ④ Of course, readers are wise not to put too much faith in award-winning books. An award doesn't necessarily mean a good reading experience, but it does provide a starting place when choosing books.

문 17. 주어진 문장이 들어갈 위치로 가장 적절한 것은?

> Fortunately, however, the heavy supper she had eaten caused her to become tired and ready to fall asleep.

> Various duties awaited me on my arrival. I had to sit with the girls during their hour of study. (①) Then it was my turn to read prayers; to see them to bed. Afterwards I ate with the other teachers. (②) Even when we finally retired for the night, the inevitable Miss Gryce was still my companion. We had only a short end of candle in our candlestick, and I dreaded lest she should talk till it was all burnt out. (③) She was already snoring before I had finished undressing. There still remained an inch of candle. (④) I now took out my letter; the seal was an initial F. I broke it; the contents were brief.

문 18. 빈칸에 들어갈 말로 가장 적절한 것은?

> A well known speaker started off his seminar by olding up a $20 bill. In the room of 200, he asked, "Who would like this $20 bill?" Hands started going up. He said, "I am going to give this $20 to one of you but first, let me do this." He proceeded to crumple the dollar bill up. He then asked, "Who still wants it?" Still the hands were up in the air. "My friends, no matter what I did to the money, you still wanted it because it did not decrease in value. It was still worth $20. Many times in our lives, we are dropped, crumpled, and ground into the dirt by the decisions we make and the circumstances that come our way. We feel as though we are worthless. But no matter what has happened or what will happen, you will never _____. You are special. Don't ever forget it."

① lose your value

② suffer injury

③ raise your worth

④ forget your past

문 19. 다음 〈보기〉에 이어질 글의 순서로 가장 적절한 것은?

┤ 보기 ├

> One of the greatest paradoxes we wrestle with is our own dark or shadow sides.

> (A) Storms always pass. Just as there has never been a day that did not give way to night or a storm that lasted forever, we move back and forth on the pendulum of life. We experience the good and the bad, the day and the night, the yin and the yang.
>
> (B) This balancing act is difficult, but it is a part of life. If we can see this as an experience as natural as night following day, we will find more contentment than if we try to pretend that night will never come. Life has storms.
>
> (C) We often try to get rid of them, but the belief that we can banish "dark sides" is unrealistic and inauthentic. We need to find a balance between our own opposing forces.

① (A) − (C) − (B)

② (B) − (A) − (C)

③ (C) − (A) − (B)

④ (C) − (B) − (A)

문 20. 다음 밑줄 친 부분 중 문맥상 낱말의 쓰임이 적절하지 않은 것은?

> Individuals with low self-esteem may be locking on events and experiences that happened years ago and tenaciously ① refusing to let go of them. Perhaps you've heard religious and spiritual leaders say that it's important to ② forgive others who have hurt you in the past. Research also suggests it's important to your own mental health and sense of well-being to ③ recollect old wounds and forgive others. Looking back at what we can't change only reinforces a sense of helplessness. Constantly replaying ④ negative experiences in our mind serves to make our sense of worth more difficult to change. Becoming aware of the changes that have occurred and can occur in your life can help you develop a more realistic assessment of your value.

기출 섞은 모의고사
High Level(고난도)

※ High Level은 난도가 중~상급인 기출문제를 바탕으로 구성된 모의고사입니다.

01 not only A but also B : A뿐만 아니라 B도 역시

Ecology must aim not only at optimum use but also at optimum conservation of resources.

생태학은 최적의 사용뿐만 아니라 자원의 최적 보존에도 목표를 두어야 한다.

cf. Not only does he want to be taken seriously as a musician but also as a poet.

※ A와 B 둘 다를 말하지만, 강조가 B에 있음. not only가 문두에 있으면 도치된 문장

02 Many people think[say, believe …] that ～ : 통념 표현

Many people worry needlessly that they do not have a good sense of humor.

많은 사람들은 그들이 유머 감각이 없다고 불필요하게 걱정한다.

※ 주로 통념 표현은 비판할 때 많이 사용, 그러므로 but, however 등과 함께 자주 사용

03 Whether ～ or not : ～인지 아닌지, ～인지 아니든지 간에

You must do it, whether you like it or not.

당신이 좋든 싫든 간에, 그것을 해야만 한다.

cf. You must do it, whether or not you like it.

※ that은 or not과 함께 사용되지 않음

04 It will not be long before ～ : 머지않아 ～할 것이다

It will not be long before Korea plays a key role in the world.

한국은 머지않아 세계에서 중요한 역할을 할 것이다.

※ before 뒤에 will, would, shall 등의 단순미래를 사용할 수 없음

05 should have p.p. : p.p. 했어야 했는데(과거 사실에 관한 유감 표현)

You should[ought to] have said the fact to me.

너는 내게 그 사실을 말했어야 했다.

제6회 기출 섞은 모의고사

✔ 시간 체크 풀이 시간 ___ : ___ ~ ___ : ___ 소요 시간 ___ : ___

✔ Timer 신중 30분 / 적정 27분 / 빠름 25분

✔ 점수 체크 맞힌 개수 ___ / 20개 점수 ___ 점

※ 밑줄 친 부분의 의미와 가장 가까운 것을 고르시오. [문 1.~문 3.]

문 1.

> The cruel sights touched off thoughts that otherwise wouldn't have entered her mind.

① looked after
② gave rise to
③ made up for
④ kept in contact with

문 2.

> The audio of the surreptitious recording clearly indicates that the participants did not want to be recorded.

① clandestine
② statutory
③ forthright
④ seraphic

문 3.

> As a salesman, you should remember that your cardinal rule is to do everything you can to satisfy a customer.

① definitive
② gigantic
③ potential
④ principal

문 4. 다음 빈칸에 들어갈 말로 가장 적절한 것은?

> Since the air-conditioners are being repaired now, the office workers have to ________ electric fans for the day.

① get rid of
② let go of
③ make do with
④ break up with

문 5. 다음 글의 내용과 일치하지 <u>않는</u> 것은?

The Second Amendment of the U.S. Constitution states : "A well-regulated Militia, being necessary to the security of a free State, the right of the people to keep and bear Arms, shall not be infringed." Supreme Court rulings, citing this amendment, have upheld the right of states to regulate firearms. However, in a 2008 decision confirming an individual right to keep and bear arms, the court struck down Washington, D.C. laws that banned handguns and required those in the home to be locked or disassembled. A number of gun advocates consider ownership a birthright and an essential part of the nation's heritage. The United States, with less than 5 percent of the world's population, has about 35~50 percent of the world's civilian-owned guns, according to a 2007 report by the Switzerland-based Small Arms Survey. It ranks number one in firearms per capita. The United States also has the highest homicide-by-firearm rate among the world's most developed nations. But many gun-rights proponents say these statistics do not indicate a cause-and-effect relationship and note that the rates of gun homicide and other gun crimes in the United States have dropped since highs in the early 1990's.

① In 2008, the U.S. Supreme Court overturned Washington, D.C. laws banning handguns.

② Many gun advocates claim that owning guns is a natural-born right.

③ Among the most developed nations, the U.S. has the highest rate of gun homicides.

④ Gun crimes in the U.S. have steadily increased over the last three decades.

문 6. 어법상 옳은 것은?

① Of the billions of stars in the galaxy, how much are able to hatch life?

② The Christmas party was really excited and I totally lost track of time.

③ I must leave right now because I am starting work at noon today.

④ They used to loving books much more when they were younger.

문 7. 다음 글의 주제로 가장 적절한 것은?

As the digital revolution upends newsrooms across the country, here's my advice for all the reporters. I've been a reporter for more than 25 years, so I have lived through a half dozen technological life cycles. The most dramatic transformations have come in the last half dozen years. That means I am, with increasing frequency, making stuff up as I go along. Much of the time in the news business, we have no idea what we are doing. We show up in the morning and someone says, "Can you write a story about (pick one) tax policy/immigration/climate change?" When newspapers had once-a-day deadlines, we said a reporter would learn in the morning and teach at night — write a story that could inform tomorrow's readers on a topic the reporter knew nothing about 24 hours earlier. Now it is more like learning at the top of the hour and teaching at the bottom of the same hour. I'm also running a political podcast, for example, and during the presidential conventions, we should be able to use it to do real-time interviews anywhere. I am just increasingly working without a script.

① a reporter as a teacher

② a reporter and improvisation

③ technology in politics

④ fields of journalism and technology

문 8. 밑줄 친 부분 중에서 문법적으로 올바르지 <u>않은</u> 것은?

A renaissance man is a person who ① <u>is skilled in</u> many fields and has a broad range of learning in many subjects. The term, renaissance man, ② <u>originates from</u> the artists and scholars of European Renaissance, ③ <u>such as</u> Leonardo Da Vinci or Michelangelo. In Renaissance period, educated men ④ <u>aspired becoming</u> a multi-talented man. They were expected to speak several languages, to appreciate literature and art, and to be good sportsmen as well.

문 9. 주어진 문장이 들어갈 위치로 가장 적절한 것은?

For example, the state archives of New Jersey hold more than 30,000 cubic feet of paper and 25,000 reels of microfilm.

Archives are a treasure trove* of material : from audio to video to newspapers, magazines and printed material — which makes them indispensable to any History Detective investigation. While libraries and archives may appear the same, the differences are important. (①) An archive collection is almost always made up of primary sources, while a library contains secondary sources. (②) To learn more about the Korean War, you'd go to a library for a history book. If you wanted to read the government papers, or letters written by Korean War soldiers, you'd go to an archive. (③) If you're searching for information, chances are there's an archive out there for you. Many state and local archives store public records — which are an amazing, diverse resource. (④) An online search of your state's archives will quickly show you they contain much more than just the minutes of the legislature — there are detailed land grant** information to be found, old town maps, criminal records and oddities such as peddler license applications.

*treasure trove : 귀중한 발굴물(수집물)
**land grant : (대학, 철도 등을 위해) 정부가 주는 땅

문 10. 다음 글에서 전체의 흐름과 가장 관계없는 문장은?

The immortal operatically styled single Bohemian Rhapsody by Queen was released in 1975 and proceeded to the top of the UK charts for 9 weeks. ① A song that was nearly never released due to its length and unusual style but which Freddie insisted would be played became the instantly recognizable hit. ② By this time Freddie's unique talents were becoming clear, a voice with a remarkable range and a stage presence that gave Queen its colorful, unpredictable and flamboyant personality. ③ The son of Bomi and Jer Bulsara, Freddie spent the bulk of his childhood in India where he attended St. Peter's boarding school. ④ Very soon Queen's popularity extended beyond the shores of the UK as they charted and triumphed around Europe, Japan and the USA where in 1979 they topped the charts with Freddie's song Crazy Little thing Called Love.

문 11. 빈칸에 들어갈 말로 가장 적절한 것은?

A : Can I ask you for a favor?
B : Yes, what is it?
A : I need to get to the airport for my business trip, but my car won't start. Can you give me a lift?
B : Sure. When do you need to be there by?
A : I have to be there no later than 6:00.
B : It's 4:30 now. _____. We'll have to leave right away.

① That's cutting it close
② I took my eye off the ball
③ All that glitters is not gold
④ It's water under the bridge

문 12. A와 B의 대화 중 가장 어색한 것은?

① A : Do you know what it s called?
  B : Oh, it s on the tip of my tongue.
② A : Did you catch the train?
  B : Yes, by the skin of my teeth.
③ A : Can I use your phone?
  B : Back to square one.
④ A : How shall we decide?
  B : Let's toss for it.

※ 우리말을 영어로 옮긴 것 중 가장 적절한 것을 고르시오. [문 13. ~문 14.]

문 13.
① 밤공기가 뜨거웠지만 그들은 푹 잤다.
  → Hot as the night air was, they slept soundly.
② 어젯밤에 경찰은 행방불명된 소녀를 찾았다고 말했다.
  → Last night the police have said that they had found the missed girl.
③ 교통 신호등이 파란색으로 바뀌어 나는 출발했다.
  → The traffic lights were turned green and I pulled away.
④ 불리한 증거가 없어서 그는 석방되었다.
  → Being no evidence against him, he was released.

문 14.

① 나는 이 집으로 이사 온 지 3년이 되었다.
　→ It was three years since I moved to this house.
② 우리는 해가 지기 전에 그 도시에 도착해야 한다.
　→ We must arrive in the city before the sun will set.
③ 나는 그녀가 오늘 밤까지 그 일을 끝마칠지 궁금하다.
　→ I wonder if she finishes the work by tonight.
④ 그는 실수하기는 했지만, 좋은 선생님으로 존경받을 수 있었다.
　→ Although making a mistake, he could be respected as a good teacher.

문 16. 다음 빈칸에 들어갈 말로 가장 적절한 것을 고르시오.

Impressionable youth are not the only ones subject to _____. Most of us have probably had an experience of being pressured by a salesman. Have you ever had a sales rep try to sell you some "office solution" by telling you that 70 percent of your competitors are using their service, so why aren't you? But what if 70 percent of your competitors are idiots? Or what if that 70 percent were given so much value added or offered such a low price that they couldn't resist the opportunity? The practice is designed to do one thing and one thing only-to pressure you to buy. To make you feel you might be missing out on something or that everyone else knows but you.

① peer pressure
② impulse buying
③ bullying tactics
④ keen competition

문 15. 주어진 글 다음에 이어질 글의 순서가 올바른 것은?

A television series has the same lead characters in each episode, but each episode has a different story which is concluded. There is 'dead time' between the episodes, with no memory from one to the other, and episodes can be screened or repeated in any order.

(A) Their characters appear to live continuously between episodes. They grow and change with time, and have active memories of previous events.
(B) The main characters appear to have a life only in each episode, not between them, and do not grow or change as episode follows episode.
(C) Serials, on the other hand, have the same characters, but have continuous storylines, normally more than one, that continue from episode to episode.

① (A) - (B) - (C)
② (A) - (C) - (B)
③ (B) - (A) - (C)
④ (B) - (C) - (A)

문 17. 다음 글의 요지로 가장 적절한 것은?

When giving performance feedback, you should consider the recipient's past performance and your estimate of his or her future potential in designing its frequency, amount, and content. For high performers with potential for growth, feedback should be frequent enough to prod them into taking corrective action, but not so frequent that it is experienced as controlling and saps their initiative. For adequate performers who have settled into their jobs and have limited potential for advancement, very little feedback is needed because they have displayed reliable and steady behavior in the past, knowing their tasks and realizing what needs to be done. For poor performers — that is, people who will need to be removed from their jobs if their performance doesn't improve — feedback should be frequent and very specific, and the connection between acting on the feedback and negative sanctions such as being laid off or fired should be made explicit.

① Time your feedback well.
② Customize negative feedback.
③ Tailor feedback to the person.
④ Avoid goal-oriented feedback.

문 18. 주어진 글 다음에 이어질 글의 순서로 가장 적절한 것은?

I remember the day Lewis discovered the falls. They left their camp at sunrise and a few hours later they came upon a beautiful plain and on the plain were more buffalo than they had ever seen before in one place.

(A) A nice thing happened that afternoon, they went fishing below the falls and caught half a dozen trout, good ones, too, from sixteen to twenty-three inches long.

(B) After a while the sound was tremendous and they were at the great falls of the Missouri River. It was about noon when they got there.

(C) They kept on going until they heard the faraway sound of a waterfall and saw a distant column of spray rising and disappearing. They followed the sound as it got louder and louder.

① (A) − (B) − (C)
② (B) − (C) − (A)
③ (C) − (A) − (B)
④ (C) − (B) − (A)

문 19. 다음 글의 주제로 가장 적절한 것은?

Worry is like a rocking horse. No matter how fast you go, you never move anywhere. Worry is a complete waste of time and creates so much clutter in your mind that you cannot think clearly about anything. The way to learn to stop worrying is by first understanding that you energize whatever you focus your attention on. Therefore, the more you allow yourself to worry, the more likely things are to go wrong! Worrying becomes such an ingrained habit that to avoid it you consciously have to train yourself to do otherwise. Whenever you catch yourself having a fit of worry, stop and change your thoughts. Focus your mind more productively on what you do want to happen and dwell on what's already wonderful in your life so more wonderful stuff will come your way.

① What effects does worry have on life?
② Where does worry originate from?
③ When should we worry?
④ How do we cope with worrying?

문 20. 다음 밑줄 친 부분에 들어갈 내용으로 가장 적절한 것은?

The sociologist Glen Elder proposed that there is a sensitive period for growth — late teens through early 30s — during which failures are most beneficial. Such a pattern seems to promote the trait sometimes called equanimity. We learn that trauma is survivable, so we don't plunge too deeply following setbacks. Nor, conversely, do we soar too high on our successes. Some businesses in Silicon Valley and on Wall Street make a point of hiring ex-pro athletes to their staffs. It's not just that their high profile draws business. It's because athletes are good at recovering from their failures. "We needed people who could perform and not get emotionally attached to losses," a Chicago oil trader told the *New York Times*, explaining why the firm likes athletes on the trading floor, particularly in ugly economic times like these. The image is of a rider easy in the saddle*.

_____

*saddle : (말의) 안장

① Nothing can so surprise her — either for good for ill — that she'll be knocked off.
② A setback in any area will mean in your mind that you're a failure categorically.
③ We should hope for the rider's dominant position early and often.
④ You could wind up in a position where success reveals itself all at once.

제7회 기출 섞은 모의고사

시간 체크 풀이 시간 ___ : ___ ~ ___ : ___   소요 시간 ___ : ___   Timer 신중 30분 / 적정 27분 / 빠름 25분

점수 체크 맞힌 개수 ___ / 20개 점수 ___ 점

※ 밑줄 친 부분의 의미와 가장 가까운 것을 고르시오. [문 1.~ 문 2.]

문 1.

At least in high school she made one decision where she finally saw eye to eye with her parents.

① quarreled
② disputed
③ parted
④ agreed

문 2.

Some unequivocal mistakes are avoidable. These mistakes may result, for example, from careproviders' habitually behaving toward patient in a manner that is cavalier.

① serious
② reticent
③ snobbish
④ apathetic

문 3. 다음 빈칸에 가장 적절한 것은?

Tort law is the area of the law that covers most civil suits. Generally, every claim that arises in civil court, with the exception of contractual disputes, falls under tort law. The concept of this area of law is to _____ a wrong done to a person and provide relief from the wrongful acts of others, usually by awarding monetary damages as compensation. The original intent of tort is to provide full compensation for proved harms.

① adduce
② redress
③ mediate
④ excurse

문 4. 밑줄 친 부분과 의미가 가장 먼 것은?

As a prerequisite for fertilization, pollination is essential to the production of fruit and seed crops and plays an important part in programs designed to improve plants by breeding.

① crucial
② indispensable
③ requisite
④ omnipresent

문 5. 밑줄 친 "drains the mind"가 다음 글에서 의미하는 바로 가장 적절한 것은?

If the writing is solid and good, the mood and temper of the writer will eventually be revealed and not at the expense of the work. Therefore, to achieve style, begin by affecting none — that is, draw the reader's attention to the sense and substance of the writing. A careful and honest writer does not need to worry about style. As you become proficient in the use of language, your style will emerge, because you yourself will emerge, and when this happens you will find it increasingly easy to break through the barriers that separate you from other minds and at last, make you stand in the middle of the writing. Fortunately, the act of composition, or creation, disciplines the mind; writing is one way to go about thinking, and the practice and habit of writing drains the mind.

① to heal the mind

② to help to be sensitive

③ to satisfy his/her curiosity

④ to place oneself in the background

문 7. (A), (B), (C)의 각 괄호 안에서 어법에 맞는 표현으로 가장 적절한 것은?

Some of our dissatisfactions with self and with our lot in life are based on real circumstances, and some are false and simply (A) [perceive / perceived] to be real. The perceived must be sorted out and discarded. The real will either fall into the changeable or the unchangeable classification. If it's in the latter, we must strive to accept it. If it's in the former, then we have the alternative to strive instead to remove, exchange, or modify it. All of us have a unique purpose in life; and all of us are gifted, just (B) [different / differently] gifted. It's not an argument about whether it's fair or unfair to have been given one, five, or ten talents; it's about what we have done with our talents. It's about how well we have invested (C) [them / those] we have been given. If one holds on to the outlook that their life is unfair, then that's really holding an offense against God.

	(A)	(B)	(C)
①	perceive	different	them
②	perceive	differently	those
③	perceived	different	them
④	perceived	differently	those

문 6. 밑줄 친 부분 중에서 문법적으로 옳지 않은 것은?

The interview is a natural and ① socially acceptable way of collecting information ② that most people feel ③ comfortable with and ④ what can be in a variety of situations.

문 8. 다음 글의 내용을 한 문장으로 요약하고자 한다. 빈칸 (A), (B)에 들어갈 말로 가장 적절한 것은?

One presentation factor that can influence decision making is the contrast effect. For example, a $70 sweater may not seem like a very good deal initially, but if you learn that the sweater was reduced from $200, all of a sudden it may seem like a real bargain. It is the contrast that "seals the deal." Similarly, my family lives in Massachusetts, so we are very used to cold weather. But when we visit Florida to see my aunt and uncle for Thanksgiving, they urge the kids to wear hats when it is 60 degree outside-virtually bathing suit weather from the kids' perspective! Research even shows that people eat more when they are eating on large plates than when eating from small plates; the same portion simply looks larger on a small plate than a large plate, and we use perceived portion size as a cue that tells us when we are full.

↓

The contrast effect is the tendency to __(A)__ a stimulus in different ways depending on the salient comparison with __(B)__.

	(A)	(B)
①	perceive	previous experience
②	provide	predictive future
③	perceive	unexpected events
④	provide	initial impressions

문 9. 다음 글의 주제로 가장 적절한 것은?

In 1782, J. Hector St. John De Crèvecoeur, a French immigrant who had settled in new York before returning to Europe during the Revolutionary War, published a series of essays about life in the British colonies in North America, *Letters from an American Farmer*. The book was an immediate success in England, France, and the United States. In one of its most famous passages, Crèvecoeur describes the process by which people from different backgrounds and countries were transformed by their experiences in the colonies and asks, "What then is the American?" In America, Crèvecoeur suggests, "individuals of all nations are melted into a new race of men, whose labors and posterity will one day cause great changes in the world." Crèvecoeur was among the first to develop the popular idea of America as that would come to be called "melting pot."

① Crèvecoeur's book became an immediate success in England.

② Crèvecoeur developed the idea of melting pot in his book.

③ Crèvecoeur described and discussed American individualism.

④ Crèvecoeur explained where Americans came from in his book.

문 10. 글의 흐름상 가장 <u>어색한</u> 문장은?

One of the largest celebrations of the passage of young girls into womanhood occurs in Latin American and Hispanic cultures. This event is called La Quinceañera, or the fifteenth year. ① It acknowledges that a young woman is now of marriageable age. The day usually begins with a Mass of Thanksgiving. ② By comparing the rites of passage of one culture with those of another, we can assess differences in class status. The young woman wears a full-length white or pastel-colored dress and is attended by fourteen friends and relatives who serve as maids of honor and male escorts. ③ Her parents and godparents surround her at the foot of the altar. When the Mass ends, other young relatives give small gifts to those who attended, while the Quinceañera herself places a bouquet of flowers on the altar of the Virgin. ④ Following the Mass is an elaborate party, with dancing, cake, and toasts. Finally, to end the evening, the young woman dances a waltz with her favorite escort.

※ 밑줄 친 부분에 들어갈 가장 적절한 것을 고르시오. [문 11.~ 문 12.]

문 11.

> A : Why didn't you answer my calls? I really wanted to talk to you.
> B : I am sorry, but I think we need some time apart.
> A : What do you mean? Do you want to break up with me?
> B : No, _____. I still love you very much, but I just want to be by myself for a while.

① don't reject me
② don't get me wrong
③ don't lean on me
④ don't leave me behind

문 12.

> A : You have just seen all the cars you were interested in. Is there a particular model you like?
> B : Well, I do like the red one I saw at first, especially the exterior with its radiant color.
> A : So, would you like to test-drive that one?
> B : Maybe... but I'm just a little concerned about the leg room.
> A : _____
> B : Well, I don't think it is spacious enough for my family.
> A : If you feel that way, we could try out a different one.
> B : Why not? I am open to your suggestions.

① What seems to be the problem with the exterior?
② Do you want to try out a different color?
③ Perhaps you want to test-drive the red one?
④ Do you think it is too small for you?

문 13. 다음 글을 문맥에 맞게 순서대로 배열한 것은?

> (A) Millions of people suffering from watery and stinging eyes, pounding headaches, sinus issues, and itchy throats, sought refuge from the debilitating air by scouring stores for air filters and face masks.
> (B) The outrage among Chinese residents and the global media scrutiny impelled the government to address the country's air pollution problem.
> (C) Schools and businesses were closed, and the Beijing city government warned people to stay inside their homes, keep their air purifiers running, reduce indoor activities, and remain as inactive as possible.
> (D) In 2013, a state of emergency in Beijing resulting from the dangerously high levels of pollution led to chaos in the transportation system, forcing airlines to cancel flights due to low visibility.

① (B) − (A) − (D) − (C)
② (B) − (C) − (D) − (A)
③ (D) − (B) − (C) − (A)
④ (D) − (C) − (A) − (B)

문 14. 우리말을 영어로 잘못 옮긴 것은?

① 경찰 당국은 자신의 이웃을 공격했기 때문에 그 여성을 체포하도록 했다.
　→ The police authorities had the woman arrested for attacking her neighbor.
② 네가 내는 소음 때문에 내 집중력을 잃게 하지 말아라.
　→ Don't let me distracted by the noise you make.
③ 가능한 한 빨리 제가 결과를 알도록 해 주세요.
　→ Please let me know the result as soon as possible.
④ 그는 학생들에게 모르는 사람들에게 전화를 걸어 성금을 기부할 것을 부탁하도록 시켰다.
　→ He had the students phone strangers and ask them to donate money.

문 15. 우리말을 영어로 가장 잘 옮긴 것은?

① 어떤 교수의 스타일에 적응하는 데는 항상 시간이 좀 걸린다.
→ Time always takes little to tune in on a professor's style.

② 나는 마지막 순간까지 기다렸다가 밤을 새우는 데 익숙해있다.
→ I'm used to waiting until the last minute and staying up all night.

③ 그 수학 문제는 너무 어려워서 그 학생이 답을 할 수 없었다.
→ The math question was too tough for the student to answer it.

④ 나는 너무 많은 시간의 힘든 일로 정말 지쳤다.
→ Too many hours of hard work really tired of me.

문 16. 다음 글의 내용과 가장 일치하는 것은?

Child psychologists concentrate their efforts on the study of the individual from birth through age eleven. Developmental psychologists study behavior and growth patterns from the prenatal period through maturity and old age. Many clinical psychologists specialize in dealing with the behavior problems of children. Research in child psychology sometimes helps shed light on work behavior. For example, one study showed that victims of childhood abuse and neglect may suffer long-term consequences. Among them are lower IQs and reading ability, more suicide attempts, and more unemployment and low-paying jobs. Many people today have become interested in the study of adult phases of human development. The work of developmental psychologists has led to widespread interest in the problems of the middle years, such as the mid-life crisis. A job-related problem of interest to developmental psychologists is why so many executives die earlier than expected after retirement.

① 아동심리학의 연구대상은 주로 사춘기 이후의 아동이다.
② 발달심리학자들은 인간의 일생의 행동과 성장을 연구한다.
③ 아동기에 학대 받은 성인의 실업률이 더 낮은 경향이 있다.
④ 임원들의 은퇴 후 조기 사망이 최근 임상심리학의 관심사이다.

문 17. 다음 밑줄 친 (A), (B), (C)에서 문맥에 맞는 낱말로 가장 적절한 것은?

South Korea is one of the only countries in the world that has a dedicated goal to become the world's leading exporter of popular culture. It is a way for Korea to develop its "soft power." It refers to the (A) [tangible / intangible] power a country wields through its image, rather than through military power or economic power. Hallyu first spread to China and Japan, later to Southeast Asia and several countries worldwide. In 2000, a 50-year ban on the exchange of popular culture between Korea and Japan was partly lifted, which improved the (B) [surge / decline] of Korean popular culture among the Japanese. South Korea's broadcast authorities have been sending delegates to promote their TV programs and cultural contents in several countries. Hallyu has been a blessing for Korea, its businesses, culture and country image. Since early 1999, Hallyu has become one of the biggest cultural phenomena across Asia. The Hallyu effect has been tremendous, contributing to 0.2% of Korea's GDP in 2004, amounting to approximately USD 1.87 billion. More recently in 2014, Hallyu had an estimated USD 11.6 billion (C) [boost / stagnation] on the Korean economy.

	(A)	(B)	(C)
①	tangible	surge	stagnation
②	intangible	decline	boost
③	intangible	surge	boost
④	tangible	decline	stagnation

문 18. 다음 글에서 필자가 주장하는 바로 가장 적절한 것은?

The learned are neither apathetic* nor indifferent regarding the world's problems. More books on these issues are being published than ever, though few capture the general public's attention. Likewise, new research discoveries are constantly being made at universities, and shared at conferences worldwide. Unfortunately, most of this activity is self-serving. With the exception of science — and here, too, only selectively — new insights are not trickling** down to the public in ways to help improve our lives. Yet, these discoveries aren't simply the property of the elite, and should not remain in the possession of a select few professionals. Each person must make his and her own life's decisions, and make those choices in light of our current understanding of who we are and what is good for us. For that matter, we must find a way to somehow make new discoveries accessible to every person.

*apathetic : 냉담한, 무관심한
**trickle : 흐르다

① 학자들은 연구 논문을 작성할 때 주관성을 배제해야 한다.
② 새로운 연구 결과에 모든 사람이 접근할 수 있게 해야 한다.
③ 소수 엘리트 학자들의 폐쇄성을 극복할 계기를 마련해야 한다.
④ 학자들이 연구 과정에서 겪는 어려움을 극복하도록 도와야 한다.

문 19. 주어진 문장이 들어갈 위치로 가장 적절한 곳은?

He dismally fails the first two, but redeems himself in the concluding whale episode, where he does indeed demonstrate courage, honesty, and unselfishness.

Disney's work draws heavily from fairy tales, myths, and folklore, which are profuse in archetypal elements. (①) *Pinocchio* is a good example of how these elements can be emphasized rather than submerged beneath a surface realism. (②) Early in the film, the boy/puppet Pinocchio is told that in order to be a "real boy," he must show that he is "brave, truthful, and unselfish." (③) The three principal episodes of the movie represent ritualistic trials, testing the youth's moral fortitude. (④) As such, like most of Disney's works, the values in *Pinocchio* are traditional and conservative, an affirmation of the sanctity of the family unit, the importance of a Higher Power in guiding our destinies, and the need to play by society's rules.

문 20. 다음 글의 요지로 가장 적절한 것은?

Listening to somebody else's ideas is the one way to know whether the story you believe about the world — as well as about yourself and your place in it — remains intact. We all need to examine our beliefs, air them out and let them breathe. Hearing what other people have to say, especially about concepts we regard as foundational, is like opening a window in our minds and in our hearts. Speaking up is important. Yet to speak up without listening is like banging pots and pans together : even if it gets you attention, it's not going to get you respect. There are three prerequisites for conversation to be meaningful : 1. You have to know what you're talking about, meaning that you have an original point and are not echoing a worn-out, hand-me-down or pre-fab argument; 2. You respect the people with whom you're speaking and are authentically willing to treat them courteously even if you disagree with their positions; 3. You have to be both smart and informed enough to listen to what the opposition says while handling your own perspective on the topic with uninterrupted good humor and discernment.

① We should be more determined to persuade others.
② We need to listen and speak up in order to communicate well.
③ We are reluctant to change our beliefs about the world we see.
④ We hear only what we choose and attempt to ignore different opinions.

제8회 기출 섞은 모의고사

※ 밑줄 친 부분의 의미와 가장 가까운 것을 고르시오. [문 1.~문 3.]

문 1.

> For Netflix, an Oscar can be used to court talent and help create more exclusive content for subscribers. It can also make Netflix's method of releasing films the industry norm. Netflix has been releasing its original films on its service at the same time they are in theaters, and sometimes does not release them in theaters at all. That's a threat to the <u>bottom line</u> of the theater industry, which makes its money from the box office and concession sales.

① final conclusion
② founding principles
③ lowest acceptable price
④ settled accounts

문 2.

> In studying Chinese calligraphy, one must learn something of the origins of Chinese language and of how they were originally written. However, except for those brought up in the artistic traditions of the country, its aesthetic significance seems to be very difficult to <u>apprehend</u>.

① encompass
② intrude
③ inspect
④ grasp

문 3.

> Schooling is <u>compulsory</u> for all children in the United States, but the age range for which school attendance is required varies from state to state.

① complementary
② systematic
③ mandatory
④ innovative

문 4.   다음 빈칸에 가장 알맞은 것은?

> Draconian laws are the first written code of laws drawn up at Athens, believed to have been introduced in 621 or 620 B.C. by a statesman named Draco. Although their details are obscure, they apparently covered a number of offences. The modern adjective "Draconian," meaning excessively _____, reflects the fact that penalties laid down in the code were extremely severe : pilfering received the same punishment as murder — death. A 4th-century B.C. politician quipped that Draco wrote his laws not in ink, but in blood.

① benign
② vigilant
③ harsh
④ auspicious

문 5. 밑줄 친 'brush them off'가 다음 글에서 의미하는 바로 가장 적절한 것은?

Much of the communication between doctor and patient is personal. To have a good partnership with your doctor, it is important to talk about sensitive subjects, like sex or memory problems, even if you are embarrassed or uncomfortable. Most doctors are used to talking about personal matters and will try to ease your discomfort. Keep in mind that these topics concern many older people. You can use booklets and other materials to help you bring up sensitive subjects when talking with your doctor. It is important to understand that problems with memory, depression, sexual function, and incontinence* are not necessarily normal parts of aging. A good doctor will take your concerns about these topics seriously and not brush them off. If you think your doctor isn't taking your concerns seriously, talk to him or her about your feelings or consider looking for a new doctor.

*incontinence : (대소변) 실금

① discuss sensitive topics with you
② ignore some concerns you have
③ feel comfortable with something you say
④ deal with uncomfortable subjects seriously

문 6. 다음 중 문법적으로 옳은 것은?

① The 3rd International Geography Conference will held in Seoul.
② I was so hurted when Susan left me.
③ If the weather had been better, I would have been sitting in the garden when he arrived.
④ It is very kind with him to invite me over for his 80th birthday party.

문 7. 다음 글의 제목으로 가장 적절한 것은?

Over the last years of traveling, I've observed how much we humans live in the past. The past is around us constantly, considering that, the minute something is manifested, it is the past. Our surroundings, our homes, our environments, our architecture, our products are all past constructs. We should live with what is part of our time, part of our collective consciousness, those things that were produced during our lives. Of course, we do not have the choice or control to have everything around us relevant or conceived during our time, but what we do have control of should be a reflection of the time in which we exist and communicate the present. The present is all we have, and the more we are surrounded by it, the more we are aware of our own presence and participation.

① Travel : Tracing the Legacies of the Past
② Reflect on the Time That Surrounds You Now
③ Manifestation of a Hidden Life
④ Architecture of a Futuristic Life

문 8. 다음 글의 밑줄 친 부분 중 어법상 옳지 않은 것은?

Sport ① reflects the norms and values of the general culture of a society. In American culture, as in most world cultures, winning and success are highly ② valued commodities. Sport can serve as an excellent exemplar of the cherished "win-at-all-costs" philosophy. This prevailing attitude often leads to elitism, racism, nationalism, extreme competitiveness, abuse of drugs (including performance-enhancing drugs), gambling, and a number of other ③ deviant behaviors. However, the true spirit of sport often reveals itself as well. The notions of cooperation and team work, fair play, sportsmanship, hard work, dedication, reaching to achieve personal excellence, obedience to rules, commitment and loyalty are also revered values of American society, and that is, perhaps, the primary reason that Americans love sports so much. Despite the highly publicized negative sport stories that are often sensationalized by the mass media, there are far more positive sport-related stories which help to ④ disprove that our support of our favorite teams and athletes is not a wasted endeavor.

문 9. 다음 글의 흐름상 적절하지 <u>않은</u> 문장은?

There was no divide between science, philosophy, and magic in the 15th century. All three came under the general heading of 'natural philosophy'. ① Central to the development of natural philosophy was the recovery of classical authors, most importantly the work of Aristotle. ② Humanists quickly realized the power of the printing press for spreading their knowledge. ③ At the beginning of the 15th century Aristotle remained the basis for all scholastic speculation on philosophy and science. ④ Kept alive in the Arabic translations and commentaries of Averroes and Avicenna, Aristotle provided a systematic perspective on mankind's relationship with the natural world. Surviving texts like his *Physics*, *Metaphysics*, and *Meteorology* provided scholars with the logical tools to understand the forces that created the natural world.

문 10. 다음 글의 내용과 일치하는 것은?

The shape and design of the modern violin is largely influenced by two makers from Cremona, Italy. The instrument was invented by Andrea Amati and then improved by Antonio Stradivari. Although the construction methods of Amati and Stradivari have been carefully examined, the underlying acoustic qualities which contribute to their popularity are little understood. According to Geminiani, a Baroque violinist, the ideal violin tone should "rival the most perfect human voice." To investigate whether Amati and Stradivari violins produce voice-like features, we recorded the scales of 15 antique Italian violins as well as male and female singers. The frequency response curves are similar between the Andrea Amati violin and human singers, up to 4.2kHz. By linear predictive coding analysis, the first two formants of the Amati exhibit vowel-like qualities (F1/F2=503/1,583Hz), mapping to the central region on the vowel diagram. Its third and fourth formants (F3/F4=2,602/3,731Hz) resemble those produced by male singers.

① Antonio Stradivari from Cremona, Italy is credited with making the first violin.

② The third and fourth formants of the Amati violin are similar to those of male singers.

③ Geminiani, a Baroque violinist, investigated the acoustic qualities of Italian violins.

④ The second formant of the Amati violin corresponds to the first formant of the Stradivari's.

문 11. 밑줄 친 (A)에 들어갈 가장 적절한 것은?

Judy : Will I see you at Mike's picnic tomorrow?
Toni : Sure. What are you going to take?
Judy : Potato salad. How about you?
Toni : Oh, no! I was going to make potato salad as well. Now I'll have to ___(A)___ something else. One potato salad is enough.
Judy : Don't worry. You still have time to think about what to take.

① catch up with

② keep up with

③ cover up with

④ come up with

문 12. 두 사람의 대화 중 가장 어색한 것은?

① A : I've just paid 20 dollars for a library fine.
　B : Let me sleep on it.

② A : Are you set for your trip tomorrow?
　B : No, I still have some packing to do.

③ A : Shall we split the bill?
　B : No, it's on me today.

④ A : Jim, the cafeteria is serving shrimp burgers for lunch.
　B : I think I'll pass.

문 13. 주어진 글 다음에 이어질 글의 순서로 올바른 것은?

In contrast to a growing number of scholars in other fields, economists have contributed relatively little to recent critiques of consumer society. With a few notable exceptions, contemporary economists have been hesitant to entertain questions about the relationship of consumption to quality of life.

(A) Economists, moreover, are typically unwilling to engage in critical discussion of values and preferences. In the absence of such discussion, it is easily assumed that the existing configuration of consumer choice is optimal.

(B) Otherwise, it would not be occurring. Actually the implications of the model are even stronger, as we shall see.

(C) Their reluctance is not difficult to explain. Most economists subscribe to a model that holds that as long as standard assumptions are satisfied, consumption must be yielding welfare.

① (A) − (B) − (C)
② (B) − (A) − (C)
③ (B) − (C) − (A)
④ (C) − (B) − (A)

※ 우리말을 영어로 잘못 옮긴 것을 고르시오. [문 14.~문 15.]

문 14.

① 인간은 환경에 자신을 빨리 적응시킨다.
　→ Human beings quickly adapt themselves to the environment.
② 그녀는 그 사고 때문에 그녀의 목표를 포기할 수밖에 없었다.
　→ She had no choice but to give up her goal because of the accident.
③ 그 회사는 그가 부회장으로 승진하는 것을 금했다.
　→ The company prohibited him from promoting to vice-president.
④ 그 장난감 자동차를 조립하고 분리하는 것은 쉽다.
　→ It is easy to assemble and take apart the toy car.

문 15.

① 탄소배출은 가스, 석탄, 석유와 같은 화석연료 연소의 결과물이다.
　→ Carbon emissions are a result of burning fossil fuels such as gas, coal, or oil.
② 모든 연령대의 사람들이 여왕에게 존경을 표하기 위해 차려입었다.
　→ People of all ages dressed up to show themselves their respect to the queen.
③ 당뇨병은 우리 건강에 심각한 위협이지만 완벽히 예방할 수 있다.
　→ Although diabetes is a critical threat to our health, it can be completely prevented.
④ 토요일로 예정된 집회는 금세기에 가장 큰 정치적 모임이 될 것이다.
　→ The rally scheduled for Saturday will be the largest political gathering in this century.

문 16. 다음 주어진 문장이 들어갈 가장 적절한 곳은?

Instead, these employees spoke first of the sincerity of the relationships at work, that their work culture felt like an extension of home, and that their colleagues were supportive.

(①) There is a clear link between job satisfaction and productivity. However, job satisfaction also depends on the service culture of an organization. (②) This culture comprises the things that make a business distinctive and make the people who work there proud to do so. (③) When employees of the "Top 10 Best Companies to Work for" were asked by *Fortune* magazine why they loved working for these companies, it was notable that they didn't mention pay, reward schemes, or advancing to a more senior position. (④)

※ 다음 빈칸에 들어갈 말로 가장 적절한 것을 고르시오. [문 17. ~문 18.]

문 17.

A person may try to _____ by using evidence to his advantage. A mother asks her son, "How are you doing in English this term?" He responds cheerfully, "Oh, I just got a ninety-five on a quiz." The statement conceals the fact that he has failed every other quiz and that his actual average is 55. Yet, if she pursues the matter no further, the mother may be delighted that her son is doing so well. Linda asks Susan, "Have you read much Dickens?" Susan responds, "Oh, *Pickwick Papers* is one of my favorite novels." The statement may disguise the fact that *Pickwick Papers* is the only novel by Dickens that she has read, and it may give Linda the impression that Susan is a great Dickens enthusiast.

① earn extra money
② effect a certain belief
③ hide memory problems
④ make other people feel guilty

문 18.

Beeches, oaks, spruce and pines produce new growth all the time, and have to get rid of the old. The most obvious change happens every autumn. The leaves have served their purpose : they are now worn out and riddled with insect damage. Before the trees bid them adieu, they pump waste products into them. You could say they are taking this opportunity to relieve themselves. Then they grow a layer of weak tissue to separate each leaf from the twig it's growing on, and the leaves tumble to the ground in the next breeze. The rustling leaves that now blanket the ground — and make such a satisfying scrunching sound when you scuffle through them — are basically _____.

① tree toilet paper
② the plant kitchen
③ lungs of the tree
④ parents of insects

문 19. 다음 글의 요지로 가장 적절한 것은?

Novelty-induced time expansion is a well-characterized phenomenon which can be investigated under laboratory conditions. Simply asking people to estimate the length of time they are exposed to a train of stimuli shows that novel stimuli simply seem to last longer than repetitive or unremarkable ones. In fact, just being the first stimulus in a moderately repetitive series appears to be sufficient to induce subjective time expansion. Of course, it is easy to think of reasons why our brain has evolved to work like this — presumably novel and exotic stimuli require more thought and consideration than familiar ones, so it makes sense for the brain to allocate them more subjective time.

① Response to stimuli is an important by-product of brain training.
② The intensity of stimuli increases with their repetition.
③ Our physical response to stimuli influences our thoughts.
④ New stimuli give rise to subjective time expansion.

문 20. 다음 글의 내용과 일치하지 <u>않는</u> 것은?

Dubrovnik, Croatia, is a mess. Because its main attraction is its seaside Old Town surrounded by 80-foot medieval walls, this Dalmatian Coast town does not absorb visitors very well. And when cruise ships are docked here, a legion of tourists turn Old Town into a miasma of tank-top-clad tourists marching down the town's limestone-blanketed streets. Yes, the city of Dubrovnik has been proactive in trying to curb cruise ship tourism, but nothing will save Old Town from the perpetual swarm of tourists. To make matters worse, the lure of making extra money has inspired many homeowners in Old Town to turn over their places to Airbnb, making the walled portion of town one giant hotel. You want an "authentic" Dubrovnik experience in Old Town, just like a local? You're not going to find it here. Ever.

① Old Town은 80피트 중세 시대 벽으로 둘러싸여 있다.
② 크루즈 배가 정박할 때면 많은 여행객이 Old Town 거리를 활보한다.
③ Dubrovnik 시는 크루즈 여행을 확대하려고 노력해 왔다.
④ Old Town에서는 많은 집이 여행객 숙소로 바뀌었다.

제9회 기출 섞은 모의고사

⊙ 시간 체크 풀이 시간 ___ : ___ ~ ___ : ___   소요 시간 ___ : ___   ⊙ Timer 신중 30분 / 적정 27분 / 빠름 25분
⊙ 점수 체크 맞힌 개수 ___ / 20개   점수 ___ 점

※ 다음 빈칸에 들어갈 말로 가장 적절한 것을 고르시오. [문 1.~ 문 2.]

문 1.

Our main dish did not have much flavor, but I made it more _____ by adding condiments.

① palatable
② dissolvable
③ potable
④ susceptible

문 2.

ZMapp is created by injecting plants with a genetically modified virus. This causes the plant cells to produce _____ for the Ebola virus, which scientists then extract and purify. ZMapp has been given to several individuals; however, it is relatively untested, and its safety and efficacy are not known.

① microbes
② vermin
③ toxicants
④ antibodies

※ 밑줄 친 부분의 의미와 가장 가까운 것을 고르시오. [문 3.~ 문 4.]

문 3.

After Francesca made a case for staying at home during the summer holidays, an uncomfortable silence fell on the dinner table. Robert was not sure if it was the right time for him to tell her about his grandiose plan.

① objected to
② dreamed about
③ completely excluded
④ strongly suggested

문 4.

For years, detectives have been trying to unravel the mystery of the sudden disappearance of the twin brothers.

① solve
② create
③ imitate
④ publicize

문 5. 다음 중 문법적으로 옳지 않은 것은?

In Europe, rules on positive discrimination ① are being discussed in each country. The rules state that ② companies should give women ③ preference for non-executive posts where there is no better-qualified male candidate, until women reach a total of 40% in the boardroom. The draft law made it possible to fine the companies which ignore the rules. ④ If endorsing, the rules will take seven years to come into force.

문 6. 다음 글의 요지로 가장 적절한 것은?

Evolutionarily, any species that hopes to stay alive has to manage its resources carefully. That means that first call on food and other goodies goes to the breeders and warriors and hunters and planters and builders and, certainly, the children, with not much left over for the seniors, who may be seen as consuming more than they're contributing. But even before modern medicine extended life expectancies, ordinary families were including grandparents and even great-grandparents. That's because what old folk consume materially, they give back behaviorally — providing a leveling, reasoning center to the tumult that often swirls around them.

① Seniors have been making contributions to the family.
② Modern medicine has brought focus to the role of old folk.
③ Allocating resources well in a family determines its prosperity.
④ The extended family comes at a cost of limited resources.

문 7. 다음 중 어법상 옳은 것은?

① My sweet-natured daughter suddenly became unpredictably.
② She attempted a new method, and needless to say had different results.
③ Upon arrived, he took full advantage of the new environment.
④ He felt enough comfortable to tell me about something he wanted to do.

문 8. 다음 빈칸에 들어갈 말로 가장 적절한 것은?

The seeds of willows and poplars are so minuscule* that you can just make out two tiny dark dots in the fluffy flight hairs. One of these seeds weighs a mere 0.0001 grams. With such a meagre energy reserve, a seedling can grow only 1~2 millimetres before it runs out of steam and has to rely on food it makes for itself using its young leaves. But that only works in places where there's no competition to threaten the tiny sprouts. Other plants casting shade on it would extinguish the new life immediately. And so, if a fluffy little seed package like this falls in a spruce or beech forest, the seed's life is over before it's even begun. That's why willows and poplars _____.

*minuscule : 아주 작은

① prefer settling in unoccupied territory
② have been chosen as food for herbivores
③ have evolved to avoid human intervention
④ wear their dead leaves far into the winter

문 9. 다음 글의 제목으로 가장 적절한 것은?

The definition of 'turn' casts the digital turn as an analytical strategy which enables us to focus on the role of digitalization within social reality. As an analytical perspective, the digital turn makes it possible to analyze and discuss the societal meaning of digitalization. The term 'digital turn' thus signifies an analytical approach which centers on the role of digitalization within a society. If the linguistic turn is defined by the epistemological* assumption that reality is constructed through language, the digital turn is based on the assumption that social reality is increasingly defined by digitalization. Social media symbolize the digitalization of social relations. Individuals increasingly engage in identity management on social networking sites(SNS). SNS are polydirectional, meaning that users can connect to each other and share information.

*epistemological : 인식론의

① Remaking Identities on SNS
② Linguistic Turn Versus Digital Turn
③ How to Share Information in the Digital Age
④ Digitalization Within the Context of Social Reality

문 10. 주어진 글 다음에 이어질 글의 순서가 올바른 것은?

First, what is politics about? One of the classic answers to this question is that politics is about who gets what, when and how. On this view, politics is essentially about settling contestation over the distribution of material goods.

(A) Yet the notion that politics is solely, or mainly, about distribution has been challenged over the past three or more decades. The increasing salience of 'post-ideological' contestation around values and lifestyles suggests that politics is as much, or arguably more, about identity and culture as it is about material resources.

(B) This may have been a fair characterization of politics in the post-World War II era — an era that saw the rolling out of progressive taxation and welfare provision by a relatively centralized state and a party political system based on a traditional left-right ideological cleavage.

(C) Much of our contemporary political debate revolves around issues that are not neatly categorized as left or right, such as the environment, gender and sexual rights, immigration and security.

① (A) − (B) − (C)
② (A) − (C) − (B)
③ (B) − (A) − (C)
④ (B) − (C) − (A)

문 11. 밑줄 친 부분에 들어갈 말로 가장 적절한 것은?

Jane Fox : Hello, this is Jane Fox from Prime Company calling. May I speak to Mr. Kim?
Ted Kim : Good morning, Ms. Fox. This is Ted Kim.
Jane Fox : Hi, Mr. Kim. I'd like to place an order for a number of your Comfort desk units.
Ted Kim : Sure. How many are you interested in ordering?
Jane Fox : I'd like 75 units by the end of the month. Could I get an estimate before placing an order?
Ted Kim : Of course. I'll have it for you by the end of the day.
Jane Fox : Sounds good. _____
Ted Kim : Certainly. Our delivery dates depend on your location, but we can usually deliver within 14 business days.

① Are the estimates accurate?
② Can you give me an approximate cost?
③ Do you ship door-to-door?
④ Is it the major cause of delayed delivery?

문 12. 다음 대화 중 가장 어색한 것은?

① A : What's happening? Why the long face this morning?
　B : Does it show? I'm feeling a bit under the weather.
② A : Have you decided where you want to travel this summer?
　B : Well, actually I am open to suggestions at this point.
③ A : I can't believe the water faucet is leaking badly again.
　B : Does it mean that you are going to get a huge bill?
④ A : I'm staying in Room 351. Do you have any messages for me?
　B : Let me check... I'm afraid we're fully booked up tonight.

문 13. 우리말을 영어로 가장 잘 옮긴 것은?

① 몇 가지 문제가 새로운 회원들 때문에 생겼다.

→ Several problems have raised due to the new members.

② 그 위원회는 그 건물의 건설을 중단하라고 명했다.

→ The committee commanded that construction of the building cease.

③ 그들은 한 시간에 40마일이 넘는 바람과 싸워야 했다.

→ They had to fight against winds that will blow over 40 miles an hour.

④ 거의 모든 식물의 씨앗은 혹독한 날씨에도 살아남는다.

→ The seeds of most plants are survived by harsh weather.

문 14. 우리말을 영어로 잘못 옮긴 것은?

① 그녀의 남편은 부인이 옷값으로 얼마를 지불하는지 혹은 어디서 구입하는지에 관심이 없다.

→ How much she pays for her clothes or where she buys them does not interest her husband.

② 그는 하나의 일을 끝내자마자 다른 일을 하도록 요청을 받았다.

→ No sooner had he finished one task than he was asked to do another one.

③ 장학금이 제공되는 아홉 개의 부문은 다음 목록에서 볼 수 있다.

→ Nine categories of which scholarships will be offered can be seen to the following list.

④ 그가 현재 양호한 재정 조건하에 있다는 사실 외에는 나로서는 보고할 새 소식이 없다.

→ Other than the fact that he is now in good financial condition, I have no news to report.

문 15. 글의 흐름상 빈칸에 들어갈 말로 가장 적절한 것은?

A country's wealth plays a central role in education, so lack of funding and resources from a nation-state can weaken a system. Governments in sub-Saharan Africa spend only 2.4 percent of the world's public resources on education, yet 15 percent of the school-age population lives there. _____, the United States spends 28 percent of all the money spent in the world on education, yet it houses only 4 percent of the school-age population.

① Nevertheless

② Furthermore

③ Conversely

④ Similarly

문 16. 다음 글의 밑줄 친 부분 중, 문맥상 낱말의 쓰임이 가장 적절하지 <u>않은</u> 것은?

According to the modernization theory of aging, the status of older adults declines as societies become more modern. The status of old age was low in hunting-and-gathering societies, but it ① <u>rose</u> dramatically in stable agricultural societies, in which older people controlled the land. With the coming of industrialization, it is said, modern societies have tended to ② <u>revalue</u> older people. The modernization theory of aging suggests that the role and status of older adults are ③ <u>inversely</u> related to technological progress. Factors such as urbanization and social mobility tend to disperse families, whereas technological change tends to devalue the wisdom or life experience of elders. Some investigators have found that key elements of modernization were, in fact, broadly related to the ④ <u>declining</u> status of older people in different societies.

문 17. 다음 글의 내용과 일치하지 <u>않는</u> 것은?

In the nineteenth century, the most respected health and medical experts all insisted that diseases were caused by "miasma," a fancy term for bad air. Western society's system of health was based on this assumption : to prevent diseases, windows were kept open or closed, depending on whether there was more miasma inside or outside the room; it was believed that doctors could not pass along disease because gentlemen did not inhabit quarters with bad air. Then the idea of germs came along. One day, everyone believed that bad air makes you sick. Then, almost overnight, people started realizing there were invisible things called microbes and bacteria that were the real cause of diseases. This new view of disease brought sweeping changes to medicine, as surgeons adopted antiseptics and scientists invented vaccines and antibiotics. But, just as momentously, the idea of germs gave ordinary people the power to influence their own lives. Now, if you wanted to stay healthy, you could wash your hands, boil your water, cook your food thoroughly, and clean cuts and scrapes with iodine.

① In the nineteenth century, opening windows was irrelevant to the density of miasma.

② In the nineteenth century, it was believed that gentlemen did not live in places with bad air.

③ Vaccines were invented after people realized that microbes and bacteria were the real cause of diseases.

④ Cleaning cuts and scrapes could help people to stay healthy.

문 18. 주어진 문장이 들어갈 위치로 가장 적절한 곳은?

Thus, blood, and life-giving oxygen, are easier for the heart to circulate to the brain.

People can be exposed to gravitational force, or g-force, in different ways. It can be localized, affecting only a portion of the body, as in getting slapped on the back. It can also be momentary, such as hard forces endured in a car crash. A third type of g-force is sustained, or lasting for at least several seconds. (①) Sustained, bodywide g-forces are the most dangerous to people. (②) The body usually withstands localized or momentary g-force better than sustained g-force, which can be deadly because blood is forced into the legs, depriving the rest of the body of oxygen. (③) Sustained g-force applied while the body is horizontal, or lying down, instead of sitting or standing tends to be more tolerable to people, because blood pools in the back and not the legs. (④) Some people, such as astronauts and fighter jet pilots, undergo special training exercises to increase their bodies' resistance to g-force.

문 19. 다음 글의 내용과 일치하지 <u>않는</u> 것은?

The earliest government food service programs began around 1900 in Europe. Programs in the United States date from the Great Depression, when the need to use surplus agricultural commodities was joined to concern for feeding the children of poor families. During and after World War II, the explosion in the number of working women fueled the need for a broader program. What was once a function of the family — providing lunch — was shifted to the school food service system. The National School Lunch Program is the result of these efforts. The program is designed to provide federally assisted meals to children of school age. From the end of World War II to the early 1980s, funding for school food service expanded steadily. Today it helps to feed children in almost 100,000 schools across the United States. Its first function is to provide a nutritious lunch to all students; the second is to provide nutritious food at both breakfast and lunch to underprivileged children. If anything, the role of school food service as a replacement for what was once a family function has been expanded.

① The increase in the number of working women boosted the expansion of food service programs.
② The US government began to feed poor children during the Great Depression despite the food shortage.
③ The US school food service system presently helps to feed children of poor families.
④ The function of providing lunch has been shifted from the family to schools.

문 20. 밑줄 친 부분 중 글의 흐름상 <u>어색한</u> 문장은?

Fear of flying, or aviophobia, is an anxiety disorder. About 40% of the general population reports some fear of flying, and 2.5% has what is classified as a clinical phobia, one in which a person avoids flying or does so with significant distress. ① <u>Like other situational phobias, the fear is disproportionate to the danger posed.</u> Commercial air travel in the United States is extremely safe. ② <u>A person who took a 500-mile flight every day for a year would have a fatality risk of 1 in 85,000, according to an analysis by Ian Savage, associate chair of the Economics Department at Northwestern University.</u> In contrast, highway travel accounts for 94.4% of national transportation fatalities. ③ <u>Little is known about what keeps people afraid even after exposure to successful flights.</u> But for many, statistics are not enough to quell phobias. ④ <u>The Anxiety and Depression Association of America suggests eight steps to help identify triggers and defuse them.</u> Martin Seif, a clinical psychologist who wrote the steps, identifies the variety of conditions that may comprise the phobia. Panic disorder, social anxiety disorder and obsessive compulsive disorder are among them. For some, breathing exercises, anti-anxiety medication and cognitive behavioral therapy work. But the strategies do not work for everyone.

제10회 기출 섞은 모의고사

시간 체크 풀이 시간 ___ : ___ ~ ___ : ___   소요 시간 ___ : ___   Timer 신중 30분 / 적정 27분 / 빠름 25분

점수 체크 맞힌 개수 ___ / 20개   점수 ___ 점

※ 밑줄 친 부분의 의미와 가장 가까운 것을 고르시오. [문 1.~ 문 3.]

문 1.

> There is serious concern the poison may have been moved somewhere that we don't know about by other people who are at large and determined to carry out an attack.

① not disengaged

② not yet confined

③ disguised in group

④ vanished with people

문 2.

> The song may engage my daughter without the insipidness that comes with much children's music.

① tirade

② vibrancy

③ dereliction

④ blandness

문 3.

> These daily updates were designed to help readers keep abreast of the markets as the government attempted to keep them under control.

① be acquainted with

② get inspired by

③ have faith in

④ keep away from

문 4. 빈칸에 들어갈 말로 가장 적절한 것은?

> The issue with plastic bottles is that they're not _____ so when the temperatures begin to rise, your water will also heat up.

① sanitary

② insulated

③ recyclable

④ waterproof

문 5. 밑줄 친 부분 중 문법적으로 옳지 않은 것은?

Job satisfaction is not universal in middle adulthood. ① For some people, work becomes increasingly stressful as dissatisfaction with working conditions or with the nature of the job mount. ② In some cases, conditions become so bad that the result is burnout or a decision to change jobs. Burnout occurs when workers experience dissatisfaction, disillusionment, frustration, and weariness from their jobs. It occurs most often in jobs that involve helping others, and ③ it often strikes those who initially were the most idealistic and driven. In some ways, such workers may be overcommitted to their jobs, and ④ the realization that they can make only minor dents in huge societal problems such as poverty and medical care can be disappointing and demoralizing. Thus, the idealism with which they may have entered a profession is replaced by pessimism and the attitude that it is impossible to provide any kind of meaningful solution to a problem.

문 6. 다음 글의 요지로 가장 적절한 것은?

My students often believe that if they simply meet more important people, their work will improve. But it's remarkably hard to engage with those people unless you've already put something valuable out into the world. That's what piques the curiosity of advisers and sponsors. Achievements show you have something to give, not just something to take. In life, it certainly helps to know the right people. But how hard they go to bat for you, how far they stick their necks out for you, depends on what you have to offer. Building a powerful network doesn't require you to be an expert at networking. It just requires you to be an expert at something. If you make great connections, they might advance your career. If you do great work, those connections will be easier to make. Let your insights and your outputs — not your business cards — do the talking.

① Sponsorship is necessary for a successful career.

② Building a good network starts from your accomplishments.

③ A powerful network is a prerequisite for your achievement.

④ Your insights and outputs grow as you become an expert at networking.

문 7. 어법상 옳은 것은?

① A horse should be fed according to its individual needs and the nature of its work.

② My hat was blown off by the wind while walking down a narrow street.

③ She has known primarily as a political cartoonist throughout her career.

④ Even young children like to be complimented for a job done good.

문 8. 밑줄 친 부분의 표현과 의미가 가장 가까운 것은?

Today, China is the country best positioned to send its sons and daughters into the same lunar unknown[*] — a goal it is aiming to reach as early as the late 2020s — and represent the entire 7.5 billion of us if it does. The Chinese edge is due in large part to the monomaniacally focused way Beijing pursues all of its grand projects, like the 2008 Olympics, the country's sprawling rail and subway grid, and the global Belt and Road Initiative. A top-down system that exerts complete control of all aspects of the economy and society can pretty much will its great works into existence. "Odds of the next voice transmission from the moon being in Mandarin are high," said Joan Johnson-Freese, a professor at the U.S. Naval War College, on CNN Thursday.

*the lunar unknown : the far side of the moon

① Chances are China will be the next to land a manned spaceship on the moon.

② It is highly likely that Chinese will be adopted as the standard language for all astronauts.

③ There is a real possibility that whoever next gets to the moon will first notify their arrival to China.

④ China will educate their astronauts to speak its official language perfectly on the moon.

문 9. 글의 흐름으로 보아, 주어진 문장이 들어가기에 가장 적절한 곳은?

> With love and strength from the tribe, the tiny seeds mature and grow tall and crops for the people.

In the Pueblo indian culture, corn is to the people the very symbol of life. (①) The Corn Maiden "grandmother of the sun and the light" brought this gift, bringing the power of life to the people. (②) As the corn is given life by the sun, the Corn Maiden brings the fire of the sun into the human bodies, giving man many representations of his love and power through nature. (③) Each Maiden brings one seed of corn that is nurtured with love like that given to a child and this one seed would sustain the entire tribe forever. (④) The spirit of the Corn Maidens is forever present with the tribal people.

문 10. 다음 글의 주제로 가장 적절한 것은?

For many people, work has become an obsession. It has caused burnout, unhappiness and gender inequity, as people struggle to find time for children or passions or pets or any sort of life besides what they do for a paycheck. But increasingly, younger workers are pushing back. More of them expect and demand flexibility — paid leave for a new baby, say, and generous vacation time, along with daily things, like the ability to work remotely, come in late or leave early, or make time for exercise or meditation. The rest of their lives happens on their phones, not tied to a certain place or time — why should work be any different?

① ways to increase your paycheck

② obsession for reducing inequity

③ increasing call for flexibility at work

④ advantages of a life with long vacations

※ 밑줄 친 부분에 들어갈 말로 가장 적절한 것을 고르시오. [문 11. ~문 12.]

문 11.

A : All these streets around here have these mysterious communal gardens in the middle of them. They're like little villages.
B : Let's go in.
A : Ah, no — that's the point — they're private villages only the people who live around the edges are allowed in.
B : Oh, _____

① Do you ignore the rules like that?

② Do you abide by rules like that?

③ Do you make it a rule to go there like that?

④ Do you act contrary to the rules like that?

문 12.

A : Advanced Components, good morning.
B : Hello. Could you _____ to David Hogan in the Sales Department?
A : One moment, please. I'm afraid the line's busy. Do you want to hold or call back later?
B : I'll call again later. Goodbye.

① introduce me

② put me through

③ send me through

④ take me

※ 우리말을 영어로 잘못 옮긴 것을 고르시오. [문 13.~문 14.]

문 13.

① 그를 당황하게 한 것은 그녀의 거절이 아니라 그녀의 무례함이었다.

　→ It was not her refusal but her rudeness that perplexed him.

② 부모는 아이들 앞에서 그들의 말과 행동에 대해 아무리 신중해도 지나치지 않다.

　→ Parents cannot be too careful about their words and actions before their children.

③ 환자들과 부상자들을 돌보기 위해 더 많은 의사가 필요했다.

　→ More doctors were required to tend sick and wounded.

④ 설상가상으로, 또 다른 태풍이 곧 올 것이라는 보도가 있다.

　→ To make matters worse, there is a report that another typhoon will arrive soon.

문 14.

① 그가 혼란에 빠진 채로 회의실을 떠났다.

　→ Covering with confusion, he left the conference room.

② 길을 따라 걷다가 그는 나무뿌리에 걸려 넘어졌다.

　→ Walking along the road, he tripped over the root of a tree.

③ 눈을 크게 뜬 채로 그녀는 그 남자를 응시했다.

　→ With her eyes wide open, she stared at the man.

④ 손을 흔들면서 그녀는 기차에 올랐다.

　→ Waving goodbye, she got on the trail.

문 15. 밑줄 친 부분의 단어와 의미가 가장 가까운 것은?

Entertainment is a luxury, not a necessity. Movies won't give you a dependable ride to work, and a downloaded song won't feed your family for a week. People will only consume entertainment when they have time, money, and the desire to do so. That desire comes about through any number of variables, but once it's there, you'd better deliver — now. Entertainment must be available to the public when the public wants it, not a minute sooner or a second later. It is this perishability that poses the biggest challenge to the industry. Trends in automobiles or home furnishings — large investments — may ebb and flow over several years. Those industries can follow a linear path in the life of a product, taking more time to create the new version, model, style. Entertainment? Today's hot thing can be cold as a clam tomorrow. The consuming public is fickle, so if you want to take advantage of their interest, you need to mobilize all your forces immediately.

① mass consumability

② temporal sensitivity

③ technical dependency

④ unlimited availability

문 16. 글의 제목으로 가장 적절한 것은?

Few words are tainted by so much subtle nonsense and confusion as *profit*. To my liberal friends the word connotes the proceeds of fundamentally unrespectable and unworthy behaviors : minimally, greed and selfishness; maximally, the royal screwing of millions of helpless victims. *Profit* is the incentive for the most unworthy performance. To my conservative friends, it is a term of highest endearment, connoting efficiency and good sense. To them, *profit* is the ultimate incentive for worthy performance. Both connotations have some small merit, of course, because profit may result from both greedy, selfish activities and from sensible, efficient ones. But overgeneralizations from either bias do not help us in the least in understanding the relationship between profit and human competence.

① Relationship Between Profit and Political Parties

② Who Benefits from Profit

③ Why Making Profit Is Undesirable

④ Polarized Perceptions of Profit

문 17. 다음 글의 내용과 일치하지 <u>않는</u> 것은?

Carbonate sands, which accumulate over thousands of years from the breakdown of coral and other reef organisms, are the building material for the frame-works of coral reefs. But these sands are sensitive to the chemical make-up of sea water. As oceans absorb carbon dioxide, they acidify — and at a certain point, carbonate sands simply start to dissolve. The world's oceans have absorbed around one-third of human-emitted carbon dioxide. The rate at which the sands dissolve was strongly related to the acidity of the overlying seawater, and was ten times more sensitive than coral growth to ocean acidification. In other words, ocean acidification will impact the dissolution of coral reef sands more than the growth of corals. This probably reflects the corals' ability to modify their environment and partially adjust to ocean acidification, whereas the dissolution of sands is a geochemical process that cannot adapt.

① The frameworks of coral reefs are made of carbonate sands.

② Corals are capable of partially adjusting to ocean acidification.

③ Human-emitted carbon dioxide has contributed to the world's ocean acidification.

④ Ocean acidification affects the growth of corals more than the dissolution of coral reef sands.

문 18. 빈칸 (A), (B)에 들어갈 가장 적절한 것은?

Since the 2013 Snowden disclosures revealed the extent of government surveillance programs, it's been a standard claim by intelligence agencies, seeking to justify their push for more powers, that their ability to track suspects using new technologies is under threat because of growing use of end-to-end encryption by technology companies. For example, in a speech in fall 2014, FBI director James Comey asserted : "the law hasn't kept pace with technology, and this disconnect has created a significant public safety problem. We call it 'Going Dark......' We have the legal authority to intercept and access communications and information pursuant to court order, but we often lack the technical ability to do so."   (A)   , a new study, published yesterday by Harvard University and funded by the Hewlett Foundation, debunks the notion that surveillance agencies are struggling with a data blackout.   (B)   , it argues, the rise of connected devices (the so-called Internet of Things) presents massive opportunities for surveillance, supported by technology companies having business models that rely on data-mining their own users — providing an incentive for them not to robustly encrypt IoT data.

	(A)	(B)
①	However	On the contrary
②	Likewise	Furthermore
③	For instance	Therefore
④	Nevertheless	In addition

문 19. 다음 빈칸에 들어갈 가장 적절한 것은?

Members of Congress have a clear advantage over challengers who want to unseat them. Current members are incumbents, candidates for reelection who already hold the office. As such, they have name recognition because the people in the district or state know them. They can use the franking privilege, of free use of the mail, to send out newsletters informing their constituents about their view or asking for input. Incumbents traditionally have easier access to campaign funds and volunteers to generate votes. It is not surprising that 90 percent of incumbents are reelected. The situation is not static, however. Legislators run for other offices, and vacancies are created by death, retirement, and resignation. Although term limits, restricting the number of consecutive terms an individual can serve, were rejected by the Supreme Court, the idea continues to enjoy the support of voters who _____ _____.

① make every effort to stay in touch with public opinions

② support the way the majority of the people in their districts want

③ want to see more open contests

④ take the views of their constituents into accounts

문 20. 주어진 글 다음에 이어질 글의 순서로 가장 적절한 것은?

There is a thought that can haunt us : since everything probably affects everything else, how can we ever make sense of the social world? If we are weighed down by that worry, though, we won't ever make progress.

(A) Every discipline that I am familiar with draws caricatures of the world in order to make sense of it. The modern economist does this by building models, which are deliberately stripped down representations of the phenomena out there.

(B) The economist John Maynard Keynes described our subject thus : "Economics is a science of thinking in terms of models joined to the art of choosing models which are relevant to the contemporary world."

(C) When I say "stripped down," I really mean stripped down. It isn't uncommon among us economists to focus on one or two causal factors, exclude everything else, hoping that this will enable us to understand how just those aspects of reality work and interact.

① (A) − (B) − (C)

② (A) − (C) − (B)

③ (B) − (C) − (A)

④ (B) − (A) − (C)

01 The 비교 주어+동사~(A), the 비교 주어+동사~(B) : A하면 할수록 더욱더 B하다

The more carefully you write, the fewer mistakes you will make. 당신이 더욱더 주의 깊게 쓸수록, 당신은 실수를 더 적게 할 것이다.

※ 두 문장에 모두 be 동사가 사용될 경우 둘 다 생략 가능

02 so that : 결과 / so that ~ may[can] : 목적

His Parents died suddenly, so that he had to earn his living. 그의 부모님이 갑자기 돌아가셔서, 그는 생계를 꾸려야 했다.

※ 결과를 표현하는 so that의 경우 대부분 ,(comma)가 있지만 없는 경우도 있음

03 A is no more B than C is D : A가 B가 아닌 것은 C가 D가 아닌 것과 같다(양자 부정)

A whale is no more a fish than a horse is (a fish). 말이 물고기가 아닌 것처럼, 고래도 물고기가 아닌 것과 같다.

※ no less ~ than을 이용하는 경우 양자 긍정이 됨

04 It is true that ~, but … : ~는 사실이지만 …(일단 긍정 후 뒤집을 때 사용)

It is true that he is clever, but he has no common sense. 그가 영리한 것은 사실이지만 상식이 없다.

It is true that she is rich, but she is not generous to us. 그녀가 부자라는 것은 사실이지만, 우리에게 관대하지는 않다.

※ that절 안의 내용과 but 이하의 내용이 서로 대조 관계

05 부정 주어+비교급 than, 부정 주어+as(so) ~ as : 최상급 표현

No mountain is higher than Mt. Everest. 에베레스트 산보다 높은 산은 없다.

No mountain is so high as Mt. Everest. 에베레스트 산만큼 높은 산은 없다.

※ can't 또는 never가 비교급과 함께 사용되어도 최상급 표현임

⊘ 시간 체크 풀이 시간 ___ : ___ ~ ___ : ___   소요 시간 ___ : ___   ⊘ Timer 신중 25분 / 적정 22분 / 빠름 20분
⊘ 점수 체크 맞힌 개수 ___ / 20개   점수 ___ 점

※ 빈칸에 들어갈 말로 가장 적절한 것을 고르시오. [문 1.~문 3.]

문 1.

A group of young demonstrators attempted to _____ the police station.

① line up
② give out
③ carry on
④ break into

문 2.

We're familiar with the costs of burnout : Energy, motivation, productivity, engagement, and commitment can all take a hit, at work and at home. And many of the _____ are fairly intuitive : Regularly unplug. Reduce unnecessary meetings. Exercise. Schedule small breaks during the day. Take vacations even if you think you can't afford to be away from work, because you can't afford not to be away now and then.

① fixes
② damages
③ prizes
④ complications

문 3.

Listening to music is _____ being a rock star. Anyone can listen to music, but it takes talent to become a musician.

① on a par with
② a far cry from
③ contingent upon
④ a prelude to

문 4. 밑줄 친 부분과 의미가 가장 가까운 것은?

Predicting natural disasters like earthquakes in advance is an imprecise science because the available data is limited.

① accurate
② inexact
③ implicit
④ integrated

문 5. 다음 글의 내용과 일치하는 것은?

The most notorious case of imported labor is of course the Atlantic slave trade, which brought as many as ten million enslaved Africans to the New World to work the plantations. But although the Europeans may have practiced slavery on the largest scale, they were by no means the only people to bring slaves into their communities : earlier, the ancient Egyptians used slave labor to build their pyramids, early Arab explorers were often also slave traders, and Arabic slavery continued into the twentieth century and indeed still continues in a few places. In the Americas some native tribes enslaved members of other tribes, and slavery was also an institution in many African nations, especially before the colonial period.

① African laborers voluntarily moved to the New World.

② Europeans were the first people to use slave labor.

③ Arabic slavery no longer exists in any form.

④ Slavery existed even in African countries.

문 6. 어법상 옳은 것은?

① The paper charged her with use the company's money for her own purposes.

② The investigation had to be handled with the utmost care lest suspicion be aroused.

③ Another way to speed up the process would be made the shift to a new system.

④ Burning fossil fuels is one of the lead cause of climate change.

문 7. 다음 글의 요지로 가장 적절한 것은?

To demonstrate that you are thankful, you should say "thank you" immediately when you walk into the room and do the interview. This is a step that many people forego and do not remember, but when you do it, you demonstrate a level that is above the average candidate. So, you should say something to the interviewer like the following : "Thank you for inviting me to have this interview. I appreciate the time that you have committed to talk to me about this available position." You don't have to fluff up your words or try to make it into something fancy. Instead, keep it simple and to the point to show your gratitude to the interviewer.

① 면접자는 면접 시간 약속을 철저하게 지켜야 한다.

② 면접자는 면접 요청을 받으면 최대한 빨리 답장해야 한다.

③ 면접자는 면접관에게 곧바로, 간단히 감사를 표현해야 한다.

④ 면접에서 자신의 의견을 말할 때는 근거를 정확히 밝혀야 한다.

문 8. 다음 밑줄 친 부분 중 어법상 틀린 것은?

When people think of the word philanthropist, they're apt to picture a grand lady in pearls ① writing out checks with a lot of zeros. But the root meaning of philanthropy is ② much more universal and accessible. In other words, it doesn't mean "writing big checks." Rather, a philanthropist tries to make a difference with whatever ③ riches he or she possesses. For most of us, it's not money — especially these days — but things like our talents, our time, our decisions, our body, and our energy ④ what are our most valuable assets.

문 9. 주어진 문장이 들어갈 위치로 가장 적절한 것은?

The same thinking can be applied to any number of goals, like improving performance at work.

The happy brain tends to focus on the short term. (①) That being the case, it's a good idea to consider what short-term goals we can accomplish that will eventually lead to accomplishing long-term goals. (②) For instance, if you want to lose thirty pounds in six months, what short-term goals can you associate with losing the smaller increments of weight that will get you there? (③) Maybe it's something as simple as rewarding yourself each week that you lose two pounds. (④) By breaking the overall goal into smaller, shorter-term parts, we can focus on incremental accomplishments instead of being overwhelmed by the enormity of the goal in our profession.

문 10. 글의 흐름상 가장 어색한 문장은?

Philosophers have not been as concerned with anthropology as anthropologists have with philosophy. ① Few influential contemporary philosophers take anthropological studies into account in their work. ② Those who specialize in philosophy of social science may consider or analyze examples from anthropological research, but do this mostly to illustrate conceptual points or epistemological distinctions or to criticize epistemological or ethical implications. ③ In fact, the great philosophers of our time often drew inspiration from other fields such as anthropology and psychology. ④ Philosophy students seldom study or show serious interest in anthropology. They may learn about experimental methods in science, but rarely about anthropological field-work.

문 11. 밑줄 친 부분에 들어갈 말로 가장 적절한 것은?

A : Were you here last night?

B : Yes. I worked the closing shift. Why?

A : The kitchen was a mess this morning. There was food spattered on the stove, and the ice trays were not in the freezer.

B : I guess I forgot to go over the cleaning checklist.

A : You know how important a clean kitchen is.

B : I'm sorry. _____

① I won't let it happen again.

② Would you like your bill now?

③ That's why I forgot it yesterday.

④ I'll make sure you get the right order.

문 12. 두 사람의 대화 중 가장 어색한 것은?

① A : I'm traveling abroad, but I'm not used to staying in another country.

　B : Don't worry. You'll get accustomed to it in no time.

② A : I want to get a prize in the photo contest.

　B : I'm sure you will. I'll keep my fingers crossed!

③ A : My best friend moved to Sejong City. I miss her so much.

　B : Yeah. I know how you feel.

④ A : Do you mind if I talk to you for a moment?

　B : Never mind. I'm very busy right now.

※ 우리말을 영어로 옮긴 것 중 가장 적절한 것을 고르시오. [문 13. ~문 14.]

문 13.

① 그는 며칠 전에 친구를 배웅하기 위해 역으로 갔다.
→ He went to the station a few days ago to see off his friend.

② 버릇없는 그 소년은 아버지가 부르는 것을 못 들은 체했다.
→ The spoiled boy made it believe he didn't hear his father calling.

③ 나는 버팔로에 가본 적이 없어서 그곳에 가기를 고대하고 있다.
→ I have never been to Buffalo, so I am looking forward to go there.

④ 나는 아직 오늘 신문을 못 읽었어. 뭐 재미있는 것 있니?
→ I have not read today's newspaper yet. Is there anything interested in it?

문 14.

① 그들은 참 친절한 사람들이야!
→ They're so kind people!

② 그녀는 곰 인형을 하나 가지고 있었는데, 인형 눈이 양쪽 다 떨어져 나가고 없었다.
→ She had a teddy bear, both of whose eyes were missing.

③ 가장 쉬운 해결책은 아무 일도 하지 않는 것이다.
→ The most easiest solution is to do nothing.

④ 애들 옷 입히고 잠자리 좀 봐 줄래요?
→ After you've got the children dress, can you make the beds?

문 15. 다음 빈칸 (A), (B)에 각각 들어갈 표현으로 가장 적절한 것은?

The most obvious salient feature of moral agents is a capacity for rational thought. This is an uncontested necessary condition for any form of moral agency, since we all accept that people who are incapable of reasoned thought cannot be held morally responsible for their actions. _____(A)_____, if we move beyond this uncontroversial salient feature of moral agents, then the most salient feature of actual flesh-and-blood (as opposed to ridiculously idealized) individual moral agents is surely the fact that every moral agent brings multiple perspectives to bear on every moral problem situation. _____(B)_____, there is no one-size-fits-all answer to the question "What are the basic ways in which moral agents wish to affect others?" Rather, moral agents wish to affect 'others' in different ways depending upon who these 'others' are.

	(A)	(B)
①	However	That is
②	Furthermore	Otherwise
③	To put it briefly	After all
④	In particular	Even so

문 16. 다음 글의 빈칸에 들어갈 말로 가장 적절한 것은?

Our desire to control is so powerful that people often act as though they can control the uncontrollable. For instance, people bet more money on games of chance when their opponents seem incompetent than competent, as though they believed they could control the _____ drawing of cards from a deck* and thus take advantage of a weak opponent. Likewise, people feel more certain that they will win a lottery if they can pick their lottery ticket numbers.

*deck : 카드 한 벌

① random

② popular

③ planned

④ intentional

문 17. 밑줄 친 부분이 가리키는 대상이 나머지 셋과 다른 것은?

Gregory Bare, a Bloomington firefighter, was at home getting ready to go to bed when he noticed his neighbor's house was on fire. Even though ① he was off duty and did not have access to his protective clothing or equipment, Bare leaped into action. After reporting the fire to 911 operators, he ran over to find his neighbor struggling to get out of her window. Removing the screen and helping her escape, ② he learned that an additional resident remained inside. With the front of the home burning, Bare entered through the rear where there was no smoke or fire, woke up the sleeping housemate, and escorted ③ him out of the home to safety. Several firefighters called to the scene credited Bare with saving the two residents. After review, ④ his action will likely be recognized at the Bloomington Fire Department's annual awards banquet.

문 18. 주어진 글 다음에 이어질 글의 순서로 가장 적절한 것은?

People assume that, by charging a low price or one lower than their competitors, they will get more customers. This is a common fallacy.

(A) It is, therefore, far better to have lower-volume, higher-margin products and services as you start; you can always negotiate to reduce your price if you are forced to, but it is rare that you will be able to negotiate an increase.

(B) It is because when you charge reduced prices compared to your competition, you attract the lower end of the customer market. These customers want more for less and often take up more time and overhead in your business. They may also be your most difficult customers to deal with and keep happy.

(C) You also, ironically, repel* the better customers because they will pay a higher price for a higher level of product or service. We have seen many competitors come into the market and charge day rates that aren't sustainable. They often struggle even to fill their quota, and soon enough they give up and move on to doing something else.

*repel : 쫓아 버리다

① (B) − (A) − (C)
② (B) − (C) − (A)
③ (C) − (A) − (B)
④ (C) − (B) − (A)

문 19. 다음 글에서 필자가 주장하는 바로 가장 적절한 것은?

Creating a culture that inspires out-of-the-box thinking is ultimately about inspiring people to stretch and empowering them to drive change. As a leader, you need to provide support for those times when change is hard, and that support is about the example you set, the behaviors you encourage and the achievements you reward. First, think about the example you set. Do you consistently model out-of-the-box behaviors yourself? Do you step up and take responsibility and accountability, focus on solutions and display curiosity? Next, find ways to encourage and empower the people who are ready to step out of the box. Let them know that you recognize their efforts; help them refine their ideas and decide which risks are worth taking. And most importantly, be extremely mindful* of which achievements you reward. Do you only recognize the people who play it safe? Or, do you also reward the people who are willing to stretch, display out-of-the-box behaviors and fall short of an aggressive goal?

*mindful : 신경을 쓰는, 염두에 두는

① 책임감 있는 리더가 되기 위해서는 보편적 윤리관을 가져야 한다.
② 구성원에 따라 다양한 전략과 전술을 수립하고 적용해야 한다.
③ 팀원들의 근무 환경 개선을 위해 외부의 평가를 받아야 한다.
④ 팀원에게 창의적인 사고를 할 수 있는 토대를 만들어줘야 한다.

문 20. 다음 글의 주제로 가장 알맞은 것은?

Language gives individual identity and a sense of belonging. When children proudly learn their language and are able to speak it at home and in their neighborhood, the children will have a high self-esteem. Moreover, children who know the true value of their mother tongue will not feel like they are achievers when they speak a foreign language. With improved self-identity and self-esteem, the classroom performance of a child also improves because such a child goes to school with less worries about linguistic marginalization*.

*linguistic marginalization : 언어적 소외감

① the importance of mother tongue in child development
② the effect on children's foreign language learning
③ the way to improve children's self-esteem
④ the efficiency of the linguistic analysis

제12회 **기출 섞은 모의고사**

⊘ 시간 체크 풀이 시간 ___ : ___ ~ ___ : ___   소요 시간 ___ : ___   ⊘ Timer 신중 25분 / 적정 22분 / 빠름 20분
⊘ 점수 체크 맞힌 개수 ___ / 20개 점수 ___ 점

※ 밑줄 친 부분의 의미와 가장 가까운 것을 고르시오. [문 1.~ 문 3.]

문 1.

> Although doctors struggled to <u>contain</u> the epidemic, it has swept all the world.

① include
② suffer from
③ prevent the spread of
④ transmit

문 2.

> It had been known for a long time that Yellowstone was volcanic in nature and the one thing about volcanoes is that they are generally <u>conspicuous</u>.

① passive
② vaporous
③ dangerous
④ noticeable

문 3.

> Time does seem to slow to a trickle during a boring afternoon lecture and race when the brain is <u>engrossed in</u> something highly entertaining.

① enhanced by
② apathetic to
③ stabilized by
④ preoccupied with

문 4. 다음 빈칸에 들어갈 말로 가장 적절한 것은?

> Fire departments are dedicated to saving lives and property from the _____ of fire. Saving lives is the highest priority at the incident scene.

① perils
② shelters
③ overviews
④ sanctuaries

문 5. 글의 제목으로 가장 적절한 것은?

Economists say that production of an information good involves high fixed costs but low marginal costs. The cost of producing the first copy of an information good may be substantial, but the cost of producing(or reproducing) additional copies is negligible. This sort of cost structure has many important implications. For example, cost-based pricing just doesn't work : a 10 or 20 percent markup on unit cost makes no sense when unit cost is zero. You must price your information goods according to consumer value, not according to your production cost.

① Securing the Copyright
② Pricing the Information Goods
③ Information as Intellectual Property
④ The Cost of Technological Change

문 6. 다음 글의 밑줄 친 부분 중, 어법상 가장 틀린 것은?

Children who enjoy writing are often interested in seeing ① their work in print. One informal approach is to type, print, and post their poetry. Or you can create a photocopied anthology* of the poetry of many child writers. But for children who are truly dedicated and ambitious, ② submit a poem for publication is a worthy goal. And there are several web and print resources that print children's original poetry. Help child poets become familiar with the protocol** for submitting manuscripts(style, format, and so forth). Let them choose ③ which poems they are most proud of, keep copies of everything submitted, and get parent permission. Then celebrate with them when their work is accepted and appear in print. Congratulate them, ④ publicly showcase their accomplishment, and spread the word. Success inspires success. And, of course, if their work is rejected, offer support and encouragement.

*anthology : 문집, 선집
**protocol : 규약, 의례

문 7. 다음 글의 내용과 일치하지 않는 것은?

Students at Macaulay Honors College (MHC) don't stress about the high price of tuition. That's because theirs is free. At Macaulay and a handful of other service academies, work colleges, single-subject schools and conservatories, 100 percent of the student body receive a full tuition scholarship for all four years. Macaulay students also receive a laptop and $7,500 in "opportunities funds" to pursue research, service experiences, study abroad programs and internships. "The most important thing is not the free tuition, but the freedom of studying without the burden of debt on your back," says Ann Kirschner, university dean of Macaulay Honors College. The debt burden, she says, "really compromises decisions students make in college, and we are giving them the opportunity to be free of that." Schools that grant free tuition to all students are rare, but a greater number of institutions provide scholarships to enrollees with high grades. Institutions such as Indiana University Bloomington offer automatic awards to high-performing students with stellar GPAs and class ranks.

① MHC에서는 모든 학생이 4년간 수업료를 내지 않는다.
② MHC에서는 학생들에게 컴퓨터 구입 비용과 교외활동 비용을 합하여 $7,500를 지급한다.
③ 수업료로 인한 빚 부담이 있으면 학생들이 자유롭게 공부할 수 없다고 Kirschner 학장은 말한다.
④ MHC와 달리 학업 우수자에게만 장학금을 주는 대학도 있다.

문 8. 어법상 옳은 것은?

① Please contact to me at the email address I gave you last week.
② Were it not for water, all living creatures on earth would be extinct.
③ The laptop allows people who is away from their offices to continue to work.
④ The more they attempted to explain their mistakes, the worst their story sounded.

문 9. 글의 흐름상 가장 <u>어색한</u> 문장은?

Fiction has many uses and one of them is to build empathy. When you watch TV or see a film, you are looking at things happening to other people. Prose fiction is something you build up from 26 letters and a handful of punctuation marks, and you, and you alone, using your imagination, create a world and live there and look out through other eyes. ① <u>You get to feel things, and visit places and worlds you would never otherwise know.</u> ② <u>Fortunately, in the last decade, many of the world's most beautiful and unknown places have been put in the spotlight.</u> ③ <u>You learn that everyone else out there is a me, as well.</u> ④ <u>You're being someone else, and when you return to your own world, you're going to be slightly changed.</u>

문 10. 다음 글의 제목으로 가장 적절한 것은?

Imagine that after studying word pairs such as *red/blood* and *food/radish*, you are given *red* as a cue and recall that *blood* went with it. This act of recall strengthens your memory of the two words appearing together, so that next time you are given *red*, it will be easier for you to recall *blood*. Remarkably, however, recalling that *blood* went with *red* will also make it more difficult later to recall *radish* when given *food*! When practicing *red/blood*, it is necessary to suppress retrieval of recently encountered "red things" other than blood, so that your mind is not littered with irrelevancies that could interfere with the recall of the word you seek. But there is a cost to suppressing retrieval of unwanted items such as *radish* : they are less accessible for future recall, even to a cue (*food*) that would seem to have nothing to do with "redness."

① The Advantage and Disadvantage of Studying Word Pairs
② The Art of Matching Word Pairs
③ The Importance of Recalling Word Pairs
④ The Proper Way of Practicing Word Pairs

※ 밑줄 친 부분에 들어갈 말로 가장 적절한 것을 고르시오. [문 11.~문 12.]

문 11.

A : Do you know how to drive?
B : Of course. I'm a great driver.
A : Could you teach me how to drive?
B : Do you have a learner's permit?
A : Yes, I got it just last week.
B : Have you been behind the steering wheel yet?
A : No, but I can't wait to ＿＿＿＿＿＿＿＿＿＿.

① take a rain check
② get my feet wet
③ get an oil change
④ change a flat tire

문 12.

A : Have you taken anything for your cold?
B : No, I just blow my nose a lot.
A : Have you tried nose spray?
B : ＿＿＿＿＿＿＿＿＿＿
A : It works great.
B : No, thanks. I don't like to put anything in my nose, so I've never used it.

① Yes, but it didn't help.
② No, I don't like nose spray.
③ No, the pharmacy was closed.
④ Yeah, how much should I use?

문 13. 우리말을 영어로 잘못 옮긴 것은?

① 그 연사는 자기 생각을 청중에게 전달하는 데 능숙하지 않았다.
→ The speaker was not good at getting his ideas across to the audience.

② 서울의 교통 체증은 세계 어느 도시보다 심각하다.
→ The traffic jams in Seoul are more serious than those in any other city in the world.

③ 네가 말하고 있는 사람과 시선을 마주치는 것은 서양 국가에서 중요하다.
→ Making eye contact with the person you are speaking to is important in western countries.

④ 그는 사람들이 생각했던 만큼 인색하지 않았다는 것이 드러났다.
→ It turns out that he was not so stingier as he was thought to be.

문 14. 우리말을 영어로 가장 잘 옮긴 것은?

① 나는 너의 답장을 가능한 한 빨리 받기를 고대한다.
→ I look forward to receive your reply as soon as possible.

② 그는 내가 일을 열심히 했기 때문에 월급을 올려 주겠다고 말했다.
→ He said he would rise my salary because I worked hard.

③ 그의 스마트 도시 계획은 고려할 만했다.
→ His plan for the smart city was worth considered.

④ Cindy는 피아노 치는 것을 매우 좋아했고 그녀의 아들도 그랬다.
→ Cindy loved playing the piano, and so did her son.

문 15. 다음 빈칸 (A)와 (B)에 들어갈 말로 가장 적절한 것은?

Mental preparation is great advice in many situations — including social situations. Whether you're about to walk into a job interview or going to a dinner party, a little mental preparation might make things go more smoothly. ___(A)___, you might imagine yourself successfully talking to several new people. Or you might picture yourself making good eye contact and asking questions that keep the conversation flowing. Of course, you don't have control over everything. ___(B)___, one thing you can control is your own behavior. A little mental preparation can help you feel calm enough to be your best self in social situations.

	(A)	(B)
①	In contrast	Therefore
②	For example	However
③	In contrast	Nevertheless
④	For example	Furthermore

문 16. 다음 빈칸 (A), (B), (C)에 공통으로 들어갈 단어로 가장 적절한 것은?

One study that measured participants' exposure to thirty-seven major negative events found a curvilinear relationship between lifetime adversity and mental health. High levels of adversity predicted poor mental health, as expected, but people who had faced intermediate levels of adversity were healthier than those who experienced little adversity, suggesting that moderate amounts of stress can foster ___(A)___. A follow-up study found a similar link between the amount of lifetime adversity and subjects' responses to laboratory stressors. Intermediate levels of adversity were predictive of the greatest ___(B)___. Thus, having to grapple with a moderate amount of stress may build ___(C)___ in the face of future stress.

① resilience
② impression
③ creativity
④ depression

문 17. 주어진 글 다음에 이어질 글의 순서로 가장 적절한 것은?

As the body rebuilds its muscles, the muscles also increase in strength and capacity. Usually, the old tissue is discarded before the synthesis of new tissue. Consuming a lot of protein will help to provide raw material to help with the synthesis of new tissue.

(A) They are happening; you don't see them until the changes are substantial enough for you to notice. This is especially true if you have a lot of body fat.

(B) Your body will constantly be burning fat and building new tissue, which can give you the idea that you still look the same.

(C) Regarding the synthesis of new tissue, keep in mind that it will take a bit of time to start seeing body changes. However, this does not mean that the changes are not ongoing.

① (A) − (B) − (C)

② (A) − (C) − (B)

③ (B) − (A) − (C)

④ (C) − (A) − (B)

문 18. 다음 글의 내용과 일치하지 않는 것은?

Insomnia can be classified as transient, acute, or chronic. Transient insomnia lasts for less than a week. It can be caused by another disorder, by changes in the sleep environment, by the timing of sleep, severe depression, or by stress. Its consequences such as sleepiness and impaired psychomotor performance are similar to those of sleep deprivation. Acute insomnia is the inability to consistently sleep well for a period of less than a month. Acute insomnia is present when there is difficulty initiating or maintaining sleep or when the sleep that is obtained is not refreshing. These problems occur despite adequate opportunity and circumstances for sleep and they can impair daytime functioning. Acute insomnia is also known as short term insomnia or stress related insomnia. Chronic insomnia lasts for longer than a month. It can be caused by another disorder, or it can be a primary disorder. People with high levels of stress hormones or shifts in the levels of cytokines* are more likely than others to have chronic insomnia. Its effects can vary according to its causes. They might include muscular weariness, hallucinations, and/or mental fatigue. Chronic insomnia can also cause double vision.

*cytokines : groups of molecules released by certain cells of the immune system

① Insomnia can be classified according to its duration.

② Transient insomnia occurs solely due to an inadequate sleep environment.

③ Acute insomnia is generally known to be related to stress.

④ Chronic insomnia patients may suffer from hallucinations.

문 19. 다음 글의 요지로 가장 알맞은 것은?

If your kids fight every time they play video games, make sure you're close enough to be able to hear them when they sit down to play. Listen for the particular words or tones of voice they are using that are aggressive, and try to intervene before it develops. Once tempers have settled, try to sit your kids down and discuss the problem without blaming or accusing. Give each kid a chance to talk, uninterrupted, and have them try to come up with solutions to the problem themselves. By the time kids are elementary-school age, they can evaluate which of those solutions are win-win solutions and which ones are most likely to work and satisfy each other over time. They should also learn to revisit problems when solutions are no longer working.

① Ask your kids to evaluate their test.

② Make your kids compete each other.

③ Help your kids learn to resolve conflict.

④ Teach your kids how to win an argument.

문 20. 밑줄 친 부분에 들어갈 말로 가장 적절한 것은?

Kisha Padbhan, founder of Everonn Education, in Mumbai, looks at his business as nation-building. India's student-age population of 230 million (kindergarten to college) is one of the largest in the world. The government spends $83 billion on instruction, but there are serious gaps. "There aren't enough teachers and enough teacher-training institutes,"says Kisha. "What children in remote parts of India lack is access to good teachers and exposure to good-quality content." Everonn's solution? The company uses a satellite network, with two-way video and audio _____. It reaches 1,800 colleges and 7,800 schools across 24 of India's 28 states. It offers everything from digitized school lessons to entrance exam prep for aspiring engineers and has training for job-seekers, too.

① to improve the quality of teacher training facilities

② to bridge the gap through virtual classrooms

③ to get students familiarized with digital technology

④ to locate qualified instructors across the nation

제13회 **기출 섞은 모의고사**

※ 밑줄 친 부분의 의미와 가장 가까운 것을 고르시오. [문 1.~ 문 2.]

문 1.

> Justifications are accounts in which one accepts responsibility for the act in question, but denies the pejorative quality associated with it.

① derogatory

② extrovert

③ mandatory

④ redundant

문 2.

> I came to see these documents as relics of a sensibility now dead and buried, which needed to be excavated.

① exhumed

② packed

③ erased

④ celebrated

문 3. 다음 빈칸에 들어갈 단어로 가장 적절한 것은?

> The Kortek University Library welcomes gifts of books and other cultural heritage materials that extend and _____ existing collections.

① attenuate

② manacle

③ complement

④ incapacitate

문 4. 다음 빈칸 (A), (B)에 공통으로 들어갈 단어로 가장 적절한 것은?

> • I looked her ___(A)___ in the face.
> • To unbreak my heart was like trying to ___(B)___ a circle. That is, it was impossible.

① court

② overhead

③ square

④ trace

문 5. 밑줄 친 부분이 가리키는 대상이 나머지 셋과 **다른** 것은?

A way of testing a fire safety management plan in a building, fire drills are considered training exercises for all involved. Everyone in a building must comply with ① them, including staff, students, and visitors. ② They help building users learn and remember alternative escape routes and allow fire wardens to practice their evacuation role. Shortcomings in fire drills can be identified and rectified. ③ They are planned events, but advance warning should not normally be given to building users. This ensures ④ they react normally when the fire alarm sounds and are not unnaturally prepared. False fire alarm activations and evacuations do not count as fire drills as they are unplanned.

문 6. 다음 각 문장을 유사한 의미의 다른 문장으로 바꾸어 쓰고자 한다. 어법상 가장 적절하지 **않은** 것은?

① Were it not for your assistance, I would have difficulty.

  → But for your assistance, I would have difficulty.

② As the work was done, I had nothing to do.

  → The work done, I had nothing to do.

③ They made us copy the script.

  → We were made copy the script.

④ He seemed to have been sick.

  → It seemed that he had been sick.

문 7. 다음 글의 요지로 가장 적절한 것은?

There's a current trend to avoid germs at all cost. We disinfect our bathrooms, kitchens, and the air. We sanitize our hands and gargle with mouthwash to kill germs. Some folks avoid as much human contact as possible and won't even shake your hand for fear of getting germs. I think it's safe to say that some people would purify everything but their minds. Remember the story of "the Boy in the Bubble"? He was born without an immune system and had to live in a room that was completely germ free, with no human contact. Of course, everyone should take prudent measures to maintain reasonable standards of cleanliness and personal hygiene, but in many cases, aren't we going overboard? When we come in contact with most germs, our body destroys them, which in turn strengthens our immune system and its ability to further fight off disease. Thus, these "good germs" actually make us healthier. Even if it were possible to avoid all germs and to live in a sterile environment, wouldn't we then be like "the Boy in the Bubble"?

① 세균에 감염되지 않도록 개인의 위생 환경 조성이 필요하다.

② 면역 능력이 상실된 채로 태어난 유아에 대한 치료가 시급하다.

③ 지역사회의 방역 능력 강화를 위해 국가의 재정 지원이 시급하다.

④ 과도하게 세균을 제거하려고 하는 것이 오히려 면역 능력을 해친다.

문 8. 밑줄 친 부분 중 어법상 **틀린** 것은?

Australia is burning, ① being ravaged by the worst bushfire season the country has seen in decades. So far, a total of 23 people have died nationwide from the blazes. The deadly wildfires, ② that have been raging since September, have already burned about 5 million hectares of land and destroyed more than 1,500 homes. State and federal authorities have deployed 3,000 army reservists to contain the blaze, but are ③ struggling, even with firefighting assistance from other countries, including Canada. Fanning the flames are persistent heat and drought, with many pointing to climate change ④ as a key factor for the intensity of this year's natural disasters.

문 9. 다음 글의 내용과 일치하지 <u>않는</u> 것은?

We entered a new phase as a species when Chinese scientists altered a human embryo to remove a potentially fatal blood disorder — not only from the baby, but all of its descendants. Researchers call this process "germline modification." The media likes the phrase "designer babies." But we should call it what it is, "eugenics*." And we, the human race, need to decide whether or not we want to use it. Last month, in the United States, the scientific establishment weighed in. A National Academy of Sciences and National Academy of Medicine joint committee endorsed embryo editing aimed at genes that cause serious diseases when there is "no reasonable alternative." But it was more wary of editing for "enhancement," like making already-healthy children stronger or taller. It recommended a public discussion, and said that doctors should "not proceed at this time." The committee had good reason to urge caution. The history of eugenics is full of oppression and misery.

*eugenics : 우생학

① Doctors were recommended to immediately go ahead with embryo editing for enhancement.
② Recently, the scientific establishment in the U.S. joined a discussion on eugenics.
③ Chinese scientists modified a human embryo to prevent a serious blood disorder.
④ "Designer babies" is another term for the germline modification process.

문 10. 주어진 문장이 들어갈 위치로 가장 적절한 것은?

If neither surrendered, the two exchanged blows until one was knocked out.

The ancient Olympics provided athletes an opportunity to prove their fitness and superiority, just like our modern games. (①) The ancient Olympic events were designed to eliminate the weak and glorify the strong. Winners were pushed to the brink. (②) Just as in modern times, people loved extreme sports. One of the favorite events was added in the 33rd Olympiad. This was the pankration, or an extreme mix of wrestling and boxing. The Greek word *pankration* means "total power." The men wore leather straps with metal studs, which could make a terrible mess of their opponents. (③) This dangerous form of wrestling had no time or weight limits. In this event, only two rules applied. First, wrestlers were not allowed to gouge eyes with their thumbs. Secondly, they could not bite. Anything else was considered fair play. The contest was decided in the same manner as a boxing match. Contenders continued until one of the two collapsed. (④) Only the strongest and most determined athletes attempted this event. Imagine wrestling "Mr. Fingertips," who earned his nickname by breaking his opponents' fingers!

문 11. 두 사람의 대화 중 가장 <u>어색한</u> 것은?

① A : When is the payment due?
  B : You have to pay by next week.
② A : Should I check this baggage in?
  B : No, it's small enough to take on the plane.
③ A : When and where shall we meet?
  B : I'll pick you up at your office at 8:30.
④ A : I won the prize in a cooking contest.
  B : I couldn't have done it without you.

문 12. 빈칸에 들어갈 말로 가장 적절한 것은?

A : Would you like to try some dim sum?
B : Yes, thank you. They look delicious. What's inside?
A : These have pork and chopped vegetables, and those have shrimps.
B : And, um, _____?
A : You pick one up with your chopsticks like this and dip it into the sauce. It's easy.
B : Okay. I'll give it a try.

① how much are they
② how do I eat them
③ how spicy are they
④ how do you cook them

문 13. 우리말을 영어로 옮긴 것 중 가장 적절한 것은?

① 나는 창문 옆에 앉아 있는 그 소녀를 안다.
  → I know the girl sat by the window.
② 그 산을 오르는 데에는 대략 두 시간이 걸린다.
  → That takes about two hours to climb the mountain.
③ 소음 때문에 짜증이 나서 그녀는 그 카페를 떠났다.
  → Annoying by the noise, she left the cafe.
④ 자유는 책임을 동반한다는 사실을 우리는 인정해야 한다.
  → We should admit the fact that freedom is accompanied by responsibility.

문 14. 우리말을 영어로 잘못 옮긴 것은?

① 이 편지를 받는 대로 곧 본사로 와 주십시오.
  → Please come to the headquarters as soon as you receive this letter.
② 나는 소년 시절에 독서하는 버릇을 길러 놓았어야만 했다.
  → I ought to have formed a habit of reading in my boyhood.
③ 그는 10년 동안 외국에 있었기 때문에 영어를 매우 유창하게 말할 수 있다.
  → Having been abroad for ten years, he can speak English very fluently.
④ 내가 그때 그 계획을 포기했었다면 이렇게 훌륭한 성과를 얻지 못했을 것이다.
  → Had I given up the project at that time, I should have achieved such a splendid result.

문 15. 다음 글에서 전체 흐름과 관계없는 문장은?

Social media is some websites and applications that support people to communicate or to participate in social networking. ① That is, any website that allows social interaction is considered as social media. ② We are familiar with almost all social media networking sites such as Facebook, Twitter, etc. ③ It makes us easy to communicate with the social world. ④ It becomes a dangerous medium capable of great damage if we handled it carelessly. We feel we are instantly connecting with people around us that we may not have spoken to in many years.

문 16. 글의 흐름상 빈칸에 들어갈 말로 가장 적절한 것은?

"Highly conscientious employees do a series of things better than the rest of us," says University of Illinois psychologist Brent Roberts, who studies conscientiousness. Roberts owes their success to "hygiene" factors. Conscientious people have a tendency to organize their lives well. A disorganized, unconscientious person might lose 20 or 30 minutes rooting through their files to find the right document, an inefficient experience conscientious folks tend to avoid. Basically, by being conscientious, people _____ they'd otherwise create for themselves.

① deal with setbacks
② do thorough work
③ follow norms
④ sidestep stress

문 17. 다음 밑줄 친 (A), (B), (C)의 각 괄호 안에서 문맥에 맞는 낱말로 가장 적절한 것은?

People with high self-esteem have confidence in their skills and competence and enjoy facing the challenges that life offers them. They (A) [willingly / unwillingly] work in teams because they are sure of themselves and enjoy taking the opportunity to contribute. However, those who have low self-esteem tend to feel awkward, shy, and unable to express themselves. Often they compound their problems by opting for avoidance strategies because they (B) [deny / hold] the belief that whatever they do will result in failure. Conversely, they may compensate for their lack of self-esteem by exhibiting boastful and arrogant behavior to cover up their sense of unworthiness. Furthermore, such individuals account for their successes by finding reasons that are outside of themselves, while those with high self-esteem (C) [attempt / attribute] their success to internal characteristics.

	(A)	(B)	(C)
①	willingly	deny	attempt
②	willingly	hold	attribute
③	unwillingly	hold	attempt
④	unwillingly	deny	attribute

문 18. 다음 글을 문맥에 맞게 순서대로 배열한 것은?

(A) Rosa Parks was arrested, jailed, convicted and fined. She refused to pay. Her experience set off a 382-day boycott of Montgomery city buses.

(B) According to the segregation laws of the day, Rosa Parks, an African American, was required to sit in the back of the bus. She was accused of encroaching on the whites-only section, and the bus driver tried to convince her to obey the law.

(C) Instead, Rosa Parks kept both her mien and her seat. At last, the driver warned her that he would send for the police. "Go ahead and call them." Parks answered.

(D) On December 1, 1955, Rosa Parks took a city bus home from her job at a store in downtown Montgomery, Alabama.

① (B) − (A) − (D) − (C)
② (D) − (C) − (A) − (B)
③ (B) − (C) − (D) − (A)
④ (D) − (B) − (C) − (A)

문 19. 다음 글의 제목으로 가장 적절한 것은?

To be sure, no other species can lay claim to our capacity to devise something new and original, from the sublime* to the sublimely ridiculous. Other animals do build things — birds assemble their intricate nests, beavers construct dams, and ants dig elaborate networks of tunnels. "But airplanes, strangely tilted skyscrapers and Chia Pets**, well, they're pretty impressive," Fuentes says, adding that from an evolutionary standpoint, "creativity is as much a part of our tool kit as walking on two legs, having a big brain and really good hands for manipulating things." For a physically unprepossessing primate, without great fangs or claws or wings or other obvious physical advantages, creativity has been the great equalizer — and more — ensuring, for now, at least, the survival of Homo sapiens.

*sublime : 황당한, (터무니없이) 극단적인
**Chia Pets : 잔디가 머리털처럼 자라나는 피규어

① Where Does Human Creativity Come From?
② What Are the Physical Characteristics of Primates?
③ Physical Advantages of Homo Sapiens over Other Species
④ Creativity : a Unique Trait Human Species Have For Survival

문 20. 글의 흐름상 빈칸에 들어갈 말로 가장 적절한 것은?

Climate change, deforestation, widespread pollution and the sixth mass extinction of biodiversity all define living in our world today — an era that has come to be known as "the ropocene". These crises are underpinned by production and consumption which greatly exceeds global ecological limits, but blame is far from evenly shared. The world's 42 wealthiest people own as much as the poorest 3.7 billion, and they generate far greater environmental impacts. Some have therefore proposed using the term "Capitalocene" to describe this era of ecological devastation and growing inequality, reflecting capitalism's logic of endless growth and _____.

① the better world that is still within our reach
② the accumulation of wealth in fewer pockets
③ an effective response to climate change
④ a burning desire for a more viable future

⊙ 시간 체크 풀이 시간 ___ : ___ ~ ___ : ___   소요 시간 ___ : ___   ⊙ Timer 신중 25분 / 적정 22분 / 빠름 20분

⊙ 점수 체크 맞힌 개수 ___ / 20개   점수 ___ 점

※ 밑줄 친 부분의 의미와 가장 가까운 것을 고르시오. [문 1.~ 문 2.]

문 1.

> *Natural Gas World* subscribers will receive accurate and reliable key facts and figures about what is going on in the industry, so they are fully able to <u>discern</u> what concerns their business.

① distinguish

② strengthen

③ undermine

④ abandon

문 2.

> This novel is about the <u>vexed</u> parents of an unruly teenager who quits school to start a business.

① callous

② annoyed

③ reputable

④ confident

※ 다음 빈칸에 들어갈 말로 가장 적절한 것을 고르시오. [문 3.~ 문 4.]

문 3.

> Fire can destroy your house and all of your possessions in less than an hour, and it can reduce an entire forest to a pile of ash. It's a(n) _____ weapon, with nearly unlimited destructive power.

① subtle

② ordinary

③ hilarious

④ terrifying

문 4.

> Generally speaking, people living in 2018 are pretty fortunate when you compare modern times to the full scale of human history. Life expectancy _____ at around 72 years, and diseases like smallpox and diphtheria, which were widespread and deadly only a century ago, are preventable, curable, or altogether eradicated.

① curtails

② hovers

③ initiates

④ aggravates

문 5. 다음 글의 제목으로 가장 적절한 것은?

Lasers are possible because of the way light interacts with electrons. Electrons exist at specific energy levels or states characteristic of that particular atom or molecule. The energy levels can be imagined as rings or orbits around a nucleus. Electrons in outer rings are at higher energy levels than those in inner rings. Electrons can be bumped up to higher energy levels by the injection of energy — for example, by a flash of light. When an electron drops from an outer to an inner level, "excess" energy is given off as light. The wavelength or color of the emitted light is precisely related to the amount of energy released. Depending on the particular lasing material being used, specific wavelengths of light are absorbed (to energize or excite the electrons) and specific wavelengths are emitted (when the electrons fall back to their initial level).

① How Is Laser Produced?
② When Was Laser Invented?
③ What Electrons Does Laser Emit?
④ Why Do Electrons Reflect Light?

문 6. 밑줄 친 부분 중 어법상 옳지 않은 것은?

Urban agriculture (UA) has long been dismissed as a fringe activity that has no place in cities; however, its potential is beginning to ① be realized. In fact, UA is about food self-reliance : it involves ② creating work and is a reaction to food insecurity, particularly for the poor. Contrary to ③ which many believe, UA is found in every city, where it is sometimes hidden, sometimes obvious. If one looks carefully, few spaces in a major city are unused. Valuable vacant land rarely sits idle and is often taken over — either formally, or informally — and made ④ productive.

문 7. 다음 글의 내용과 일치하지 않는 것은?

A local Lopburi inn owner, Yongyuth, held the first buffet for the local monkeys in 1989, and the festival now draws thousands of tourists every year. The Lopburi people revere the monkeys so much that every year they hold an extravagant feast for them in the ruins of an old Khmer temple. Over 3,000 monkeys attend the banquet of fruit, vegetables and sticky rice, which is laid out on long tables. Before the banquet, Lopburi locals perform songs, speeches and monkey dances in honour of the monkeys. The Lopburi people believe that monkeys descend from Hanuman's monkey army, who, according to legend, saved the wife of Lord Ram from a demon. Since then, monkeys have been thought to bring good luck and are allowed to roam where they please in the city, even if they do cause chaos and tend to mug people.

① Lopburi 여관의 주인이 원숭이를 위한 뷔페를 처음 열었다.
② Lopburi 사람들은 원숭이를 매우 존경해서 매년 호화로운 잔치를 연다.
③ Lopburi 사람들은 연회가 끝나면 원숭이 춤을 춘다.
④ 원숭이가 행운을 가져다준다고 여겨진다.

문 8. 다음 각 문장 중 어법상 가장 적절한 것은?

① Not only she is modest, but she is also polite.
② I find myself enjoying classical music as I get older.
③ The number of crimes in the cities are steadily decreasing.
④ The car insurance rates in urban areas are more higher than those in rural areas.

문 9. 글의 흐름상 주어진 문장이 들어갈 곳으로 가장 적절한 것은?

> However, the concept of a rational action also incorporates the concept of a reason, and reasons need not be egocentric.

The concept of a rational action can be seen to be quite complex : it is a hybrid concept. A rational action is one that is not irrational. Any action that is not irrational counts as rational; that is, any action that does not have (is not believed to have) harmful consequences for you or those for whom you care is rational. (①) So rationality does involve, if only indirectly, the egocentric character of an irrational action. (②) The fact (belief) that anyone will benefit from your actions is a reason. (③) Reasons are not limited to facts (beliefs) about benefits to you or those for whom you care. (④) Thus an action that has (is believed to have) harmful consequences for you can be rational if (you believe) there are compensating benefits for others, even if you do not care about them.

문 10. 다음 글의 밑줄 친 부분 중 문맥상 낱말의 쓰임이 가장 적절하지 <u>않은</u> 것은?

Most of the fatal accidents happen because of over speeding. It is a natural subconscious mind of humans to excel. If given a chance man is sure to achieve infinity in speed. But when we are sharing the road with other users we will always remain behind some or other vehicle. ① Increase in speed multiplies the risk of accident and severity* of injury during accident. Faster vehicles are more prone to accident than the slower one and the severity of accident will also be more in case of faster vehicles. ② Higher the speed, greater the risk. At high speed the vehicle needs greater distance to stop — i.e., braking distance. A slower vehicle comes to halt immediately while faster one takes long way to stop and also skids a ③ short distance because of The First Law of Motion. A vehicle moving on high speed will have greater impact during the crash and hence will cause more injuries. The ability to judge the forthcoming events also gets ④ reduced while driving at faster speed which causes error in judgment and finally a crash.

*severity : 심함

문 11. A에 대한 B의 응답으로 가장 적절하지 <u>않은</u> 것은?

① A : How did you like the movie you saw yesterday?
　B : Wait, please don't spoil it for me.
② A : James, what's your goal for this year?
　B : Well, I want to learn to play the violin.
③ A : How is your group project going, Peter?
　B : Not very well. It's harder than I thought.
④ A : Your cap looks great. Where did you get it?
　B : I bought it at a flea market last Saturday.

문 12. 밑줄 친 부분에 들어갈 말로 가장 적절한 것은?

A : Thank you for calling the Royal Point Hotel Reservations Department. My name is Sam. How may I help you?
B : Hello, I'd like to book a room.
A : We offer two room types: the deluxe room and the luxury suite.
B : _____?
A : For one, the suite is very large. In addition to a bedroom, it has a kitchen, living room and dining room.
B : It sounds expensive.
A : Well, it's $200 more per night.
B : In that case, I'll go with the deluxe room.

① Do you need anything else
② May I have the room number
③ What's the difference between them
④ Are pets allowed in the rooms

※ 우리말을 영어로 잘못 옮긴 것을 고르시오. [문 13.~문 14.]

문 13.

① 나는 매달 두세 번 그에게 전화하기로 규칙을 세웠다.
→ I made it a rule to call him two or three times a month.

② 그는 나의 팔을 붙잡고 도움을 요청했다.
→ He grabbed me by the arm and asked for help.

③ 폭우로 인해 그 강은 120cm 상승했다.
→ Owing to the heavy rain, the river has risen by 120cm.

④ 나는 눈 오는 날 밖에 나가는 것보다 집에 있는 것을 더 좋아한다.
→ I prefer to staying home than to going out on a snowy day.

문 14.

① 나의 이모는 파티에서 그녀를 만난 것을 기억하지 못했다.
→ My aunt didn't remember meeting her at the party.

② 나의 첫 책을 쓰는 데 40년이 걸렸다.
→ It took me 40 years to write my first book.

③ 학교에서 집으로 걸어오고 있을 때 강풍에 내 우산이 뒤집혔다.
→ A strong wind blew my umbrella inside out as I was walking home from school.

④ 끝까지 생존하는 생물은 가장 강한 생물도, 가장 지적인 생물도 아니고, 변화에 가장 잘 반응하는 생물이다.
→ It is not the strongest of the species, nor the most intelligent, or the one most responsive to change that survives to the end.

문 15. 밑줄 친 부분이 가리키는 대상이 나머지 셋과 다른 것은?

The London Fire Brigade rushed to the scene and firefighters were containing the incident when an elderly man approached the cordon. ① He told one of the crew that he used to be a fireman himself, as a member of the Auxiliary Fire Service in London during World War II. Now 93 years old, ② he still remembered fighting fires during the Blitz-a period when London was bombed for 57 nights in a row. ③ He asked the officer if he could do anything to help. The officer found himself not ready for a proper response at that moment and ④ he just helped him through the cordon. Later, he invited him to his fire station for tea and to share his stories with him.

문 16. 밑줄 친 (A), (B)에 들어갈 말로 가장 적절한 것을 고르시오.

Today the technology to create the visual component of virtual-reality(VR) experiences is well on its way to becoming widely accessible and affordable. But to work powerfully, virtual reality needs to be about more than visuals. ___(A)___ what you are hearing convincingly matches the visuals, the virtual experience breaks apart. Take a basketball game. If the players, the coaches, the announcers, and the crowd all sound like they're sitting midcourt, you may as well watch the game on television — you'll get just as much of a sense that you are "there." ___(B)___, today's audio equipment and our widely used recording and reproduction formats are simply inadequate to the task of recreating convincingly the sound of a battlefield on a distant planet, a basketball game at courtside, or a symphony as heard from the first row of a great concert hall.

	(A)	(B)
①	If	By contrast
②	Unless	Consequently
③	If	Similarly
④	Unless	Unfortunately

문 17. 다음 글의 주제로 가장 적절한 것은?

During the late twentieth century socialism was on the retreat both in the West and in large areas of the developing world. During this new phase in the evolution of market capitalism, global trading patterns became increasingly interlinked, and advances in information technology meant that deregulated financial markets could shift massive flows of capital across national boundaries within seconds. 'Globalization' boosted trade, encouraged productivity gains and lowered prices, but critics alleged that it exploited the low-paid, was indifferent to environmental concerns and subjected the Third World to a monopolistic form of capitalism. Many radicals within Western societies who wished to protest against this process joined voluntary bodies, charities and other non-governmental organizations, rather than the marginalized political parties of the left. The environmental movement itself grew out of the recognition that the world was interconnected, and an angry, if diffuse, international coalition of interests emerged.

① The affirmative phenomena of globalization in the developing world in the past

② The decline of socialism and the emergence of capitalism in the twentieth century

③ The conflict between the global capital market and the political organizations of the left

④ The exploitative characteristics of global capitalism and diverse social reactions against it

문 18. 글을 문맥에 가장 어울리는 순서대로 배열한 것은?

(A) To navigate in the dark, a microbat flies with its mouth open, emitting high-pitched squeaks that humans cannot hear. Some of these sounds echo off flying insects as well as tree branches and other obstacles that lie ahead. The bat listens to the echo and gets an instantaneous picture in its brain of the objects in front of it.

(B) Microbats, the small, insect-eating bats found in North America, have tiny eyes that don't look like they'd be good for navigating in the dark and spotting prey.

(C) From the use of echolocation, or sonar, as it is also called, a microbat can tell a great deal about a mosquito or any other potential meal. With extreme exactness, echolocation allows microbats to perceive motion, distance, speed, movement, and shape. Bats can also detect and avoid obstacles no thicker than a human hair.

(D) But, actually, microbats can see as well as mice and other small mammals. The nocturnal habits of bats are aided by their powers of echolocation, a special ability that makes feeding and flying at night much easier than one might think.

① (A) − (C) − (B) − (D)

② (B) − (D) − (A) − (C)

③ (B) − (C) − (D) − (A)

④ (A) − (D) − (C) − (B)

문 19. 다음 글의 흐름상 가장 어색한 문장은?

The term burnout refers to a "wearing out" from the pressures of work. Burnout is a chronic condition that results as daily work stressors take their toll on employees. ① The most widely adopted conceptualization of burnout has been developed by Maslach and her colleagues in their studies of human service workers. Maslach sees burnout as consisting of three interrelated dimensions. The first dimension — emotional exhaustion — is really the core of the burnout phenomenon. ② Workers suffer from emotional exhaustion when they feel fatigued, frustrated, used up, or unable to face another day on the job. The second dimension of burnout is a lack of personal accomplishment. ③ This aspect of the burnout phenomenon refers to workers who see themselves as failures, incapable of effectively accomplishing job requirements. ④ Emotional labor workers enter their occupation highly motivated although they are physically exhausted. The third dimension of burnout is depersonalization. This dimension is relevant only to workers who must communicate interpersonally with others (e.g. clients, patients, students) as part of the job.

문 20. 다음 글의 빈칸에 들어갈 내용으로 가장 적절한 것은?

What was arguably the all-time greatest example of selection bias resulted in the embarrassing 1948 *Chicago Tribune* headline "Dewey defeats Truman." In reality, Harry Truman trounced his opponent. All the major political polls at the time had predicted Thomas Dewey would be elected president. The *Chicago Tribune* went to press before the election results were in, its editors confident that the polls would be correct. The statisticians were wrong for two reasons. First, they stopped polling too far in advance of the election, and Truman was especially successful at energizing people in the final days before the election. Second, the telephone polls conducted tended to favor Dewey because in 1948, telephones were generally limited to wealthier households, and Dewey was mainly popular among elite voters. The selection bias that resulted in the infamous *Chicago Tribune* headline was accidental, but it shows the danger and potential power — for a stakeholder wanting to influence hearts and minds by _____ — of selection bias.

① encouraging others to hop on the bandwagon

② inspiring people to wag the dog

③ instigating the public to be underdogs

④ tempting American adults to be swing voters

제15회 기출 섞은 모의고사

⊙ 시간 체크 풀이 시간 ___ : ___ ~ ___ : ___ 소요 시간 ___ : ___   ⊙ Timer 신중 25분 / 적정 22분 / 빠름 20분

⊙ 점수 체크 맞힌 개수 ___ / 20개 점수 ___ 점

※ 밑줄 친 부분의 의미와 가장 가까운 것을 고르시오. [문 1.~ 문 3.]

문 1.

> Extensive lists of microwave oven models and styles along with candid customer reviews and price ranges are available at appliance comparison websites.

① frank
② logical
③ implicit
④ passionate

문 2.

> The school bully did not know what it was like to be shunned by the other students in the class.

① avoided
② warned
③ punished
④ imitated

문 3.

> Although the actress experienced much turmoil in her career, she never disclosed to anyone that she was unhappy.

① let on
② let off
③ let up
④ let down

문 4. 다음 빈칸에 들어갈 말로 가장 적절한 것은?

> One of the biggest problems in a high-rise fire is the _____ use of the stairwells for fire suppression activities and occupant evacuation. Many training materials have attempted to direct firefighters to establish one stairwell for evacuation and another for fire suppression. This does not work due to the occupants leaving via the closest exit.

① ingenious
② simultaneous
③ pretentious
④ meticulous

문 5. 다음 글의 내용과 일치하지 <u>않는</u> 것은?

Deserts cover more than one-fifth of the Earth's land area, and they are found on every continent. A place that receives less than 25 centimeters(10 inches) of rain per year is considered a desert. Deserts are part of a wider class of regions called drylands. These areas exist under a "moisture deficit," which means they can frequently lose more moisture through evaporation than they receive from annual precipitation. Despite the common conceptions of deserts as hot, there are cold deserts as well. The largest hot desert in the world, northern Africa's Sahara, reaches temperatures of up to 50 degrees Celsius(122 degrees Fahrenheit) during the day. But some deserts are always cold, like the Gobi Desert in Asia and the polar deserts of the Antarctic and Arctic, which are the world's largest. Others are mountainous. Only about 20 percent of deserts are covered by sand. The driest deserts, such as Chile's Atacama Desert, have parts that receive less than two millimeters(0.08 inches) of precipitation a year. Such environments are so harsh and otherworldly that scientists have even studied them for clues about life on Mars. On the other hand, every few years, an unusually rainy period can produce "super blooms," where even the Atacama becomes blanketed in wildflowers.

① There is at least one desert on each continent.
② The Sahara is the world's largest hot desert.
③ The Gobi Desert is categorized as a cold desert.
④ The Atacama Desert is one of the rainiest deserts.

문 6. 밑줄 친 부분 중 어법상 옳지 <u>않은</u> 것은?

Each year, more than 270,000 pedestrians ① <u>lose</u> their lives on the world's roads. Many leave their homes as they would on any given day never ② <u>to return</u>. Globally, pedestrians constitute 22% of all road traffic fatalities, and in some countries this proportion is ③ <u>as high as</u> two thirds of all road traffic deaths. Millions of pedestrians are non-fatally ④ <u>injuring</u> — some of whom are left with permanent disabilities. These incidents cause much suffering and grief as well as economic hardship.

문 7. 다음 글의 제목으로 가장 적절한 것은?

Louis XIV needed a palace worthy of his greatness, so he decided to build a huge new house at Versailles, where a tiny hunting lodge stood. After almost fifty years of labor, this tiny hunting lodge had been transformed into an enormous palace, a quarter of a mile long. Canals were dug to bring water from the river and to drain the marshland. Versailles was full of elaborate rooms like the famous Hall of Mirrors, where seventeen huge mirrors stood across from seventeen large windows, and the Salon of Apollo, where a solid silver throne stood. Hundreds of statues of Greek gods such as Apollo, Jupiter, and Neptune stood in the gardens; each god had Louis's face!

① True Face of Greek Gods
② The Hall of Mirrors vs. the Salon of Apollo
③ Did the Canal Bring More Than Just Water to Versailles?
④ Versailles : From a Humble Lodge to a Great Palace

문 8. 어법상 옳은 것은?

① This guide book tells you where should you visit in Hong Kong.
② I was born in Taiwan, but I have lived in Korea since I started work.
③ The novel was so excited that I lost track of time and missed the bus.
④ It's not surprising that book stores don't carry newspapers any more, doesn't it?

문 9. 다음 글에서 필자가 주장하는 바로 가장 적절한 것은?

Many people store their medications in the bathroom. But this popular spot is actually one of the worst places to keep medicine. Bathroom cabinets tend to be warm and humid, an environment that speeds up a drug's breakdown process. This is especially true for tablets and capsules. Being exposed to heat and moisture can make medicines less potent before their expiration date. For example, a warm, muggy environment can cause aspirin tablets to break down into acetic acid (vinegar), which can irritate the stomach. Instead, keep medicines in a cool, dry, secure place out of a child's reach. Be aware that medicine that is improperly stored can become toxic.

① 올바른 장소에 약을 보관하라.
② 목욕 전에는 약을 복용하지 마라.
③ 약은 따뜻한 물과 함께 복용하라.
④ 의약품 보관 시 유효기간을 확인하라.

문 10. 주어진 글 다음에 이어질 글의 순서로 가장 적절한 것은?

There are hundreds of gas stations around San Francisco in the California Bay Area. One might think that gas stations would spread out to serve local neighborhoods.

(A) The phenomenon is partly due to population clustering. Gas stations will be more common where demand is high, like in a city, rather than in sparsely populated areas like cornfields.

(B) But this idea is contradicted by a common observation. Whenever you visit a gas station, there is almost always another in the vicinity, often just across the street. In general, gas stations are highly clustered.

(C) Moreover, there are many factors at play. Locating a gas station is an optimization problem involving demand, real estate prices, estimates of population growth, and supply considerations such as the ease of refueling.

① (A) − (C) − (B)
② (B) − (A) − (C)
③ (C) − (A) − (B)
④ (C) − (B) − (A)

문 11. 두 사람의 대화 중 가장 어색한 것은?

① A : I'm so nervous about this speech that I must give today.
  B : The most important thing is to stay cool.
② A : You know what? Minsu and Yujin are tying the knot!
  B : Good for them! When are they getting married?
③ A : A two-month vacation just passed like one week. A new semester is around the corner.
  B : That's the word. Vacation has dragged on for weeks.
④ A : How do you say 'water' in French?
  B : It is right on the tip of my tongue, but I can't remember it.

문 12. 두 사람의 대화 중 가장 자연스러운 것은?

① A : Do you know what time it is?
  B : Sorry, I'm busy these days.
② A : Hey, where are you headed?
  B : We are off to the grocery store.
③ A : Can you give me a hand with this?
  B : OK. I'll clap for you.
④ A : Has anybody seen my purse?
  B : Long time no see.

※ 우리말을 영어로 잘못 옮긴 것을 고르시오. [문 13.~문 14.]

문 13.

① 내 차를 계속 두고 수리하려고 해요.
  → I am going to keep my car and get it repaired.
② 그의 걱정은 기우로 드러났다.
  → His worries turned out to be founded.
③ 그녀는 반듯이 누웠다.
  → She lay on her back.
④ 차는 시속 60마일로 달리고 있다.
  → The car is doing sixty miles an hour.

문 14.

① 오늘 밤 나는 영화 보러 가기보다는 집에서 쉬고 싶다.

→ I'd rather relax at home than going to the movies tonight.

② 경찰은 집안 문제에 대해서는 개입하기를 무척 꺼린다.

→ The police are very unwilling to interfere in family problems.

③ 네가 통제하지 못하는 과거의 일을 걱정해봐야 소용없다.

→ It's no use worrying about past events over which you have no control.

④ 내가 자주 열쇠를 엉뚱한 곳에 두어서 내 비서가 나를 위해 여분의 열쇠를 갖고 다닌다.

→ I misplace my keys so often that my secretary carries spare ones for me.

문 15. 다음 글의 주제로 가장 적절한 것은?

Many animals are not loners. They discovered, or perhaps nature discovered for them, that by living and working together, they could interact with the world more effectively. For example, if an animal hunts for food by itself, it can only catch, kill, and eat animals much smaller than itself — but if animals band together in a group, they can catch and kill animals bigger than they are. A pack of wolves can kill a horse, which can feed the group very well. Thus, more food is available to the same animals in the same forest if they work together than if they work alone. Cooperation has other benefits : The animals can alert each other to danger, can find more food (if they search separately and then follow the ones who succeed in finding food), and can even provide some care to those who are sick and injured. Mating and reproduction are also easier if the animals live in a group than if they live far apart.

① benefits of being social in animals

② drawbacks of cooperative behaviors

③ common traits of animals and humans

④ competitions in mating and reproduction

문 16. 글쓴이의 주장과 가장 일치하는 것은?

Some psychologists believe that insight is the result of restructuring of a problem after a period of non-progress where the person is believed to be too focused on past experience and get stuck. A new manner to represent the problem is suddenly discovered, leading to a different path to a solution heretofore unpredicted. It has been claimed that no specific knowledge, or experience is required to attain insight in the problem situation. As a matter of fact, one should break away from experience and let the mind wander freely. Nevertheless, experimental studies have shown that insight is actually the result of ordinary analytical thinking. The restructuring of a problem can be caused by unsuccessful attempts in solving the problem, leading to new information being brought in while the person is thinking. The new information can contribute to a completely different perspective in finding a solution, thus producing the Aha! Experience.

① 통찰력이 있는 사람은 보통 문제의 재구성을 통해 해결책을 찾는다.

② 문제 해결 실패의 경험들을 겪으면서 통찰력 획득이 가능해진다.

③ 문제에 집착을 하지 않을 때 그 문제의 재구성이 이루어진다.

④ 대조되는 능력인 분석적 사고와 통찰력을 갖춰야 문제를 해결할 수 있다.

문 17. 밑줄 친 부분에 들어갈 말로 가장 적절한 것은?

All of us inherit something : in some cases, it may be money, property or some object — a family heirloom such as a grandmother's wedding dress or a father's set of tools. But beyond that, all of us inherit something else, something _____, something we may not even be fully aware of. It may be a way of doing a daily task, or the way we solve a particular problem or decide a moral issue for ourselves. It may be a special way of keeping a holiday or a tradition to have a picnic on a certain date. It may be something important or central to our thinking, or something minor that we have long accepted quite casually.

① quite unrelated to our everyday life

② against our moral standards

③ much less concrete and tangible

④ of great monetary value

문 18. 주어진 문장이 들어갈 위치로 가장 적절한 것은?

This inequality is corrected by their getting in their turn better portions from kills by other people.

Let us examine a situation of simple distribution such as occurs when an animal is killed in a hunt. One might expect to find the animal portioned out according to the amount of work done by each hunter to obtain it. (①) To some extent this principle is followed, but other people have their rights as well. (②) Each person in the camp gets a share depending upon his or her relation to the hunters. (③) When a kangaroo is killed, for example, the hunters have to give its main parts to their kinfolk and the worst parts may even be kept by the hunters themselves. (④) The net result in the long run is substantially the same to each person, but through this system the principles of kinship obligation and the morality of sharing food have been emphasized.

문 19. 다음 글의 내용과 일치하지 않는 것은?

Langston Hughes was born in Joplin, Missouri, and graduated from Lincoln University, in which many African-American students have pursued their academic disciplines. At the age of eighteen, Hughes published one of his most well-known poems, "Negro Speaks of Rivers." Creative and experimental, Hughes incorporated authentic dialect in his work, adapted traditional poetic forms to embrace the cadences and moods of blues and jazz, and created characters and themes that reflected elements of lower-class black culture. With his ability to fuse serious content with humorous style, Hughes attacked racial prejudice in a way that was natural and witty.

① Hughes는 많은 미국 흑인들이 다녔던 대학교를 졸업하였다.
② Hughes는 실제 사투리를 그의 작품에 반영하였다.
③ Hughes는 하층 계급 흑인들의 문화적 요소를 반영한 인물을 만들었다.
④ Hughes는 인종 편견을 엄숙한 문체로 공격하였다.

문 20. 다음 글에서 전체 흐름과 관계없는 문장은?

Genetic engineering of food and fiber products is inherently unpredictable and dangerous — for humans, for animals, for the environment, and for the future of sustainable and organic agriculture. ① As Dr. Michael Antoniou, a British molecular scientist, points out, gene-splicing has already resulted in the "unexpected production of toxic substances in genetically engineered (GE) bacteria, yeast, plants, and animals." ② So many people support genetic engineering which can help to stop the fatal diseases. ③ The hazards of GE foods and crops fall basically into three categories : human health hazards, environmental hazards, and socioeconomic hazards. ④ A brief look at the already-proven and likely hazards of GE products provides a convincing argument for why we need a global moratorium on all GE foods and crops.

MEMO

PART 04

기출 섞은 모의고사
정답 및 해설

CHAPTER 01 Basic Level(기초난도) 정답 및 해설

01 제1회 기출 섞은 모의고사

01	02	03	04	05	06	07	08	09	10
②	④	④	①	②	②	②	③	③	②
11	12	13	14	15	16	17	18	19	20
④	④	①	②	②	④	③	③	①	④

01 어휘>어구 답 ②

| 출처 | 2020 경찰(순경) 1차
| 난도 | 중

분석

wind up은 '(어떤 장소·상황에) 처하게 되다'라는 뜻을 가진 표현이다. 미래의 일에 대한 인과관계가 성립하는 조건절 if가 있으므로 해석을 통해 '결과'와 관련된 표현이라는 것을 유추할 수 있는 문제이다. 따라서 '결국 (어떤 처지에) 처하게 되다'라는 의미인 ② 'end up'과 의미가 가장 가깝다.

① 폭발하다, 터지다
③ 구성하다
④ 다 써버리다, 소진하다

해석

그러한 위험을 무릅쓴다면, 당신은 결국 죽게 될 것이다.

02 어휘>단어 답 ④

| 출처 | 2021 소방직 9급
| 난도 | 하

분석

hand in은 '제출하다'라는 뜻으로, ④ 'submit(제출하다)'과 의미가 가장 가깝다.
① (빛, 열 등을) 내뿜다
② 빠뜨리다, 생략하다
③ 허용하다

해석

그 직무에 관심 있는 구직자들은 인사과에 이력서를 제출해야 한다.

어휘

• hand in 제출하다
• the Office of Human Resources 인사과

03 어휘>단어 답 ④

| 출처 | 2020 소방직 9급
| 난도 | 중

분석

devastate는 '(한 장소나 지역을) 완전히 파괴하다'라는 뜻이므로, ④ 'destroyed(파괴했다)'와 의미가 가장 가깝다.
① (이익·즐거움 등을) 끌어내다, 얻다
② (군대·무기를) 배치하다
③ (상도, 규칙, 원칙 등을) 벗어나다

해석

발코니에서 피어오르는 연기와 빠르게 번지는 불길은 2014년 멜버른에서 발생한 라크로스 건물 화재 사건을 끔찍하게 떠올리게 했다. 그것은 또한 런던의 그렌펠 타워 화재를 연상시킨다. 이 참사는 72명의 목숨을 앗아갔고 더 많은 사람들의 삶을 파괴했다.

어휘

• reminder (이미 잊었거나 잊고 싶은 것을) 상기시키는[생각나게 하는] 것
• remind A of B A에게 B를 상기시키다
• inferno 화재
• catastrophe 참사, 재해, 재앙
• take A of B A에게서 B를 뺏다

04 어휘>어구 답 ①

| 출처 | 2022 국가직 9급
| 난도 | 하

분석

스페인어를 목적어로 취하고, 'before going to South America(남미에 가기 전에)'라고 했으므로, 빈칸에는 메리가 남미에 가기 전에 하기로 결심한 행동에 관한 표현이 들어가야 함을 유추할 수 있다. 따라서 빈칸에 들어갈 말로 가장 적절한 것은 ① 'brush up on(~을 복습하다)'이다.
② 끝까지 듣다
③ ~을 변호하다, 옹호하다
④ 그만하다, 해고하다

해석

메리는 남미에 가기 전에 스페인어를 복습하기로 결심했다.

어휘

- hear out (말을) 끝까지 들어주다
- stick up for ~을 변호하다, 옹호하다
- lay off 해고하다

05 어휘 > 단어   답 ②

| 출처 | 2022 국가직 9급
| 난도 | 중

분석

첫 문장에서 '카우치 포테이토(couch potato)'와 '마우스 포테이토(mouse potato)'를 비교하고 있다. 마우스 포테이토는 카우치 포테이토가 텔레비전 앞에서 많은 시간을 보내는 것과 같은 방식으로 컴퓨터 앞에서 많은 시간을 보내는 사람이라고 했으므로, 빈칸에 가장 적절한 것은 ② 'equivalent(상응하는)'이다.

① 기술자
③ 망
④ 모의실험

해석

'마우스 포테이토'는 컴퓨터에서 텔레비전의 '카우치 포테이토'에 상응하는 것이다. 즉, 텔레비전 앞에서 카우치 포테이토가 하는 것과 같은 방식으로 컴퓨터 앞에서 많은 여가시간을 보내는 경향이 있는 사람이다.

어휘

- mouse potato (일·오락을 위해) 컴퓨터 앞에서 시간을 많이 보내는 사람
- couch potato 오랫동안 가만히 앉아 텔레비전만 보는 사람
- tend to (~하는) 경향이 있다

06 독해 > 세부 내용 찾기 > 내용 (불)일치   답 ②

| 출처 | 2019 지방직 9급
| 난도 | 중

분석

제시문의 두 번째 문장 'Abnormal behaviors, from simple headaches to convulsive attacks, were attributed to evil spirits that inhabited or controlled the afflicted person's body(단순한 두통에서 발작적인 공격까지 이상행동들은 고통받는 사람들의 신체에 살거나 통제하는 악령에 기인한다고 여겨졌다).'를 통해 ② 'Abnormal behaviors were believed to result from evil spirits affecting a person(이상행동들은 사람을 공격하는 악령 때문이라고 믿어졌다).'이 적절함을 알 수 있다.

① 정신질환은 분명하게 신체장애와 구별되었다.
 → 첫 문장을 통해 정신질환과 신체장애가 구별되지 않았음을 알 수 있다.
③ 악령이 사람의 신체로 들어가기 위해서 두개골 안에 구멍이 만들어졌다.
 → 다섯 번째 문장을 통해 악령이 들어가는 것이 아니라 나올 수 있도록 두개골 천공수술을 했다는 것을 알 수 있다.
④ 동굴 거주자들은 두개골 천공수술에서 살아남지 못했다.
 → 마지막 문장을 통해 상처가 아문 채로 발견된 생존자가 있었음을 알 수 있다.

해석

약 50만 년 전인 선사시대의 사회는 정신질환과 신체의 장애를 뚜렷하게 구별하지 않았다. 단순한 두통에서 발작적인 공격까지 이상행동들은 고통받는 사람들의 신체에 살거나 통제하는 악령에 기인한다고 여겨졌다. 역사학자들에 따르면, 이와 같은 고대 사람들은 많은 병의 형태를 악령의 빙의, 주술 또는 기분 상한 선대 영혼의 명령 탓으로 여겼다. '귀신학'이라 불리는 이런 신념 체계 내에서 대개 희생자는 적어도 부분적으로 불행에 대한 책임이 있다. 석기시대 동굴 거주자들이 악령이 빠져나갈 수 있는 구멍을 제공하기 위해 두개골의 일부를 잘라내는 '두개골 천공'이라고 불리는 외과적 수술방법으로 행동장애를 치료했을지도 모른다는 주장이 제기되었다. 악령이 떠나면 그 사람은 자신이 정상 상태로 돌아올 것이라고 믿었을지도 모른다. 놀랍게도 두개골 천공수술을 받은 두개골들은 상처가 아문 상태로 발견되었는데, 이는 일부 환자들이 이와 같은 극도로 조잡한 수술에서 살아남았다는 사실을 시사한다.

어휘

- prehistoric 선사시대의
- sharply 뚜렷하게, 선명하게
- disorder 장애
- be attributed to ~을 탓으로 하다, ~의 책임으로 하다
- afflicted 괴로워하는, 고민하는
- demonic possession 악령 빙의
- sorcery 마법, 마술
- demonology 귀신학
- be held responsible for ~에 책임이 있다
- chip away 잘라내다, 벗겨지다
- heal over 상처가 아물다, 상처를 치료하다
- crude 대중의, 대강의

07 어법 > 비문 찾기   답 ②

| 출처 | 2020 경찰(순경) 1차
| 난도 | 중

분석

주어-동사의 수일치 문제이다. '부분 표시어+of the+명사'는 뒤의 명사와 동사의 수가 일치해야 하므로 동사는 was가 아닌 were이 되어야 한다. 또한 회의에서 '만들어진' 제안이라는 수동의 의미는 과거분사 made로 suggestions를 뒤에서 수식한다.

① 'should (not) have+p.p.'의 해석을 묻는 문제이다. 'should (not) have+p.p.'는 이미 일어난 사실에 대한 후회를 나타내며, '~했어야 했는데(하지 않았어야 했는데)'라는 뜻으로 문맥상 올바르게 쓰였다.
③ 'providing+주어+동사'는 종속절과 주절을 연결하여 '만약 ~라면'이라는 조건을 표현한다. 또한 mind의 목적어로 간접의문문을 취하고 있는데 '의문사+주어+동사'로 적절한 어순이다.
④ 시제가 제대로 쓰였는지 묻는 문제이다. 비가 내린 시점이 과거이며, 그 이전에 '약 30분 동안' 테니스를 치고 있었던 행위를 표현하므로 과거완료 진행형인 'had been ~ing'는 올바르게 쓰였다.

① 나는 몸이 좋지 않아. 그렇게 많이 먹지 말았어야 했어.
② 회의에서 나온 제안의 대부분은 그리 현실적이지는 않았다.
③ 방이 깨끗하기만 하면 나는 우리가 어떤 호텔에 묵든지 상관없어.
④ 비가 거세게 내리기 시작했을 때, 우리는 약 30분 정도 테니스를 치고 있었다.

어휘

• practical 현실성 있는, 타당한
• mind 언짢아하다, 상관하다

2점 UP 포인트

'조동사+have+p.p.' 구문

• 이전 사실에 대한 추측
  – must have+p.p.(~이었음에 틀림없다) : 이전 사실에 대한 강한 추측
    예 It must have rained last night.
    어젯밤에 비가 온 게 틀림없어.
  – may[might] have+p.p.(~이었을지도 모른다) : 이전 사실에 대한 약한 추측
    예 She may have missed the train.
    그녀는 기차를 놓쳤을지도 모른다.
  – cannot have+p.p.(~이었을 리 없다) : 이전 사실에 대한 부정적 추측
    예 He cannot have done such a thing.
    그가 그런 짓을 했을 리가 없다.

• 이전 사실의 반대
  – should have+p.p.(~했어야 했는데) : 했어야만 했던 과거에 대한 유감이나 후회
    예 You should have said the fact to me.
    너는 그 사실을 나에게 말했어야 했다.
  – could have+p.p.(~했을 수도 있다) : 할 수 있었던 사실에 대한 추측
    예 She could have been a brilliant pianist if she'd put her mind to it.
    그녀가 전심전력을 다했으면 훌륭한 피아니스트가 될 수도 있었을 것이다.

08 독해 > 대의 파악 > 제목, 주제   답 ③

| 출처 | 2018 지방직 9급
| 난도 | 중

분석

첫 번째 문장에서 어업이 지속되려면 과학적으로 수행되어야 한다는 것이 밝혀졌다. 또한 마지막 문장에서 물고기 개체 수를 더 잘 이해하고 개체 수를 감소시키지 않고 최대한 활용할 수 있는 방법에 대한 연구가 끊임없이 이루어지고 있다고 했으므로, 어업 활동과 과학 연구의 밀접한 연관성을 드러내는 ③ 'Why Does the Fishing Industry Need Science(왜 어업에 과학이 필요할까?)'가 제목으로 가장 적절하다.
① 상업적인 어업 활동에 대해서 '아니오'라고 말하라
② 수산업으로 간주되는 바다 양식업
④ 남획된 어류 : 불법조업 사례

과학자들의 도움으로, 상업적 어업 활동이 계속되려면 반드시 어획이 과학적으로 이루어져야 한다는 사실을 알아냈다. 어류 개체 수에 대한 어획 압박이 없다면, 어류 개체 수는 예상 가능한 풍부함의 수준에 도달하고 그 상태를 유지하게 될 것이다. 유일한 변동은 먹이 확보 가능성, 적절한 수온 그리고 이와 같은 자연적 환경 요인들 때문일 것이다. 만약 어업이 이러한 어류를 포획하기 위해 개발될 때, 어획량이 적다면 그들의 개체 수는 유지될 수 있다. 북해의 고등어가 좋은 예이다. 만약 우리가 어업 활동을 늘리고 매년 더 많은 어류를 잡아들인다면, 우리는 해마다 잡아들이는 모든 어류를 대체할 수 있는 이상적인 지점 이하로 개체 수를 감소시키지 않도록 주의해야 한다. 만약 우리가 '지속가능한 최대 생산량'이라 불리는 이 지점까지 물고기를 잡는 활동을 한다면, 우리는 매년 가능한 최대치의 생산량을 유지할 수 있다. 만약 우리가 너무 많이 포획한다면 우리 자신이 어업 활동을 못할 때까지 매년 어류 개체 수는 감소할 것이다. 심각하게 남획된 동물의 예는 남극의 흰긴수염고래와 북대서양의 큰 넙치이다. 매년 최대 어획량을 유지하기 위해 정확한 양의 어업 활동을 하는 것은 과학이자 기술이다. 우리가 어류 개체 수를 잘 이해하고 개체 수가 고갈됨 없이 최대한으로 이를 활용할 방법에 대한 연구는 계속되고 있다.

어휘

• commercial 상업용의, 상업적인; 광고
• abundance 풍부, 대량
• fluctuation 변동, 동요, 파동
• fishery 어업, 수산업, 어장
• mackerel 고등어
• sustainable 지속가능한, 고갈되지 않는, 견딜 수 있는
• yield 수확; 항복
• blue whale 흰긴수염고래
• halibut 큰 넙치
• utilize 활용하다, 이용하다, 사용하다, 유지하다
• deplete 고갈시키다, 다 써버리다, 비우다

09 어법 > 비문 찾기   답 ③

| 출처 | 2020 지방직(서울시) 9급
| 난도 | 중

분석

'among/with+전명구(부사구)'가 문두로 이동할 경우 주어와 동사가 도치된다. 따라서 문장의 주어는 a 1961 bejeweled timepiece이므로 동사는 were가 아닌 was가 되어야 한다.
① 분사구문의 의미상 주어인 엘리자베스 테일러가 선언한 것이므로 능동을 의미하는 현재분사가 적절하게 쓰였다.
② 관계대명사 that의 선행사는 evening auction이며, that절에 주어가 없으므로 여기서는 주격 관계대명사로 쓰였다.
④ 'with 분사구문(with+목적어+목적격 보어)'에서 covered는 목적격 보어에 해당하는데, 뱀의 머리와 꼬리가 다이아몬드로 덮였다는 수동의 의미이므로 과거분사가 적절하게 쓰였다.

해석

엘리자베스 테일러는 아름다운 보석들을 보는 안목이 있었고, 수년에 걸쳐 놀라운 보석 몇 점을 수집하였으며 "여자라면 언제나 더 많은 다이아몬드를 가질 수 있다."라고 선언하였다. 2011년 그녀가 소장하고 있던 최상품의 보석이 크리스티(경매회사)의 어느 저녁 경매에서 1억 1,590만 달러에 팔렸다. 그날 이브닝 세일 동안에 팔린 그녀가 아끼는 소장품 중 하나는 1961년 불가리가 만든 보석으로 장식된 시계 한 점이었다. 그 시계는 손목을 휘감아 도는 뱀의 형상으로 디자인되었으며, 머리와 꼬리는 다이아몬드로 덮여 있고 최면을 거는 듯한 에메랄드 눈을 가진 이 정교한 기계장치는 무시무시한 입을 열면 작은 석영시계가 드러난다.

어휘

- eye (사물을 보는 방식으로써의) 눈
- amass 모으다, 축적하다
- declare 선언하다, 단언하다
- fine 질 좋은, 높은 품질의
- bring in (이익 · 이자를) 가져오다
- prized 소중한
- bejeweled 보석으로 장식한, 보석을 두른
- timepiece 시계
- serpent (특히 큰) 뱀
- coil (고리 모양으로) 감다, 휘감다
- hypnotic 최면을 거는 듯한
- discreet 신중한, 조심스러운
- fierce 사나운, 맹렬한

2점 UP 포인트

with 분사구문

- with + 목적어 + 현재분사 : 목적어와 분사의 관계가 능동일 때

  예 With the children going out, placidity came in.
  아이들이 외출하자 평온함이 밀려왔다.

- with + 목적어 + 과거분사 : 목적어와 분사의 관계가 수동일 때

  예 With an eye bandaged, she could not write properly.
  그녀는 눈에 붕대를 감아서 글씨를 제대로 쓸 수가 없었다.

- with + 목적어 + (being) + 형용사

  예 Don't speak to others with your mouth full.
  입에 음식을 가득 물고 다른 사람에게 말하지 마세요.

- with + 목적어 + (being) + 부사구/전명구

  예 He was walking along the street with his hat on.
  그는 모자를 쓰고 길을 걷고 있었다.

---

10 독해 > 글의 일관성 > 무관한 어휘 · 문장 답 ②

| 출처 | 2019 국가직 9급

| 난도 | 중

분석

월스트리트의 은행들은 엄청난 규모로 성장하였고, 자신들의 지위를 악용해 위험한 투자를 하여 경제 위기를 초래했으며, 그 이후 규제기관이 거대 기업에 대해 정기적으로 압박 평가를 실시한다는 것이 중심 내용이다. 하지만 ②는 가상화폐에 대해 설명하고 있으므로 글의 흐름상 적절하지 않다.

해석

2007년 우리의 가장 큰 걱정거리는 '대마불사'였다. 월스트리트의 은행들은 너무나 놀라운 규모로 성장했고, 금융 시스템의 건전성이 너무나 중요시되어 어떠한 이성적인 정부도 결코 그들을 무너지게 내버려 둘 수 없었다. 보호받는 그들의 지위에 대해 알고 있던 은행들은 지나치게 위험한 주택 시장에 배팅을 했고 심지어 더 복잡한 파생상품을 만들어 냈다. 비트코인과 이더리움과 같은 새로운 가상화폐는 돈이 어떻게 작용할 수 있고, 작용해야 하는지에 대한 우리의 이해를 근본적으로 바꾸었다. 그 결과는 1929년 경제 붕괴 이후에 가장 최악의 경제 위기였다. 2007년 이후로 몇 년 동안, 우리는 대마불사의 딜레마를 다루는 데 엄청난 진보를 이루었다. 우리의 은행은 그전보다 더 자본화되었다. 우리의 규제기관은 거대 기업에 대한 정기적인 압박 평가를 실시한다.

어휘

- too big to fail 대마불사(쫓기는 대마가 위태롭게 보여도 필경 살길이 생겨 죽지 않는다는 격언으로 경제 용어로 자주 쓰임)
- staggering (너무 엄청나서) 충격적인, 믿기 어려운
- rational 합리적인, 이성적인
- excessively 지나치게, 심히
- derivative 파생물
- virtual currency 가상통화, 가상화폐
- radically 철저히, 근본적으로
- breakdown 실패

---

11 표현 > 일반회화 답 ④

| 출처 | 2019 지방직 9급

| 난도 | 하

분석

전화를 못 받아서 미안하다는 A의 말에 '메시지를 남기시겠습니까?'라는 B의 대답은 적절하지 않다.

해석

① A : 우리 점심 몇 시에 먹어?
B : 정오 전에 준비될 거야.
② A : 너에게 여러 번 전화했어. 왜 전화 안 받았니?
B : 이런. 내 휴대전화의 전원이 꺼졌던 것 같아.
③ A : 이번 겨울에 휴가를 갈 거니?
B : 그렇게 할지도 몰라. 아직은 결정 못했어.
④ A : 여보세요. 전화 못 받아서 죄송합니다.
B : 메시지를 남기시겠습니까?

---

12 표현 > 일반회화 답 ④

| 출처 | 2022 국가직 9급

| 난도 | 하

분석

대화 초반에 구내식당 메뉴 변경과 새로운 음식 공급업체를 구한 것에 대해 이야기하고 있으며, 빈칸 다음에 B는 디저트 메뉴가 많아졌고, 샌드위치 메뉴가 없어졌다고 말하고 있으므로 빈칸에 들어갈 말로 가장 적절한 것은 ④ 'What's the difference from the last menu(예전 메뉴와 다른 점이 무엇인가요)'이다.

① 가장 좋아하는 디저트는 무엇인가요

② 그들의 사무실이 어디 있는지 아시나요

③ 메뉴에 대한 내 도움이 필요한가요

해석

> A : 대학 구내식당 메뉴가 바뀌었다고 들었어요.
> B : 맞아요, 내가 방금 확인했어요.
> A : 그리고 새로운 공급업체를 구했대요.
> B : 맞아요, Sam's Catering이에요.
> A : 예전 메뉴와 다른 점이 무엇인가요?
> B : 디저트 종류가 많아졌어요. 그리고 샌드위치 메뉴는 일부 없어졌어요.

어휘

• caterer 음식 공급자

13 독해>대의 파악>분위기, 어조, 심경 답 ①

| 출처 | 2021 국가직 9급

| 난도 | 하

분석

제시문은 노란 달걀 모양의 보석을 우연히 발견한 어린 광부 콤바 존불에 대한 이야기이다. 어린 광부인 존불이 가치 있을 것이라고 생각되는 돌을 발견한 후, 다른 우두머리 광부에게 보여주자 그 광부는 그 돌을 주머니에 넣으라고 말하며 다른 사람들이 알면 위험해질 것이라고 한다. 존불은 우두머리 광부에게 이를 보여준 뒤부터 점점 그 보석의 정체에 대해 궁금해 하고 기대하는 듯한 모습을 보여주며. 마지막 문장에 'Could it be?'라고 생각하고 있으므로 그것이 진짜 다이아몬드일지도 모른다는 기대감을 지니고 있음을 유추할 수 있다. 따라서 존불의 심경으로 가장 적절한 것은 ① 'thrilled and excited(신나고 흥분한)'이다.

② 고통스럽고 낙담한

③ 거만하고 확신하는

④ 초연하고 무관심한

해석

> 이글거리는 한낮의 태양 아래, 최근에 발굴된 자갈 더미에서 노란 달걀 모양의 암석이 눈에 띄었다. 호기심에 16살의 광부 콤바 존불은 그것을 집어 들고 납작한 피라미드 형태 모양의 면을 만지작거렸다. 존불은 다이아몬드를 본 적이 없었지만, 큰 발견물이라 해도 그의 엄지손톱보다 크지 않을 것이라는 것을 충분히 알고 있었다. 그러나 그 암석은 다른 의견을 들어볼 만큼 충분히 특이했다. 그는 정글 깊숙한 곳에서 진흙의 땅을 파고 있던 보다 경험 많은 광부들 중 한 명에게 수줍게 그것을 가지고 갔다. 채취장의 우두머리는 돌을 보고 눈이 휘둥그레졌다. "그것을 주머니에 넣어라." 그가 속삭였다. "계속해서 캐라." 나이 많은 광부는 누군가가 자신들이 뭔가 대단한 것을 찾아냈다고 생각한다면 위험에 처할 수 있다고 그에게 경고했다. 그래서 존불은 해질녘까지 계속해서 삽으로 자갈을 파내면서 가끔 멈추어 그의 주먹에 있는 무거운 돌을 움켜잡았다. 과연 그럴까?

어휘

• blazing 불타는 듯한

• stand out 눈에 띄다, 두드러지다

• unearth 파다

• gravel 자갈

• merit 받을 만하다[자격·가치가 있다]

• sheepishly 소심하게

• gash (바위 등의) 갈라진 금[틈]

• shovel 삽, 부삽, 삽으로 파다

14 어법>영작하기 답 ②

| 출처 | 2022 국가직 9급

| 난도 | 하

분석

as 앞에 비교급 표현인 more precious가 쓰였으므로 원급 표현 as를 than으로 고쳐야 한다.

① 난이형용사(easy, difficult 등)가 'It is easy to부정사' 구문으로 적절하게 쓰였으며, for us는 to부정사(to learn)의 의미상의 주어이다. 또한 '결코 ~이 아닌'이라는 의미의 부사구 by no means가 삽입되었다.

③ 'cannot ~ too/enough'는 '아무리 ~해도 지나치지 않다'라는 뜻의 조동사 관용표현으로 적절하게 사용되었다. 주절의 주어와 부사절의 주어가 children으로 일치하므로, 부사절의 주어를 생략하고 when crossing으로 적절하게 쓰였다.

④ 관계대명사 what은 선행사를 포함하며, 동사 believes의 목적어로 명사절을 이끌고 있다.

어휘

• by no means 결코 ~이 아닌

15 어법>영작하기 답 ②

| 출처 | 2021 국가직 9급

| 난도 | 하

분석

'너무 ~ 해서 …하다'라는 표현은 'so[such] ~ that' 구문으로 쓰일 수 있다. 'such ~ that'의 경우 such 다음에 관사가 바로 오는 어순에 주의해야 한다. 'such+a/an+형용사+명사'의 어순으로 바르게 쓰였으므로 옳다.

① as if는 '마치 ~인 것처럼'이라는 뜻의 접속사이므로 우리말 해석과 일치하지 않는다. '~일지라도'라는 양보의 의미가 되려면 '형용사/명사+as+주어+동사'의 어순이 되어야 하므로, if를 삭제하는 것이 옳다.

③ 'keep A ~ing'는 'A가 계속 ~하게 하다'라는 의미이므로 우리말과 일치하지 않는 문장이다. 'A가 B하는 것을 방해하다'라는 표현은 'keep A from B(~ing)'로 해야 한다. 그러므로 her 뒤에 from이 삽입된 from advancing으로 고쳐야 한다.

④ if는 바로 뒤에 or not과 함께 쓰일 수 없으므로 if가 whether로 바뀌거나, or not을 문장 끝으로 이동시켜야 한다.

어휘

• sincere 진실한

• advance 전진하다, 나아가다, 진보[향상]하다

• abolish 폐지하다

16 독해>글의 일관성>문장 삽입 답 ④

| 출처 | 2020 국가직 9급
| 난도 | 중

분석

제시문은 시간순으로 글이 전개되며, 우연히 유리 플라스크를 깨뜨린 실수로 인하여 안전유리를 개발하게 된 한 화학자에 대한 내용을 담고 있다. 주어진 문장에서 그가 유리 플라스크와 관련된 경험을 그때서야 기억해냈다고 했으므로 그 이전에는 기억하지 못했다는 내용이 나와야 한다. 따라서 삽입될 위치로는 자동차 사고로 유리창에 의해 중상을 입은 사람들에 관한 기사를 읽기 전까지는 그것에 관해 더 생각하지 않았다는 내용 다음인 ④가 적절하다.

해석

1903년 프랑스 화학자인 에두아르 베네딕투스는 어느 날 단단한 바닥에 유리 플라스크를 떨어뜨려 그것을 깨뜨렸다. 그러나 놀랍게도 플라스크는 산산조각나지 않았으며, 원래의 형태를 대부분 유지하고 있었다. 그가 플라스크를 살폈을 때 안쪽에 필름 코팅을 발견했고 그 안에는 플라스크에 담겨 있던 콜로디온 용액이 남아있었다. 그는 이 흔치 않은 현상을 기록해두었으나, 몇 주 뒤 자동차 사고로 날아가는 앞 유리창에 의해 중상을 입은 사람들에 관한 기사를 읽고 나서야 그것에 관해 생각하게 되었다. 그때서야 그는 유리 플라스크에 관한 자신의 경험을 떠올렸고, 그와 동시에 유리창이 산산조각 나는 것을 막기 위해서 전면 유리창에 특수 코팅을 적용하는 것을 생각해냈다. 그 후 얼마 지나지 않아, 그는 세계 최초로 안전유리를 생산하는 데 성공했다.

어휘

- flask (화학실험용) 플라스크
- apply to ~에 적용되다
- windshield (자동차의) 전면 유리창, 윈드쉴드
- astonishment 깜짝 놀람
- shatter 산산이 부서지다, 산산조각이 나다
- retain 계속 유지하다
- contain ~이 들어 있다; 감정을 억누르다; (좋지 않은 일을) 억제하다
- collodion (화학) 콜로디온
- phenomenon 현상
- thereafter 그 후에
- succeed in ~에 성공하다

17 독해>세부 내용 찾기>지칭 추론 답 ③

| 출처 | 2019 서울시 9급
| 난도 | 중

분석

①, ②, ④는 모두 드라큘라 개미를 가리키지만, ③의 they는 드라큘라 개미의 턱을 가리킨다.

해석

드라큘라 개미는 때때로 자기 새끼의 피를 마시는 행위 때문에 그러한 이름이 붙는다. 하지만 이번 주에, 그 곤충(드라큘라 개미)은 새로운 명성을 얻게 되었다. *Mystrium camillae* 종의 드라큘라 개미는 그들의 턱을 아주 빠르게 맞부딪칠 수 있어서, 우리가 눈을 깜빡이는 데 걸리는 시간에 5,000번의 맞물림이 일어날 수 있다. 이번 주에 출판된 *Royal Society Open Science* 저널에 게재된 연구에 따르면, 이것은 사실상 그 흡혈 곤충(드라큘라 개미)이 자연에서 가장 빠른 움직임을 가졌다는 것을 의미하는 것으로 밝혀졌다. 흥미롭게도, 이 개미들은 단지 턱을 한 번에 세게 눌러 그것들(드라큘라 개미의 턱)이 구부러지게 하는 것만으로 이 전례 없는 스냅을 만들어 낸다. 이것은 시속 200마일 이상의 최대 속도에 도달하면서 다른 쪽 턱을 지나쳐 엄청난 속도와 힘으로 강타할 때까지 한쪽 턱에 마치 용수철처럼 에너지를 저장한다. 이것은 당신이 손가락을 튕길 때 일어나는 일과 비슷하지만, 단지 1,000배 더 빠르다. 드라큘라 개미는 비밀스러운 포식자들이어서 그들(드라큘라 개미)은 낙엽 밑이나 지하 터널에서 사냥하는 것을 선호한다.

어휘

- claim 주장, ~에 대한 권리
- wield 행사하다, 휘두르다
- in nature 사실상, 현실적으로
- slide past 지나치다
- lash out 강타하다
- secretive 비밀스러운

18 독해>글의 일관성>글의 순서 답 ③

| 출처 | 2020 소방직 9급
| 난도 | 하

분석

주어진 글에서 제2차 세계대전이 유럽과 태평양의 섬에서 시작되었다고 했으므로 그 다음으로는 미국, 영국, 프랑스가 독일, 일본에 맞서서 전투하고 있다는 내용의 (B)가 오는 것이 자연스럽다. (C)에서 미국이 히로시마에 원자폭탄 투하와 그 피해를 설명하고, (A)에서 3일 후 미국이 나가사키에 다시 폭탄을 투하하자 일본이 항복하여 제2차 세계대전이 종결되었다고 했으므로, 글의 순서는 ③ '(B) – (C) – (A)'가 자연스럽다.

해석

제2차 세계대전에서 일본은 독일, 이탈리아와 힘을 합쳐 참전하였다. 그래서 이제 두 개의 전선이 있었는데, 유럽 전쟁 지역과 태평양에 있는 섬들이었다.

(B) 1941년 말, 미국과 영국, 프랑스는 독일과 일본에 맞서서 전투에 참가했으며, 미군은 두 최전선에 모두 파병되었다.

(C) 1945년 8월 6일 오전 8시 15분에 미국의 군비행기가 원자폭탄을 일본의 히로시마에 투하했다. 순식간에 80,000명의 사람들이 사망했다. 히로시마는 바로 사라졌다. 폭발의 중심에 있던 사람들은 증발했다. 남은 것은 건물 벽의 새까맣게 그을린 그림자뿐이었다.

(A) 3일 후에 미국은 또 다른 도시 나가사키에 폭탄을 투하했다. 일본은 곧 항복했고, 제2차 세계대전은 종결되었다.

어휘

- join forces with ~와 협력하다
- surrender 항복하다, 투항하다
- cease 그만두다, 멈추다
- evaporate 증발하다
- charred 새까맣게 탄, 숯이 된

---

19 독해 > 빈칸 완성 > 연결어 답 ①

| 출처 | 2020 지방직(서울시) 9급
| 난도 | 하

분석

(A) 앞부분에는 적극적 행동에 대한 설명이 나오고 (A) 다음에는 이와 대조적 개념인 공격적인 행동에 관한 설명이 등장하므로 대조·상반의 연결사인 'In contrast(그에 반해서)'가 들어가야 한다.

(B) 앞 문장에서 공격적인 행동을 보이는 사람들은 타인의 권리가 자신의 권리보다 중요하지 않다고 여기는 것 같다고 하였고, (B) 다음에서 그들은 원만한 대인관계를 유지하기 힘들다는 결과가 나오므로, 인과의 연결사인 'Thus(따라서)'가 오는 것이 적절하다.

② 마찬가지로 - 게다가
③ 그러나 - 한편으로는
④ 그런 이유로 - 다른 한편으로는

해석

> 적극적 행동에는 여러분의 권리를 옹호하고, 타인의 권리를 침해하지 않는 적절한 방식으로 직접 여러분의 생각과 감정을 표현하는 것이 포함된다. 그 것은 상대방이 여러분의 관점을 이해하도록 설득하는 문제이다. 적극적 행동 능력을 보이는 사람들은 원만한 대인관계를 유지하면서 대립 상황을 쉽고 확실하게 처리할 수 있다. (A) 그에 반해서, 공격적인 행동은 다른 사람들의 권리를 공공연히 침해하는 방식으로 자신의 생각과 감정을 표현하고 자신의 권리를 보호하는 것을 포함한다. 공격적인 행동을 보이는 사람들은 다른 사람들의 권리가 그들의 권리보다 부차적이라고 믿는 것 같다. (B) 따라서 그들은 원만한 대인관계를 유지하는 데 어려움을 겪는다. 그들은 통제를 유지하기 위해 방해하고, 빠르게 말하고, 다른 사람들을 무시하며, 빈정대거나 다른 형태의 언어폭력을 사용할 가능성이 있다.

어휘

- assertive 적극적인, 확신에 찬
- stand up for ~을 옹호하다
- viewpoint (어떤 주제에 대한) 관점[시각]
- assurance 확신, 확실성; 확언
- subservient 부차적인[덜 중요한]; 복종하는
- sarcasm 빈정댐, 비꼼

---

20 독해 > 빈칸 완성 > 단어·구·절 답 ④

| 출처 | 2020 경찰(순경) 1차
| 난도 | 중

분석

빈칸 완성 유형의 정답은 전체 글의 주제에 벗어나지 않아야 하며, 빈칸의 앞뒤 문장과 긴밀한 내용이어야 한다. 처음 두 문장에서 글의 핵심 소재로 '인류의 위험 극복 의지'를 제시하고 있으며, 빈칸의 앞 문장과 해당 문장의 내용은 고금을 막론하는 인간의 자기보존 욕구(위험 극복 의지)를 서술하고 그 근원으로 초자연적인 힘에 대한 믿음을 제시하고 있다. 따라서 문맥상 빈칸에는 위기에 처했을 때 살고자 하는 의지는 과거나 지금이나 한결같이 존재한다는 취지의 ④ 'which is absolutely universal among known peoples, past and present(이는 과거와 현재에 걸쳐 알려진 사람들 사이에서 절대적으로 보편적이다)'가 적절하다.

① 그리고 이것을 지지하는 사람들의 수는 급격하게 증가했다
② 이는 고대 문명이 현대 문명으로 발전하게 만들었다
③ 이는 의학에 긍정적인 영향을 미쳤다

해석

> 인생은 위험으로 가득하다. 질병과 적, 굶주림은 항상 원시인을 위협한다. 경험은 그에게 약초, 용기, 격렬한 노동이 종종 수포로 돌아간다는 것을 가르치지만, 보통 그는 살아남아서 삶의 좋은 것들을 누리기를 원한다. 이 문제에 직면하면 그는 자신의 목적에 적합해 보이는 방법이라면 무엇이 되었건 동원한다. 그러한 비상사태에서 우리의 옆집 이웃이 어떻게 행동하는가를 기억해내기 전까지는 종종 그 방법은 우리 현대인들에게 믿기 힘들 정도로 조악해 보이기도 한다. 의학이 그에게 불치병 선고를 내릴 때, 그는 운명에 순응하는 대신 회복의 희망을 품고 있는 가장 가까운 돌팔이 의사에게 달려간다. 자기보존에 대한 그의 열망은 수그러들지 않을 것이며, 교육받지 못한 전 세계의 사람들 또한 마찬가지일 것이다. 살고자 하는 강력한 의지가 초자연적인 힘에 대한 믿음에 기반하고 있다는 점에서, 이는 과거와 현재에 걸쳐 알려진 사람들 사이에서 절대적으로 보편적이다.

어휘

- menace 위협하다
- valor 용기, 용맹
- strenuous 힘이 많이 드는, 몹시 힘든, 격렬한
- come to nothing 허사가 되다, 수포로 돌아가다
- take to ~하기 시작하다, ~을 따르다
- end 목적, 목표
- incredibly 믿을 수 없을 정도로, 엄청나게
- pronounce 선고[표명/선언]하다
- incurable 치유할 수 없는, 불치의
- resign oneself to ~ (체념하여) ~을 받아들이다, 감수하다
- hold out (특히 어려운 상황에서) 지속되다, 없어지지 않다
- urge 욕구, 충동
- down 내리다; 앉다
- illiterate 글을 모르는, 문맹의
- overpowering 아주 강한[심한]
- anchor ~에 단단히 기반을 두다
- supernaturalism 초자연주의, 초자연성
- universal 일반적인, 보편적인

02 제2회 기출 섞은 모의고사

01	02	03	04	05	06	07	08	09	10
④	①	②	①	③	④	③	②	③	①
11	12	13	14	15	16	17	18	19	20
③	①	④	③	③	③	④	④	②	①

01 어휘>단어
답 ④

| 출처 | 2020 경찰(순경) 1차
| 난도 | 하

분석

주어진 문장은 인과관계를 이어주는 등위접속사 and가 쓰였으므로 빈칸에는 '단서(clues)'를 목적어로 취하는 동사가 와야 한다. 문맥상 진범을 체포하는 데에 필요한 원인이 성립해야 하므로, 빈칸에는 ④ 'scrutinized(면밀히 조사하다)'가 적절하다.
① 없애다, 지우다, 말살하다
② 비틀다, 왜곡하다
③ 칭찬하다

해석

형사들은 뺑소니 사건의 몇 가지 단서들을 면밀히 조사하여 진범을 성공적으로 체포할 수 있었다.

어휘

• hit-and-run 뺑소니의, 기습적인
• arrest 체포하다, 저지하다
• criminal 범인, 범죄자; 범죄의

02 어휘>단어
답 ①

| 출처 | 2021 소방직 9급
| 난도 | 중

분석

밑줄 친 encounter는 '직면, 만남, 접촉'의 뜻이며, 그 의미가 가장 가까운 것은 ① 'confrontation(대치, 대립)'이다.
② 생식, 번식
③ 격려, 고무
④ 장려, 웅장, 호화

해석

인구가 증가함에 따라 인간과 자연 사이에 대두되는 갈등은 이해하기 쉽다. 우리는 고대로부터 우리 자신의 생존을 위해서 매 순간 자연과 직면하고 투쟁한다. 먼 옛날, 너무도 흔하게 우리를 다치게 했던 것은 바로 자연의 포식자, 겨울, 홍수, 그리고 가뭄 등이었다.

어휘

• predator 포식자
• drought 가뭄
• do in ~을 다치다

03 어휘>단어
답 ②

| 출처 | 2021 국가직 9급
| 난도 | 하

분석

밑줄 친 pervasive는 '만연하는, 보급된, 널리 퍼지는'의 뜻이므로, 그 의미가 가장 가까운 것은 ② 'ubiquitous(어디에나 있는, 아주 흔한)'이다.
① 기만적인, 현혹하는, 사기의
③ 설득력 있는
④ 형편없는, 비참한

해석

재즈의 영향은 너무 만연해서 대부분의 대중음악은 그 양식의 뿌리를 재즈에 두고 있다.

어휘

• owe A to B A는 B 덕분이다, A를 B에게 빚지다[신세지다]
• stylistic 양식의
• root 뿌리, 기초

04 어휘>어구
답 ①

| 출처 | 2020 국가직 9급
| 난도 | 중

분석

밑줄 친 pay tribute to는 '~에게 경의를 표하다'라는 뜻이므로, 그 의미가 가장 가까운 것은 ① 'honor(명예를 주다, 매우 존경하다)'이다. 참고로, tribute는 '헌사, 찬사'의 뜻으로 보통 대가에게 바치는 후배들의 오마주를 지칭한다.
② 구성하다, 작곡하다
③ 공표하다, 홍보하다
④ 연결하다, 합쳐지다

해석

판지와 눈 위, 마분지에 새겨진 메시지를 포함하여 그 팀에게 경의를 표하려는 수천여 개의 손수 만든 소박한 시도들이 길목을 따라 줄지어 있었다.

어휘

• homespun 손으로 짠, 소박한
• tribute 헌사[찬사], 공물
• etch 아로새기다
• cardboard 판지
• construction paper 마분지

05 독해>세부 내용 찾기>내용 (불)일치 답 ③

| 출처 | 2021 소방직 9급
| 난도 | 중

분석

'She broke her family's tradition of enrolling in Southern black colleges and instead attended the University of Wisconsin in Madison.'에서 그녀는 남부 흑인 대학에 등록하는 가문의 전통을 깨고 위스콘신 대학교에 입학했다고 했으므로, 글의 내용과 일치하지 않는 것은 ③ '가문의 전통에 따라 남부 흑인 대학에 등록했다.'이다.

해석

핸즈베리는 1930년 5월 19일에 일리노이주 시카고에서 태어났다. 그녀는 시카고에서 힘겹게 살아가는 흑인 가족을 다룬 희곡 *The Crystal Stair*를 썼는데, 후에 랭스턴 휴즈의 시에서 따온 *A Raisin in the Sun*으로 제목이 바뀌었다. 그녀는 최초의 흑인 극작가였으며, 29살에 뉴욕 비평가 서클상을 수상한 최연소 미국인이었다. 1961년에 완성된 *A Raisin in the Sun* 영화판은 시드니 푸아티에가 주연으로 출연하였으며, 칸 영화제에서 수상하였다. 그녀는 남부 흑인 대학에 등록하는 가문의 전통을 깨고 대신에 매디슨에 있는 위스콘신 대학교에 입학하였다. 학교에서 그녀는 전공을 미술에서 글쓰기로 바꿨으며, 2년 후에는 학업을 중단하기로 결정하고, 뉴욕으로 이사했다.

어휘

- struggling 분투하는
- rename 이름을 다시 짓다
- playwright 극작가
- enroll 등록하다
- drop out (참여하던 것에서) 빠지다, 중퇴하다

06 어법>정문 찾기 답 ④

| 출처 | 2019 경찰(순경) 1차
| 난도 | 중

분석

동사 dispose는 타동사로 쓰일 때 '배치하다, 배열하다'의 뜻이며, 자동사로 전치사 of와 함께 쓰일 때 '처리하다, 버리다'라는 뜻이다. 여기서는 방사능 폐기물이 안전하게 '처리되어야 한다'라는 뜻이므로 전치사 of가 적절하다.
① look forward to에서 to는 전치사이므로, 전치사의 목적어로 명사가 와야 한다. 따라서 meet이 아닌 meeting이 되어야 한다.
② '~으로 구성되다'는 consist of로 쓴다. consist with는 '~와 일치하다, 양립하다'의 뜻이므로, with가 아닌 of가 되어야 한다.
③ 'be familiar to+사람'은 '~에 익숙하다'의 뜻이고, 'be familiar with+사물'은 '~을 잘 알다'의 뜻이므로, to가 아닌 with가 되어야 한다.

해석

① 그들은 대통령을 만나기를 고대하고 있다.
② 위원회는 10명의 멤버로 구성되어 있다.
③ 당신은 그들이 사용하는 컴퓨터 소프트웨어를 잘 알고 있습니까?
④ 방사능 폐기물은 안전하게 처리되어야 한다.

어휘

- radioactive 방사능의

07 독해>대의 파악>제목, 주제 답 ③

| 출처 | 2021 국가직 9급
| 난도 | 중

분석

제시문은 기후 변화와 어류의 크기 감소에 관한 내용으로, 주제문은 따뜻한 수온과 바닷물 속의 산소 감소가 물고기의 크기를 감소시킬 것이라는 연구 결과를 언급하고 있는 첫 번째 문장이다. 그 이후에 구체적인 연구 내용에 대해 제시하고 있으므로, 글의 제목으로 가장 적절한 것은 글의 중심 소재인 climate change, shrink, fish가 모두 포함된 ③ 'Climate Change May Shrink the World's Fish(기후 변화가 세계 어류의 크기를 줄어들게 할 수 있다)'이다.
① 현재 어류는 이전보다 더 빨리 성장한다
② 해양 온도에 미치는 산소의 영향
④ 해양생물이 낮은 신진대사로 생존하는 법

해석

새로운 연구는 해수면의 기온 상승과 바닷물 속 산소의 손실은 참치와 농어부터 연어, 진환도상어, 해덕, 대구까지 수백 종에 이르는 어종을 이전에 생각했던 것보다 더 많이 감소하게 할 것이라고 결론지었다. 더 따뜻해진 바다는 신진대사를 활성화하기 때문에, 물고기와 오징어, 다른 수중 호흡 생물들은 바다에서 더 많은 산소를 빨아들일 필요가 있을 것이다. 동시에, 따뜻해지는 바다는 이미 해양의 많은 곳에서 산소 이용 가능성을 감소시키고 있다. 브리티시 컬럼비아 대학교의 과학자 두 명이 주장하기를, 물고기의 몸이 그들의 아가미보다 더 빠르게 자라고 있기 때문에, 이 동물들은 결국 정상적으로 성장을 지속할 수 있을 만큼의 충분한 산소를 얻지 못하게 될 것이라고 한다. 저자 윌리엄 청은 "우리가 발견한 것은 수온이 1도 상승할 때마다 물고기의 크기가 20~30퍼센트 감소한다는 것입니다."라고 말했다.

어휘

- shrink 줄어들게 하다
- grouper 그루퍼(농엇과(科)의 식용어)
- thresher shark 진환도상어
- haddock 해덕(대구와 비슷하나 그보다 작은 바다고기)
- cod 대구
- metabolism 신진대사
- draw (연기나 공기를) 들이마시다[빨아들이다]
- gill 아가미

08 어법>비문 찾기 답 ②

| 출처 | 2019 국가직 9급
| 난도 | 중

분석

other techniques가 전치사 with의 목적어로 쓰여 수동의 의미이므로, Utilized가 되어야 한다.
① 명사를 수식하는 형용사가 전치사와 함께 사용하는 형용사구일 때는 명사 뒤에서 수식한다.
③ '명사+to부정사'의 형용사적 용법으로 '~할 명사'의 뜻이다. to carry는 타동사로 목적어(burdens)를 취한다.
④ 부사 obviously가 형용사 역할의 'of+추상명사'를 수식하는 구조로 전치사 of가 올바르게 사용되었다.

해석

가축은 인간이 이용할 수 있는 가장 초기의 가장 효과적인 '기계들'이다. 그들은 인간의 등과 팔의 부담을 덜어준다. 다른 기술들과 함께 이용될 때, 가축들은 (고기와 우유의 단백질 같은) 보충식량으로서, 짐을 옮기고, 물을 들어올리고, 곡물을 빻는 기계로서 인간 삶의 기준을 매우 향상시킬 수 있다. 그들이 주는 혜택이 너무나 확실하기 때문에, 우리는 수 세기에 걸쳐 인류가 자신들이 기르는 동물들의 수와 질을 증가시켰다는 것을 기대할 수도 있다. 놀랍게도, 대체로 그렇지는 않았다.

어휘

- domesticated 길든; 가정적인
- strain 부담, 압박; 혹사하다
- considerably 상당히, 많이
- supplementary 보충의, 추가의
- foodstuff 식품, 식량

---

09 독해>세부 내용 찾기>지칭 추론   답 ③

| 출처 | 2019 경찰(순경) 2차
| 난도 | 중

분석

①, ②, ④는 모두 제이콥을 가리키는 반면, ③은 치료견인 몬테를 가리킨다.

해석

20개월이 된 초콜릿색 레브라도인 몬테는 치료견이며, 제이콥 같은 자폐증 아이들을 돕도록 훈련되었다. 제이콥은 현재 여섯 살로 자폐증을 앓고 있으며 캐나다 온타리오에 있는 학교에 다닌다. 그(제이콥)는 그 나이 또래의 다른 아이들에 비해서 더 많은 보살핌을 필요로 한다. 둘이 친구가 되고 서로에 대해 배우면서, 그는 몬테를 좋아하는 것처럼 보인다. 몬테의 주요 역할은 제이콥이 도망치는 것을 막고, 그(제이콥)의 부모님들이 그들의 아들을 지도할 수 있도록 돕는 것이다. 그(몬테)는 또한 선생님들과 특수 교육자들도 돕는다. 하지만 무엇보다도, 그는 제이콥의 좋은 친구로 그(제이콥)를 가능한 한 많이 현실세계와 연결시켜 준다.

어휘

- autistic 자폐성의
- suffer from ～로 고통받다

---

10 독해>빈칸 완성>단어 · 구 · 절   답 ①

| 출처 | 2021 국가직 9급
| 난도 | 하

분석

제시문은 영국인들의 온라인 쇼핑을 통한 소비 행태를 설명하고 있다. 두 번째 문장에서 소비자들은 온라인 쇼핑으로 고민 없이 옷을 사고 주요 의류 브랜드들이 싼 가격에 옷을 공급하기 때문에 소비자들은 그것들을 사서 두세 번 입고 버리는 일회용품 취급한다는 온라인 쇼핑의 문제점을 설명하고 있다. 빈칸 앞부분에서 'not only are people spending money they don't have(사람들은 그들이 갖고 있지도 않은 돈을 소비할 뿐만 아니라)'라고 했으므로, 문맥상 빈칸에는 ① 'they don't need(그들이 필요하지 않은)' 물건을 구입하는 데 돈을 쓰고 있다는 내용이 들어가는 것이 적절하다.

② 생활필수품인
③ 곧 재활용될
④ 다른 사람들에게 물려줄 수 있는

해석

소셜 미디어와 잡지, 상점 진열장은 사람들에게 사야 할 것을 매일 쏟아내고, 영국 소비자들은 과거 어느 때보다 더 많은 옷과 신발을 구매하고 있다. 온라인 쇼핑은 소비자들이 고민하지 않고 쉽게 구매할 수 있다는 것을 의미하고, 주요 브랜드들이 매우 싼 가격에 옷들을 공급하고 있기 때문에, 그 옷들은 두세 번 정도 입고 버려지는 일회용품처럼 취급될 수도 있다. 영국에서 일반 사람들은 매년 1,000파운드 이상을 새로운 의류 구입에 할애하며, 이는 그들의 수입 중 약 4퍼센트에 해당한다. 그것은 그렇게 많은 것처럼 들리지 않을지도 모르지만, 그 수치에는 사회와 환경에 대한 두 가지 훨씬 더 우려되는 추세(경향)가 숨어 있다. 첫째, 소비자 지출의 많은 부분이 신용카드를 통해 이루어진다. 영국인들은 현재 신용카드 회사에 성인 1인당 거의 670파운드의 빚을 지고 있다. 이것은 평균 의류구입비의 66퍼센트이다. 또한, 사람들은 가지고 있지 않은 돈을 쓸 뿐만 아니라, 필요하지 않은 물건을 사기 위해서도 그 돈을 쓰고 있다. 영국은 1년에 300,000톤의 의류를 버리는데, 그것의 대부분이 쓰레기 매립지로 간다.

어휘

- bombard 퍼붓다[쏟아 붓다]
- disposable 일회용의, 처분할 수 있는, 마음대로 쓸 수 있는
- income 소득, 수입
- figure 수치
- via (특정한 사람 · 시스템 등을) 통하여
- approximately 거의, 대략, 대체로
- wardrobe 옷장, 옷
- wardrobe budget 의류구입비
- landfill 쓰레기 매립지
- necessity(necessities) 필요(성), 필수품, 불가피한 일
- hand down to ～로 전하다, 물려주다

---

11 표현>일반회화   답 ③

| 출처 | 2018 소방직 9급
| 난도 | 하

분석

빈칸 앞에서 A가 'I am totally worn out(나는 너무 고단해).'라고 했으므로, 빈칸에는 ③ 'take a rest and get some sleep(쉬고 좀 자렴)'이 오는 게 적절하다.
① 약속을 지키다
② 문을 열고 나가다
④ 헬스장에서 운동을 하고 하이킹을 가다

해석

A : 난 완전히 진이 빠졌어.
B : 무슨 뜻이야? 물을 너무 많이 마셨다고?
A : 아니, 내 말은 내가 지쳤다는 거야.
B : 너 오늘 아주 피곤하구나.
A : 그 이상이야. 나는 완전히 지쳤어.
B : 알았어. 그렇다면 쉬고 좀 자렴.

• drained 진이 빠진 *cf.* drain ~의 물을 빼내다, 배수하다
• exhausted 기진맥진한
• worn out 매우 지친[지쳐 보이는]

12　표현>일반회화　　　　　　　답 ①

| 출처 | 2021 소방직 9급
| 난도 | 하

분석

'Do you think I'll win(내가 이길 것 같니)?'이라는 A의 질문에 B는 'Of course(물론이지).'라고 긍정적으로 답변했고 10달러를 걸었다고 했으므로, 문맥상 빈칸에는 ① 'counting on you(너를 믿고 있는)'가 적절하다.
② 매우 지친
③ 일행이 오기로 되어 있는
④ 경청하는

해석

A : 라이언과 나는 오늘 체스 시합을 할 거야. 내가 이길 것 같니?
B : 물론이지. 네가 이길 거야. 난 너를 믿지. 아무튼, 네가 이긴다에 10달러 걸 거야.
A : 고마워.

어휘

• bet 돈을 걸다
• buck 달러

13　어법>영작하기　　　　　　　답 ④

| 출처 | 2022 국가직 9급
| 난도 | 중

분석

'~한 채로'의 동시 상황을 나타내는 'with+목적어+분사' 구문에서 목적어와 분사의 관계가 능동이면 현재분사, 수동이면 과거분사를 사용한다. 다리가 '꼬여지는' 것이므로 crossing이 아닌 crossed가 되어야 한다.
① 그녀가 커피 세 잔을 마신 시점이 잠을 이룰 수 없던 시점보다 이전이므로, Having drunk의 시제는 적절하다.
② Being a kind person은 As she is a kind person이라는 부사절의 분사구문으로, 이때 Being은 생략할 수도 있다.
③ 주절의 주어(she)와 부사절의 주어(all things)가 다를 때 분사구문의 주어를 표시해 주는 독립분사구문으로, 부사절의 주어인 all things는 고려되는 대상이므로, 수동형인 과거분사 considered가 적절하게 쓰였다. 이때 all things (being) considered에서 being이 생략되었다.

어휘

• best-qualified 가장 적임인
• blood pressure 혈압

14　어법>영작하기　　　　　　　답 ③

| 출처 | 2019 지방직 9급
| 난도 | 중

분석

marry는 타동사이기 때문에 목적어를 취하는 경우 전치사를 따로 수반하지 않지만 결혼한 상태를 의미하는 수동태로 전환될 경우 be married to로 사용해야 한다. 따라서 has married to는 has been married to가 되어야 한다.
① in case는 '만일의 경우를 대비하여'의 뜻으로 사용하는 접속사이며, would like to의 to는 전치사가 아닌 부정사로 동사원형을 올바르게 사용했다.
② '~하느라 바쁘다'는 'be busy ~ing'를 사용한다.
④ to read는 a book을 수식하는 형용사적 용법으로 쓰였으며 for my son이 to 부정사의 의미상의 주어이다.

2점 UP 포인트

자동사로 착각하기 쉬운 타동사
타동사는 반드시 전치사 없이 직접목적어를 갖는다는 점에 유의한다.

marry with	~와 결혼하다	greet to	~에게 인사하다
discuss about	~에 대하여 토론하다	reach to	~에 도착하다
mention about	~에 대하여 언급하다	approach to	~에 접근하다
equal to	~와 같다	consider about	~를 숙고하다
enter into	~에 들어가다	leave from	~를 떠나다
resemble with	~와 닮다	obey to	~에 순종하다
oppose to	~에 반대하다	accompany with	~와 동행하다

15　독해>대의 파악>제목, 주제　　　　　　　답 ③

| 출처 | 2019 경찰(순경) 2차
| 난도 | 하

분석

첫 번째 문장에서 핵심 소재로 '삼림 벌채'를 제시했으며, 마지막 문장까지 '삼림 벌채'가 자연에 미치는 부정적인 영향에 대해 말하고 있다. 핵심 소재인 삼림 벌채와 부정적인 영향 두 가지를 모두 포함하는 것은 ③ 'Negative effects of deforestation on the environment(삼림 벌채가 환경에 끼치는 부정적인 영향들)'이다.
① 사막화로 인한 삼림 벌채 과정
② 전 세계적으로 삼림 벌채를 막기 위한 노력
④ 삼림 개발에 대한 격렬한 논쟁

해석

삼림 벌채는 수백만 종들의 자연 서식지를 파괴할 수 있다. 설명하자면, 지구의 육지 동식물의 70퍼센트는 숲에서 살며, 많은 종들은 삼림 벌채에서 살아남을 수 없다. 삼림 벌채는 낮에는 태양 광선을 막아주고 밤에는 열기를 붙잡아두는 역할을 하는 그늘을 숲으로부터 없앤다. 이러한 붕괴는 더 극단적인 기온 차로 이어져 동식물에게 해로울 수 있다. 뿐만 아니라, 나무들은 물을 다시 대기로 돌려보냄으로써 물의 순환을 유지하는 데 도움을 준다. 이러한 역할을 수행하는 나무들이 없다면, 이전에 숲이었던 많은 땅들이 빠르게 사막이 될 수 있다.

어휘

- deforestation 삼림 벌채[파괴]
- illustrate 설명하다, 예증하다
- deprive A of B A로부터 B를 빼앗다
- canopy 그늘, 차양, 덮개
- disruption 분열, 붕괴
- swing 변동, 변화
- bitter 격렬한
- controversy 논란

---

16 독해>글의 일관성>글의 순서   답 ③

| 출처 | 2020 지방직(서울시) 9급

| 난도 | 하

분석

주어진 글은 시계에 대한 일반론적인 관점을 서술하며 산업화 시대 이전의 시계가 없던 삶에 대해 서술하고 있다. 이를 통해 글이 시간 순서대로 전개될 것임을 알 수 있으며 기계식 시계의 첫 등장을 서술한 (B)가 주어진 글 다음에 오게 된다. (C)의 These clocks는 (B)의 mechanical clocks와 연결되고, (C)에서 표준시가 없었기 때문에 발생하는 문제점에 대해 소개한 것은 철도역의 사례를 들어 좀 더 구체적인 예시를 들어 설명한 (A)로 이어지므로, 글의 순서는 ③ '(B) - (C) - (A)'가 적절하다.

해석

오늘날 시계는 우리의 삶을 지배하므로 시계가 없는 삶은 상상하기가 어렵다. 산업화 이전에 대부분의 사회는 시간을 구별하기 위해 해나 달을 이용했다.
(B) 기계식 시계가 처음 등장했을 때 그것들은 즉시 인기를 얻게 되었다. 시계나 손목시계를 갖는 것이 유행이 되었다. 사람들은 시간을 보는 이 새로운 방식을 나타내기 위해 "of the clock", 즉 "o'clock"이라는 표현을 만들어냈다.
(C) 이러한 시계들은 외관상 보기에는 좋았지만 항상 유용한 것은 아니었다. 마을과 지방, 심지어 이웃 동네마다 시간을 표시하는 방식이 달랐기 때문이었다. 여행자들은 한 장소에서 다른 곳으로 이동할 때마다 반복해서 시계를 다시 맞춰야 했다. 1860년대에 미국에는 약 70개의 서로 다른 표준시간대가 있었다.
(A) 철도망이 증가하면서 표준시가 없다는 사실은 재앙과 같았다. 종종, 몇 마일 떨어져 있는 역들이 서로 다른 시간대에 시계를 맞췄다. 여행객들은 어마어마한 혼란을 겪었다.

어휘

- industrialization 산업화
- tell the time 시계를 보다[볼 줄 알다]
- decorative 장식이 된, 장식용의
- time zone 표준시간대

---

17 독해>글의 일관성>무관한 어휘 · 문장   답 ④

| 출처 | 2019 소방직 9급

| 난도 | 중

분석

제시문에서는 박테리아에 의한 입 냄새에 대해 이야기하고 있다. ④는 흡연의 폐해에 대한 내용으로, 제시문과는 무관한 내용이다.

해석

잇몸질환은 자주 입 냄새의 원인이다. 사실, 입 냄새는 잇몸질환의 경고 신호이다. 이러한 문제는 처음에 치아에 플라그가 형성된 결과로 발생한다. 플라그의 박테리아는 잇몸에 염증을 일으켜서 잇몸을 약하게 하고 붓게 하고 출혈이 일어나기 쉽게 한다. 박테리아가 분출한 고약한 가스도 입 냄새를 유발할 수 있다. 흡연은 치아에 뼈와 연조직을 부착시키는 데 영향을 끼침으로써 잇몸 조직을 손상시킨다. 하지만 만약 여러분이 박테리아가 유발하는 입 냄새를 알게 될 때 주의를 기울인다면, 그것이 더 발전된 단계로 가기 전에 잇몸질환을 발견할 수 있을 것이다.

어휘

- gum 잇몸
- blame for ~에 대해 비난하다
- plaque buildup 플라그(치태)가 쌓이는 것
- irritate 자극하다, 성가시게 하다, 염증을 일으키다
- tender 연약한, 부드러운
- swollen 부어오른(swell의 p.p. 형태)
- prone to ~하기 쉬운
- foul-smelling 냄새가 고약한
- emit 내뿜다
- attachment 부착, 부착물
- tissue (세포) 조직
- induce 설득하다, 유도하다
- catch a disease 병에 걸리다

---

18 독해>글의 일관성>문장 삽입   답 ④

| 출처 | 2020 지방직(서울시) 9급

| 난도 | 중

분석

주어진 문장이 역접의 접속사인 But으로 시작하므로, 앞 문장에서 이와 반대되는 내용이 와야 한다는 것을 알 수 있다. 주어진 문장은 밀레니얼 세대는 X세대가 같은 나이대에 했던 것보다 저축을 적극적으로 하고 있다는 내용으로, 주어진 문장 앞에는 밀레니얼 세대가 X세대보다 경제적으로 궁핍하다는 내용, 즉 X세대가 밀레니얼 세대보다 순자산이 많다는 내용이 오게 될 것임을 추론할 수 있으므로 주어진 문장이 삽입될 위치는 ④가 적절하다. 또한, ④ 다음 문장의 them은 주어진 문장의 millenials를 받으며, 공격적으로 저축함으로써 재정 형편이 더 나아진다는 내용으로 자연스럽게 연결된다.

해석

밀레니얼 세대는 현대에 들어서 가장 가난하고 가장 큰 재정적인 부담을 지고 있는 세대라는 꼬리표가 종종 붙는다. 그들 중 대다수가 대학을 졸업해서 그것도 학자금 대출이라는 엄청난 빚을 진 채로 미국이 여태까지 본 최악의 노동시장 중 하나로 진입하게 된다. 놀랄 것도 없이 밀레니얼 세대는 X세대가 비슷한 나이대에 했던 것보다 적은 부를 축적했는데, 그 이유는 밀레니얼 세대 중 더 적은 수만이 집을 소유하고 있기 때문이다. 그러나 서로 다른 세대의 미국인들이 저축한 것에 대해 현재까지 가장 상세한 상황 설명을 제공하는 새로운 데이터가 그러한 의견을 복잡하게 만든다. 그렇다, 1965년에서 1980년 사이에 태어난 X세대는 순자산이 더 많다. 그러나 1981년에서 1996년 사이에 태어난 밀레니얼 세대는 X세대가 같은 연령대(23~37세)에 했던 것보다 은퇴를 위해 더 공격적으로 저축하고 있다는 명백한 증거도 있다. 그리고 그로 인해 밀레니얼 세대는 많은 사람들이 예측하는 것보다 더 나은 재정 상태에 놓이게 될 수도 있다.

- millenials 밀레니얼 세대(1980~2000년 초반 출생한 세대로 IT에 능통하고 대학교육을 받은 사람이 많지만 경기 불황으로 취직에 어려움을 겪어 평균 소득이 다른 세대보다 낮음)
- aggressively 공격적으로
- Generation X 엑스 세대(1960년대 초에서 1970년대 중반의 베이비붐 세대 이후에 태어난 세대로 산업화의 수혜를 받아 물질적·경제적 풍요 속에서 성장한 집단)
- label 꼬리표를 붙이다
- staggering 충격적인, 엄청난
- to boot 그것도(앞서 한 말에 대해 다른 말을 덧붙일 때)
- accumulate 모으다, 축적하다
- to date 지금까지, 오늘에 이르기까지
- net worth 순자산
- assume 추정하다

---

19 독해 > 빈칸 완성 > 단어·구·절   답 ②

| 출처 | 2019 법원직 9급
| 난도 | 상

분석

제시문은 첫 문장에서 그리스인은 보이지 않는 것은 보이는 것을 통해 이해한다고 제시하였고, 'Greek artists and poets realized how splendid a man could be, straight and swift and strong(그리스의 예술가와 시인들은 인간이 얼마나 눈부시고, 반듯하고, 재빠르고, 강할 수 있는지 깨달았다).'라고 한 다음에, '인간은 그들의 미의 탐구에 대한 성취였다.'라고 했으므로, 빈칸에 적절한 것은 ② 'put human beings at the center(사람을 중심에 두었다)'이다.

① 현실의 외형을 갖지 않았다.
③ 전지전능한 신에 관심이 있었다.
④ 초자연적인 힘에 대한 갈망을 묘사했다.

해석

> 사도 바울은 보이지 않는 것은 보이는 것을 통해 이해되어야 한다고 말했다. 그것은 히브리인의 생각이 아닌 그리스인의 생각이었다. 고대 사회 중 그리스에서만 사람들은 보이는 것에 사로잡혀 있었다. 그들은 주변에 실존하는 것에서 그들의 욕망을 만족시킬 것을 찾았다. 조각가는 운동선수들이 시합하며 경쟁하는 것을 보았고 그가 상상할 수 있는 어떤 것도 그 강인한 젊은 신체만큼 아름다운 것은 없다고 생각했다. 그래서 그는 아폴로 조각상을 만들었다. 이야기꾼은 거리를 지나가는 사람들 속에서 헤르메스를 찾았다. 호머가 말한 것처럼, 그는 신을 "가장 사랑스러울 때의 젊은이와 같다"고 보았다. 그리스의 예술가와 시인들은 인간이 얼마나 눈부시고, 반듯하고, 재빠르고, 강할 수 있는지 깨달았다. 인간은 그들의 미의 탐구에 대한 성취였다. 그들은 상상 속에서 생겨난 어떤 환상을 만들고 싶은 생각이 없었다. 그리스의 모든 예술과 사상은 사람을 중심에 두었다.

- preoccupy 사로잡다
- sculptor 조각가
- contend 경쟁하다, 다투다
- storyteller 이야기꾼
- splendid 눈부신
- straight 반듯한, 숨김없는
- swift 재빠른
- fulfillment 성취

- semblance 외관
- omnipotent 전지전능한

---

20 독해 > 대의 파악 > 분위기, 어조, 심경   답 ①

| 출처 | 2018 지방직 9급
| 난도 | 하

분석

제시문의 화자는 시험에 지각해서 급하게 문제를 풀지만 곧 시험이 끝난다. 자신의 상황을 panic, confused, a human tornado, distracting 등으로 표현하고, 문제 푸는 과정도 desperately, scrambling madly through 등으로 서술하면서 시험을 급하게 치르는 긴박한 상황을 묘사한다. 따라서 화자의 심경으로 옳은 것은 ① 'nervous and worried(초조하고 걱정되는)'이다.
② 신나고 활기찬
③ 침착하고 단호한
④ 안전하고 느긋한

해석

> 내 얼굴은 백지장처럼 하얗게 되었다. 나는 시계를 보았다. 시험은 지금쯤 이미 거의 끝났을 것이다. 나는 완전히 공황 상태에 빠져 시험장에 도착했다. 나는 나의 사정을 이야기하려고 했지만, 나의 문장과 설명하는 제스처는 너무 혼란스러워서 인간의 감정이 토네이도처럼 회오리치는 상황에서 어떤 것도 설득력 있게 전달할 수 없었다. 정신없는 내 설명을 제지하려고, 시험 감독관은 빈자리로 나를 안내했고, 내 앞에 시험지를 두었다. 그는 미심쩍은 눈으로 나에게서 시계로 시선을 돌리고는 걸어 나갔다. 나는 필사적으로 놓친 시간을 만회하려고 허둥지둥 유추 문제와 문장 완성 문제를 풀어보려고 했다. "15분 남았습니다."라는 슬픈 운명의 목소리가 교실 앞쪽에서 흘러나왔다. 대수 방정식과 산술 계산, 기하학 도형이 눈앞에서 헤엄쳐 다녔다. "시간 다 됐습니다! 연필 내려놓으세요."

- nothing more than ~에 불과한
- convincing 설득력 있는, 그럴듯한, 이해가 가는
- in an effort to ~해보려는 노력으로
- curb 억제[제한]하다
- proctor 시험 감독관
- booklet 소책자
- doubtfully 미심쩍게, 불확실하게, 애매하게
- desperately 필사적으로, 절망적으로, 자포자기하여
- make up for 만회하다, 보상하다
- scramble through ~을 허둥지둥하다, 간신히 끝내다
- analogy 유추
- doom 죽음, (나쁜) 운명
- algebraic 대수의
- equation 방정식
- arithmetic 산수, 연산; 산수의
- geometric 기하학의
- diagram 도표, 도해

03 제3회 기출 섞은 모의고사

01	02	03	04	05	06	07	08	09	10
①	③	①	①	②	②	②	④	②	④
11	12	13	14	15	16	17	18	19	20
④	①	④	①	③	④	①	④	④	③

01 어휘>어구 　　　　　답 ①

| 출처 | 2021 국가직 9급

| 난도 | 중

분석

밑줄 친 in conjunction with는 '~와 함께'라는 뜻으로, ① 'in combination with(~와 결합하여)'와 의미가 가장 가깝다.

② ~에 비해서, ~와 비교하여

③ ~대신에

④ ~의 경우에

해석

사회 관행으로서의 사생활은 다른 사회 관행과 함께 개인의 행동을 형성하므로 사회생활의 중심이다.

어휘

• shape 형성하다, 형태를 주다

• practice 관행

• be central to ~의 중심이 되다

02 어휘>단어 　　　　　답 ③

| 출처 | 2019 경찰(순경) 1차

| 난도 | 하

분석

밑줄 친 compromise는 '~을 위태롭게 하다'라는 뜻으로 ③ 'reduce(감소시키다, 약화시키다)'와 의미가 가장 가깝다.

① 평가하다

② 원하다

④ 낭비하다

해석

이 단계에서의 패배는 그들이 이 대회의 결승전에 진출할 기회를 약화시킬 수 있다.

어휘

• reach ~에 이르다[닿다/도달하다]

• final 결승전

03 어휘>단어 　　　　　답 ①

| 출처 | 2019 지방직 9급

| 난도 | 중

분석

밑줄 친 sheer는 '순전한, 완전한'의 뜻으로 이와 의미가 가장 가까운 것은 ① 'utter(완전한)'이다.

② 무서운, 겁나는

③ 가끔의

④ 관리[처리]할 수 있는

해석

롤러코스터를 타는 것은 감정의 즐거운 여정이 될 수 있다. 즉, 여러분이 좌석 안전벨트를 맬 때의 긴장된 기대감과 위로 계속 올라갈 때 오는 의구심과 후회, 그리고 (롤러코스터의) 차량이 첫 번째로 내려갈 때의 완전한 아드레날린의 분출이 그것이다.

어휘

• anticipation 예상, 예측, 기대

• strap 끈[줄/띠]으로 묶다

04 어휘>단어 　　　　　답 ①

| 출처 | 2019 서울시 9급

| 난도 | 하

분석

황열병의 원인 중 하나로 모기가 거론되고 있으므로 carrier를 수식하기 위해 ① 'suspected(의심되는)'가 가장 적절하다.

② 예의 없는, 야만적인

③ 발랄한, 쾌적한

④ 자원한

해석

검사 결과 황열병의 원인으로 먼지와 불결한 위생은 제외되었으며, 모기가 의심되는 매개체였다.

어휘

• rule out 제외시키다

• sanitation 위생

• yellow fever 황열병

• carrier 보균자, 매개체

05 어법>비문 찾기   답 ②

| 출처 | 2022 국가직 9급

| 난도 | 중

분석

문장의 주어가 a combination of silver, copper, and zinc로 단수명사이다. 따라서 동사 were를 was로 고쳐야 한다.

① which의 선행사는 때를 나타내는 the year 1800이며, during which로 적절하게 쓰였다. '전치사+관계대명사(during which)'는 관계부사 when으로 대체할 수 있다.

③ 주어인 The enhanced design이 수식을 받는 대상이므로, 과거분사(called)가 적절하게 쓰였다.

④ 원인과 결과를 나타내는 'so[such] that' 구문에서 형용사/부사를 수식할 때는 so를, 명사를 수식할 때는 such를 쓴다. 지문에서 talk는 '세평, 소문'이라는 뜻의 불가산 명사이므로, such가 적절하게 쓰였다.

해석

좋은 출발점을 찾기 위해서는 최초의 현대식 전기 배터리가 개발된 1800년으로 돌아가야 한다. 이탈리아의 알렉산드로 볼타는 은과 구리, 아연의 조합이 전류 생성에 이상적이라는 것을 발견했다. 볼텍 전지라고 불리는 향상된 디자인은 바닷물에 적신 판지 디스크 사이에 이러한 금속 디스크들을 쌓아서 만든 것이었다. 볼타의 연구에 대한 소문이 자자해 그는 나폴레옹 황제 앞에서 직접 시연하라는 요청을 받았다.

어휘

• electric battery 전지
• copper 구리, 동
• zinc 아연
• electrical current 전류
• enhanced 향상된
• stack 쌓다[포개다]; 쌓이다, 포개지다
• soaked 흠뻑 젖은
• talk 소문[이야기]
• conduct (특정한 활동을) 하다
• demonstration (무엇의 작동 과정이나 사용법에 대한 시범) 설명

06 독해>빈칸 완성>단어 · 구 · 절   답 ②

| 출처 | 2021 국가직 9급

| 난도 | 하

분석

제시문은 고급 레스토랑에서 탁월함은 필수 전제조건이며, 손님들이 기대하는 서비스는 비용으로 이어질 수밖에 없다는 내용이다. 빈칸 앞 문장에서 이 서비스는 육체노동이기 때문에, 생산성 향상에 한계가 있다고 했고, 빈칸 앞 부분에서 효율성 개선을 통해 약간의 비용 절감만 가능하다고 했으므로, 서비스 향상(세심한 개인적 서비스)을 위해서 가격 상승이 불가피함을 유추할 수 있다. 또 빈칸 뒷 부분에서 고급 레스토랑의 손님들은 탁월함을 위해 지불할 준비가 되어 있다고 했으므로, 빈칸에는 ② 'inevitable(불가피한)'이 가장 적절하다.

① 터무니없는
③ 엉뚱한
④ 상상도 할 수 없는

해석

탁월함은 고급 레스토랑에서는 절대적인 전제조건인데, 그 이유는 청구되는 가격이 필연적으로 높기 때문이다. 운영자는 식당을 효율적으로 만들기 위해 가능한 할 수 있는 모든 것을 하겠지만, 손님들은 여전히 신중하고 개인적인 서비스, 즉 고도로 숙련된 주방장에 의해 (손님들의) 주문대로 음식이 준비되고 숙련된 서버가 서빙하는 것을 기대한다. 이 서비스는 말 그대로 육체노동이기 때문에 생산성 향상에 한계가 있다. 예를 들어 요리사, 서버, 또는 바텐더는 인간 수행의 한계에 도달하기까지 단지 조금만 더 빨리 움직일 수 있다. 따라서 효율성 개선을 통해 약간의 절감이 가능하므로 가격 상승이 불가피하다. (가격이 오르면 소비자들의 안목이 더 좋아지는 것은 경제학의 원리이다.) 따라서 고급 레스토랑의 고객은 탁월함을 기대하고, 요구하며, 기꺼이 탁월함에 대한 비용을 지불한다.

어휘

• excellence 뛰어남, 탁월함
• absolute 절대적인
• prerequisite 전제조건
• skilled 숙련된
• manual labor 수공일, 육체노동
• marginal 미미한
• only so much 제한된, 고작 이 정도까지인, 한계가 있는
• moderate 적절한, 적당한
• escalation 상승
• axiom 자명한 이치, 공리, 격언
• discriminating 안목 있는(=discerning), 차별적인, 차별 대우의
• clientele (어떤 기관 · 상점 등의) 모든 의뢰인들[고객들]

07 독해>빈칸 완성>단어 · 구 · 절   답 ②

| 출처 | 2019 소방직 9급

| 난도 | 하

분석

빈칸 앞의 문장에서 'because the true price of leadership is the willingness to place the needs of others above your own(왜냐하면 진정한 리더십의 가치는 타인의 욕구를 자신의 욕구 위에 위치시키려는 자발적인 의지이기 때문이다.)'라고 했으므로, 문맥상 빈칸에는 ② 'self-interest(사리 추구)'가 적절하다.

① 건강
③ 믿음(신뢰)
④ 자유

해석

여러분은 식사를 위해 모인 해병대원들과 함께 있을 때 가장 어린 장병이 맨 처음으로 배급받고 가장 연장자인 선배가 마지막으로 배급받는다는 것을 알게 될 것이다. 이러한 행동을 목격할 때 명령에 의한 것이 아니라는 것도 알게 될 것이다. 해병대 장병들이 그냥 하는 것이다. 매우 단순한 이 행동의 핵심은 해병대의 리더십에 대한 접근이다. 해병대의 지도자들은 마지막에 식사하기로 되어있는데, 왜냐하면 진정한 리더십의 가치는 타인의 욕구를 자신의 욕구 위에 위치시키려는 자발적인 의지이기 때문이다. 위대한 지도자는 리더로서 그들이 지휘하도록 권한을 받은 사람들을 진심으로 아끼고, 리더십 특권의 진정한 대가는 사리 추구의 희생에서 비롯된다는 것을 이해한다.

어휘

- Marine 해병대, 해양의
- senior 연장자의, 고위의
- willingness 기꺼이 하는 마음
- be privileged to ~하는 특권을 누리다
- at the expense of ~을 잃어가며, ~을 대가로

---

08 어법>비문 찾기   답 ④

| 출처 | 2019 국가직 9급

| 난도 | 중

분석

refer는 'refer A to B' 또는 'refer to A as B'의 구조로 사용한다. 제시문에서는 두 번째 구조로 사용한 경우로 refer to 뒤에 A에 해당하는 목적어가 없으므로 수동태인 be referred to as로 고쳐야 한다.

① help는 to부정사와 동사원형(원형부정사)을 모두 취할 수 있다.

② try는 타동사로 to부정사와 동명사를 취하는데, 'try+to부정사'는 '~하려고 노력하다', 'try+~ing'는 '~을 시도해 보다'의 뜻이다. 문맥상 '이해하려고 노력하는'의 뜻이므로 try to make는 올바르게 사용되었다.

③ that은 stories를 선행사로 하는 관계대명사로, 관계대명사절의 주어 역할을 하는 주격 관계대명사에 해당한다.

해석

> 신화는 한 문화의 종교, 철학, 도덕, 그리고 정치적 가치를 포함하는 — 어떤 경우 설명에 도움을 주는 — 서사이다. 신과 초자연적인 존재의 이야기를 통해서, 신화는 자연세계에서 일어나는 일을 이해하려고 노력한다. 일반적으로 의미하는 바와 달리 신화는 '거짓말'을 의미하지 않는다. 넓은 의미에서 신화는 진실일 수도 있고, 부분적으로 진실이거나 거짓일 수도 있는 이야기 — 대개는 이야기 전체 — 이다. 하지만 정확성의 정도와는 상관없이 신화는 주로 한 문화의 가장 깊은 믿음을 표현한다. 이 정의에 따르면, 일리아드와 오디세이, 코란, 구약성서와 신약성서는 모두 신화로 간주될 수 있다.

어휘

- make sense 의미가 통하다, 이해가 되다
- occurrence 발생하는 것, 발생, 나타남
- contrary to ~에 반해서
- falsehood 거짓임, 거짓말
- regardless of ~에 상관없이

---

09 독해>세부 내용 찾기>내용 (불)일치   답 ②

| 출처 | 2019 경찰(순경) 1차

| 난도 | 하

분석

세 번째 문장에서 화자는 처음으로 맨 가슴에 닿은 악기를 느꼈다고 했으므로 태어나서 처음으로 첼로를 연주했다는 내용은 제시문과 일치하지 않는다.

① 첫 번째 문장에서 화자는 스튜디오의 불을 끄고 이어서 두 번째 문장에서 어둠 속에서 첼로를 연주했다고 했으므로 제시문의 내용과 일치한다.

③ 다섯 번째 문장에서 음악학자들은 항상 다양한 악기의 공명하는 성질에 관해 말한다고 했으므로 제시문의 내용과 일치한다.

④ 마지막 문장에서 화자는 앉는 방식과 상체 근육의 긴장도를 변화시켜 소리를 바꿀 수 있다고 보았기 때문에 화자의 자세가 첼로 소리에 영향을 준다고 생각한 것은 제시문의 내용과 일치한다.

해석

> 어떤 생각이 떠올라서 나는 스튜디오의 불을 껐다. 어둠 속에서 나는 첼로의 엔드핀을 카펫의 느슨한 부분에 넣고, 활을 조인 후, 개방현을 가로질러 활을 당겼다. 나는 셔츠를 벗고 그것을 다시 해보았다. 내 인생에서 처음으로 나의 맨 가슴에 닿은 악기를 느꼈다. 나는 현의 진동이 악기의 몸통을 통해 전달되는 것을 내 몸으로 느낄 수 있었다. 나는 한 번도 이것에 대해 생각해 본 적이 없었다. 음악학자들은 언제나 다양한 악기의 공명하는 특성에 대해서 말하지만, 연주자의 신체도 소리에 어떠한 영향을 끼치는 것이 확실하다. 내가 음에 열중함에 따라 내 가슴과 폐가 울림통의 연장선이라고 상상했다. 나는 앉는 방식과 내 상체 근육의 긴장도를 변화시켜 소리를 바꿀 수 있는 것 같았다.

어휘

- spike (첼로) 엔드핀 혹은 각봉
- open string 개방현
- resonate 공명하다, 울려 퍼지다
- dig into 파고들다, 파헤치다
- extension 연장선
- sound box 울림통

---

10 독해>대의 파악>제목, 주제   답 ④

| 출처 | 2019 소방직 9급

| 난도 | 중

분석

첫 문장에서 아이들의 파티를 열어주는 것은 직원들에게 제공하는 복리후생 혜택의 예가 될 수 있다고 했고, 말미에서 이것이 매일 출근하는 직원들의 가족들에게 감사를 표하는 훌륭한 방법이며, 결국 모두 회사 또는 조직에 대하여 좋게 느낄 것이라고 하였으므로, 글의 주제로 적절한 것은 ④ 'supporting family-related events and its effects(가족 관련 이벤트의 후원과 그 효과)'이다.

① 정기적인 가족 모임의 단점

② 직원 의료 지원의 장점

③ 회사 성장을 위한 직원의 희생

해석

아이들의 파티를 열어주는 것은 여러분의 직원들에게 제공하는 비교적 비싸지 않은 투자 대비 큰 이득을 볼 수 있는 복리후생 혜택의 하나의 예가 될 수 있다. 오늘날에는 아이들을 즐겁게 해줄 수 있는 행사와 장소가 무한하다. 상사로서, 여러분은 직원들의 자녀들이 휴일, 핼러윈, 봄 또는 다른 어떤 행사나 계절을 축하하는 것을 도울 수 있다. 직원들과 자녀들은 이러한 혜택을 제공하는 회사에 감사할 것이다. 이것은 매일 출근해서 일하는 직원들이 남편, 아내, 아버지 또는 어머니를 부양하기 위해 희생한 모든 것에 대해 그 가족들에게 감사를 표하는 훌륭한 방법이다. 결국 모두가 회사나 조직에 대하여 좋게 느낄 것이다.

어휘

- relatively 비교적
- benefit (회사가 제공하는) 복리후생
- yield a return 이익을 가져오다
- investment 투자
- sacrifice 희생
- go off 자리를 뜨다
- drawback 결점
- gathering 모임

11 표현 > 일반회화   답 ④

| 출처 | 2019 서울시 9급
| 난도 | 하

분석

출발 시간을 묻는 'What time ~?'에 대한 대답으로 소요되는 시간을 설명하는 ④ 'It takes (time) to do' 구문은 적절한 응답이 아니다.

해석

① A : 토요일에 봤던 영화 어땠어?
　　B : 좋았어. 정말 즐거웠어.
② A : 안녕하세요. 셔츠 좀 다리고 싶은데요.
　　B : 네, 언제까지 필요하신가요?
③ A : 싱글 룸으로 하시겠습니까? 더블 룸으로 하시겠습니까?
　　B : 음, 저 혼자라 싱글 룸이 좋아요.
④ A : 보스턴으로 가는 다음 비행기는 몇 시입니까?
　　B : 보스턴까지는 45분 정도 걸릴 겁니다.

어휘

- press 다리다, 다림질하다

12 표현 > 일반회화   답 ①

| 출처 | 2021 지방직(서울시) 9급
| 난도 | 하

분석

B가 주말에 본 영화에 관해 대화하는 상황이다. 빈칸 앞에서 영화가 정말 좋았다고 언급했고, 빈칸 다음에서 그 영화의 특수효과가 환상적이었다고 했으므로, A가 B에게 영화에서 좋았던 점을 구체적으로 물어봤음을 유추할 수 있다. 따라서 빈칸에는 ① 'What did you like the most about it(어떤 점이 가장 좋았어)?'가 가장 적절하다.

② 네가 가장 좋아하는 영화 장르가 뭐야?
③ 그 영화는 국제적으로 홍보되었어?
④ 그 영화는 비용이 많이 들었니?

해석

A : 주말 잘 보냈어?
B : 응. 꽤 괜찮았어. 우리 영화 보러 갔었어.
A : 오! 뭘 봤는데?
B : 인터스텔라. 정말 좋았어.
A : 정말? 어떤 점이 가장 좋았어?
B : 특수효과야. 정말 환상적이었어. 다시 봐도 좋을 것 같아.

어휘

- special effect 특수효과

13 어법 > 영작하기   답 ④

| 출처 | 2021 지방직(서울시) 9급
| 난도 | 중

분석

'지각동사+목적어+동사원형/~ing/p.p.'를 물어보는 문제이다. 목적어인 한 가족이 위층에 '이사 오는' 것이므로 과거분사 moved가 아니라 현재분사 moving으로 고쳐야 한다.

① 수일치와 '형용사+to부정사'의 형태를 물어보는 문제이다. His novels를 받는 복수동사로 are이 올바르게 쓰였으며, 난이형용사(easy, difficult, hard, possible, impossible 등) 구문에서 to부정사의 목적어가 주어로 오는 경우 to부정사의 목적어가 중복되지 않아야 하므로, to read 뒤에 목적어 자리가 비어 있는 것은 적절하다.

② 'it is no use ~ing' 구문을 물어보는 문제이다. 'it is no use ~ing'는 '~해도 소용없다'의 뜻으로, 동명사의 관용표현이므로, It is no use trying은 어법에 맞게 쓰였다.

③ 태와 'every+숫자'의 형태를 물어보는 문제이다. 주어인 '집'은 동작을 받는 것이기 때문에 수동태인 is painted가 올바르게 쓰였다. 또한, every는 '~마다'라는 뜻의 시간 부사구로 알맞게 쓰였다. 참고로 'every+서수+단수명사'의 형태로도 사용 가능하다.

2점 UP 포인트

지각동사
- 종류 : see, hear, watch, observe, notice, feel, perceive 등
- 형태
　- 주어+지각동사+목적어+동사원형 : 능동
　　[예] I noticed my father come in.
　　　　나는 아빠가 들어오는 것을 알아챘다.
　- 주어+지각동사+목적어+현재분사 : 능동, 진행
　　[예] I saw her crossing the road.
　　　　나는 그녀가 길을 건너는 것을 봤다.
　- 주어+지각동사+목적어+과거분사 : 수동, 완료
　　[예] I heard my name called.
　　　　나는 내 이름이 불리는 것을 들었다.

14 어법>영작하기 답 ①

| 출처 | 2019 국가직 9급

| 난도 | 중

분석

per person은 '개인당'이라는 뜻으로 개인용 컴퓨터의 올바른 영작이 아니다. 따라서 computers per person을 personal computers로 고쳐야 한다.

② what은 선행사를 포함하고 있는 관계대명사로 happen의 주어 역할을 하며 happen은 수동태가 불가능한 자동사이므로 능동태로 올바르게 사용했다. 문장의 동사 was는 주어 What happened to my lovely grandson last summer를 받으므로 단수 취급했다. amazing은 감정동사의 분사형으로 주어가 감정을 주는 대상이 되어 능동을 뜻하는 현재분사를 사용했다.

③ 긍정문에 대한 동의를 나타낼 때 so는 'So+do[does/did]+주어' 또는 'So+be동사+주어'의 어순이다.

④ since는 현재완료와 함께 사용하는 시간 표현으로 시제가 올바르게 쓰였다.

15 독해>세부 내용 찾기>내용 유추 답 ③

| 출처 | 2019 경찰(순경) 1차

| 난도 | 중

분석

마지막 문장에서 환경적인 요인들이 과일의 화학적 성질에 적응 반응을 일으킨다는 가설을 뒷받침한다고 하였고, 그 앞에서 곰팡이를 예로 들고 있으므로 ③ 'Fruits' chemistry can be infuenced by the microbes in their environment(과일의 화학적 성질은 그들의 환경에 살고 있는 미생물에 의해 영향을 받을 수도 있다).'는 유추할 수 있는 내용이다.

① 새들은 과일의 씨앗을 퍼뜨리는 데 항상 유용하다.

→ 새가 씨앗을 퍼뜨리는 데 도움이 되는 것은 맞지만, '언제나'라는 극단적인 표현은 나오지 않았다.

② 후추의 캡사이신은 유용한 생물뿐만 아니라 해로운 생물도 끌어들인다.

→ 곰팡이가 많이 퍼져 있는 지역의 후추는 항균성 물질로서의 캡사이신을 더 많이 함유하고 있다고 설명하고 있지만, 이것이 유용한 생물뿐만 아니라 해로운 생물도 끌어들인다는 내용은 언급되지 않았다.

④ 더 많은 캡사이신이 후추에 함유될수록 맛은 더 좋다.

→ 캡사이신과 맛의 상관관계는 언급되지 않았다.

해석

모든 과일과 마찬가지로, 후추의 주된 목적은 씨앗을 퍼뜨리는 것이다. 하지만 과일이 새 같이 씨앗을 퍼뜨리는 데 도움이 되는 생물을 끌어들이는 것처럼, 그것은 곰팡이 같이 씨앗을 파괴하는 해로운 미생물들 역시 끌어들인다. 야생 후추나무를 연구하는 한 국제 연구가 집단은 곰팡이가 많은 지역에서 후추는 천연 항진균제인 캡사이신을 더 많이 함유하고 있다는 것을 알아냈다. 이러한 발견은 환경적인 요인이 과일의 화학적 성질에 적응 반응을 일으킨다는 가설을 뒷받침한다.

어휘

• as with ~와 같이
• disperse 퍼뜨리다
• microbe 미생물
• antifungal 항진균성의
• chemistry 화학, 화학적 성질

16 독해>글의 일관성>무관한 어휘ㆍ문장 답 ④

| 출처 | 2019 지방직 9급

| 난도 | 중

분석

제시문은 아이들의 놀이공간이 실외인 자연공간에서 실내로 바뀌어 가고 있음을 설명하고 있다. 첫 문장과 ①에서 놀이터의 개념과 전통적인 놀이터의 예를 언급하고 있으며, ②에서는 최근 아이들이 자연의 놀이터 대신 비디오 게임, 문자 메시지 등 새로운 오락 수단에 눈을 돌리게 되었다는 내용을 언급한다. 이어서 ③과 마지막 문장에서는 시골에서도 아이들이 밖에서 돌아다니기보다 실내의 오락 수단에 더욱 관심을 갖게 되었다는 내용을 설명한다. 그러나 ④에서는 여전히 아이들이 밖에서 각종 놀이를 하는 모습을 관찰할 수 있다는 주제와 상반된 내용을 다루므로 흐름상 적절하지 않다.

해석

역사를 통틀어 아이들의 놀이터는 황무지, 들판, 개울 그리고 시골 언덕, 도로, 거리, 마을과 소도시, 도시의 공터였다. '놀이터'라는 용어는 아이들이 자유롭게 즉흥적인 놀이를 위해서 모이는 이런 모든 장소를 가리킨다. 단지 지난 몇십 년 동안 아이들은 비디오 게임, 문자 메시지, SNS에 대해 늘어나는 열광적인 관심으로 인해 이런 자연의 놀이터를 떠나고 있다. 심지어 미국 시골에서도 어른들 없이 자유롭게 돌아다니는 아이들은 거의 없다. 방과 후에, 그들이 근처에서 모래를 파고, 모래성을 짓고, 전통 게임을 하고, 산을 오르거나 공놀이를 하는 모습이 발견되었다. 그들은 개울, 언덕, 들판과 같은 자연 공간에서 빠르게 사라져가고 있으며, 도시에 있는 그들의 동년배들과 마찬가지로 실내의, 앉아서 할 수 있는 사이버 오락거리들로 눈을 돌리고 있다.

어휘

• vacant 비어 있는
• spontaneous 자발적인, 즉흥적인
• vacate 비우다, 떠나다
• love affair 연애, 열광
• social networking 사회 연결망
• roam 방랑하다, 돌아다니다
• free-ranging 자유로운 범위의
• unaccompanied by ~를 동반하지 않은
• fort 요새, 진지
• terrain 지형, 지역
• creek 작은 만, 개울, 시내
• counterpart 상대, 대응관계에 있는 것
• sedentary 주로 앉아서 하는, 앉아서 지내는

17 독해 > 대의 파악 > 제목, 주제 답 ①

| 출처 | 2020 국가직 9급

| 난도 | 중

분석

첫 번째 문장에서 '미래'와 '변화'라는 핵심 소재를 제시하였으며, 이후 변화하는 미래에 예술이 어떤 기능을 하고, 변화에 반응하는 예술의 모습은 어떨지 구체적인 예시를 들면서 설명하고 있다. 따라서 글의 제목으로 가장 적절한 것은 이러한 내용을 모두 포괄할 수 있는 ① 'What will art look like in the future?(예술은 미래에 어떤 모습일 것인가?)'이다.

② 지구온난화는 우리의 삶에 어떻게 영향을 미칠 것인가?

③ 인공지능이 환경에 어떻게 영향을 미칠 것인가?

④ 정치 운동으로 인해 어떤 변화가 생길 것인가?

해석

미래는 불확실할지도 모르지만 기후 변화, 인구통계의 변화, 지정학 같은 어떤 것들은 부인할 수 없는 명백한 사실이다. 단 한 가지 확실한 것은 변화가 있으리라는 점인데, 그 변화는 좋을 수도 있고 끔찍할 수도 있다. 예술이 현재와 미래에 어떤 목적으로 기능할지 뿐만 아니라, 이러한 변화에 예술가들이 어떻게 대응할지 고려할 필요가 있다. 보고서는 2040년까지 인간이 초래한 기후 변화의 영향은 피할 수 없을 것이며, 이는 20년 후 예술과 삶의 중심에서 큰 이슈가 될 것이라고 시사한다. 미래의 예술가들은 포스트휴먼과 인류세 이후의 가능성, 즉 인공지능, 외계의 인간 식민지, 잠재적인 파멸과 씨름할 것이다. #미투(MeToo)와 Black Lives Matter 운동(아프리카계 미국인에 대한 경찰의 잔인함에 따른 사고에 대항하는 비폭력 시민불복종을 옹호하는 조직화된 움직임)을 중심으로 예술에서 볼 수 있는 정체성 정치는 환경주의, 국경 정치, 이주가 더욱 확실하게 뚜렷해지면서 성장할 것이다. 예술은 더욱 다양해질 것이고 우리가 기대하는 '예술처럼 보이지' 않을 수도 있다. 미래에, 우리 모두가 온라인에서 보여지는 우리의 삶에 지치고 우리의 사생활이 거의 없어지면, 익명성이 명성보다 더 바람직할 수도 있다. 수천, 수백만의 '좋아요'와 팔로워들 대신, 우리는 진실성과 관계에 굶주리게 될 것이다. 결과적으로, 예술은 개인적이기 보다는 더 집단적이고 경험적인 것이 될 수 있다.

어휘

- demographics 인구 통계 (자료)
- geopolitics 지정학
- guarantee 굳은 약속, 확약
- inescapable 피할 수 없는
- wrestle with ~을 해결하려고 애쓰다
- post-human 포스트휴먼(지식과 기술의 사용 등에서 현대 인류보다 월등히 앞설 것이라고 상상되는 진화 인류)
- Anthropocene 인류세(인류로 인한 지구온난화 및 생태계 침범을 특징으로 하는 현재의 지질학적 시기)
- colony 식민지
- potential (~이 될) 가능성이 있는, 잠재적인; 가능성
- doom 파멸, 죽음; 불행한 결말을 맞게 하다
- come into focus (상황 따위가) 뚜렷해지다
- weary 지친, 피곤한
- anonymity 익명(성)
- desirable 바람직한
- authenticity 진짜임, 진실성, 진정성
- in turn 결국, 결과적으로
- collective 집단의, 공동의

18 독해 > 글의 일관성 > 단어의 쓰임 답 ④

| 출처 | 2021 법원직 9급

| 난도 | 중

분석

제시문은 철학은 스스로 생각할 수 있게 해주므로, 초등학교 때부터 철학자처럼 생각하는 법을 배워야 한다는 내용이다. ④ 앞의 문장에서 '어떤 사람들은 다른 사람들의 규칙을 신성불가침이라도 되는 것처럼 계속 읊고 있는 것 같다'라고 했으므로, ④에서 '결과적으로, 그들은 다른 사람들의 세계에 자신도 모르는 사이에 prisoners(포로)가 된다'라고 하는 것이 더 적절하다.

① 기쁜

② 자유

③ 좋은

해석

내 자신의 호기심은 대학에서 철학을 공부한 덕분에 생겨났다. 그 과정에는 우리가 공부하기로 되어 있는 수많은 철학자들이 열거되어 있었고, 나는 처음에는 우리의 과제가 일종의 세속적인 성경으로서 그들의 작품을 배우고 받아들이는 것이라고 생각했다. 하지만 내가 기뻤던 것은, 지도교수의 관심이 내가 그들의 이론을 암송하는 게 아니라, 과거 철학자들을 권위자가 아닌 자극제로 사용하여 나 자신의 이론을 발전시키는 데 도움을 주는 것이라는 걸 알게 된 것이다. 그것은 나의 지적 자유의 열쇠였다. 이제 나는 스스로 생각하고, 무엇이든지 의문을 제기하고, 내가 옳다고 생각하는 경우에만 동의하는 것에 대한 공적인 허락을 받았다. 좋은 교육을 받았더라면, 훨씬 더 일찍 그 허락을 받았을 것이다. 어떤 사람들은, 아깝게도, 그것을 받은 적이 없어서 다른 사람들의 법칙을 마치 신성불가침이라도 되는 것처럼 계속 읊고 있는 것 같다. 결과적으로, 그들은 자신도 모르게 다른 사람들의 세계의 반대자(→ 포로)가 된다. 이제, 나는 철학이 전문 철학자들에게만 맡겨지기에는 너무 중요하다고 생각한다. 우리는 모두 초등학교 때부터 철학자처럼 생각하는 법을 배워야 한다.

어휘

- encouraged by ~에 기운을 얻어
- absorb 받아들이다
- secular 세속의, 속인의, 세속적인
- recite 암송[낭송/낭독]하다
- stimulant 각성제, 자극이 되는 것, 자극성의
- authority 당국, 권한, 권위, 권위자
- official permission 관허
- anything and everything 무엇이든지
- opponent 반대자

19 독해>글의 일관성>문장 삽입 답 ④

| 출처 | 2019 국가직 9급
| 난도 | 중

분석

주어진 문장은 질병들 중 일부는 단기적이지만, 다른 경우에는 오랜 기간 지속될 수 있다고 설명하고 있다. 따라서 주어진 문장의 앞부분에는 질병과 관련된 내용이 있어야 하므로 주어진 문장이 들어갈 위치는 ④가 가장 적절하다.

해석

수 세기 동안, 인간은 하늘을 올려다보고 지구의 영역 너머에 무엇이 존재하는지 궁금해 했다. 고대의 천문학자들은 우주에 관하여 더 많은 것을 알기를 원하며 밤하늘을 조사했다. 최근 들어서, 일부 영화들은 우주 공간에서 인류의 삶을 유지할 수 있는 가능성을 탐구했고, 반면 다른 영화들은 외계 생명체가 우리의 행성을 방문했는지에 대한 의문을 제기하고 있다. 우주비행사 유리 가가린이 1961년에 우주를 여행한 최초의 인간이 된 이후 과학자들은 지구의 대기권 너머 환경과 우주여행이 인체에 미치는 영향을 연구했다. 비록 대부분의 우주비행사들이 우주에서 몇 개월 이상을 보내지 않지만, 많은 이들이 지구로 돌아왔을 때 생리적, 심리적 문제점을 경험한다. 이 질병들 중 일부는 단기적이며, 다른 것들은 오래 지속될 수 있다. 모든 우주비행사들 중 3분의 2 이상이 우주를 여행하는 동안에 멀미로 고통을 받는다. 무중력의 환경에서, 신체는 위와 아래를 구별할 수가 없다. 신체의 내부 균형체계는 뇌에 혼란스러운 신호들을 보내며, 이것은 며칠 동안 메스꺼움을 유발할 수 있다.

어휘

- extraterrestrial 지구 밖 생명체의, 외계의
- physiological 생리적인, 생리학의
- ailment 질병
- suffer from ~으로 고통받다
- motion sickness 멀미
- differentiate 구별하다
- nausea 메스꺼움

20 독해>글의 일관성>글의 순서 답 ③

| 출처 | 2018 국가직 9급
| 난도 | 중

분석

(B)에서 전자 센서들을 신체의 다양한 부분에 부착하여 심박수, 혈압, 피부 온도 같은 변수들을 측정한다고 했으므로, 주어진 글 다음에 (B)가 와야 한다. (A)에서 such a variable은 앞에 언급된 변수(variables)를 다시 언급하는 표현이므로 variables가 나열된 (B)의 뒤에 들어가야 적합하며, (C)에서는 the displays를 반복시킨다고 했으므로 visual or audible displays가 처음 언급된 (A)의 뒤에 들어가야 올바른 순서가 된다.

해석

개인이 자율적이거나 비자발적 신체 기능에 대한 전자적 수치를 관찰함으로써 어떤 자발적인 통제를 얻을 수 있는 기술은 생체자기제어로 알려져 있다.
(B) 전자 센서들을 신체의 다양한 부분에 부착하여 심박수, 혈압, 피부 온도 같은 변수들을 측정한다.
(A) 그러한 변수(예를 들어, 혈압 저하)가 원하는 방향으로 이동하면, 그것은 시각적 혹은 청각적인 신호 — TV 수신기, 측정기, 혹은 전등과 같은 장치에서 보이는 피드백 — 를 발생시킨다.
(C) 생체자기제어 훈련은 신호를 발생시킨 사고 패턴 또는 행동을 재생산함으로써 원하는 반응을 일으키도록 지도한다.

어휘

- involuntary 자기도 모르게 하는, 무의식적인
- biofeedback 생체자기제어(심장 박동처럼 보통 의식적인 제어가 안 되는 체내 활동을 전자 장치로 측정하고 그 결과를 이용하여 의식적인 제어를 훈련하는 방법)
- variable 변수
- trigger 촉발하다, 일으키다
- gauge 계측 장치
- attach 부착하다, 첨부하다, 애착을 느끼게 하다
- reproduce 번식하다, 복제하다, 재현하다

04 제4회 기출 섞은 모의고사

01	02	03	04	05	06	07	08	09	10
③	③	③	②	④	④	④	②	③	③
11	12	13	14	15	16	17	18	19	20
②	③	②	②	③	②	④	②	②	③

01 어휘＞단어 답 ③

| 출처 | 2019 경찰(순경) 1차
| 난도 | 하

분석

첫 번째 문장에서 식량 공급의 양을 표현하는 형용사가 들어가야 한다는 점을 유추할 수 있으며, 두 번째 문장에서 실패의 원인이 되는 수식어구로 부정적인 의미의 형용사가 들어가야 한다는 점을 파악할 수 있다. 두 조건을 모두 만족시키는 단어는 ③ 'inadequate(부족한)'이다.
① 애매모호한
② 철두철미한
④ 충분한

해석

- 식량 공급은 홍수 피해자들의 요구를 충족시키기에 부족했다.
- 그들은 자신들의 실패를 부족한 준비 탓으로 돌렸다.

02 어휘＞단어 답 ③

| 출처 | 2021 지방직(서울시) 9급
| 난도 | 하

분석

빈칸 앞에서 더 낮은 비용으로 상품과 서비스를 자유롭게 거래할 수 있게 해준다고 했으므로, 문맥상 빈칸에는 긍정적인 표현이 들어가야 한다. 따라서 빈칸에 들어갈 말로 가장 적절한 것은 ③ 'efficiency(효율)'이다.
① 멸종
② 불경기, 우울증
④ 조심, 주의, 경고

해석

세계화는 더 많은 나라들이 그들의 시장을 개방하도록 이끌며, 그들이 더욱 효율적이고 더 낮은 비용으로 상품과 서비스를 자유롭게 거래할 수 있게 한다.

03 어휘＞단어 답 ③

| 출처 | 2020 소방직 9급
| 난도 | 하

분석

빈칸 앞부분에서 소방관들은 불을 끄는(to put out fires) 사람들이라고 했고 빈칸 다음에 목적어 people이 있으므로, 문맥상 빈칸에는 ③ 'rescue(구조하다)'가 들어가야 한다. to부정사가 병렬된 구조로 이 경우 to부정사의 to는 생략이 가능하다.
① 위태롭게 하다
② (생명, 재산 따위를) 위태롭게 하다
④ 추천하다

해석

소방관들은 불을 끄고 사람들을 구조하는 사람들이다. 화재 이외에도 소방관들은 사람과 동물을 자동차 사고, 붕괴된 건물, 갇힌 엘리베이터, 많은 다른 위기 상황에서 구한다.

어휘

- put out (불을) 끄다
- wreck (배의) 난파, 파괴, 파멸
- collapse (건물, 지붕 따위가) 무너지다
- stuck (~에 빠져) 움직일 수 없는, (불쾌한 상황, 장소에서) 갇힌

04 어휘＞어구 답 ②

| 출처 | 2019 국가직 9급
| 난도 | 하

분석

밑줄 친 stand out은 '눈에 띄다, 두드러지다'의 뜻으로, 이와 의미가 가장 가까운 것은 ② 'was impressive(인상적인)'이다.
① 압도된
③ 우울한
④ 낙관적인

해석

여자 1,500미터 경기 은메달리스트인 웨스트 씨는 경기 내내 두각을 나타냈다.

05 어법 > 비문 찾기 · · · · · · · · · · · · · 답 ④

| 출처 | 2021 소방직 9급

| 난도 | 하

분석

consider는 타동사로써 능동의 분사구문으로 쓰이면 뒤에 목적어를 가져야 하는데 뒤에 목적어가 없이 바로 전치사 as가 등장했다. 따라서 considering은 수동의 분사구문 considered가 되어야 한다.

해석

> 기본적인 감미료로서 꿀의 역할은 설탕의 등장에 의해 도전받았다. 초창기에는 사탕수수의 단물로 만들어졌기 때문에 중세에 설탕은 매우 비싸고 만드는 데 시간이 걸렸다. 그러나 18세기에 이르러 식민지 대규모 농장에서의 노예 노동을 이용한 덕분에, 설탕은 더 저렴한 가격으로 이용 가능하게 되었다. 오늘날 꿀은 설탕이나 다른 인공감미료들보다 훨씬 더 비싸다. 필수품이라기보다는 사치품으로 여겨지면서도, 꿀은 여전히 사랑받는다. 그리고 흥미롭게도 꿀은 건강을 증진시키는 특별한 성분의 재료로 계속해서 여겨진다.

어휘

- primary 기본적인, 초기의, 주된, 주요한
- sweetener 감미료
- colonial 식민지의
- plantation 대규모 농장
- affordable 줄 수 있는, 입수 가능한, (가격이) 알맞은

06 독해 > 세부 내용 찾기 > 내용 (불)일치 · · · · · · · · · · · · · 답 ④

| 출처 | 2022 국가직 국어

| 난도 | 중

분석

마지막 문장에서 'He died at his Milanese home of pancreatic cancer, from which he had been suffering for two years(그는 2년간 앓아왔던 췌장암으로 밀라노의 자택에서 사망했다).'라고 했으므로, 글의 내용과 일치하지 않는 것은 ④ 'Eco died in a hospital of cancer(에코는 암으로 병원에서 죽었다).'이다.

① *The Name of the Rose*는 역사 소설이다.

→ 두 번째 문장에서 *The Name of the Rose*는 역사 미스터리 소설이라고 했으므로, 내용과 일치한다.

② 에코는 책을 이탈리아어로 번역했다.

→ 네 번째 문장에서 에코는 레몽 크노의 책 *Exercices de style*을 이탈리아어로 번역했다고 했으므로, 글의 내용과 일치한다.

③ 에코는 대학교의 학과를 설립했다.

→ 다섯 번째 문장에서 에코는 산마리노 공화국 대학교의 미디어학과 설립자였다고 했으므로, 글의 내용과 일치한다.

해석

> 움베르토 에코는 이탈리아의 소설가, 문화 평론가, 철학자였다. 그는 1980년 소설 *The Name of the Rose*로 널리 알려졌는데, 그것은 역사 미스터리로, 소설 속에서 기호학과 성서 분석, 중세 연구, 문학 이론을 결합한 작품이다. 그는 후에 *Foucault's Pendulum*과 *The Island of the Day Before*를 포함한 다른 소설들을 썼다. 번역가이기도 했던 에코는 레몽 크노의 책 *Exercices de style*을 이탈리아어로 번역했다. 그는 산마리노 공화국 대학교 미디어학과의 설립자였다. 그는 2016년 2월 19일 밤에 2년간 앓아왔던 췌장암으로 밀라노의 자택에서 사망했다.

어휘

- cultural critic 문화 평론가
- be widely known for ~로 널리 알려져 있다
- combine with ~와 결합되다
- semiotics 기호학
- biblical analysis 성서 분석
- pancreatic cancer 췌장암

07 어법 > 정문 찾기 · · · · · · · · · · · · · 답 ④

| 출처 | 2020 국가직 9급

| 난도 | 중

분석

전치사 to의 목적어로 의문사가 이끄는 명사절이 간접의문문이 되었는데 간접의문문의 어순은 '의문사+주어+동사'이다. 의문사 how much gray, 주어 the color, 동사 contains로 어순이 적절하며, 이때 how much gray는 의문사인 동시에 동사 contains의 목적어가 된다.

① 비교급에서 지칭하는 비교의 대상은 서로 일치시켜야 한다. 제시된 문장에서 비교 대상은 the traffic of a big city와 those of a small city이므로, those가 that이 되어야 한다.

② 시간·조건 부사절에서 현재시제가 미래시제를 대신하므로, when절의 I'll be lying은 I am lying이 되어야 한다.

③ '~하는 사람들'은 'the+형용사'이므로, the wealth는 the wealthy가 되어야 한다.

해석

> ① 대도시의 교통은 소도시의 그것보다 더 혼잡하다.
> ② 다음 주에 해변에 누워 있을 때 너를 생각할 거야.
> ③ 건포도는 한때 값비싼 음식이어서 부유한 사람들만 그것을 먹었다.
> ④ 색의 명암은 그 색이 얼마나 회색을 포함하고 있는지와 관련되어 있다.

어휘

- raisin 건포도
- intensity 강도, 명암도; 강렬함

2점 UP 포인트

'the+형용사'의 쓰임

- 'the+형용사'가 '형용사+people'을 의미할 때는 복수 취급

  예 the rich(부자들), the wounded(부상자들)

- 'the+형용사'가 '형용사+person'을 의미할 때는 단수 취급

  예 the deseased(고인), the accused(피고인)

- 'the+형용사'가 추상명사의 의미를 가질 때는 단수 취급

  예 the beautiful[아름다움(=beauty)], the true[진리(=truth)]

08 독해>빈칸 완성>단어 · 구 · 절   답 ②

| 출처 | 2019 경찰(순경) 1차
| 난도 | 중

분석

(A) 효율성에 대해 정의하고 있다. 효율성은 비용이 최소가 되어야 하므로 (A)에는 minimum 또는 least가 들어가는 것이 적절하다.

(B) 앞 문장에서 효율성의 개념은 최소 비용으로 기대하는 산출을 얻는 것인데, 이는 회사의 이익을 위한 것이라고 정의하였다. 따라서 전환어 but으로 연결되는 뒤의 내용은 회사가 아닌 고객의 이익 측면에서 광고된다는 것이 자연스럽기 때문에 (B)에는 benefit이 들어가는 것이 적절하다.

(C) 사업이 효율적으로 운영되기 위해 고객은 더 많은 시간과 돈을 써야 한다는 내용이므로 (C)에는 spending이 적절하다.

해석

효율성은 (A) 최소한의 비용으로 원하는 결과를 빠르게 만들어내는 것을 의미한다. 효율성에 대한 개념은 산업이나 사업체의 이익에 따라 다르지만, 보통 고객의 (B) 이익으로 광고된다. 샐러드바, 셀프 주유소, ATM기, 그리고 전자레인지용 즉석식품이 몇 가지 좋은 예시들이다. 여기에서 흥미로운 부분은 고객들은 종종 예전에는 그들을 위해서 행해졌던 일들을 결국 직접 하게 된다는 점이다. 이것은 사업체의 효율적 운영을 위해 고객이 더 많은 시간과 돈을 (C) 쓰게 될지도 모른다는 것을 의미한다.

어휘

• specific to ~에 특수한
• operate 운용되다, 작동되다

09 독해>대의 파악>요지, 주장   답 ③

| 출처 | 2020 소방직 9급
| 난도 | 중

분석

'So it is time to design and develop a new test that truthfully reflects skills and personality characteristics that are important to the firefighter's job(그러므로 이제는 소방관의 업무에 중요한 기술과 성격 특성을 사실대로 반영하는 새로운 시험을 설계하고 개발해야 할 때다).'에서 필자가 주장하는 것은 ③ '소방관의 직무와 직결된 공정한 소방관 선발 시험을 개발해야 한다.'임을 알 수 있다.

해석

브루클린의 니콜라스 판사는 뉴욕시가 흑인과 히스패닉계 지원자를 차별하는 시험에 기초하여 소방관을 고용하는 것을 막음으로써 매우 필요한 충격 요법을 제공했다. 그 당시에 시 자체 인구의 27퍼센트가 흑인이었지만, 소방관은 2.9퍼센트만이 흑인이었다. 공정의 가장 큰 장애물 중 하나는 업무 수행과 관련이 거의 없는 추상적인 추론 능력을 측정하도록 형편없이 설계된 선발시험이었다. 그러므로 이제는 소방관의 업무에 중요한 기술과 성격 특성을 사실대로 반영하는 새로운 시험을 설계하고 개발해야 할 때다. 만약 그것이 소방사업과 더 밀접하게 연관되어 있고 그들이 흑인이든 아니든 상관없이 자격 있는 모든 지원자가 소방관으로서 역할을 할 수 있도록 보장해 준다면 더욱 공정할 것이다.

어휘

• shock treatment 충격 요법
• obstacle 장애물
• abstract 추상적인
• reasoning 추론
• be eligible to ~ 할 자격이 있다

10 독해>대의 파악>제목, 주제   답 ③

| 출처 | 2019 국가직 9급
| 난도 | 중

분석

제시문은 단순한 이름을 가진 사람과 복잡한 이름을 가진 사람에 대한 이야기를 예로 들면서 이름이 단순한 사람들이 사회생활에서 가지게 되는 이점에 대해 설명하고 있다. 이름의 단순성이 다양한 결과들을 결정짓는 가장 중요한 요소라고 말하고 있는 마지막 문장이 주제문의 역할을 하고 있다. 따라서 글의 주제로 가장 적절한 것은 ③ 'the benefit of simple names(단순한 이름의 장점)'이다.
① 법적인 이름의 개발
② 매력적인 이름의 개념
④ 외국 이름의 기원

해석

두 사람이 같은 날 로펌에서 근무를 시작했다고 상상해보라. 한 사람은 아주 단순한 이름을 가지고 있다. 다른 한 사람은 아주 복잡한 이름을 가지고 있다. 우리는 그들이 이후 16년 이상의 경력 과정 동안 더 단순한 이름을 가진 사람이 더 빠르게 법조계의 서열에 오를 것이라는 꽤 타당한 근거를 가지고 있다. 그들은 경력 중간에 더 빠르게 파트너십을 이룰 것이다. 그리고 로스쿨을 졸업한 지 약 8년 내지 9년 차쯤까지 단순한 이름을 가진 사람들이 파트너가 될 가능성이 약 7~10퍼센트 더 높은데, 이는 놀라운 결과이다. 우리는 다른 대안이 되는 모든 온갖 설명을 없애고자 노력한다. 예를 들어, 우리는 그것이 외국풍과 관련된 것은 아니라는 것을 보여주고자 하는데, 왜냐하면 외국 이름이 발음하기에 더 어려운 경향이 있기 때문이다. 그러나 영미식 이름을 가진 백인 남성의 경우만 보더라도, 그중에서도 이름이 더 단순한 경우에 더 출세할 가능성이 높다는 것을 알게 된다. 그러므로 이름의 단순성은 다양한 결과들을 결정짓는 가장 중요한 요소이다.

어휘

• over the course of ~동안
• hierarchy (사회나 조직 내의) 계급[계층]
• be likely to ~할 것 같다
• striking 눈에 띄는, 현저한
• eliminate 없애다, 제거하다
• alternative 대안이 되는, 대체 가능한

11 표현 > 일반회화　　　　답 ②

| 출처 | 2020 지방직(서울시) 9급

| 난도 | 하

분석

빈칸 다음에서 B가 차단 프로그램을 설치하라는 해결책을 제시한 것으로 보아 대처 방안을 묻는 ② 'Isn't there anything we can do(뭔가 우리가 할 수 있는 게 없을까)'가 오는 것이 대화의 흐름상 적절하다.

① 이메일 자주 쓰니

③ 이 훌륭한 차단 프로그램을 어떻게 만들었니

④ 이메일 계정 만드는 것 좀 도와줄래

해석

A : 저런, 또 왔어! 정크 메일이 너무 많이 와!

B : 맞아. 난 하루에도 열 통 이상씩 받아.

A : 정크 메일이 들어오는 걸 막을 수 있을까?

B : 완전히 차단하기는 힘들 것 같아.

A : 뭔가 우리가 할 수 있는 게 없을까?

B : 글쎄, 설정에서 차단 프로그램을 설치할 수 있어.

A : 차단 프로그램?

B : 그래. 차단 프로그램이 스팸 메일 일부를 거를 수 있거든.

어휘

• weed out 거르다, 추려내다

12 표현 > 일반회화　　　　답 ③

| 출처 | 2019 지방직 9급

| 난도 | 중

분석

빈칸 다음에서 B가 다시 환전할 때는 비용이 없다고 설명하므로, 빈칸에는 통화를 되파는 것과 관련된 ③ 'What's your buy-back policy(환매 정책은 어떻게 되죠)'가 적절하다.

① 이거 얼마예요

② 결제는 어떻게 하나요

④ 카드 되나요

해석

A : 안녕하세요. 돈을 환전하려고 합니다.

B : 예. 어떤 화폐로 해드릴까요?

A : 달러를 파운드로 바꿔야 합니다. 환율이 어떻게 되나요?

B : 1달러당 0.73파운드입니다.

A : 좋아요. 수수료를 떼시나요?

B : 예. 4달러의 소액의 수수료를 받습니다.

A : 환매 정책은 어떻게 되죠?

B : 무료로 매입합니다. 영수증만 챙겨 오시면 됩니다.

어휘

• convert A into B A를 B로 바꾸다

• exchange rate 외환 시세; 환율

• commission 수수료

• buy-back 환매(외국 통화를 다시 자국 통화로 바꿔주는 것)

13 어법 > 영작하기　　　　답 ②

| 출처 | 2020 지방직(서울시) 9급

| 난도 | 중

분석

복합관계대명사는 명사절이나 부사절을 이끌며 동시에 절 내에서 주어, 목적어, 보어의 역할을 하게 된다. anyone과 whom이 결합한 whomever는 목적격으로 쓰이는데 동사 completes의 앞, 즉 주어 자리에 있으므로 주격 복합관계대명사 whoever로 고쳐야 한다. 참고로, whoever가 이끄는 명사절이 전치사 to의 목적어가 된다.

① 보증이 만료된 시점이 더 이전의 일이므로 had p.p.를 사용한 것은 적절하며, '무료로'라는 표현인 free of charge 역시 올바르게 쓰였다. 또한 expire는 자동사이므로 능동형으로 쓴 것이 옳다.

③ if와 주절의 would로 보아 가정법이 사용되었음을 알 수 있다. 또한 주절의 now를 통해 혼합가정법임을 알 수 있는데, 가정법을 묻는 문제가 나오면 if절과 주절의 시제의 형태를 맞춰봐야 한다. 혼합가정법의 경우 if절에는 가정법 과거완료(had asked), 주절에는 가정법 과거시제(would be)를 쓰므로 모두 올바르게 쓰였다.

④ 과거표시 어구인 last year에 맞게 과거시제(passed)의 사용이 적절하며 '설상가상으로'라는 표현인 what is worse 역시 시제에 맞게 올바르게 쓰였다.

어휘

• warranty 품질 보증서

• expire 만료되다, 만기가 되다

• free of charge 무료로

• questionnaire 설문지

• pass away 사망하다[돌아가시다]

• what is worse 설상가상으로, 엎친 데 덮친 격으로

14 어법 > 영작하기　　　　답 ②

| 출처 | 2019 국가직 9급

| 난도 | 중

분석

shy 야는 '모자라는, 부족한'의 뜻으로 전치사 before 또는 ago처럼 쓰인다. 우리말에서 '5분이나 지난 후'라고 했으므로 five minutes past midnight으로 고쳐야 한다.

① The new teacher를 선행사로 하여 전치사 about의 목적어 역할을 하는 목적격 관계대명사가 생략된 경우이다.

③ what은 선행사를 포함한 관계대명사로 appeared의 주어 역할을 하고 있다. what이 이끄는 절의 동사 appear는 자동사로 수동태 아닌 능동태가 올바르게 쓰였으며, 주절의 동사 lurk는 '숨어 있다'의 뜻을 가진 자동사로 전치사구와 함께 사용되었다.

④ reach는 자동사로 혼동하기 쉬운 타동사로 전치사구가 아닌 목적어 the mountain summit를 올바르게 사용했다. '숫자+단위'의 명사가 뒤의 명사를 수식하는 형용사의 기능을 할 때는 단수로 표현하므로 16-year-old가 올바르게 쓰였다.

15　독해>글의 일관성>무관한 어휘 · 문장　답 ③

| 출처 | 2019 서울시 9급
| 난도 | 중

분석

제시문은 정보를 얻기 위한 독서 방식에 대해 서술하고 있다. ③의 앞 문장에서 '자신이 필요한 것을 찾아내고, 문장 음운이나 은유의 사용 같은 관련 없는 것들은 무시한다'고 했는데, ③은 은유나 단어 연상을 통해 감정의 변화를 나타낸다고 했으므로, 문맥상 전체 글의 흐름상 적절하지 않은 문장이다.

해석

내 생각에는 독서를 네 종류로 명명 가능한 것 같은데, 각각 특유의 방식과 목적이 있다. 첫 번째는 정보를 위한 독서로, 무역이나 정치, 혹은 무언가를 성취하기 위한 방법에 대해 배우기 위해서 읽는 것이다. 우리는 이러한 방식으로 신문, 대부분의 교과서들, 혹은 자전거를 조립하는 방법에 대한 지시사항 같은 것들을 읽는다. 이런 종류의 읽을거리 대부분을 통해 독자는 빠르게 페이지를 훑어 읽는 방식을 배워서, 자신이 필요한 것을 찾아내고, 문장 음운이나 은유의 사용 같은 관련 없는 것들은 무시한다. 우리는 또한 단어들의 은유적 표현이나 연관성을 통해서 감정의 변화를 나타낸다. 속독 강좌는 이러한 목적을 지닌 우리의 독서에 도움을 주는데, 눈으로 페이지를 가로질러 빠르게 건너뛰어 읽도록 훈련시킨다.

어휘

• assemble 조립하다
• material 소재, 읽을거리, 자료
• come up with ~을 생각해내다
• irrelevant 무관한, 관련 없는
• register (감정을) 나타내다[표하다]
• association 연관; 연관성

16　독해>대의 파악>제목, 주제　답 ②

| 출처 | 2019 경찰(순경) 1차
| 난도 | 중

분석

제시문의 주제 문장은 전환어 however가 등장하는 다섯 번째 문장이며, 그 이후 캥거루쥐의 사막에서의 뛰어난 적응에 관해 설명하고 있다. 따라서 글의 제목으로 가장 적절한 것은 ② 'The Way the Kangaroo Rat Copes with Lack of Water(캥거루쥐가 물 부족에 대처하는 방식)'이다.
① 사막 동물들의 생존
③ 캥거루쥐가 마시는 소량의 물
④ 물이 부족한 환경이 동물들에게 끼치는 영향

해석

대부분의 사막 동물들은 물을 마주하게 되면 그것을 마시겠지만, 많은 동물들에게는 그 기회마저도 오지 않는다. 그러나 모든 생명체들은 물을 섭취해야만 하고, 그렇지 않으면 죽게 된다. 초식동물들은 사막 식물에서 물을 찾는다. 육식동물들은 살아있는 먹이의 살과 피에서 갈증을 해소한다. 그러나 가장 주목할 만한 적응 중 하나는 작은 캥거루쥐의 경우인데, 캥거루쥐는 물을 마시지 않고 살 뿐 아니라, 약 5%의 물을 함유하는 마른 씨앗의 유리수를 먹고 연명한다. 다른 동물들처럼, 캥거루쥐는 체내에서 탄수화물의 신진대사 전환을 통해 몸에서 물을 만들어내는 능력을 가지고 있다. 하지만 캥거루쥐는 극히 소량만 배설하고 호흡기에서 수분을 증발시킴으로써, 가능한 모든 수단을 동원하여 적은 공급량의 물을 절약하는 것으로 유명하다.

어휘

• confront with ~와 대면시키다
• expire 만료되다, 죽다
• herbivore 초식동물
• carnivore 육식동물
• slake 갈증을 해소하다, 욕구를 충족하다
• adjustment 적응, 조절
• subsist on ~을 먹고 연명하다
• free water 유리수. 생체나 토양 가운데에 함유된 수분 가운데서 자유로이 이동 가능한 물로, 생체 반응 및 영양물 · 이온 따위의 수송 등 중요한 역할을 한다.
• manufacture 제조하다, 만들어내다
• metabolic 신진대사의
• conversion 전환, 개조
• carbohydrate 탄수화물, 당질
• notable 주목할 만한, 눈에 띄는
• parsimony 인색함, 절약
• minuscule 극소의
• evaporation 증발, 발산
• respiratory tract 호흡기, 기도

17　독해>세부 내용 찾기>지칭 추론　답 ④

| 출처 | 2019 소방직 9급
| 난도 | 하

분석

④는 빅터의 아버지를 가리키고, 나머지 ①, ②, ③은 빅터를 가리킨다.

해석

빅터는 시카고 교통국의 전차 운전사이다. "오늘 밤 함께 승차해주셔서 감사합니다. 문에 기대지 마세요. 저는 여러분들을 잃고 싶지 않습니다."라고 그(빅터)는 기차가 떠날 때 구내방송으로 승객들에게 말했다. 기차가 북쪽으로 가면서, 그(빅터)는 아래 거리에 어떤 연결버스가 대기하고 있는지를 비롯해서 주목할 만한 장소들을 언급했다. 사람들은 시 당국에 그가 최고의 전차 운전사라고 말하면서, 항상 그(빅터)를 칭찬했다. 왜 그는 이토록 그의 직업에 긍정적인 접근법을 가진 것일까? "제 아버지는 은퇴한 전차 운전사세요. 어느 날 아버지는 그(아버지)와 함께 저를 일터로 데려가셨고 저는 그 창밖을 보고 굉장히 감명을 받았어요."라고 그는 도시의 스카이라인(하늘과 땅이 맞닿은 윤곽선)에 대해 언급하며 말했다. "제가 5살 때 이후로, 저는 기차를 운전하고 싶다는 것을 알았죠."

어휘

• motorman 전차 운전사
• intercom 구내전화, 구내방송
• depart 출발

18 독해>세부 내용 찾기>내용 (불)일치 답 ②

| **출처** | 2021 지방직(서울시) 9급
| **난도** | 중

분석

제시문은 여성과 남성의 대화 방식의 차이에 관한 글이다. 세 번째 문장에서 여성들은 대화의 주제 범위가 다양하지만, 그중 스포츠에 대한 대화는 없다는 점이 언급되므로, 글의 내용과 일치하지 않는 것은 ② '여성들의 대화 주제는 건강에서 스포츠에 이르기까지 매우 다양하다.'이다.

해석

여성들은 수다에 능숙하고, 그들은 항상 사소한 것들에 대해 이야기한다. 적어도 남성들은 항상 그렇게 생각해 왔다. 하지만 몇몇 새로운 연구는 여성들이 여성들과 대화할 때, 그들의 대화는 하찮음과는 거리가 멀고, 남성들이 다른 남성들과 대화할 때보다 더 많은 주제(최대 40개의 주제)를 다루고 있다는 것을 보여준다. 여성들의 대화는 건강부터 집에 관한 것까지, 정치부터 패션까지, 영화에서 가족까지, 교육에서 관계 문제까지를 총망라하지만, 특히 스포츠에 대한 대화가 없다는 점이 눈에 띈다. 남성들은 더 제한된 범위의 주제를 가지는 경향이 있는데, 가장 인기 있는 것은 일, 스포츠, 농담, 자동차, 그리고 여성들에 관한 이야기이다. 심리학자인 페트라 보인튼 교수는 1,000명이 넘는 여성들을 인터뷰했는데, 여성들은 또한 한 주제에서 다른 주제로 빠르게 이동하는 경향이 있는 반면, 남성들은 대체로 더 오랫동안 한 주제를 고수한다. 직장에서, 이러한 차이점은 남성들에게 장점으로 작용할 수 있는데, 그들은 다른 문제들을 제쳐두고 토의하는 주제에 온전하게 집중할 수 있기 때문이다. 다시 말하면, 이것은 또한 때로 회의에서 여러 가지 일을 동시에 논의해야 할 때 남성들이 그것들에 집중하기 힘들다는 것을 의미한다.

어휘

- be an expert at ~에 능숙하다
- frivolous 시시한, 하찮은
- psychologist 심리학자
- stick to ~을 고수하다

19 독해>글의 일관성>글의 순서 답 ②

| **출처** | 2018 지방직 9급
| **난도** | 중

분석

주어진 문장에서 건강을 관찰·추적하는 장치가 모든 연령대에 인기가 있다고 했고, (B)에서 이 장치는 보호자 없이 혼자 가정에서 생활하는 노인의 생명을 구할 수도 있다고 언급한다. (A)에서 그 예로 낙상 경보를 제시한 다음에, (C)에서 노인이 넘어지는 순간 자동적으로 9110이나 가족에게 위험을 알리는 이 기술에 대해 구체적으로 설명하고 있다. 따라서 ② '(B) - (A) - (C)'의 순서로 글이 이어지는 것이 가장 자연스럽다.

해석

건강을 관찰하고 추적하는 장치는 모든 연령대에서 점점 더 인기를 얻고 있다.
(B) 그러나 가정에서 보호자 없이 노후를 보내는 노인들에게 이러한 기술은 생명을 구할 수도 있다.
(A) 예를 들어 낙상은 65세 이상 성인들에게 사망의 주요한 원인이다. 낙상 경보는 오랫동안 노인을 위한 양로 기술이었는데, 현재 개선되었다.
(C) 이 간단한 기술은 노인이 넘어지는 순간 자동적으로 9110이나 가까운 가족에게 위험을 알릴 수 있다.

어휘

- fall 낙상
- aging in place (요양원이나 병원 등으로 주거지를 옮기지 않고) 살아온 집에서 노후 보내기
- caretaker 보호자
- lifesaving 목숨을 구할, 인명구조

20 독해>글의 일관성>문장 삽입 답 ③

| **출처** | 2019 서울시 9급
| **난도** | 중

분석

③ 앞의 문장을 보면, '특히 집단주의 문화권에서, 직장이 더 큰 집단에 대한 의무 이행의 의미로 보는 경우가 더 많을 수 있다.'고 했고, 〈보기〉의 문장에서 이러한 상황에서는 사회적 의무 때문에 개인의 이직률이 낮다고 부연 설명하고 있으므로, 〈보기〉의 문장이 들어갈 위치로 적절한 것은 ③이다.

해석

직업적 의미에서의 문화적인 차이는 다른 측면에서도 확실히 드러날 수 있다. 예를 들어, 미국 문화에서는 직장을 단순히 돈을 모으고 생계를 유지하는 수단으로 생각하기 쉽다. 다른 문화권, 특히 집단주의 문화권에서는, 직장을 더 큰 집단에 대한 의무 이행의 의미로 보는 경우가 더 많을 수 있다. 이러한 상황에서, 우리는 그 또는 그녀가 속한 업무 조직과 그 조직을 구성하는 사람들에 대한 사회적 의무로 인하여 개인이 한 직장에서 다른 직장으로 더 적게 이동할 것이라고 예상한다. 개인주의 문화권에서는, 한 직장을 떠나 다른 직장으로 이동하는 것은 더 용이하게 여겨지는데, 이는 개인과 업무를 분리하기가 더 쉽기 때문이다. 다른 직장에서도 동일한 목표를 그만큼 쉽게 달성할 것이다.

어휘

- obligation 의무
- comprise 구성하다, 차지하다
- manifest 나타나다, 드러내 보이다
- accumulate 모으다, 축적하다
- make a living 생계를 꾸리다
- collectivistic 집단주의의, 집단주의적인
- individualistic 개인주의적인

05 제5회 기출 섞은 모의고사

01	02	03	04	05	06	07	08	09	10
②	②	③	③	②	④	③	③	④	④
11	12	13	14	15	16	17	18	19	20
②	①	①	④	④	③	③	①	④	③

01 어휘>단어 답 ②

| 출처 | 2021 소방직 9급
| 난도 | 하

분석

밑줄 친 unmistakable은 '오해의 여지 없는, 틀림없는'의 뜻으로, ② 'distinct(뚜렷한, 분명한)'와 의미가 가장 가깝다.
① 이용 가능한, 접근 가능한
③ 바람직한, 호감 가는
④ 무료의, 칭찬하는

해석

틀림없이 땀에 절은 발냄새가 났다.

어휘

- odor 냄새
- sweaty 땀투성이의, 땀에 젖은, 땀이 나서 축축한

02 어휘>어구 답 ②

| 출처 | 2018 지방직 9급
| 난도 | 중

분석

밑줄 친 get cold feet은 '초초해지다, 겁이 나다'라는 뜻으로 ② 'become afraid(두려워지다)'와 의미가 가장 가깝다.
① 야심 차게 되다, 패기 있게 되다
③ 피곤하다, 기진맥진한 기분이 들다
④ 슬픔을 느끼다

해석

사람들이 북극으로 여행을 가는 것에 겁을 내는 것은 드문 일이 아니다.

03 어휘>단어 답 ③

| 출처 | 2018 경찰(순경) 3차
| 난도 | 하

분석

밑줄 친 obligatory는 '의무적인'의 뜻으로, ③ 'compulsory(강제적인)'와 의미가 가장 가깝다.
① 어설픈
② 흐릿한, 모호한
④ 변할 수 있는

해석

차량 안에서 모든 사람들이 안전벨트를 착용하는 것은 의무적이다.

04 어휘>단어 답 ③

| 출처 | 2018 소방직 9급
| 난도 | 하

분석

빈칸 앞에서 심장마비를 일으키는 경우라고 했으므로, 문맥상 빈칸에는 ③ 'unconscious(의식을 잃게 되는)'가 적절하다.
① 이기적인
② 분별 있는
④ 엄청난

해석

만일 누군가가 심장마비를 일으킨다면, 그는 갑자기 의식을 잃게 되고 호흡이나 맥박의 어떤 징후를 보이지 않는다.

어휘

- cardiac arrest 심장마비
- no signs of ~의 징조가 없는

05 독해>세부 내용 찾기>내용 (불)일치 답 ②

| 출처 | 2018 경찰(순경) 3차
| 난도 | 하

분석

세 번째 문장에서, 'during part of the 19th century(19세기의 어느 시기 동안)'이라고 했으므로, 글의 내용과 일치하지 않는 것은 ② '19세기 이래로 설치류로 간주되고 있다'이다.

- replicate 복제하다
- take A for granted A를 당연시하다

해석

세계에서 가장 큰 야행성 영장류인 아이아이원숭이는 특이할 정도로 인간을 무서워하지 않는다. 야생 아이아이원숭이는 열대우림에서 어디선지 모르게 갑자기 나타나 킁킁대며 연구원의 신발 냄새를 맡는다고 알려져 있다. 이것은 다른 여우원숭이들과는 다른데, 여러 가지 면에서 매우 특별하기 때문이다. 여기에는 계속해서 자라나는 앞니(이 때문에 아이아이원숭이는 19세기의 어느 시기에는 설치류로 간주되었다), 큰 귀(거의 틀림없이 죽은 나무 안에 있는 유충의 위치를 알아내는 데에 쓰인다), 그리고 구멍에서 유충들을 빼내는 데 사용되는 뼈대같이 생긴 긴 중지가 있다. 아이아이원숭이는 여우원숭이들 중에서도 매우 특이해서 어떤 여우원숭이가 그것의 가장 가까운 류인지 규명해 내는 것이 극도로 힘들다. 아이아이원숭이는 매우 특이해서 영장류의 맥락에서만 이상한 것이 아니라, 지구상에서 가장 독특한 포유류 중 하나이다.

어휘

- nocturnal 야행성의
- primate 영장류
- fearlessness 겁 없음, 대담함
- unexpectedly 뜻밖에, 갑자기, 돌연
- rainforest 열대우림
- incisor teeth 앞니
- larvae 유충
- extract 뽑다, 추출하다
- relative 동족, 동류

---

06 어법>비문 찾기   답 ④

| 출처 | 2017 사회복지직 9급
| 난도 | 중

분석

'또한 아니다'는 'neither+조동사+주어'의 표현을 사용한다. ④의 경우 주어와 조동사가 도치 되어있지 않으므로 적합하지 않다.

① including은 '포함하는, 포함하여'라는 전치사이다. 여러 가지를 열거할 때 including, such as, like 등을 사용한다. including 다음에 명사들(onions, garlic, and leeks)이 위치하고 있기 때문에 included를 사용할 수 없다.

② They는 앞에 있는 Allium vegetables를 받는 것으로 문제가 없다.

③ 부사절을 이끄는 접속사 while 다음에 주어 we와 동사 take가 오는 구조는 어법상 적절하다.

해석

양파, 마늘, 리크를 포함한 식용구근인 파속 식물은 전 세계적으로 거의 대부분의 요리에서 등장한다. 파속 식물은 프랑스의 미르포아(사각으로 썬 양파, 셀러리, 당근), 라틴 아메리카의 소프리또(양파, 마늘, 토마토), 케이준 삼위 일체(양파, 피망, 셀러리)와 같은 고전적인 요리의 기본에서 필수적이다. 우리는 때때로 언제나 이용 가능한 파속 식물들을 당연한 것으로 받아들이지만, 파속 식물의 맛은 모방될 수 없다. 또 심장병과 암으로부터의 보호 효능이 포함되어 있는 그것들의 건강상의 이익들도 모방될 수 없다.

어휘

- allium 파속 식물
- bulb 전구, 구근
- dice 깍뚝 썰기를 하다
- fundamental 근본적인
- leek 리크(부추같이 생긴 채소)

---

07 독해>세부 내용 찾기>내용 (불)일치   답 ③

| 출처 | 2019 소방직 9급
| 난도 | 중

분석

'In 1987, the author died of cancer, leaving unfinished a biography of Martin Luther King Jr.(1987년 이 작가는 마틴 루터 킹의 전기를 완성하지 못한 채, 암으로 생을 마감했다).'를 통해 전기를 마무리하지 못했음을 알 수 있다.

해석

제임스 볼드윈은 지난 세기의 선도적인 아프리카계 미국인 작가 중 한 명이었다. 소설가, 수필가, 시인, 극작가 등 작가로서 그는 한계가 없었다. 1924년 할렘에서 메릴랜드 출신의 미혼의 가정부에게 태어난 볼드윈은 8명의 형제자매 양육의 책임을 떠맡았다. 볼드윈은 일찍이 글쓰기에서 탈출구를 찾았다. 그는 중학교 신문을 편집했다. 그는 드윗 클린턴 고등학교를 졸업하고 1944년 그리니치 빌리지로 이사할 때까지 뉴저지에서 건설 일을 했다. 그의 첫 판매는 1946년의 *The Nation*지의 서평이었다. 볼드윈은 시민 운동가인 마틴 루터 킹과 말콤 엑스를 알게 되었다. 볼드윈은 구겐하임 보조금을 포함하여 많은 상을 받았다. 1987년 이 작가는 마틴 루터 킹의 전기를 완성하지 못한 채, 암으로 생을 마감했다. 볼드윈은 2004년 미국 기념우표에 등장해 다음 세대를 위한 그의 지속적인 힘을 상징했다.

어휘

- essayist 수필가
- dramatist 극작가
- unwed 미혼의, 독신의
- shoulder 떠맡다, 짊어지다
- a good deal of 많은
- outlet 분출구
- emblematic 상징적인
- enduring 지속적인, 오래가는

---

08 어법>정문 찾기   답 ③

| 출처 | 2017 사회복지직 9급
| 난도 | 중

분석

require를 수동태로 사용할 경우 간접목적어에 해당하는 사람 명사 앞에 전치사 of를 쓰는 것에 주의해야 한다.

① '~을 알고 있다'는 표현은 전치사 to를 of로 수정해서 be cognizant of로 표현해야 한다.

② 'such ~ that'과 'so ~ that' 둘 다 '너무 ~해서 …하다'라고 해석하지만 such는 뒤에 명사가 위치하고 so 뒤에는 부사나 형용사가 위치한다. 따라서 great를 수식하기 위해서는 'so ~ that'이 적절한 표현이다.

④ releasing 뒤에는 목적어가 필요하며, 내용상으로도 '방출되는'의 수동의 의미를 가진다. 따라서 released로 수정해야 한다.

해석

① 청소년들과 어른들 모두 간접흡연의 위험성에 대해 알고 있어야 한다.
② 그의 오찬미팅에서의 연설이 너무 훌륭해서 모든 관중들은 그에게 지지를 표명했다.
③ 적절한 경험과 학문적 배경은 그 직위에 자격 있는 지원자들에게 요구된다.
④ 식물들, 동물들, 그리고 사람들에게 가장 주된 위협은 독극물이 공기와 물에 방출되는 것이다.

---

09 독해>대의 파악>제목, 주제   답 ④

| 출처 | 2018 경찰(순경) 3차
| 난도 | 하

분석

제시문의 초반부에서는 어떠한 것(식물과 동물)을 분류할 때, 분류가 가능할 수 있게 하는 공통적 특징에만 집중하는 사고방식을 설명하고 있으므로 빈칸 (A)에는 shared, common이 올 수 있다. 제시문의 후반부부터는 그 과정에서 발생할 수 있는 문제점(개별적 차이를 무시하는 것)을 설명하고 있으므로 빈칸 (B)에는 great variation, individual variations가 올 수 있다.

해석

분류는 우리에게 한두 개의 특징에 집중해서 그 특성들만으로 무언가를 볼 수 있게 해준다. 동식물을 분류하려면, 우리는 한 식물을 다른 식물과 구분하고, 한 동물을 다른 동물과 구별하는 모든 차이점을 무시해야 한다. 우리는 오로지 모든 식물이 공유하는 점과 그들을 모든 다른 동물과 구별하는 측면들에 초점을 맞추어야 한다. 우리는 매 집단에 있는 엄청난 차이들을 무시하고, 그 집단의 모든 구성원들을 묶는 공통점으로 구성원들을 줄여나간다. 결과적으로, 우리는 사물을 특정 집단의 구성원으로 보게 되고, 그 각각이 특정 집단의 구성원 그 이상이라는 사실을 간과하고 지나친다. 문이라는 범주에 갇혀, 우리는 바로 앞에 있는 3×7피트짜리 목재는 보지 못하게 된다.

〈주제문〉
분류 시, 우리는 집단 구성원들의 (A) 공통적인 몇 가지 특징들에 집중하고, 그렇게 하는 과정에서 그 집단 내의 (B) 개별적 차이들은 무시하는 경향이 있다.

어휘

• feature 특징, 특성
• characteristic 특징, 특유의
• in terms of ～에 관하여
• variation 변화, 차이
• differentiate 구별하다, 구분 짓다
• common ground 합의점, 공통되는 기반, 공통점

---

10 독해>글의 일관성>글의 순서   답 ④

| 출처 | 2018 서울시 9급
| 난도 | 중

분석

제시문을 시작할 문장을 찾아야 하는데, (A)는 이전 내용을 반대할 때 언급하는 however가 있으므로 첫 문장이 될 수 없다. (B)의 these와 (C)의 also 역시 첫 문장에 사용할 수 없으므로, (D)가 제시문의 시작으로 적절하다. (D)에서 고대 그리스와 이탈리아, 영국의 숲이 수 세기에 걸쳐 벌목되어 현재 대부분 남아있지 않다고 한 다음, (A)의 however 다음에서 현대의 벌목 현황, 즉 매년 200만 에이커가 벌목된다고 언급한다. (C)에서 삼림 파괴의 이유를 산업화 국가들에서 더 많은 종이를 사용하기 때문이라고 제시하고, (B)에서 these countries(산업화된 국가들)도 목재가 충분치 않아서 아시아와 아프리카, 남아메리카, 심지어 시베리아에서 목재를 가져오기 시작했다고 마무리 짓는다. 그러므로 문맥상 가장 어울리는 순서는 ④ '(D) – (A) – (C) – (B)'이다.

해석

(D) 사람들에게 벌목은 더 이상 새로운 것이 아니다. 고대 그리스와 이탈리아, 영국은 숲으로 뒤덮여 있었다. 수 세기 동안 그 숲들은 서서히 줄어들었다. 지금까지 남아있는 것은 거의 없다.
(A) 그러나 오늘날 나무들은 훨씬 빠른 속도로 잘려나가고 있다. 매년 약 200만 에이커의 숲이 벌목으로 없어진다. 그것은 거의 영국 전체 면적 이상의 넓이다.
(C) 벌목의 중요한 이유가 있겠지만, 지구 생명체의 삶에 위험한 결과도 있다. 현재의 파괴에 대한 주요 원인은 전 세계적인 목재 수요이다. 산업화된 국가들에서, 사람들은 종이를 만들기 위해 점점 더 많은 나무를 사용한다.
(B) 이들 국가에는 수요를 충족시킬 만큼 목재가 충분하지 않다. 따라서 목재 회사들은 아시아와 아프리카, 남아메리카, 심지어 시베리아의 숲에서 목재를 가져오기 시작했다.

어휘

• cut back 축소하다, 삭감하다
• be covered with ～으로 뒤덮인

---

11 표현>일반회화   답 ②

| 출처 | 2018 지방직 9급
| 난도 | 하

분석

빈칸 다음에서 A가 '그래야 하는데'라고 대답했으므로, B가 빈칸에서 해결책을 조언했을 것이다. 컴퓨터 고장에 대한 해결책으로 ②와 ④가 제시될 수 있는데, A의 대답 후반부에 '나는 게으르다'라고 했으므로, B는 A가 직접 행동을 해야 하는 해결책을 제시했다고 유추할 수 있다. 따라서 빈칸에는 ② 'Try visiting the nearest service center then(그러면 가까운 서비스 센터에 방문해 봐).'가 적절하다.
① 나는 네 컴퓨터를 어떻게 고치는지 몰라.
③ 음, 네 문제에 대한 생각은 그만하고 자러 가.
④ 내 남동생이 컴퓨터 기술자여서 네 컴퓨터를 고쳐주려고 할 거야.

해석

> A : 내 컴퓨터가 아무 이유 없이 그냥 꺼졌어. 난 그것을 다시 켤 수도 없어.
> B : 충전은 해 봤니? 단순히 방전되어서 그럴 수도 있어.
> A : 물론이지, 충전해 봤어.
> B : 그러면 가까운 서비스 센터에 방문해 봐.
> A : 그래야 하는데, 난 너무 게을러.

어휘

- shut down (기계가) 멈추다[정지하다], 문을 닫다
- turn back 돌려놓다
- charge 충전하다
- be out of battery 배터리가 다 되다

---

12 표현 > 일반회화   답 ①

| 출처 | 2020 소방직 9급
| 난도 | 하

분석

대화는 자동차 사고를 목격하고 119에 신고하는 상황으로, 밑줄 친 문장의 stay on the line은 '수화기를 들고 기다리다'의 뜻이므로, 밑줄 친 부분의 뜻은 ① '전화 끊지 말고 기다려 주세요.'가 적절하다.

해석

> A : 119, 어떤 사고세요?
> B : 차 사고가 났어요.
> A : 어디신가요?
> B : 잘 모르겠어요. 해밀턴 로드 어딘가에 있어요.
> A : 혹시 다친 사람 있어요?
> B : 운전자 한 명이 의식을 잃고 바닥에 누워있고 다른 한 명은 피를 흘리고 있어요.
> A : 선생님, 전화 끊지 말고 기다려 주세요. 지금 구급차를 보내고 있어요.
> B : 알았어요, 하지만 서둘러 주세요!

어휘

- emergency 비상 (사태)
- bleed 피를 흘리다, 출혈하다
- stay on the line 수화기를 들고 기다리다

---

13 어법 > 영작하기   답 ①

| 출처 | 2020 지방직(서울시) 9급
| 난도 | 하

분석

동사 regret은 목적어로 to부정사와 동명사를 모두 취할 수 있지만, 그 의미가 달라진다. 'regret+to부정사'는 '(앞으로) ~하게 되어 유감이다'라는 뜻이며, 'regret+동명사'는 '(과거의 일을) 후회하다'의 뜻이다. 주어진 우리말에서는 '(과거에) 네 열쇠를 잃어버렸다고 말한 것'을 후회한다고 했으므로, to tell은 telling이 되어야 한다.

---

② 소유대명사 hers가 올바르게 쓰였는지 묻는 문제이다. 비교 대상이 his experience이므로 her experience를 의미하는 소유대명사 hers의 사용은 적절하다.

③ 통보/고지/환기류의 동사에는 advise(조언하다), inform(알리다), remind(상기시키다), convince(확신시키다) 등이 있는데 이러한 '알리다'의 의미를 가지는 동사들은 '~에게'에 해당하는 사람이나 대상이 목적어로 나온 후에 전하는 내용은 주로 'of 전치사구' 또는 that절 형태로 온다. remind도 이러한 유형의 동사이므로 목적어인 me 다음에 전하는 내용이 'of 전치사구'로 올바르게 표현되었다.

④ look somebody in the eye는 '~의 눈을 똑바로 쳐다보다'라는 표현이다. 또한 신체의 일부를 나타낼 때는 정관사와 함께 사용하므로 바르게 쓰인 문장이다.

---

14 어법 > 영작하기   답 ④

| 출처 | 2018 지방직 9급
| 난도 | 중

분석

분사구문에서 주어는 주절의 주어와 중복되는 경우에만 생략한다. 이 문장에서 분사구문의 주어는 날씨를 나타내는 비인칭 주어는 it, 주절의 주어는 I로 두 주어가 서로 일치하지 않으므로 분사구문의 주어를 생략할 수 없다. 그러므로 주어를 생략하지 않은 'It being cold outside, I boiled some water to have tea.'가 올바른 문장이다.

① All of the information에서 'all of+명사'의 경우 명사와 동사가 수 일치되어야 하며, information은 불가산 명사이므로 단수 취급하여 단수 동사(was)로 적절하게 수 일치되었다.

② should[=ought to] have p.p.는 '~해야 했는데 (하지 못했다)'라는 의미로 과거의 일에 대한 유감이나 후회를 나타낸다.

③ 우리가 도착하기 전(arrived)에 이미 영화가 시작했으므로, 영화가 시작된 시점은 한 시제 더 앞서는 대과거(had started)로 올바르게 사용되었다.

---

15 독해 > 빈칸 완성 > 단어·구·절   답 ④

| 출처 | 2021 지방직(서울시) 9급
| 난도 | 중

분석

제시문은 같이 업무를 하는 사람들에게 신뢰와 책임감을 주어야 한다는 내용으로, 빈칸 다음의 문장들이 빈칸의 내용을 부연 설명해주고 있다. 특히, 'The more trust you bestow, the more others trust you(여러분이 더 많은 신뢰를 줄수록, 다른 사람들은 여러분을 더욱더 신뢰한다).'라고 했으므로, 빈칸에 들어갈 말로 가장 적절한 것은 ④ 'autonomy(자율성)'이다.

① 일
② 보상
③ 제한

해석

점점 더 많은 리더들이 원격으로 일하거나, 컨설턴트와 프리랜서뿐만 아니라 전국이나 전 세계에 흩어져 있는 팀과 함께 일하면서, 여러분은 그들에게 더 많은 자율성을 주어야 할 것이다. 여러분이 더 많은 신뢰를 줄수록, 다른 사람들은 여러분을 더욱더 신뢰한다. 직무 만족과 권한을 부여받은 사람들이 모든 업무 상황에서 누군가의 통제 없이 완벽하게 자신의 업무를 수행할 수 있는 방법 사이에는 직접적인 상관관계가 있다는 것을 나는 확신한다. 신뢰하는 사람들에게 책임을 맡기면 조직을 원활하게 운영할 뿐만 아니라, 여러분에게 더 많은 시간을 할애해 주므로, 더 큰 문제에 집중할 수 있다.

어휘

- remotely 멀리서, 원격으로
- scattered 흩어져 있는
- autonomy 자율(성)
- bestow 수여[부여]하다
- empower 권한을 주다
- execute 수행하다
- shadow 그림자처럼 따라다니다, 미행하다
- free up ~을 해방하다, 풀어주다; 해소하다

16   독해>글의 일관성>무관한 어휘 · 문장   답 ③

| 출처 | 2017 국가직 9급

| 난도 | 하

분석

제시문은 아동문학상에 대한 내용인 데 반해 ③에서는 시상식이 보류되었다는 사실을 언급하고 있으므로 흐름상 어색하다.

해석

아동문학상은 근래에 급증했으며, 현재 여러 기관에서 주는 상들이 거의 100여 개 이상이다. 그 상들은 특정 장르의 도서에 주어지거나, 단순히 일정 기간 동안 출간된 모든 아동문학 중 최고의 도서에 주어질 수 있다. 특정 도서나 아동문학계에 평생 기여한 저자에게 상을 수여할 수도 있다. 대부분의 아동문학상은 어른들이 선택하지만, 현재 아동이 선정한 도서에 상을 수여하는 경우가 늘어나고 있다. 대다수 국가에서 주어지는 더 큰 국가적인 상은 가장 영향력이 있고, 젊은 독자들을 위해 출판된 훌륭한 도서들에 대한 대중의 인식을 높이는 데 상당히 도움을 주었다. 출판 산업에 대한 뛰어난 업적들을 기리는 시상식은 보류되었다. 물론 독자들은 현명해서 수상 도서라고 무조건 신뢰하지는 않는다. 상이 반드시 좋은 독서 경험을 의미하지는 않지만, 책 선정의 좋은 시작점을 제시한다.

어휘

- proliferate 급증하다
- a variety of 다양한
- contribution 기여
- awareness (무엇의 중요성에 대한) 의식[관심]
- faith 신념, 확신

17   독해>글의 일관성>문장 삽입   답 ③

| 출처 | 2017 지방직 9급

| 난도 | 중

분석

주어진 문장에 however가 있으므로 앞에는 주어진 문장과 반대되는 내용이 나와야 하고, 뒤에는 주어진 문장과 같은 내용이 나와야 하므로 ③이 적절한 위치이다.

해석

내가 도착하자마자, 여러 가지 임무가 나를 기다렸다. 나는 소녀들이 공부하는 동안 그들과 앉아 있어야 했다. 그러고 나서 내 차례가 되어 기도문을 읽고, 아이들이 잠자리에 드는 것을 보았다. 그 후, 나는 다른 선생님들과 함께 식사했다. 마침내 잠자리에서조차, 여전히 그라이스 씨와의 동행을 피할 수 없었다. 우리 촛대에는 작은 양초만 남아있었고, 나는 그녀가 양초가 다 타버릴 때까지 말할까 봐 두려웠다. 하지만 다행히도 그녀는 엄청난 양의 저녁 식사로 인해, 피곤해져서 잠들 준비가 되었다. 내가 옷을 다 벗기도 전에 그녀는 이미 코를 골고 있었다. 여전히 1인치의 양초가 남아있었다. 나는 이제 내 편지를 꺼냈다. 이니셜이 F인 도장이 찍혀 있었다. 나는 그것을 찢었고 내용은 간단했다.

어휘

- retire 잠자리에 들다
- inevitable 불가피한, 반드시 있는
- dread 두려워하다
- snore 코를 골다

18   독해>빈칸 완성>단어 · 구 · 절   답 ①

| 출처 | 2020 소방직 9급

| 난도 | 중

분석

빈칸 앞뒤 문장의 내용으로 미루어 보아 빈칸에는 '어려움을 겪어도 본인의 가치가 떨어지는 것은 아니다.'라는 내용이 오는 것이 적절하다.

해석

유명한 연설가가 그의 세미나를 20달러 지폐 한 장을 든 채로 시작했다. 200명의 사람들이 있는 강의실에서 그는 "누가 이 20달러 지폐를 원하나요?"라고 물었다. 사람들은 손을 들기 시작했다. 그는 말하기를, "나는 이 20달러 지폐를 당신들 중 누군가에게 줄 거예요. 하지만 먼저 제가 이걸 해보죠."라고 했다. 그는 계속해서 지폐를 구겨버렸다. 그러고 나서 그는 "여전히 이것을 원하는 사람 있나요?"라고 물었다. 여전히 손들은 공중에 올라와 있었다. "여러분, 제가 돈에 무엇을 했든지 여러분은 여전히 그것을 원하죠. 그것은 가치가 떨어지지 않았기 때문입니다. 여전히 20달러입니다. 우리 삶의 많은 순간에서, 우리가 한 결정과 우리에게 닥친 상황에 의해서 우리는 떨어지고 구겨지고 바닥의 먼지 구덩이로 떨어질 것입니다. 우리는 마치 우리가 가치 없다고 느껴질 것입니다. 그러나 과거에 어떤 일이 일어났든, 앞으로 어떤 일이 일어날 것이든지 간에, 여러분은 여러분의 가치를 잃지 않을 것입니다. 여러분은 특별합니다. 절대 그것을 잊지 마시기 바랍니다."

어휘

- start off 시작하다
- crumple 구기다, 쭈글거리게 만들다

| **19** | 독해 > 글의 일관성 > 글의 순서 | 답 ④ |

| 출처 | 2019 경찰(순경) 2차
| 난도 | 중

분석

글의 순서를 정하는 문제에서 가장 큰 힌트는 대명사와 접속부사이다. (B)에는 첫 문장에 This balancing act가, (C)에는 첫 문장에 them이 있다. (B)의 '이러한 균형 잡기'는 (C)의 마지막 문장에서 '균형을 찾아야 한다'와 연결되므로, (B)가 (C) 다음에 온다는 것을 알 수 있으며, (C)의 '그것들'은 〈보기〉의 '우리 자신의 어둡거나 그늘진 면들'을 받으므로, 〈보기〉 다음에 와야 한다. (B)의 마지막 문장에서 '인생에는 폭풍이 있다.'라고 했고, (A)의 첫 문장에서 '폭풍은 언제나 지나간다.'라고 했으므로, (B) 다음에 (A)가 와야 한다. 따라서 〈보기〉에 이어질 글의 순서로 적절한 것은 ④ '(C) - (B) - (A)'이다.

해석

우리가 해결하려고 애쓰는 가장 큰 역설 중의 하나는 우리 자신의 어둡거나 그늘진 면들이다.

(C) 우리는 종종 그것들을 없애려고 노력하지만, 우리가 '어두운 면'을 제거할 수 있다는 믿음은 비현실적이며 허구이다. 우리는 우리 자신의 서로 대립하는 세력 사이에서 균형을 찾아야 한다.

(B) 이러한 균형을 잡는 일은 어렵지만, 그것은 인생의 한 부분이다. 만일 우리가 이것을 낮이 지나면 밤이 오는 것처럼 자연스러운 경험으로 여길 수 있다면, 밤이 절대 오지 않을 것처럼 애쓸 때보다 더 큰 만족감을 찾을 것이다. 인생에는 폭풍이 있다.

(A) 폭풍은 언제나 지나간다. 밤이 오지 않는 낮이 없었던 것처럼, 혹은 영원히 계속된 폭풍이 없었던 것처럼, 우리는 인생의 시계추를 왔다 갔다 한다. 우리는 선과 악, 낮과 밤, 음과 양을 경험한다.

어휘

• paradox 역설
• wrestle with 씨름하다, ~을 해결하려고 애쓰다
• give way to ~에 굽히다
• back and forth 앞뒤로
• pendulum 추, 진자
• yin and yang (동양 철학의) 음양
• contentment 만족[자족](감)
• get rid of ~을 없애다, 제거하다
• banish 추방하다, 사라지게 만들다; 제거하다
• inauthentic 진짜가 아닌, 확실치 않은

| **20** | 독해 > 글의 일관성 > 단어의 쓰임 | 답 ③ |

| 출처 | 2019 소방직 9급
| 난도 | 중

분석

문맥상 ③에는 '예전의 상처 입은 기억을 잊다'라는 내용이 와야 하므로, recollect는 forget이 되어야 한다.

해석

자존감이 낮은 개인은 수년 전 일어난 사건과 경험에 얽매여, 그것들(과거의 사건과 경험)을 놓아 보내는 것을 고집스럽게 거부한다. 아마 종교적, 정신적 지도자들이 여러분에게 말하기를 과거에 상처 준 사람들을 용서하는 게 중요하다고 하는 걸 들어봤을 것이다. 연구는 또한 오래된 상처들을 기억해 내고(→ 잊고) 다른 사람들을 용서하는 것이 여러분 자신의 정신건강과 행복에 중요하다는 것을 제시한다. 우리가 바꿀 수 없는 것을 되돌아보면 무기력함만 더 강해질 뿐이다. 끊임없이 우리 마음속의 부정적인 경험들을 재연하는 것은 우리의 가치관을 바꾸기 더 어렵게 할 뿐이다. 여러분의 삶에 이미 일어났고, 일어날 수 있는 변화들을 인식하게 되는 것은 여러분의 가치에 대한 더욱 현실적인 평가를 개발하는 데 도움이 될 수 있다.

어휘

• self-esteem 자존감, 자존심
• tenaciously 집요하게, 끈질기게, 고집스럽게
• recollect 회상하다, 기억해 내다
• helplessness 무력감, 난감함
• serve ~하는 효과[결과]를 낳다
• aware of ~을 알고 있는

CHAPTER 02 High Level(고난도) 정답 및 해설

01	02	03	04	05	06	07	08	09	10
②	①	④	③	④	③	②	④	④	③
11	12	13	14	15	16	17	18	19	20
①	③	①	④	④	①	③	④	④	①

01 어휘>어구 답 ②

| 출처 | 2020 지방직(서울시) 9급

| 난도 | 중

분석

밑줄 친 touch off는 '촉발하다, 발단이 되다'라는 뜻으로 이와 의미가 가장 가까운 것은 ② 'give rise to(일으키다, 유발하다)'이다. touch off의 의미를 모르더라도, 목적어인 thoughts와 앞부분에 대한 반대의 가정을 나타내는 otherwise 이하의 내용을 통해 그 의미를 추론할 수 있다.

① ~을 보살펴 주다, ~을 눈으로 좇다
③ (손실 따위를) 보상하다, 메우다
④ ~와 접촉[연락]을 유지하다

해석

그 잔인한 광경은 그렇지 않았다면(보지 않았다면) 그녀의 마음속에 떠오르지 않았을 생각을 불러일으켰다.

어휘

• enter (생각 등이 머리에) 떠오르다

02 어휘>단어 답 ①

| 출처 | 2017 사회복지직 9급

| 난도 | 중

분석

surreptitious는 '은밀한, 비밀의'의 뜻으로 이와 의미가 가장 가까운 것은 ① 'clandestine(은밀한, 비밀의)'이다.

② 법령의
③ 솔직한
④ 매우 행복한

해석

비밀스러운 녹음에서 나오는 소리는 참여자들이 녹음되기를 원치 않음을 분명히 보여준다.

어휘

• indicate 나타내다, 표시하다

03 어휘>단어 답 ④

| 출처 | 2017 사회복지직 9급

| 난도 | 중

분석

cardinal은 '중요한, 기본적인'의 뜻으로 이와 의미가 가장 가까운 것은 ④ 'principal(기본적인, 주요한)'이다.

① 명확한
② 거대한
③ 잠재적인

해석

판매사원으로서 당신은 고객을 만족시키기 위해 모든 것을 해야 한다는 가장 중요한 규칙을 기억해야 한다.

04 어휘>어구 답 ③

| 출처 | 2018 지방직 9급

| 난도 | 중

분석

수리 중인 에어컨을 사용할 수 없어 선풍기를 '임시방편으로 사용해야 한다'라는 의미가 되려면 빈칸에는 ③ 'make do with(~으로 임시변통하다, 아쉬운 대로 만족하다)'가 적절하다.

① ~을 처리하다(없애다)
② (쥐고 있던 것을) 놓다, ~에서 손을 놓다
④ ~와 결별하다

해석

에어컨이 지금 수리 중이므로, 근무자들은 그날은 선풍기로 임시변통해야 한다.

05 독해 > 세부 내용 찾기 > 내용 (불)일치   답 ④

| 출처 | 2020 국가직 9급
| 난도 | 중

분석

제시문의 마지막 문장에서 미국의 총기 관련 범죄들이 1990년 최고치 이후로 감소해 왔다고 하였으므로 글의 내용과 일치하지 않는 것은 ④ 'Gun crimes in the U.S. have steadily increased over the last three decades(미국에서 총기 관련 범죄는 지난 30년간 꾸준히 증가해 왔다).'이다.

① 2008년에 미국 대법원은 권총을 금지하는 워싱턴 D.C. 법안을 번복했다.

→ 세 번째 문장에서 법원이 권총을 금지하는 워싱턴 D.C. 법안을 폐지했다고 언급하고 있다.

② 대다수 총기 지지자들은 총기 소지가 생득권이라고 주장한다.

→ 네 번째 문장에서 언급하고 있다.

③ 선진국 중에서 미국은 총기에 의한 살인율이 가장 높다.

→ 일곱 번째 문장에서 언급하고 있다.

해석

미국 수정헌법 제2조는 다음과 같이 명시하고 있다. "잘 규율된 민병들은 독립이 보장된 자유주(남북 전쟁 전에 노예를 사용하지 않던 주)의 안보에 필수적이므로, 무기 소지와 휴대에 대한 국민의 권리가 침해되어서는 안 된다." 대법원 판결들은 이 조항을 인용하면서 총기 규제에 대한 주(州)의 권리를 지지해 왔다. 하지만 개인의 무기 소지와 휴대권을 확인하는 2008년 판결에서, 법원은 개인의 총기 소지 금지와 가정 내 권총의 안전장치 및 분해를 요구하는 워싱턴 D.C. 법안을 폐지했다. 많은 총기 지지자들은 총기 소유권을 생득권이자 국가 유산의 중요한 부분으로 생각한다. 스위스에 본부를 두고 있는 Small Arms Survey의 2007년 보고서에 따르면, 전 세계 인구의 5퍼센트 미만인 미국은 세계 민간 소유 총기의 약 35~50퍼센트를 차지하고 있다. 미국은 1인당 총기 보유 1위 국가이다. 미국은 또한 선진국 중에서 총기에 의한 살인율이 가장 높다. 그러나 많은 총기 소지 지지자들은 말하기를, 이 통계수치가 인과관계를 나타내지 못하며, 미국 내 총기 살인 사건과 다른 총기 관련 범죄가 1990년대 초반 최고치를 나타낸 이후로 떨어졌다고 언급한다.

어휘

- Amendment 미국 헌법 수정조항
- constitution 헌법; 구조, 설립
- well-regulated 규칙이 잘 선
- militia 민병대, 의용군
- uphold (법·원칙 등을) 유지시키다[옹호하다]
- regulate 규제[통제/단속]하다
- firearm (소지가 가능한 권총 등의) 화기
- strike down (법정에서) 법률의 폐기를 결정하다
- birthright 생득권
- civilian-owned 민간 소유의
- per capita 1인당
- homicide-by-firearm rate 총기에 의한 살인율
- proponent (어떤 사상·행동 방침의) 지지자

06 어법 > 정문 찾기   답 ③

| 출처 | 2020 지방직(서울시) 9급
| 난도 | 중

분석

start는 왕래발착동사로서 예정된 미래(at noon today)를 나타낼 때 현재시제나 현재진행시제를 사용하므로, 현재진행시제(am starting)를 쓴 것은 문법적으로 적절하다.

① stars는 가산명사이므로 이를 불가산명사에 쓰이는 much로 받을 수 없으며, 동사 are과도 호응하지 않으므로 much를 many로 고쳐야 한다.

② excite는 감정유발동사로서, 감정유발동사의 분사형을 묻는 문제이다. 크리스마스 파티가 신이 나는 감정을 유발하므로 excited를 exciting으로 고쳐야 한다.

④ 과거에는 규칙적으로 했지만, 지금은 하지 않을 때 조동사 used to를 사용하며, used to 다음에는 동사원형이 온다. 따라서 loving을 love로 고쳐야 한다.

해석

① 은하계에 있는 수십억 개의 별 중에서 얼마나 많은 별들이 생명을 부화시킬 수 있을까?

② 크리스마스 파티가 너무 신나서 나는 시간 가는 줄 몰랐다.

③ 나는 오늘 정오에 근무를 시작할 예정이기 때문에 지금 즉시 출발해야 한다.

④ 그들은 어렸을 때 책을 훨씬 더 좋아했다.

어휘

- hatch 부화시키다
- lose track of time 시간 가는 줄 모르다

2점 UP 포인트

used to의 쓰임

- used to 동사원형
  - 과거의 규칙적인 습관 : ~하곤 했다
    예 I used to read newspaper every morning.
    나는 매일 아침 신문을 읽곤 했다. (현재는 읽지 않음)
  - 과거의 지속적인 상태 : ~가 있었다
    예 There used to be a pond in the garden.
    정원에 연못이 있었다. (지금은 존재하지 않음)
- be used to 동사원형 : ~하기 위해서 사용되다
  예 The roller is used to make pizza dough.
  롤러는 피자 도우를 만들기 위해서 사용된다.
- get used to ~ing : ~하는 것에 익숙하다
  예 You'll get used to it soon.
  당신은 곧 그것에 익숙해질 거예요.

07 독해 > 대의 파악 > 제목, 주제   답 ②

| 출처 | 2019 지방직 9급
| 난도 | 중

분석

제시문은 기자 생활을 오래 한 화자가 언론계에서 기술적 발전이 가져온 변화에 관해 자신의 경험을 서술하고 있다. 하루에 한 번 마감이 있어 하루 동안 기사를 준비할 수 있었던 과거와는 달리 기술의 발전으로 인해 현재는 실시간으로 소식을 전한다는 것, 각본 없이 일하고 있다는 것 등을 통해 기자는 임기응변이 능해야 한다는 점을 강조하고 있다. 따라서 글의 주제로 가장 적절한 것은 ② 'a reporter and improvisation(기자와 즉흥성)'이다.

① 교사로서의 기자
③ 정치학에서의 기술
④ 언론과 기술의 분야들

해석

디지털 혁명이 전국의 뉴스룸을 온통 뒤집어놓고 있기 때문에, 모든 기자들을 위해 내가 조언을 하나 하려고 한다. 나는 25년이 넘는 동안 기자로 지내왔으며 여섯 번 정도 기술적 수명 주기를 경험했다. 마지막 6년 동안 가장 극적인 변화가 일어났다. 그것은 내가 점점 더 빈번하게 일을 만들어낸다는 걸 의미한다. 많은 시간 뉴스업계에 종사하면서, 우리가 무엇을 하는지 모른다. 아침에 출근하면 누군가 말하기를, "세금 정책, 이민, 기후 변화에 대한 기사를 쓸 수 있나요?"라고 한다. 신문이 하루에 한 번 마감하던 시절, 우리는 말하기를, '기자는 아침에 배운 걸 밤에 가르치는 거야. 24시간 전에 기자 자신도 알지 못했던 주제에 대해 독자에게 알려줄 내일 자 기사를 쓰는 거야'라고 하곤 했다. 지금은 더 나아가서 매 정시에 배운 것을 매 시 30분에 독자에게 가르치는 데 가깝다. 예를 들면, 나 역시 정치 관련 팟캐스트를 운영하고 있으며, 대통령 후보 전당대회 동안 어디에서나 실시간 인터뷰를 진행하기 위해 그 팟캐스트를 사용해야만 한다. 나는 점점 더 대본 없이 일하고 있다.

어휘

• upend 뒤집다, 반전시키다
• live through ~을 겪다
• with increasing frequency 빈번하게, 비일비재하게
• make up 지어내다, 만들다
• at the top of the hour 매 정시에
• at the bottom of the hour 매 시 30분에
• convention (정당 등의 대규모) 대회
• improvisation 즉석에서 하기

08 어법>비문 찾기 답 ④

| 출처 | 2021 국회직 8급
| 난도 | 상

분석

aspire는 to부정사를 목적어로 취하므로, to become이 되어야 한다.
① 선행사가 단수(a person)인 주격 관계대명사(who) 다음에 '단수동사(is)+수동태(skilled)'가 적절하게 쓰였다.
② 주어(the term)가 단수이므로 동사도 3인칭 단수 현재형(originates from)으로 적절하다.
③ such as 다음에 예시가 등장하여 적절하다.

해석

르네상스적인 인물은 여러 분야에 숙련된, 다양한 학문에서 광범위한 소양을 갖춘 사람을 일컫는다. '르네상스적인 인물'이라는 용어는 레오나르도 다 빈치나 미켈란젤로 같은 유럽의 르네상스 시대 예술가들과 철학자들로부터 기원한다. 르네상스 시대에, 교육받은 사람들은 다재다능한 사람이 되기를 열망하였다. 그들은 여러 언어들을 구사하고, 문학과 예술을 감상하고, 또한 훌륭한 스포츠맨이 될 것으로 기대되었다.

어휘

• a broad range of 광범위한, 다양하고 폭넓은
• subject 주제, 과목, 분야
• originate from ~로부터 비롯되다, ~로부터 기원[유래]하다
• multi-talented 다재다능한
• appreciate 감상하다, 이해하다, 평가하다, 고맙게 여기다

09 독해>글의 일관성>문장 삽입 답 ④

| 출처 | 2021 국가직 9급
| 난도 | 중

분석

주어진 문장이 for example로 시작되고 구체적인 사례가 나오므로, 주어진 문장 이전에는 '기록관리소의 다양한 자료 보관'에 대한 일반적인 진술이 제시되어야 한다. ④ 앞의 문장에서 'Many state and local archives(대다수 주 정부 및 지역 기록보관소)'가 언급되고, 그 뒤로 'for example, the state archives of New Jersey(예를 들어, 뉴저지주 기록보관소) ~'로 이어받는 것이 자연스러우므로, 문맥상 주어진 글이 들어갈 위치로 가장 적절한 곳은 ④이다.

해석

기록보관소는 오디오에서 비디오, 신문, 잡지 및 인쇄물에 이르는 자료의 보고로, History Detective 조사에 필수적이다. 도서관과 기록보관소가 동일하게 보일 수 있지만, 그 차이는 중요하다. 기록보관소의 수집품들은 거의 항상 1차 자료들로 구성되어 있지만, 도서관은 2차 자료로 구성된다. 한국 전쟁에 대해 좀 더 알기 위해, 여러분은 역사책을 보러 도서관에 갈 것이다. 정부 문서나 한국 전쟁 당시 군인들이 쓴 편지를 읽고 싶다면, 여러분은 기록보관소로 갈 것이다. 만약 정보를 찾고 있다면, 기록보관소에 있을 가능성이 있다. 대다수 주 정부 및 지역 기록보관소는 공적인 기록을 저장하는데, 그것들은 놀랍도록 다양한 기록들이다. 예를 들어, 뉴저지주 기록보관소에는 30,000입방 피트 이상의 문서와 25,000릴 이상의 마이크로 필름이 보관되어 있다. 주 정부 기록보관소를 온라인으로 검색하면, 입법부의 회의록보다 훨씬 더 많은 내용이 포함되어 있다는 것을 즉시 보여줄 것이다. 자세한 토지보조금 정보, 구시가지 지도, 범죄 기록 및 행상 면허신청서 같이 특이한 것들도 발견된다.

어휘

• archive 기록보관소
• cubic feet 입방 피트
• reel (실 · 밧줄 · 녹음테이프 · 호스 등을 감는) 릴, 감는 틀
• indispensable 불가결의, 필수적인
• be made up of ~로 구성되다
• primary source (연구 · 조사 등의) 1차 자료
• secondary source 2차 자료(집필자가 원저작물이 아닌 다른 저작물을 통해 정보를 얻은 자료)
• chance 가능성
• minutes 회의록
• legislature 입법부, 입법 기관
• land grant (대학 · 철도의 부지로서) 정부가 주는 땅, 무상 불하지
• oddity 괴짜, 괴상한 사람, 이상한 물건
• peddler 행상인

10 독해>글의 일관성>무관한 어휘·문장 　　　답 ③

| 출처 | 2019 법원직 9급

| 난도 | 상

분석

제시문은 보헤미안 랩소디가 흥행하고, 프레디의 재능으로 퀸이 전 세계적인 인기를 얻었다는 내용이다. ③은 프레디의 어린 시절에 관한 설명이므로 전체의 흐름과 관계없는 문장이다.

해석

> 퀸의 오페라 스타일의 불멸의 싱글 보헤미안 랩소디는 1975년 발매되어 영국 음악 차트에서 9주 동안 1위를 차지했다. 곡의 길이와 특이한 스타일 때문에 이전에는 발표되지 않았지만, 많은 사람이 들을 거라고 프레디가 주장한 이 곡은 발매와 동시에 놀라운 판매량을 기록했다. 이 시기에 프레디의 특별한 재능이 돋보였는데, 놀라운 음역대의 그의 목소리와 무대 장악력은 퀸에게 화려하고 예상 불가능하며 이색적인 개성을 부여했다. 보미 불사라와 제르 불사라의 아들로 태어난 프레디는 인도에서 어린 시절의 대부분을 보냈으며, 세인트 피터 기숙학교에 다녔다. 곧 퀸의 인기는 영국 해안을 넘어 유럽 전역, 일본, 미국까지 뻗어 나갔고 1979년 프레디의 곡 Crazy Little thing Called Love로 퀸은 미국 차트에서 정상을 차지했다.

어휘

- operatically 오페라 스타일의
- flamboyant 이색적인, 화려한
- the bulk of ～의 대부분
- chart 인기순위에 오르다
- triumph 대성공을 거두다

11 표현>관용표현 　　　답 ①

| 출처 | 2018 국가직 9급

| 난도 | 중

분석

빈칸 앞에서 현재 시각을 말하고, 다음에서 바로 떠나야 한다고 말하고 있으므로, ① 'That's cutting it close(시간이 촉박하다)'가 적합하다.

② 나 한눈 팔았어(주의를 기울이지 않았어)

③ 반짝이는 것이 모두 금은 아니야

④ 이미 지나간 일이야

해석

> A : 부탁 하나 해도 될까요?
> B : 네, 무엇인가요?
> A : 출장 때문에 공항에 가야 하는데, 제 차가 시동이 안 걸리네요. 저 좀 태워줄 수 있으세요?
> B : 물론이에요. 언제까지 거기에 도착해야 하죠?
> A : 6시까지는 가야 해요.
> B : 지금 4시 30분이네요. 시간이 촉박해요. 우리 지금 바로 떠나야겠어요.

어휘

- start (기계가) 시동이 걸리다, 작동되기 시작하다
- give (somebody) a lift ～를 태워주다

12 표현>일반회화 　　　답 ③

| 출처 | 2017 서울시 7급

| 난도 | 중

분석

휴대폰을 써도 좋겠냐는 질문에 ③ 'Back to square one(원점으로 되돌아가라).'는 대답은 적절하지 못하다.

해석

> ① A : 그것을 뭐라고 부르는지 아세요?
> 　 B : 아, 혀끝에서만 맴도네요.
> ② A : 기차를 타셨나요?
> 　 B : 네 아슬아슬했어요.
> ③ A : 전화 좀 쓸 수 있나요?
> 　 B : 원점으로 돌아갑시다.
> ④ A : 어떻게 결정할까요?
> 　 B : 동전 던지기로 하죠.

어휘

- on the tip of one's tongue (말이) 혀끝에서 맴도는
- by the skin of one's teeth 아슬아슬하게, 가까스로
- back to square one 원점으로(처음으로) 되돌아가다
- toss for 동전을 던져서 결정하다

13 어법>영작하기 　　　답 ①

| 출처 | 2019 경찰(순경) 1차

| 난도 | 중

분석

접속사 as가 양보를 나타낼 때 보어는 문두로 올 수 있으므로 올바른 문장이다. 도치가 일어나기 전의 문장은 'As the night air was hot, ～'이다.

② 과거표시 어구 last night와 현재완료시제는 함께 쓸 수 없다. 따라서 주절의 동사 have said를 said로 고쳐야 한다. 또한 실종된 사람을 가리킬 때에는 관용적으로 missing을 쓴다. 따라서 missed girl을 missing girl로 고쳐야 한다.

③ turn은 2형식 동사로 수동태로 쓸 수 없으므로, were turned를 turned로 고쳐야 한다.

④ 분사구문에서 주어는 주절의 주어와 같을 경우에만 생략할 수 있다. 해당 문장의 분사구문의 주어는 유도부사 there이므로 생략할 수 없다. 따라서 'As there was no evidence against him, ～' 혹은 'There being no evidence against him, ～'이 되어야 한다.

어휘

- soundly 깊이, 곤히, 타당하게
- pull away 출발하다, 떠나다

14 어법>영작하기 답④

| 출처 | 2017 사회복지직 9급
| 난도 | 중

분석

Although making a mistake는 Although he made a mistake에서 주어 he를 생략하고 동사 made에 ∼ing를 붙여 분사구문을 만든 경우이다. 이때 접속사의 의미를 강조하고 싶으면 접속사를 생략하지 않는다.

① since를 중심으로 부사절에는 과거시제를 사용하고, 주절에는 현재완료시제를 사용한다. 따라서 '∼한 지 …이다'는 'It has been 시간 since 과거시제'로 표현한다. 그러므로 'It has been three years since I moved to this house'로 고치는 것이 적절하다.

② 시간의 부사절에는 단순미래를 표현하는 will, shall을 사용할 수 없고 현재시제가 미래시제를 대신한다. 그러므로 will set을 sets로 바꾸어야 한다.

③ if절은 wonder(타동사) 뒤에 목적어절(명사절)을 이끌고 있는 명사절로, 미래를 나타낸다면 미래시제를 사용하는 것이 원칙이다. 그녀가 일을 끝낼 것인지 아닌지가 불분명하므로 finishes가 아니라 will finish가 되어야 한다.

15 독해>글의 일관성>글의 순서 답④

| 출처 | 2020 국회직 8급
| 난도 | 중

분석

글의 순서를 결정하는 문제는 대명사나 접속부사의 연결을 잘 살펴봐야 한다. 우선 주어진 글은 TV 시리즈의 특징을 소개하는데, 각 편마다 완결되는 스토리 구조를 가져 순서에 상관없이 방영되거나 반복될 수 있다는 것이다. 이후 (B)에서 그 내용이 심화·보충된다. TV 시리즈의 주요 등장인물들은 오직 각 에피소드에서만 살아가고, 에피소드가 전개되면서 성장하거나 바뀌지 않는다는 내용이 이어지게 된다. 이는 (C)에서 on the other hand라는 접속부사를 사용하여 TV 시리즈와 대조되는 연속극에 대한 개념이 등장하면서, TV 시리즈와는 달리 연속극에서는 동일한 등장인물들이 등장하지만 여러 에피소드에 걸쳐 이어지는 줄거리 구조를 가진다는 특징이 서술된다. (A)의 Their characters에서 their는 (C)의 serials를 받고, TV 시리즈와는 대조되는 연속극에 등장하는 인물들의 특징이 전개되므로, 글의 순서는 ④ '(B) – (C) – (A)'가 적절하다.

해석

TV 시리즈에는 각 에피소드마다 같은 주인공들이 등장하지만, 각각의 에피소드는 완결이 다른 스토리를 가진다. 에피소드들 사이에는 '무효 시간'이 있어 상호 간에 기억할 것이 없고, 에피소드들은 순서에 상관없이 방영되거나 반복될 수 있다.

(B) 주요 등장인물들은 에피소드들 사이가 아닌 오직 각 에피소드에서 삶을 살고, 에피소드가 뒤따르면서 자라거나 변하지 않는다.

(C) 반면에, 연속극에는 동일한 인물들이 등장하지만 에피소드에서 에피소드로 계속 이어지는 보통 하나 이상의 연속적인 줄거리 구조를 지니고 있다.

(A) 그들의 캐릭터(배역)는 다음 에피소드까지 계속해서 살아있는 것처럼 보인다. 그들은 시간에 따라 성장하고 변화하며, 이전 사건들에 대한 생생한 기억을 가지고 있다.

어휘

• dead time 무효 시간(특별히 다른 사건을 허용하기 위해 연관된 2개 행위 사이에 고의적으로 한정된 지연)

• screen (주로 수동태로) 상영[방영]하다

16 독해>빈칸 완성>단어·구·절 답①

| 출처 | 2020 법원직 9급
| 난도 | 상

분석

글의 주제를 제대로 파악해야 하는 문제이다. 대화문이 아닌 경우 화자가 한 명인데 의문문이 등장한다면 그 질문과 대답은 내용을 '강조'하기 위함이며, 주제일 가능성이 높다. 이 글의 핵심 소재는 '영업사원의 구매 전략'이며, 주제는 마지막 문장인 '여러분만이 소외되었다는 압박감을 줌으로써 구매를 꾀한다.'이다. 핵심 소재 때문에 ②와 혼동했을 수 있지만, 이 글에서는 '충동적인 구매 행위'에 대해 언급하고 있지 않다. 마지막 문장에서 강조하고 있는 것처럼, 다른 모든 사람들이 이미 구매한 물건을 여러분'도' 구매해야 한다고 압박하는 것이므로, 빈칸에는 ① 'peer pressure(또래 집단 압력)'가 적절하다.

② 충동 구매
③ 괴롭히기 직전
④ 치열한 경쟁

해석

쉽게 외부의 영향을 받는 젊은이들만이 또래 집단 압력을 경험하는 것은 아니다. 우리들 대부분은 아마 영업사원으로부터 압박을 받은 경험이 있을 것이다. 영업사원이 여러분에게 '경쟁사들 중 70퍼센트가 그들의 서비스를 이용하는데 왜 사용하지 않느냐'라고 하면서, '사무용 솔루션'을 판매하려고 했던 적이 있는가? 하지만 그 70퍼센트의 경쟁사들이 바보라면? 혹은 그 70퍼센트의 경쟁사들이 추가로 값어치 있는 것을 꽤 많이 제공받았거나 도저히 거부할 수 없는 기회나 낮은 가격을 제시받았다면? 그 관행은 오직 한 가지 일을 하기 위해 고안된 것으로, 여러분이 구매하게끔 압박하기 위한 것이다. 여러분이 뭔가 놓치고 있다고 느끼게 하기 위해서, 혹은 다른 사람들은 다 알고 있는 것을 여러분만 모르고 있다고 느끼게 하기 위해서이다.

어휘

• impressionable 쉽게 외부의 영향을 받는

• be subject to ∼을 경험하다. ∼의 대상이 되다

• sales rep 외판원. 영업사원

• miss out on ∼을 놓치다

17 독해>대의 파악>요지, 주장 답③

| 출처 | 2019 국가직 9급
| 난도 | 중

분석

제시문은 상대방에게 피드백을 줄 때는 상대방을 고려해야 한다는 내용으로 첫 번째 문장이 글의 요지이며, 고성과자. 적절한 성과가 있는 사람. 성과가 좋지 않은 사람마다 피드백이 달라야 한다는 구체적인 예시를 들고 있다. 따라서 글의 요지는 ③ 'Tailor feedback to the person(피드백을 사람들에게 맞춰라).'가 적절하다.

① 피드백 시간을 잘 맞춰라.
② 부정적인 피드백을 사람들에게 맞춰서 하라.
④ 목표 지향적인 피드백을 피하라.

해석

> 성과에 대한 피드백을 줄 때, 여러분은 피드백을 받는 사람의 과거 성과와 빈도, 양, 내용 설계에 있어 그 또는 그녀의 장래 잠재력에 대한 여러분의 추정치를 고려해야 한다. 성장 가능성이 있는 고성과자에게는 그들이 수정 조치를 취하도록 자극할 만큼 피드백을 자주 주어야 하지만, 그것이 통제로 경험되거나 그들의 자주성을 약하게 할 만큼 빈번하게 해서는 안 된다. 자신들의 업무에 자리 잡고 있으며, 제한된 발전 가능성을 가진 적절한 정도의 성과를 내는 사람에게 피드백은 거의 필요 없는데, 왜냐하면 그들은 과거에 믿을 만하고 꾸준한 행동을 보였으며 그들의 업무를 알고 있고 무엇을 해야 하는지도 깨닫고 있기 때문이다. 성과가 좋지 않은 사람, 즉 성과가 향상되지 않으면 직장에서 퇴출되어야 하는 사람에게는 피드백은 자주, 매우 구체적이어야 하며 피드백에 따른 행동과 일시적 해고나 해고 같은 부정적인 처벌 간의 연관성이 명백해야 한다.

어휘

- prod ～ into … ～에게 …하도록 자극하다
- sap 약화시키다
- initiative 계획; 결단력, 자주성
- settle into 윤곽이 잡히다; 정리되다, 자리 잡다
- sanction 처벌, 벌칙
- customize 맞추다
- tailor (용도·목적에) 맞추다, 조정하다

18 독해>글의 일관성>글의 순서 답 ④

| 출처 | 2017 지방직 9급
| 난도 | 중

분석

사건의 전개 글이므로 시간순으로 글을 배열하면 쉽게 답을 고를 수 있다. (B)에 the sound was tremendous라는 표현이 있으므로, the faraway sound of a waterfall이 명시되어 있는 (C) 다음에 (B)가 와야 한다. 그리고 (A)에 that afternoon이라는 말이 있는 것으로 보아 (A)는 noon이 명시되어 있는 (B) 다음에 와야 한다.

해석

> 나는 루이스가 폭포를 발견한 날을 기억한다. 그들은 해가 뜰 때 캠프를 떠났다. 그리고 몇 시간 지나서 그들은 아름다운 평원을 우연히 발견했고, 그 평원에는 그들이 이전에 본 것보다 더 많은 버팔로들이 한 곳에 있었다.
> (C) 그들은 멀리 폭포소리가 들릴 때까지 계속 갔고, 멀리서 위로 솟구쳤다 사라지는 물기둥을 보았다. 그들은 폭포소리가 점점 더 커질 때까지 그 소리를 따라갔다.
> (B) 잠시 후에 그 소리는 엄청났다. 그리고 그들은 미주리 강의 거대한 폭포에 도착했다. 그들이 거기에 도착한 때는 정오쯤이었다.
> (A) 그날 오후에 멋진 일이 일어났다. 그들은 폭포 아래로 낚시하러 가서 송어 여섯 마리를 잡았는데, 그 송어들은 길이가 16인치에서 23인치나 되는 실한 것들이었다.

어휘

- come upon 우연히 발견하다
- plain 평원, 평지
- trout 송어
- tremendous 굉장한, 대단한

19 독해>대의 파악>제목, 주제 답 ④

| 출처 | 2018 국가직 9급
| 난도 | 중

분석

제시문은 걱정이 우리 삶에 끼치는 부정적 영향을 서술한 후, 그에 대한 해결책을 제시하고 있다. 특히 제시문의 마지막 문장은 '일어나길 원하는 일에 집중하고 이미 가지고 있는 멋진 것들에 대해 생각하라.'라고 걱정에 대처하는 방법을 제시하고 있으므로, 글의 주제로 적절한 것은 ④ 'How do we cope with worrying(우리는 어떻게 걱정에 대처하는가)?'이다.
① 걱정은 인생에 어떠한 영향을 끼치는가?
② 걱정은 어디서부터 시작되는가?
③ 우리는 언제 걱정해야 하는가?

해석

> 걱정은 흔들목마와 같다. 아무리 빨리 간다고 해도 여러분은 절대로 어느 곳으로도 갈 수 없다. 걱정은 완벽한 시간 낭비이며, 여러분의 머릿속에 너무 많은 잡동사니를 만들어 그 어떤 것도 명확하게 생각할 수 없다. 걱정을 멈추는 것을 배우는 법은 먼저 여러분이 집중하고 있는 무언가에 에너지를 소모하고 있다는 것을 이해하는 것이다. 그러므로, 여러분들이 자신을 걱정하도록 내버려 둘수록, 일은 점점 더 잘못된다는 것이다! 걱정은 너무나 몸에 밴 습관이 되기 때문에 그것을 피하기 위해서는 그렇게 하지 않도록 의식적으로 자신을 훈련시켜야 한다. 여러분이 걱정거리에 사로잡힐 때마다, 멈추고 생각을 바꾸세요. 여러분에게 일어나길 바라는 무언가에 좀 더 건설적으로 집중하세요. 그리고 이미 여러분의 삶에서 일어난 멋진 일들을 깊이 하라. 그러면 더 멋진 일들이 여러분 앞에 펼쳐질 것이다.

어휘

- rocking horse 흔들목마
- clutter 잡동사니, 난장판
- ingrained 뿌리 깊은, 깊이 몸에 밴
- fit (감정·행동의) 격발
- productively 생산적으로, 건설적으로
- dwell on ～을 깊이 생각하다, 심사숙고하다

20 독해>빈칸 완성>단어·구·절 답 ①

| 출처 | 2019 경찰(순경) 1차

| 난도 | 중

분석

제시문에 따르면 기업에서 전직 프로 선수를 직원으로 고용하는 이유는 그들이 실패에 감정적으로 휘둘리지 않고, 실패로부터 회복하는 데 탁월하기 때문이다. 따라서 빈칸에는 상황이 어떻든 그녀는 일을 해낼 것이라는 뜻의 ① 'Nothing can so surprise her — either for good for ill — that she'll be knocked off(아무것도 그녀를 말에서 떨어뜨릴 수 없을 것이다. 좋은 것이든, 나쁜 것이든).'이 가장 적절하다.

② 실패는 어떤 분야에서든 마음속으로 여러분이 완전한 실패자라는 것을 의미할 것이다.

③ 우리는 초기에, 자주 기수의 우세한 자리를 소망해야 한다.

④ 여러분은 성공이 한꺼번에 드러나는 지경에 이를 수도 있다.

해석

사회학자 글렌 엘더는 성장에 민감한 시기(10대 후반에서 30대 초반까지의 기간)가 있다는 의견을 제시했는데, 그 기간에는 실패가 가장 도움이 된다고 주장하였다. 그러한 패턴은 때로 '평정'이라고 불리는 특성을 촉진하는 것처럼 보인다. 우리는 트라우마가 계속 남아있을 것이라는 걸 알고 있으므로, 너무 깊이 좌절에 빠져 있지 않을 것이다. 반대로 우리는 우리의 성공에도 너무 높이 들뜨지 않는다. 실리콘밸리와 월스트리트의 일부 기업들은 전직 프로 운동선수들을 직원으로 고용한다. 그것은 단지 그들의 높은 인지도가 사업을 유치하기 때문만은 아니다. 그것은 운동선수들이 실패로부터 회복하는 능력이 뛰어나기 때문이다. 시카고의 석유 거래상은 뉴욕 타임즈에 말하기를, "우리는 자기 일을 제대로 해내고 실패에 감정적으로 집착하지 않는 사람들이 필요합니다."라고 말하면서 특히 요즘 같은 불경기에, 회사가 고용 시장에서 운동선수들을 선호하는 이유를 설명했다. 그것은 마치 안장에 쉽게 올라타 있는 기수의 모습과 같다. <u>아무것도 그녀를 말에서 떨어뜨릴 수 없을 것이다. 좋은 것이든 나쁜 것이든.</u>

어휘

• equanimity 침착, 평정

• plunge 낙하하다

• setback 차질, 좌절, 실패

• conversely 정반대로, 역으로

• soar 치솟다, 날아오르다

• make a point of 으레 ∼하다

• high profile 세간의 관심, 고자세, 명확한 태도

• knock off ∼를 해치우다

• categorically 절대적으로, 명확하게

• wind up (어떤 장소·상황에) 처하게 되다

02 | 제7회 기출 섞은 모의고사

01	02	03	04	05	06	07	08	09	10
④	④	②	④	④	④	④	①	②	②
11	12	13	14	15	16	17	18	19	20
②	④	④	②	②	②	③	②	④	②

01 어휘>어구　　　　답 ④

| 출처 | 2019 서울시 9급

| 난도 | 중

분석

밑줄 친 see eye to eye는 '의견을 같이하다'라는 뜻으로 이와 의미가 가장 가까운 것은 ④ 'agree(동의하다)'이다.
① 다투다, 언쟁을 벌이다
② 반박하다
③ 헤어지다, 갈라서다

해석

적어도 고등학교 때 그녀는 마침내 부모님과 의견의 일치를 본 한 가지 결정을 내렸다.

02 어휘>단어　　　　답 ④

| 출처 | 2019 국회직 8급

| 난도 | 중

분석

정확한 단어의 뜻을 암기하고 있어야 정답을 맞출 수 있는 문제이다. 밑줄 친 cavalier는 '무신경한'의 뜻으로, 이와 의미가 가장 가까운 것은 ④ 'apathetic(무관심한)'이다.
① 심각한
② 말이 없는, 과묵한
③ 속물적인, 고상한 체하는

해석

어떤 명백한 실수들은 피할 수 없다. 예를 들어, 이러한 실수들은 의료인이 습관적으로 환자에 대해 무신경하게 행동하는 것으로부터 생길 수도 있다.

어휘

• unequivocal 명백한, 분명한
• careprovider 의료인, 담당 의사/약사
• cavalier 무신경한

03 어휘>단어　　　　답 ②

| 출처 | 2020 국회직 8급

| 난도 | 중

분석

빈칸에는 '불법행위법의 개념을 설명하고 목적어인 wrong과도 호응이 이루어지는 단어가 와야 한다. 따라서 잘못을 바로잡는다는 의미가 되는 것이 문맥상 자연스러우므로 빈칸에는 ② 'redress(부당하거나 잘못된 것을 바로잡다)'가 적절하다.
① (증거·이유 등을) 제시하다
③ 중재하다, 조정하다
④ 슬슬 거닐다, 배회하다

해석

불법행위법은 대부분의 민사 소송에 적용되는 법의 한 분야이다. 일반적으로, 계약상 분쟁을 제외하고서 민사 법정에서 발생하는 모든 청구는 불법행위법에 해당한다. 이 분야의 법에 대한 개념은 어떤 사람에게 행해진 잘못을 바로잡고, 보통 금전적 손해배상을 함으로써 타인의 부당행위로부터 구제하는 것이다. 불법행위의 본래 취지는 입증된 손해에 대해 충분한 손해배상금을 제공하는 것이다.

어휘

• tort (민사 소송으로 이어질 수 있는) 불법행위
• civil suit 민사 소송
• claim (권리로서의) 청구, 요구
• with the exception of ~은 제외하고
• contractual 계약상의
• dispute 분쟁, 분규
• fall under ~에 해당되다, ~의 범위에 들어가다
• redress (불행·손해·과실 따위를) 시정하다, 바로잡다; 보상, 배상
• award (~에게 배상금 등을) 주다, (상·장학금 등을) 수여하다
• monetary 금전(상)의; 화폐의
• compensation 보상(금)

04 어휘>단어　　　　답 ④

| 출처 | 2018 서울시 9급

| 난도 | 상

분석

밑줄 친 essential은 '필수적인, 가장 중요한'의 뜻으로, 의미가 가장 먼 단어는 ④ 'omnipresent(편재하는, 어디에나 있는)'이다.
① 중대한, 결정적인
② 필수적인, 없어서는 안 될
③ (어떤 목적에) 필요한, 필수조건

해석

수정의 전제조건으로서, 수분 작용은 과일과 씨앗 생산에 필수적이며, 번식에 의한 식물의 품종 개량 프로그램에서 중요한 역할을 한다.

어휘

- prerequisite 전제조건
- fertilization (생물) 수정, 다산화, 비옥화
- pollination (식물) 수분 작용

| 05 | 독해>세부 내용 찾기>지칭 추론 | 답 ④ |

| 출처 | 2021 법원직 9급
| 난도 | 중

분석

밑줄 친 drain the mind는 '마음을 비운다'라는 의미로, 앞 문장에서 'at last, make you stand in the middle of the writing(마침내 여러분을 글의 한가운데에 자리 잡게 하다).'와 가장 의미가 비슷하다. 따라서 밑줄 친 drain the mind가 뜻하는 바로 가장 적절한 것은 ④ 'to place oneself in the background(배경에 자신을 배치하다)'이다.

① 마음을 치유하다
② 예민해지도록 돕다
③ 그/그녀의 호기심을 만족시키다

해석

글이 탄탄하고 좋으면 결국 작가의 분위기와 기질이 궁극적으로 드러나, 작품을 희생시키지는 않을 것이다. 그러므로 스타일(문체)을 얻기 위해서는, 어떤 것에도 영향을 주지 않는 것부터 시작하라. 다시 말하면, 글의 느낌과 본질로 독자의 관심을 끌라는 것이다. 신중하고 정직한 작가는 스타일에 대해 걱정할 필요가 없다. 여러분이 언어 사용에 능숙해지면, 여러분의 스타일이 드러날 것인데, 여러분 자신이 나타날 것이기 때문이다. 그리고 이런 일이 일어나면, 여러분은 점점 더 쉽게 여러분을 다른 마음으로부터 분리시키는 장벽을 깨고 마침내 여러분을 글의 한가운데 자리하게 할 것이다. 다행스럽게도, 글을 쓴다는 것, 즉 창작 행위는 정신을 단련시킨다. 글쓰기는 사고의 한 가지 방식으로, 글쓰기의 실천과 습관은 <u>마음을 비운다</u>.

어휘

- solid 고체의, 단단한, 확실한, 훌륭한
- temper 기질, 성질, 성격, 화
- at the expense[cost] of ~의 비용으로, 대가로
- composition 구성, 작문
- discipline 훈련하다; 규율, 기강, 학문, 징계

| 06 | 어법>비문 찾기 | 답 ④ |

| 출처 | 2019 국회직 8급
| 난도 | 중

분석

선지 중 what은 명사절 관계대명사로써 그 자체가 명사절 역할을 한다. 하지만 주어진 자리는 interview에 대한 부연 설명으로, 형용사절을 이끄는 which가 적절하다. what이 정답이 되기 위해서는 what절을 목적어로 받을 수 있는 주어나 동사가 새로운 절로 등장해야 하는데 ④ 앞의 and는 that절과 what절을 나열하는 역할을 하므로 주어나 동사가 없고, 해석상으로도 선행사인 the interview를 수식하는 형용사절이 되어야 매끄럽다(주어를 꾸며주는 관계대명사절은 길이가 긴 경우 문장 맨 뒤에 나올 수 있다).

해석

인터뷰는 대부분 사람들이 편안함을 느끼고 다양한 상황에서 일어날 수 있는 자연스럽고 사회적으로 용인되는 정보 수집 방식이다.

| 07 | 어법>정문 찾기 | 답 ④ |

| 출처 | 2021 법원직 9급
| 난도 | 중

분석

(A) some are false and simply perceived to be real은 false and perceived로, 'A and B' 병렬구조이다. 따라서 형용사 perceived가 적절하다.
(B) 형용사 gifted를 수식하고 있으므로, 부사 differently가 적절하다.
(C) '~하는 것들'은 those that[which]이다.

해석

자신과 인생의 운명에 대한 불만족 중 일부는 실제 상황을 근거로 하고 있으며, 일부는 거짓이며 단순히 현실로 인식된 것이다. 인식된 것은 정리하고 버려야 한다. 실제로 변경할 수 있거나 변경할 수 없는 것으로 분류된다. 만약 후자라면, 우리는 그것을 받아들이기 위해 노력해야 한다. 전자에 속한다면, 우리는 그것을 제거, 교환, 수정하기 위해 노력할 수 있는 대안이 있다. 우리는 모두 인생에서 특별한 목적이 있으며, 모두 재능이 있는데, 단지 다른 재능일 뿐이다. 그것은 1, 5, 10개의 재능을 부여받은 것이 공평한지 불공평한지에 대한 논쟁이 아니다. 그것은 우리가 그 재능으로 무엇을 했는가에 대한 것이다. 우리가 우리에게 주어진 것들을 얼마나 잘 투자했는가에 대한 것이다. 만약 누군가가 그들의 삶이 불공평하다는 견해를 고수한다면, 그것은 정말로 신에 대한 모욕이다.

어휘

- lot 운명, 운
- sort out 별하다, 분류하다; 문제를 해결하다
- fall into ~으로 나뉘다
- classification 분류, 유형, 범주
- strive 분투하다
- alternative 대안, 대체, 대신의, 다른
- exchange 교환하다[주고받다/나누다]
- modify 수정[변경]하다, 바꾸다

| 08 | 독해>대의 파악>요지, 주장 | 답 ① |

| 출처 | 2019 법원직 9급
| 난도 | 중

분석

제시문은 의사 결정에 영향을 주는 대비효과(contrast effect)를 설명하는 글이다. 스웨터를 살 때와 추운 지역에서 따뜻한 지역으로 이동할 때, 접시 크기와 먹는 양에 관한 연구 결과를 통해 사람들은 자신이 이전에 경험한 것과의 비교를 통해 어떤 것을 인지하는 경향이 있다는 것을 설명하고 있다. 따라서 빈칸 (A)에는 'perceive(인식하다)'가, 빈칸 (B)에는 'previous experience(이전 경험)'가 적절하다.

해석

의사 결정에 영향을 주는 한 가지 설명 요소는 대비 효과이다. 예를 들어, 70달러짜리 스웨터가 처음에는 품질이 좋은 상품으로 보이지 않을 수 있다. 하지만 만약 이 스웨터가 200달러에서 할인되었다는 걸 알게 되면, 갑자기 정말 싼 것처럼 보일지도 모른다. 그것이 '거래를 성사시키는' 대비 효과이다. 비슷한 경우, 우리 가족은 매사추세츠에 살아서 추운 날씨에 매우 익숙하다. 그러나 우리 가족이 추수감사절 동안 이모와 삼촌을 만나러 플로리다로 가면, 그들은 기온이 화씨 60도(약 섭씨 15도)인데도 아이들에게 모자를 쓰라고 재촉한다. 사실 아이들이 보기에 수영하고 놀 만한 날씨인데 말이다! 심지어 연구에 의하면 사람들은 큰 접시로 음식을 먹을 때 작은 접시로 음식을 먹는 경우보다 더 많이 먹는다고 한다. 같은 분량도 작은 접시에 담은 것이 큰 접시에 담을 때보다 더 많아 보인다. 그리고 우리는 이렇게 인식한 크기를 언제 배부르다고 느낄지 알리는 신호로 삼는다.

↓

대비효과는 (B) 이전 경험과의 두드러진 비교에 따라 다른 방식으로 자극을 (A) 인식하는 경향이다.

어휘

- contrast effect 대비효과
- seal the deal 거래를 성사시키다
- portion 부분
- salient 현저한, 핵심적인

---

09 독해＞대의 파악＞제목, 주제   답 ②

| 출처 | 2017 서울시 9급

| 난도 | 중

분석

크레브쾨르가 쓴 책의 내용을 서술하고 있는 글로, 세 번째 문장에서 '책의 가장 유명한 구절 중 하나에서 크레브쾨르는 다른 배경과 나라들에서 온 사람들이 식민지에서의 경험에 의해 변화되는 과정을 묘사했다.'라고 하였으며, 마지막 문장에서 "크레브쾨르는 'melting pot'이라고 불리는 미국을 의미하는 대중적 개념을 발전시킨 선구자 중 한 사람이다."라고 했으므로, 글의 주제로 가장 적절한 것은 ② 'Crèvecoeur developed the idea of melting pot in his book(크레브쾨르는 그의 책에서 melting pot 아이디어를 발전시켰다).'이다.

① 크레브쾨르의 책은 영국에서 즉각 성공했다.

③ 크레브쾨르는 미국의 개인주의를 묘사하고 논의했다.

④ 크레브쾨르는 그의 책에서 미국인들의 기원을 설명했다.

해석

독립전쟁 기간에 유럽으로 돌아가기 전에 뉴욕에 정착했던 프랑스 이민자 J. 헥터 세인트 존 드 크레브쾨르는 1782년에 북아메리카의 영국 식민지에서의 삶에 관한 일련의 에세이 'Letters from an American Farmer'를 출판했다. 그 책은 영국, 프랑스, 미국에서 즉각적인 성공을 거두었다. 그 책의 가장 유명한 구절 중 하나에서 크레브쾨르는 다른 배경과 나라들에서 온 사람들이 식민지에서의 경험에 의해 변화되는 과정을 묘사했고, "그렇다면, 미국인이란 무엇인가?"라고 질문했다. 크레브쾨르는 말하기를, 미국에서 "모든 나라들에서 온 개인들이 하나의 새로운 인종으로 녹아들고, 그들의 노동과 후손들이 언젠가 세상에 큰 변화를 일으킬 것이다."라고 했다. 크레브쾨르는 'melting pot'이라고 불리는 미국을 의미하는 대중적 개념을 발전시킨 선구자 중 한 사람이다.

어휘

- immigrant 이민자
- settle 정착하다
- immediate 즉각적인
- passage (책의) 구절
- transform 완전히 바꿔 놓다[탈바꿈시키다]
- melt into ~속으로 녹아들다
- posterity 후세, 후손
- melting pot (인종·문화의) 용광로, 도가니

---

10 독해＞글의 일관성＞무관한 어휘·문장   답 ②

| 출처 | 2016 국가직 9급

| 난도 | 중

분석

제시문은 어린 소녀들이 성숙한 여성이 되는 것을 축하하기 위한 의식이 어떻게 진행되는지를 설명하는 글이다. ②는 각기 다른 문화권 사이의 의식을 비교하는 것을 통해 계층 간 지위의 차이를 가늠할 수 있다는 내용이므로, 글의 흐름상 가장 어색한 문장은 ②이다.

해석

어린 소녀들이 성숙한 여성이 되는 과정을 축하하는 가장 큰 행사 중 하나가 라틴아메리카와 히스패닉 문화권에서 열린다. 이 행사는 Quinceañera, 즉 15번째 해라고 불린다. 이것은 어린 여성이 이제 혼인이 가능한 나이라는 것을 인정하는 것이다. 이날은 주로 추수감사절 미사와 함께 시작된다. 한 문화의 통과의례들을 다른 문화의 통과의례들과 비교함으로써, 우리는 계층 간의 지위의 차이를 가늠할 수 있다. 어린 여성은 흰색이나 파스텔 색의 전신을 덮는 드레스를 입고, 14명의 친구들과 들러리와 남성 에스코트 역할을 수행하는 친척들에 의해 수행된다. 그녀의 부모와 조부모는 제단의 하단부에서 그녀를 에워싼다. 미사가 끝나면, 15살의 소녀가 스스로 처녀의 제단에 꽃다발을 놓는 동안 다른 어린 친척들이 참석자들에게 작은 선물을 준다. 미사에 뒤이어 춤, 케이크, 건배 제의와 함께 하는 정성들인 성대한 파티가 따른다. 마지막으로 저녁을 마무리하기 위해, 어린 여성은 가장 좋아하는 호위자(에스코트)와 함께 왈츠를 춘다.

어휘

- passage (시간의) 흐름, 경과
- womanhood (성숙한) 여자, 여성
- marriageable 결혼하기에 알맞은
- Mass (로마 가톨릭교에서의) 미사
- rite of passage 통과의례
- assess (특성, 자질 등을) 재다, 가늠하다
- full-length 전신을 덮는
- pastel-colored 파스텔 색깔의
- maid of honor 들러리, 시녀
- at the foot of ~의 하단부에서
- altar 제단
- virgin 숫처녀, 숫총각
- elaborate 정교한, 정성을 들인
- toast 건배

11 표현>일반회화 답 ②

| 출처 | 2016 국가직 7급
| 난도 | 중

분석

B는 A에게 헤어지기는 원치 않지만, 잠시 혼자 있고 싶다는 말을 하고 있으므로, ② 'don't get me wrong(오해하지 말라).'이라는 말을 꺼낼 것이라는 것을 유추할 수 있다.
① 나를 거절하지 마
③ 나에게 기대지 마
④ 나를 두고 가지 마

해석

> A : 내 전화에 왜 응답하지 않았어? 정말로 너와 말하고 싶었다고.
> B : 미안해. 그런데, 내 생각에 우리는 좀 떨어져 있어야 할 필요가 있다고 생각해.
> A : 그게 무슨 말이야? 나랑 헤어지기를 원하는 거야?
> B : 아니, 오해하지 마. 나는 여전히 너를 아주 많이 사랑해. 그런데 잠시 혼자 있고 싶을 뿐이야.

12 표현>일반회화 답 ④

| 출처 | 2016 국가직 7급
| 난도 | 중

분석

자동차를 구입하는 과정의 대화이다. B가 다리 뻗는 공간에 대해 걱정하고 있으므로 판매자도 이어서 '공간'에 대해서 이야기 할 것이다. 따라서 정답은 ④ 'Do you think it is too small for you(고객님께 너무 작다고 생각하시나요)?'이다.
① 바깥 부분에 무슨 문제가 있을 수 있을까요?
② 다른 색으로 운전해보고 싶으세요?
③ 빨간색 차를 시험 운전 해보고 싶은 거지요?

해석

> A : 고객님이 관심이 있으셨던 차량들을 지금 막 모두 보셨습니다. 특별히 맘에 드시는 모델이 있으신가요?
> B : 음, 저는 처음에 봤던 빨간색이 좋아요. 특히나 바깥이 밝은 색인 거요.
> A : 그러시다면, 그것으로 시험운전을 해보시겠어요?
> B : 글쎄요. 그런데 다리를 뻗는 공간이 좀 걱정되네요.
> A : 고객님께 너무 작다고 생각하시나요?
> B : 음, 저희 가족에게 충분히 넓다고 생각이 안 드네요.
> A : 그러시다면, 다른 것을 운전해보실 수 있습니다.
> B : 물론이죠. 제안대로 해볼게요.

13 독해>글의 일관성>글의 순서 답 ④

| 출처 | 2017 서울시 9급
| 난도 | 상

분석

문제 제기가 등장하는 (D)가 일반적인 내용이므로, 맨 처음에 오고, 문제에 따른 행위들의 묘사인 (C)와 (A)가 그 뒤를 따르고, (A)의 결과로 볼 수 있는 (B)가 마지막에 와야 한다.

해석

> (D) 2013년에 위험할 정도로 높은 수준의 오염으로 인한 베이징의 비상사태는 교통체계에 혼란을 일으켰고, 낮은 가시성 때문에 항공사들이 비행을 취소하게 되었다.
> (C) 학교와 기업들이 문을 닫았고, 베이징시 정부는 사람들에게 집 안에 머물고, 공기청정기를 작동시키고, 실내 활동을 줄이며, 가능한 한 활동하지 말라고 경고했다.
> (A) 눈물이 나고, 눈이 따끔거리고, 머리가 지끈거리고, 부비강에 문제가 생기고, 목이 간질거리는 고통을 겪는 수백만 명의 사람들은 심신을 쇠약하게 하는 공기로부터 피난처를 찾으려고 공기청정기와 마스크를 구하러 상점을 샅샅이 뒤지고 다녔다.
> (B) 중국 주민들의 분노와 세계 미디어의 철저한 감시는 중국 정부가 자국의 대기 오염 문제에 대해 고심하도록 압력을 가했다.

어휘

- watery 물 같은, 물기가 많은
- stinging 찌르는
- pounding (머리가) 지끈거림
- sinus 부비강(두개골 속의, 코 안쪽으로 이어지는 구멍)
- debilitating 쇠약하게 하는
- scour 찾아다니다
- outrage 분노
- scrutiny 감시, 관찰
- impel 재촉하다
- address (문제 · 상황 등에 대해) 고심하다[다루다]
- air purifier 공기청정기
- due to ~에 기인하는, ~ 때문에
- visibility 눈에 잘 보임, 가시성

14 어법>영작하기 답 ②

| 출처 | 2021 지방직(서울시) 9급
| 난도 | 상

분석

'let+목적어+동사원형/be+p.p.'의 형태와 후치 수식을 물어보는 문제이다. let이 사역동사로 쓰여 목적격 보어에 수동이 위치할 경우엔 'be+p.p.'를 써야 한다. 따라서 distracted를 be distracted로 고쳐야 한다.

① had가 사역동사로 쓰였고 목적어 the woman이 '체포되는' 것이므로 목적격 보어에 과거분사 arrested가 올바르게 쓰였다.

③ 'let+목적어+동사원형/p.p.'의 형태를 물어보는 문제이다. let이 사역동사로 쓰였고 목적어가 의미상 동작을 행하는 것이므로, 동사원형인 know가 올바르게 쓰였다.

④ 'have+목적어+동사원형/p.p.'의 형태와 'ask+목적어+to부정사'의 형태를 물어보는 문제이다. had가 사역동사로 쓰였고 목적격 보어에 능동이 위치할 경우 원형부정사가 사용되므로 phone은 바르게 쓰였으며, 'ask+목적어+to부정사'의 형태로 to donate 역시 올바르게 쓰였다.

15 어법>영작하기 답 ②

| 출처 | 2016 국가직 7급
| 난도 | 중

분석

'be used to ~ing'는 '~하는 데에 익숙하다'는 의미로 적절하게 사용되었다.

① take를 '(시간이) 걸리다'의 의미로 사용할 때는 time을 주어로 사용하지 않고, 'it takes(took)+시간+to부정사'의 형태의 절을 사용한다. 따라서 'It always takes little time to tune in on a professor's style.'로 수정하여야 한다.

③ 'too+형용사/부사+to부정사'는 '너무나 ~해서 …할 수 없다'는 의미로 이 구문에서 주어가 to부정사의 의미상 목적어를 겸할 때는 의미상 목적어를 반복해서 쓰지 않는다. 그러므로 it을 삭제해야 한다.

④ tire는 '지치게 하다'라는 의미로 타동사이다. 따라서 전치사 of를 삭제하고 tired me로 고친다.

16 독해>세부 내용 찾기>내용 (불)일치 답 ②

| 출처 | 2019 법원직 9급
| 난도 | 중

분석

제시문의 두 번째 문장에서 '발달심리학자들은 태아기부터 성인기와 노년기까지의 행동과 성장 패턴을 연구한다.'라고 했으므로, 글의 내용과 일치하는 것은 ② '발달심리학자들은 인간의 일생의 행동과 성장을 연구한다.'이다.

① 첫 번째 문장에서 아동심리학자들의 연구 대상은 신생아부터 11세 사이의 아동임을 알 수 있다.

③ 다섯 번째 문장 이후에서 아동기에 학대당한 사람들이 낮은 IQ와 독해력, 더 많은 자살 시도, 더 높은 실업률 등을 겪는다고 서술되어 있으므로, 일치하지 않는다.

④ 마지막 문장에서 임원들의 조기 사망은 발달심리학자들의 관심사라고 서술되어 있으므로, 일치하지 않는다.

해석

아동심리학자들은 출생부터 11세까지의 개인에 대한 연구를 집중적으로 한다. 발달심리학자들은 태아기부터 성인기와 노년기까지의 행동과 성장 패턴을 연구한다. 많은 임상심리학자들은 아동의 행동 문제를 전문적으로 다룬다. 아동심리 연구는 종종 과업 행동(work behavior) 해명에 도움이 된다. 예를 들어, 한 연구에 의하면, 아동학대와 방임의 피해자들은 장기적으로 그 결과로 고통받는다고 나왔다. 그중에는 낮은 지능지수와 독해 능력, 잦은 자살 시도, 더 높은 실업률, 그리고 저임금 직업 등이 있다. 오늘날 많은 사람들이 인간 발달 단계 중 성인기 연구에 흥미를 갖게 되었다. 발달심리학자들의 연구는 중년의 위기 같은 중년층의 문제에 대한 폭넓은 관심을 유발했다. 발달심리학자들의 관심사인 직업 관련 문제는 많은 경영진들이 퇴직 후 예상보다 더 일찍 사망하는지 그 이유에 대한 것이다.

어휘

• prenatal 태아기의, 태어나기 이전의
• clinical psychologist 임상심리학자
• shed light on ~을 밝히다, ~을 설명하다
• phase (과정상의) 단계

17 독해>빈칸 완성>단어·구·절 답 ③

| 출처 | 2019 법원직 9급
| 난도 | 중

분석

(A) 한국의 소프트 파워는 군사력이나 경제력으로 힘을 행사하는 것이 아니라 이미지를 통해 행사하는 무형의(intangible) 힘임을 추론할 수 있다.

(B) 2000년에 한국과 일본 간의 대중문화 교류금지가 부분적으로 해지됨으로써 일본에 한국 대중문화가 급상승(surge)했음을 알 수 있다.

(C) 한류는 2004년 한국 GDP의 0.2%에 해당하는 18억의 효과를 보였고, 2014년에는 효과가 116억 달러 상승(boost)되었음을 알 수 있다.

해석

한국은 대중문화에 대한 주도적인 수출국가가 되겠다는 헌신적인 목표를 지닌 국가들 중 하나이다. 이것은 한국이 '소프트 파워'를 개발하는 방법이다. 이는 군사력이나 경제력 보다는 국가 이미지를 통해 행사하는 (A) 무형의 힘을 말한다. 한류는 처음에는 중국과 일본으로, 이후 동남아시아와 전 세계 여러 국가로 널리 퍼져갔다. 2000년에 50년 간 지속되던 한국과 일본 간의 대중문화 교류 금지가 부분적으로 해제되었으며, 이것은 일본인들 사이에서 한국 대중문화의 인기를 (B) 급상승시켰다. 한국의 방송관계자들은 여러 국가에 TV 프로그램과 문화 콘텐츠를 홍보하기 위해 직원들을 파견했다. 한류는 한국의 비즈니스와 문화, 국가 이미지에 하나의 축복이었다. 1999년 초반 이후로 한류는 아시아 전역에 걸쳐 가장 큰 문화 현상 중의 하나가 되었다. 한류 효과는 엄청나서 2004년 한국 GDP의 0.2%를 차지했는데, 이는 대략 18억 7천 달러에 해당한다. 최근 2014년에 한류는 한국 경제에 약 116억 달러의 (C) 증가를 가져왔다.

어휘

• dedicated 헌신적인
• wield 행사하다, 휘두르다
• intangible 무형의
• delegate 대리인, 사절단
• promote 촉진[고취]하다
• blessing 다행스러운 것, 좋은 점
• amount to (합계가) ~에 이르다[달하다]

• estimated 추정된
• boost 증대, 부양
• stagnation 침체

---

18 독해>대의 파악>요지, 주장   답 ②

| 출처 | 2021 법원직 9급
| 난도 | 중

분석

제시문의 마지막 문장에서 '우리는 모든 사람이 새로운 발견에 접근할 수 있는 방법을 찾아야 한다.'라고 했으므로, 필자가 주장하는 바는 ② '새로운 연구 결과에 모든 사람이 접근할 수 있게 해야 한다.'가 가장 적절하다.

해석

학자들은 세계의 문제에 대해 냉담하지도 무관심하지도 않다. 이러한 문제에 관한 책들이 그 어느 때보다 많이 출판되고 있지만, 일반 대중들의 관심을 끄는 책은 거의 없다. 마찬가지로, 새로운 연구 발견은 대학에서 지속적으로 이루어지고 있으며, 전 세계 컨퍼런스에서 공유되고 있다. 불행히도, 이 활동의 대부분은 자기 봉사[자기 잇속만 차리는] 활동이다. 과학을 제외하고, 그리고 여기도 선별적으로만, 새로운 통찰력은 우리의 삶을 개선하는 데 도움이 되는 방법으로 대중에게 전해지지 않고 있다. 그러나 이러한 발견은 단순히 엘리트들의 소유물이 아니며, 선택된 소수의 전문가들 소유로 남아서도 안 된다. 각 개인은 그 또는 그녀 자신의 삶의 결정을 내려야 하며, 우리가 누구이고 우리에게 무엇이 좋은지에 대한 현재의 이해에 비추어 그러한 선택을 해야 한다. 이 문제에 대해, 우리는 모든 사람이 새로운 발견에 접근할 수 있는 방법을 찾아야 한다.

어휘

• self serving 이기적인, 자기 잇속만 차리는
• with the exception of ~을 제외하고 ~ 외에는
• in light of ~에 비추어, 관점에서, ~을 고려하여

---

19 독해>글의 일관성>문장 삽입   답 ④

| 출처 | 2016 국가직 9급
| 난도 | 상

분석

제시문에서 ④ 앞의 문장을 보면 '이 영화(피노키오)의 세 가지 주요 에피소드들은 젊은이들의 도덕적 용기를 테스트하는 의례적인 시험들을 상징한다.'라는 말이 나오는데, 이 문장 다음에는 그 세 가지 에피소드들이 어떻게 전개되었는지를 구체적으로 말해주는 내용이 들어가는 것이 적합하므로, 주어진 문장이 들어갈 위치로 적절한 것은 ④이다.

해석

디즈니의 작품은 동화와 신화, 민담에서 많이 따왔는데, 그것들은 전형적인 요소가 많다. '피노키오'는 바로 이러한 요소들이 어떻게 표면적인 사실 밑으로 잠기지 않고 강조될 수 있는지를 보여주는 좋은 예일 것이다. 영화 초반부에, 소년/인형 피노키오는 '진짜 소년'이 되기 위해서 그가 '용감하고, 진실하고, 이기적이지 않다는 것'을 보여주어야 한다. 영화의 이 세 가지 주요 에피소드들은 젊은이들의 도덕적 용기를 테스트하는 의례적인 시험들에 해당된다. 그는 처음 두 번은 완전히 실패하지만, 결론부의 고래 에피소드에서 스스로 자신을 구원하며, 그가 용기 있고, 정직하고, 이기적이지 않음을 확실히 입증한다. 이를 근거로 봤을 때, 대부분의 디즈니 작품들과 같이, 피노키오에서의 가치는 전통적이고 보수적이며, 가족 단위 존엄성의 확인, 우리 운명의 방향을 잡아주는 능력자(신)의 중요성, 사회규칙 이행의 필요성에 대한 확인이다.

어휘

• dismally 음침하게, 우울하게, 기분 나쁘게
• redeem (실수 등을) 만회하다
• indeed 정말, 확실히
• folklore 민속, 전통 문화
• profuse 많은, 다량의
• archetypal 전형적인
• submerge (액체 속에) 잠기다, 넣다
• beneath 밑[아래]에
• unselfish 이기심이 없는
• ritualistic 의례적인
• trial 시험, 실험
• moral fortitude 도덕적 용기
• as such 이를 근거로 봤을 때, 이와 같이
• conservative 보수적인
• affirmation 확언, 확인
• sanctity 존엄성, 신성함

20 독해>대의 파악>요지, 주장   답 ②

| 출처 | 2020 국가직 9급

| 난도 | 중

분석

제시문은 대화를 잘하기 위해서 다른 사람의 의견을 듣고 자신의 목소리를 내는 것의 중요성을 설명하고 있다. 이를 위한 필수조건 세 가지를 열거하고 있는데, 첫째로 스스로 무슨 말을 하는지 알고 있어야 하며, 둘째로 상대방과 의견이 다를지라도 그들을 정중하게 대해야 하며, 마지막으로 자신의 의견을 훌륭한 유머와 안목을 가지고 피력할 수 있어야 한다는 것이다. 따라서 글의 요지는 원만한 의사소통을 위해 상대방의 말을 잘 듣고, 동시에 자신의 의견을 목소리를 내어 주장해야 한다는 두 가지를 다 포함하는 ② 'We need to listen and speak up in order to communicate well(우리는 의사소통을 잘하기 위해서 듣고 목소리를 낼 필요가 있다).'이 된다.

① 우리는 다른 사람들을 설득하는 데 더 단호해야 한다.

③ 우리는 우리가 보는 세상에 대한 믿음을 바꾸는 데 주저한다.

④ 우리는 우리가 선택한 것만을 듣고 다른 의견들을 무시하려고 한다.

해석

다른 누군가의 생각을 듣는다는 것은 여러분 자신과 세상 안에서의 여러분의 위치뿐만 아니라, 여러분이 세상에 대해 믿고 있는 이야기가 온전한지 알수 있는 유일한 방법이다. 우리는 모두 우리의 신념을 살펴보고, 그것들을 밖으로 내보내고 숨 쉬게 할 필요가 있다. 다른 사람들이, 특히 우리가 기본적이라고 여기는 개념에 대해 말하는 것을 듣는 것은 우리 마음과 생각에 창문을 여는 것과 같다. 목소리를 내는 것은 중요하다. 하지만 듣지 않고 목소리를 내는 것은 냄비와 솥을 동시에 세게 치는 것과 같다. 비록 그것이 관심을 끌지라도, 존경받지는 못할 것이다. 대화를 의미 있게 하는 데에는 세가지 전제조건이 있다. 1. 여러분이 무슨 말을 하고 있는지 알아야 한다. 이는 여러분이 독창적인 요점을 가지고 있으며 진부하고 독창성이 없거나 미리 만들어낸 주장을 그대로 따라 하지 않는다는 것을 의미한다. 2. 여러분은 여러분과 이야기하고 있는 사람들을 존중하고, 비록 그들의 입장에 동의하지 않더라도 그들을 정중하게 대하려고 노력해야 한다. 3. 여러분은 계속해서 좋은 유머와 안목을 가지고 주제에 대한 자신의 관점을 논하면서 상대방의 말을 들을 수 있을 만큼 똑똑하고 박식해야 한다.

어휘

- B as well as A A뿐만 아니라 B도
- intact 온전한
- air something out ~을 밖으로 내보내다
- foundational 기본의, 기초적인
- prerequisite 전제조건
- worn-out 진부한, 흔해 빠진; 낡은
- hand-me-down 독창성 없는
- pre-fab 사전에 미리 만든; 조립식의
- argument 주장; 논쟁
- authentically 진정으로, 확실하게
- courteously 예의 바르게, 공손하게
- informed (특정 주제·상황에 대해) 잘 아는
- opposition (사업·경기 등에서의) 상대측
- perspective 관점, 시각
- uninterrupted 중단되지 않는, 연속된
- discernment 안목
- determined 단호한, 단단히 결심한
- be reluctant to~ ~을 주저하다, 망설이다

03 제8회 기출 섞은 모의고사

01	02	03	04	05	06	07	08	09	10
④	④	③	③	②	③	②	④	②	②
11	12	13	14	15	16	17	18	19	20
④	①	④	③	②	④	②	①	④	③

---

01 어휘>어구 답 ④

| 출처 | 2019 국회직 8급
| 난도 | 상

분석

넷플릭스의 상영 방식은 기존의 영화 산업에 비해 새로운 것으로 묘사되고 있다. 밑줄 친 'bottom line(최종 가격)'에 대해 which절에서 매표소 판매와 할인표로 수익을 내는 현재 극장업계의 상황으로 설명하고 있으므로, 그 의미가 가장 가까운 것은 ④ 'settled accounts(결산액)'이다.
① 최종 결론
② 설립 원칙
③ 최저 수용 가격

해석

넷플릭스에 있어서, 오스카는 재능있는 사람들의 환심을 사는 데 이용될 수 있고, 구독자들을 위한 보다 독점적인 콘텐츠를 만드는 데 도움을 줄 수 있다. 또한 오스카는 넷플릭스의 영화 개봉 방식을 업계 표준으로 만들 수 있다. 넷플릭스는 그동안 극장 상영과 동시에 자신들의 서비스를 통해 원작을 출시해 왔으며, 아예 극장에서 개봉하지 않는 경우도 있다. 그것은 극장업계의 (수락 가능한) 최종 가격에 대한 위협인데, 업계는 매표소와 할인표 판매로 수익을 내는 실정이다.

어휘

• court ~의 환심을 사려고 하다
• subscriber 구독자, 이용재[가입자]
• release (대중들에게) 공개[발표]하다
• industry norm 산업 표준
• bottom line 최종 결산 결과, (수락 가능한) 최종 가격
• concession 할인표

---

02 어휘>단어 답 ④

| 출처 | 2021 지방직(서울시) 9급
| 난도 | 중

분석

밑줄 친 apprehend는 '이해하다, 파악하다'라는 뜻으로, 이와 의미가 가장 가까운 것은 ④ 'grasp(파악하다)'이다.
① 아우르다, 포함하다
② 침입하다, 침범하다
③ 조사하다

해석

중국의 서예를 공부할 때, 중국어의 기원과 그것이 원래 어떻게 쓰였는지 배워야 한다. 하지만 그 나라의 예술적 전통에서 자란 사람들을 제외하고는 그것의 미적인 의미를 이해하기는 매우 어려운 것 같다.

어휘

• calligraphy 서예, 달필
• bring up 기르다, 양육하다
• aesthetic 미적인
• significance 중요성, 의미
• apprehend 이해하다, 파악하다, 체포하다

---

03 어휘>단어 답 ③

| 출처 | 2019 국가직 9급
| 난도 | 중

분석

밑줄 친 compulsory는 '의무적인, 필수의'라는 뜻으로 이와 의미가 가장 가까운 것은 ③ 'mandatory(의무적인)'이다.
① 상호 보완적인
② 체계적인
④ 혁신적인

해석

학교 교육은 미국에서 모든 어린이들에게 의무적이지만, 학교 출석이 요구되는 연령대는 주(州)마다 다르다.

어휘

• schooling 학교 교육
• age range 나이 폭, 연령대
• school attendance 학교 출석
• vary from A to B A에서 B까지 다양하다

---

04 어휘>단어 답 ③

| 출처 | 2021 국회직 8급
| 난도 | 중

분석

빈칸 다음에서 'reflects the fact that penalties laid down in the code were extremely severe(형벌들이 극도로 엄격했다는 사실을 반영한다).'라고 하면서 그 예로 좀도둑질도 살인과 같은 형벌인 사형으로 다스렸다고 했으므로, 빈칸에는 ③ 'harsh(가혹한)'가 적절하다.
① 자비로운, 상냥한, 유순한
② 조금도 방심하지 않는, 경계하는
④ 상서로운, 좋은, 길조의

해석

Draconian법은 아테네에서 만들어진 최초의 성문법으로, 기원전 621년경 또는 620년경 드라코라는 정치인에 의해서 도입되었다고 여겨진다. 비록 그 법의 세부 내용은 분명하지 않지만, 그 법은 여러 범죄행위를 다루었던 것으로 보인다. 오늘날에도 사용되는 형용사 'Draconian'은 지나치게 가혹함을 의미하는데, 그 법에 명시된 형벌들이 극도로 엄격했다는 사실을 반영한다. 좀도둑질도 살인과 동일한 형벌인 사형으로 처벌받았다. 기원전 4세기의 한 정치인은 풍자하기를, 드라코가 그 법을 잉크가 아닌 피로 썼다고 하였다.

어휘

- code of law 법전
- draw up 만들다, 다가와서 서다
- statesman 정치인
- obscure 잘 알려져 있지 않은, 무명의
- apparently 듣자[보아] 하니
- offence 위법행위, 범죄, 모욕
- lay down 법칙 · 원칙 등을 지키도록 정하다
- pilfering 좀도둑질
- quip 풍자하다, 재담하다

05 독해>세부 내용 찾기>지칭 추론 답 ②

| 출처 | 2019 법원직 9급
| 난도 | 중

분석

밑줄 친 brush them off는 '~을 무시하다'의 뜻으로, 제시문에서는 ② 'ignore some concerns you have(여러분이 가지고 있는 몇 가지 염려를 무시하다)'의 의미로 쓰였다.
① 여러분(환자)과 민감한 사안에 대해 얘기하다
③ 여러분이 말하는 것에 대해 편안하게 느끼다
④ 불편한 주제를 진지하게 다루다

해석

의사와 환자 간 대화의 많은 부분은 개인적인 것이다. 의사와 좋은 관계를 유지하려면 어색하거나 불편해도 섹스나 기억력 문제 같은 민감한 주제에 대해 이야기하는 것이 중요하다. 대부분 의사는 사적인 문제에 대해 얘기하는 것에 익숙하며 여러분의 불편함을 줄이려 노력할 것이다. 이런 주제들은 많은 노인들과 관련이 있다는 것을 명심해야 한다. 의사와 얘기할 때, 민감한 주제를 얘기하는 데 도움이 될 책자와 다른 자료를 사용할 수 있다. 기억력, 우울증, 성기능, 요실금 같은 문제들이 어쩔 수 없는 정상적인 노화의 부분이 아니라는 것을 이해하는 게 중요하다. 좋은 의사는 이런 문제에 대한 여러분의 걱정을 진지하게 받아들이고 이를 무시하지 않을 것이다. 의사가 여러분의 걱정을 심각하게 받아들이지 않는다는 생각이 들면, 의사에게 여러분의 생각을 말하거나 다른 의사를 찾는 것을 고려해라.

어휘

- ease 편해지다[편하게 해 주다], (고통 · 불편 등이[을]) 덜해지다[덜어 주다]
- discomfort (마음을) 불편하게 하다
- keep in mind ~을 염두에 두다
- concern 영향을 미치다[관련되다]
- booklets 작은 책자, 소책자
- incontinence (대소변) 요실금
- sensitive 민감한
- discomfort 불편함, 불안감

06 어법>정문 찾기 답 ③

| 출처 | 2021 국회직 8급
| 난도 | 중

분석

현재사실의 반대를 표현할 때는 가정법 과거, 과거사실의 반대를 표현할 때는 가정법 과거완료를 사용한다. 가정법 과거완료는 '만약에 ~했었다면, …했었을 텐데'의 뜻으로, 'If+주어+had+p.p~, 주어+would/should/could/might+have+p.p'로 나타내므로, 문법적으로 옳은 표현이다.
① hold는 '(회의 · 시합 등을) 하다, 열다, 개최하다'의 뜻으로 주로 수동태 표현으로 사용되므로, will held를 will be held로 고쳐야 한다.
② 'hurt'는 A-A-A 타입의 동사변화형을 갖는다. 따라서 hurted는 hurt가 되어야 한다.
④ 사람의 성품을 나타내는 형용사(kind)의 의미상 주어는 전치사 of를 사용하므로, kind with him은 kind of him이 되어야 한다.

해석

① 제3차 국제지리학회가 서울에서 개최될 것이다.
② 수잔이 나를 떠났을 때, 나는 너무나 상처받았다.
③ 만약 날씨가 더 좋았더라면, 나는 그가 도착했을 때 정원에 앉아 있었을 텐데.
④ 그의 80번째 생일파티에 나를 초대하다니 그는 정말 친절하다.

07 독해>대의 파악>제목, 주제 답 ②

| 출처 | 2018 국가직 9급
| 난도 | 중

분석

마지막에서 두 번째 문장에서 'but what we do have control of should be a reflection of the time in which we exist and communicate the present(우리가 통제하는 것은 우리가 지금 존재하고 소통하는 현재라는 시간의 반영이어야 한다).'라고 하고, 마지막 문장에서 'The present is all we have, and the more we are surrounded by it, the more we are aware of our own presence and participation(현재는 우리가 가진 모든 것이며, 우리가 현재에 더 많이 둘러싸여 있을수록 우리 자신의 존재와 참여에 대해 더 많이 인지하게 된다).'라고 했으므로, 글의 제목으로 적절한 것은 ② 'Reflect on the Time That Surrounds You Now(현재 여러분을 둘러싸고 있는 시간을 되돌아보라)'이다.
① 여행 : 과거의 유산 추적하기
③ 숨겨진 삶의 징후
④ 미래 생활의 건축

해석

지난 몇 년 동안 여행하면서, 나는 우리 인간들이 얼마나 많이 과거에 살고 있는지 관찰해 왔다. 어떤 것이 나타나는 순간 곧 과거가 되어버린다는 것을 고려하면, 과거는 끊임없이 우리를 둘러싸고 있다. 우리의 주변과 우리의 가정, 우리의 환경, 우리의 건축물, 우리의 제품들은 모두 과거의 산물들이다. 우리는 우리 시간의 일부분과 우리 집단의식의 부분들, 우리의 삶에서 만들어진 것들과 함께 살아야 한다. 물론, 우리와 관련 있거나 인지되는 주변의 모든 것을 전부 선택하거나 통제하지는 않지만, 우리가 통제하는 것은, 우리가 지금 존재하고 소통하는 현재라는 시간의 반영이어야 한다. 현재는 우리가 가진 모든 것이며, 우리가 현재에 더 많이 둘러싸여 있을수록, 우리 자신의 존재와 참여에 대해 더 많이 인지하게 된다.

어휘

- observe 관찰하다, 보다, 지키다, 준수하다
- the minute ~하자마자
- manifest 나타나다, 드러나다, 명백한
- construct 건설하다, 구성하다
- collective 집단의, 단체의
- consciousness 자각, 의식
- conceive (마음에) 품다, 상상하다, 임신하다
- reflection 상, 반영, 사상, 생각, 성찰
- be aware of ~을 인지하다
- trace 뒤쫓다, 추적하다
- legacy 유산, 업적, 결과, 유물
- reflect on ~을 반영하다, 되돌아보다
- manifestation 징후, 명시, 표명

---

08 어법 > 비문 찾기 답 ④

| 출처 | 2019 국회직 8급
| 난도 | 상

분석

마지막 문장의 despite는 대조 관계의 전치사이다. 주절 앞(despite 부분)에는 부정적인 스포츠 이야기를 통한 부정적 영향이 서술되었고, 주절에는 그와 역접 관계인 스포츠의 긍정적인 영향에 대한 서술이 나온다. 긍정적인 스포츠의 이야기들이 우리의 지지가 헛된 노력이 아니라는 것을 '증명'하는 데 도움이 된다고 해야 논리적이므로, disprove는 prove가 되어야 한다.

해석

스포츠는 사회의 통상적인 문화의 규범과 가치를 반영한다. 세계의 대부분 문화에서처럼 미국 문화에서도 승리와 성공은 매우 가치 있는 상품이다. 스포츠는 '승리지상주의' 철학에 대한 훌륭한 전형의 역할을 한다. 이러한 지배적인 태도는 종종 엘리트주의, 인종차별주의, 민족주의, 극단적인 경쟁주의, (경기력 향상 약물을 포함한) 약물 남용, 도박, 그 밖의 많은 다른 일탈 행위로 이어진다. 하지만 진정한 스포츠 정신도 또한 종종 드러난다. 협력과 팀워크, 페어플레이, 스포츠맨십, 고된 훈련, 헌신, 개인의 탁월함을 성취하기 위한 도달, 규칙에 대한 복종, 책임, 충성심 또한 미국 사회의 존경받는 가치관이며, 아마도 이것이 미국인들이 스포츠를 그토록 좋아하는 주요한 이유일 것이다. 대중 매체에 의해 종종 선정적으로 보도되는 매우 널리 알려진 부정적인 스포츠 이야기에도 불구하고, 좋아하는 팀과 운동선수들에 대한 우리의 지지가 헛수고가 아니라는 것을 반증하는(→ 증명하는) 데 도움이 되는 훨씬 더 많은 긍정적인 스포츠 관련 이야기들이 훨씬 더 많다.

어휘

- norms 규준, 규범
- commodity 상품, 재화
- serve as ~의 역할을 하다
- exemplar 모범, 전형
- cherished 아끼는
- win-at-all-costs 승리지상주의
- prevailing 지배적인, 우세한
- competitiveness 경쟁력, 경쟁적인 것
- lead to ~로 이어지다
- abuse of ~의 남용[오용]
- performance-enhancing drug 경기력 향상 약물
- deviant 벗어난, 일탈적인

- notion 개념, 관념, 생각
- revered 존경받는
- sensationalize 선정적으로 다루다, (흥분·충격을 유발하기 위해) 과장하다
- wasted 헛된
- endeavor 노력, 시도, 애씀

---

09 독해 > 글의 일관성 > 무관한 어휘·문장 답 ②

| 출처 | 2021 지방직(서울시) 9급
| 난도 | 중

분석

제시문은 15세기 과학, 철학, 미술의 구분이 없었을 때 아리스토텔레스의 철학이 학자들에게 어떤 영향을 주었는지에 관한 글이므로, 글의 흐름상 적절하지 않은 문장은 ② 'Humanists quickly realized the power of the printing press for spreading their knowledge(인문주의자들은 자신들의 지식을 전파하는 인쇄기의 위력을 빠르게 깨달았다).'이다.

해석

15세기에는 과학, 철학, 미술 사이에 구분이 없었다. 세 분야 모두 '자연 철학'의 일반적인 주제 아래에 있었다. 자연 철학 발전의 중심이 되는 것은 고전적인 작가들의 회복이었는데, 그중 가장 중요한 것은 아리스토텔레스의 작품이었다. 인문주의자들은 자신들의 지식을 전파하는 인쇄기의 위력에 대해 빠르게 깨달았다. 15세기 초에 아리스토텔레스는 철학과 과학에서 모든 학문적 성찰의 기초가 되었다. 아리스토텔레스는 아랍어 번역본과 Averroes와 Avicenna의 주석에 살아있었으며, 자연 세계와 인류의 관계에 대한 체계적인 관점을 제공했다. 그의 '물리학', '형이상학', '기상학' 같은 현존하는 저서들은 학자들에게 자연계를 창조한 힘을 이해할 수 있는 논리적인 도구들을 제공했다.

어휘

- heading 주제
- natural philosophy 자연철학(후에 자연과학으로 발달함)
- central to ~에 중심이 되는
- humanist 인문주의자
- printing press 인쇄기
- scholastic 학자의, 학문적인
- speculation 사색, 성찰; 추론, 추측
- perspective 관점, 시각

10 독해 > 세부 내용 찾기 > 내용 (불)일치 · · · 답 ②

| 출처 | 2020 국회직 8급

| 난도 | 상

분석

마지막 문장에서 'Its third and fourth formants resemble those produced by male singers(제3포먼트와 제4포먼트는 남성 가수들이 만들어내는 것들과 유사하다).'라고 했으므로, 글의 내용과 일치하는 것은 ② 'The third and fourth formants of the Amati violin are similar to those of male singers(아마티 바이올린의 제3포먼트와 제4포먼트는 남자 가수들의 것들과 유사하다).'이다.

① 이탈리아 크레모나 출신의 안토니오 스트라디바리는 최초로 바이올린을 만든 공이 있는 것으로 여겨진다.

→ 두 번째 문장에서 'The instrument was invented by Andrea Amati and then improved by Antonio Stradivari(그 악기는 안드레아 아마티가 만들어 냈으며, 이후 안토니오 스트라디바리가 개선시켰다).'라고 했으므로, 글의 내용과 일치하지 않는다.

③ 바로크 음악 바이올린 연주자인 제미니아니는 이탈리아 바이올린의 음향 특성을 조사했다.

→ 제미니아니는 이상적인 바이올린 톤에 대해 주장한 사람이다.

④ 아마티 바이올린의 제2포먼트는 스트라디바리의 제1포먼트에 해당한다.

→ 언급되지 않은 내용이다.

해석

현대 바이올린의 형태와 디자인은 이탈리아 크레모나 출신의 두 명의 제작자에게서 큰 영향을 받았다. 그 악기는 안드레아 아마티가 만들어냈으며, 이후 안토니오 스트라디바리가 개선시켰다. 아마티와 스트라디바리의 기술적인 방식은 세심하게 검토되었지만, 그들의 인기에 기여하는 기초적인 음향적 특성은 거의 이해되지 않는다. 바로크 음악 바이올린 연주자인 제미니아니에 따르면, 이상적인 바이올린 톤은 '가장 완벽한 인간의 목소리와 필적해야 한다'라고 한다. 아마티와 스트라디바리 바이올린이 목소리 같은 특징을 만들어내는지 조사하기 위해 우리는 남녀 가수뿐만 아니라 15대의 이탈리아 골동품 바이올린의 음계를 녹음했다. 주파수 반응 곡선은 안드레아 아마티 바이올린과 인간 가수 사이에서 4.2kHz까지 유사하다. 선형 예측 코딩 분석을 통해 아마티의 처음 두 포먼트는 모음 다이어그램의 중앙 영역에 나타나는 모음과 같은 특성(F1/F2=503/1,583Hz)을 보인다. 제3포먼트와 제4포먼트(F3/F4=2,602/3,731Hz)는 남성 가수들이 만들어내는 것들과 유사하다.

어휘

• underlying 근본적인[근원적인]

• acoustic 음향의, 청각의

• contribute to ~에 기여하다

• frequency response curve 주파수반응곡선

• linear 선의, 선으로 된

• predictive 예측[예견]의

• coding 부호화

• formant 포먼트(모음을 특징짓는 주파수 성분)

• vowel-like 모음과 같은

• map (배치구조 등에 대한 정보를) 발견하다[보여주다]

• vowel diagram 모음도

11 표현 > 일반회화 · · · 답 ④

| 출처 | 2016 지방직 7급

| 난도 | 중

분석

토니는 감자 샐러드를 두 명이나 가져가는 것이 무리라고 생각했으므로, 다른 것을 가져갈 것이라고 말했다. 따라서 밑줄 친 부분에 올 어구는 ④ 'come up with(~을 생각하다)'가 적절하다.

① 따라잡다

② 유행을 따르다

③ ~로 감싸다

해석

주디 : 내일 마이크네의 소풍에서 너를 볼 수 있을까?

토니 : 그럼. 넌 뭘 가지고 가?

주디 : 감자샐러드. 너는?

토니 : 오, 안돼! 나도 감자 샐러드 만들려고 했었단 말이야. 이제 난 다른 것을 (A) 생각해 내야겠네. 감자 샐러드는 하나면 충분하니까 말이야.

주디 : 걱정하지 마. 뭘 가져갈지 생각할 시간은 여전히 있다고.

12 표현 > 일반회화 · · · 답 ①

| 출처 | 2016 지방직 7급

| 난도 | 중

분석

A가 도서관 연체료로 20달러를 냈다고 했는데, B는 그 결정을 다음날로 미루게 해달라고 대답했다. 따라서 대화가 어색한 것은 ①이다.

해석

① A : 도서관 연체료로 20달러를 방금 냈어.
  B : 다음날까지 결정을 미루게 해줘.

② A : 내일 여행 갈 준비가 되었니?
  B : 아니, 나는 여전히 짐을 쌀 게 있어.

③ A : 나눠 낼까?
  B : 아니, 오늘은 내가 낼게.

④ A : 짐, 그 식당은 점심에 새우 버거를 제공하고 있는데.
  B : 난 다음에 가야할 것 같아.

어휘

• set for 준비하다

• I'll pass (앞에서 언급된 것을) 하기 싫다, 다음으로 넘기다.

13 독해>글의 일관성>글의 순서 답 ④

| 출처 | 2021 국회직 8급
| 난도 | 상

분석

언어적 단서와 문단마다 이어지는 핵심어구의 흐름을 잡는 것이 관건이다. 주어진 글의 마지막 문장에 등장하는 단어 hesitant는 현대 경제학자들의 그 주저함을 기술하고, (C)에서 '그들의 꺼려함(their reluctance)'을 설명하는 게 어렵지 않다고 이어가는 것이 자연스럽다. 기본 가정의 만족과 복지 후생의 결과가 생기는 모형(a model)을 제시하고, (B)에서 '그렇지 않으면(otherwise)'으로 이어지는 흐름에서 the model로 연결되는 문맥과 (A)에서 추가적인 설명의 단어 moreover를 통해 경제학자의 또 다른 특성을 설명하는 것이 자연스럽다.

해석

다른 분야의 학자들이 점차 증가하고 있는 것과는 대조적으로, 경제학자들은 소비 사회에 대한 최근의 비판에 상대적으로 거의 기여하지 않았다. 몇몇 눈에 띌만한 예외를 제외하고, 현대 경제학자들은 소비와 삶의 질 사이의 관계에 대하여 의문을 떠올리기를 주저해 왔다.

(C) 그들의 꺼려함을 설명하기는 어렵지 않다. 대부분 경제학자들은 기본 가정이 만족스러운 한, 소비는 틀림없이 복지를 양성한다는 모형에 대해 지지한다.

(B) 그렇지 않으면 그런 일은 일어나지 않는다. 사실상, 우리가 곧 알게 되듯이, 모형의 함축적 의미는 더 강하다.

(A) 게다가, 경제학자들은 일반적으로 가치와 선호도에 대한 비판적 논의에 끼어들기를 주저한다. 그러한 논의가 부재한 상태에서, 현존하는 소비자 선택의 구성이 최적임을 쉽게 추정할 수 있다.

어휘

- critique 비판, 평론
- consumer society 소비 사회
- entertain (생각 · 희망 · 감정 등을) 품다
- reluctance 꺼려함
- subscribe to ~에 동의하다
- assumption 추정
- yield 굴복하다, 양성(산)하다
- implication 함축적 의미
- unwilling 마지 못해하는
- preferences 우선권
- in the absence of ~이 없을 때에, ~이 없어서
- existing 기존의, 현재 사용되는
- configuration 배치, 배열, 형태, 구성
- optimal 최적의

14 어법>영작하기 답 ③

| 출처 | 2020 국가직 9급
| 난도 | 중

분석

promote는 타동사로 '승진시키다'의 뜻인데 promote의 목적어가 없고, 의미상 목적어인 him이 승진되는 것이므로, promoting은 being promoted가 되어야 한다. 한편 prohibit은 완전타동사로서 'prohibit+목적어+from ~ing'는 '목적어가 ~하는 것을 금지하다'의 뜻으로 적절하게 사용되었다.

① 주어－동사의 수 일치가 적절하게 이루어졌으며, 재귀대명사인 themselves 역시 바르게 쓰였다.

② 'have no choice but to부정사' 구문은 '~하지 않을 수 없다'의 뜻으로, but 다음에 to부정사가 올바르게 쓰였다.

④ it은 가주어, 진주어는 to assemble and take apart the toy car로 '가주어－진주어' 구문이 바르게 쓰였다. easy, difficult 등의 난이형용사는 일반적으로 '가주어－진주어' 구문으로 쓴다.

어휘

- adapt (상황에) 적응하다
- assemble 조립하다; 모으다
- take apart 분해하다

2점 UP 포인트

'have no choice but to부정사(~하지 않을 수 없다)'와 동일한 표현

- cannot but+동사원형
- cannot help but+동사원형
- cannot choose but+동사원형
- have no alternative but+to 동사원형
- cannot help+~ing
- cannot refrain from+~ing

15 어법>영작하기 답 ②

| 출처 | 2016 국가직 7급
| 난도 | 중

분석

show는 'show A B', 혹은 'show B to A'의 3형식이나 4형식의 형태로 사용된다. 선지의 영어 문장을 해석해 보면 '그들 자신에게 여왕에 대한 존경을 보여준다.'의 의미이므로 주어진 해석과 다르다는 것을 알 수 있다. 따라서 show the queen their respect, 혹은 show their respect to the queen으로 수정하는 것이 적절하다.

① such as는 '~와 같은'의 의미로, 뒤에 명사나 명사구가 온다.

③ diabetes는 단수 형태이므로 it으로 받는 것이 적절하다.

④ scheduled가 '~로 예정된'을 의미하는 수동의 의미이며, 선행 명사인 the rally를 올바르게 수식하고 있다.

16 독해>글의 일관성>문장 삽입 답 ④

| 출처 | 2017 서울시 9급
| 난도 | 중

분석

주어진 문장에 these employees가 있는 것으로 보아 앞 내용에 노동자들에 대한 이야기가 있어야 하고, instead가 있으므로 제시문과는 반대의 내용이 와야 한다. 이에 부합하는 것은 ④이다.

해석

직업 만족도와 생산성 사이에 분명한 연관성이 있다. 그러나 직업 만족도는 또한 조직의 서비스 문화에 달려 있다. 이러한 문화는 어떤 사업체를 독특하게 만들고 거기서 일하는 사람들이 그곳에서 일하는 것을 자랑스러워하게 만드는 것으로 구성되어 있다. 포춘지에서 '일하기 좋은 10대 회사'의 사원들에게 왜 그들이 이러한 회사들에서 일하기를 좋아하느냐고 물었을 때, 그들이 월급, 보상제도 혹은 상급직으로의 승진 같은 것들을 언급하지 않은 것은 주목할 만하다. 대신, 그들은 직장에서의 관계의 진실성을 맨 먼저 언급했다. 즉, 그들의 직장문화는 가정의 연장선 느낌이 있으며, 그들의 동료들은 서로를 지지한다는 것을 언급했다.

어휘

• sincerity 진정성
• supportive 지지하는
• comprise 구성하다
• notable 주목할 만한
• mention 말하다, 언급[거론]하다
• reward schemes 보상금 제도
• advance to ~에 진출하다

17 독해>빈칸 완성>단어 · 구 · 절 답 ②

| 출처 | 2020 법원직 9급
| 난도 | 중

분석

주제가 제시문의 앞부분에 등장하는 두괄식 구성의 글로, 나머지 내용을 전부 이해한 후 전체 내용을 요약할 수 있는 문장을 완성하면 된다. 제시문에 나오는 두 가지 사례 모두 질문에 대해 사실의 특정 부분만 떼어 대답함으로써 '잘못된 사실을 믿게 만든다'는 내용이므로, 이와 가장 부합하는 것은 ② 'effect a certain belief(어떤 믿음을 생기게 하다)'이다.
① 추가 금액을 벌다
③ 기억 문제를 숨기다
④ 다른 이들이 죄책감을 느끼게 하다

해석

사람은 자신에게 유리한 증거를 사용해 어떤 믿음을 생기게 할지도 모른다. 한 여성이 아들에게 물었다. "이번 학기에 영어는 잘하고 있니?" 아들은 명랑하게 대답한다. "아, 저 이번 쪽지 시험에서 95점을 받았어요." 이 말은 그가 다른 모든 쪽지 시험을 망쳤고, 그의 실제 평균은 55점이라는 사실을 감추고 있다. 하지만, 만일 그녀가 이 문제를 더 추궁하지 않는다면, 그녀는 아들이 잘하고 있음을 기뻐할지도 모른다. 린다가 수잔에게 물었다. "디킨스 소설 많이 읽어봤어?" 수잔이 대답하기를, "아, *Pickwick Papers*가 내가 좋아하는 소설 중 하나지."라고 했다. 이 진술은 *Pickwick Papers*가 그녀가 읽은 유일한 디킨스의 소설이라는 사실을 숨기고, 이는 아마 린다에게 수잔은 엄청난 디킨스의 광팬이라는 인상을 줄지도 모른다.

어휘

• statement 성명, 진술, 서술
• effect (어떤 결과를) 가져오다
• conceal 감추다, 숨기다
• delighted 아주 기뻐[즐거워]하는
• disguise 변장하다, 위장하다
• enthusiast 열광적인 지지자

18 독해>빈칸 완성>단어 · 구 · 절 답 ①

| 출처 | 2021 법원직 9급
| 난도 | 중

분석

'오래된 것을 없애야 하고', '그들(나무)은 폐기물들을 그들(나뭇잎)에게 퍼붓는다.'는 문장에서 알 수 있듯이 나뭇잎들은 기본적으로 ① 'tree toilet paper(나무 화장지)' 같은 역할을 한다고 유추할 수 있다.
② 식물 주방
③ 나무의 폐
④ 곤충의 부모

해석

너도밤나무, 오크, 가문비나무, 소나무는 항상 새롭게 생장하며, 오래된 것을 없애야 한다. 가장 분명한 변화는 매년 가을에 일어난다. 나뭇잎은 제 역할을 했다. 나뭇잎들은 이제 닳아서 벌레가 갉아먹은 구멍으로 가득차 있다. 나무가 나뭇잎에게 작별을 고하기 전에, 나무들은 폐기물을 잎들에 퍼붓는다. 여러분은 나무가 자신들을 스스로 구제하기 위해 이 기회를 잡고 있다고 말할 수 있다. 그리고 나서, 나무는 나뭇가지로부터 각각의 잎을 분리하기 위해 연약한 조직 층을 키우고, 나뭇잎들은 다음 산들바람에 땅으로 굴러 떨어진다. 이제 지면을 덮고 여러분이 낙엽들 사이로 움직일 때 기분 좋은 바스락 소리를 내는 나뭇잎들은, 기본적으로 나무 화장지이다.

어휘

• beech 너도밤나무
• spruce 가문비나무
• riddle 수수께끼, 구멍을 숭숭 뚫다, 벌집같이 만들다
• adieu 아듀, 작별, 안녕
• breeze [산들]바람, 순풍, 쉬운 일
• rustle 바스락거리다, 바스락거리는 소리
• scrunch (자갈 · 눈 위를 밟을 때 같은) 저르륵저르륵[뽀드득뽀드득] 소리를 내다
• scuffle 휙[슥] 움직이다

19 독해＞대의 파악＞요지, 주장   답 ④

| 출처 | 2017 지방직 9급

| 난도 | 중

분석

마지막 문장에서 '새롭거나 낯선 자극은 친숙한 자극들보다 더 많이 생각하고 숙고할 필요가 있다고 추정되므로, 뇌가 그것들에 더 많은 주관적 시간을 할당하는 게 당연하다.'라고 했으므로, 글의 요지로 적절한 것은 ④ 'New stimuli give rise to subjective time expansion(새로운 자극들은 주관적인 시간 연장을 일으킨다).'이다.

① 자극들에 대한 반응은 뇌 훈련의 중요한 부산물이다.
② 자극의 강도는 반복에 따라 증가한다.
③ 자극에 대한 우리의 신체적 반응은 우리의 생각에 영향을 준다.

해석

새로움에 의해 유발되는 시간 연장은 실험실 조건에서 연구될 수 있는 잘 특징지어진 현상이다. 사람들에게 일련의 자극에 노출된 시간을 추정해보도록 요구하는 것은 새로운 자극이 단순히 반복적이거나 평범한 자극들보다 더 길게 지속되는 것처럼 여겨진다는 것을 보여준다. 실제로 적당히 반복적으로 연속되는 것들 안에서 단지 첫 번째 자극이 되는 것은 주관적인 시간 확장을 유발하기에 충분한 것으로 보인다. 물론 우리의 뇌가 이렇게 작용하도록 진화된 이유를 생각하는 것은 쉽다. 새롭거나 낯선 자극은 친숙한 자극들보다 더 많이 생각하고 숙고할 필요가 있다고 추정되므로, 뇌가 그것들에 더 많은 주관적 시간을 할당하는 게 당연하다.

어휘

- novelty 새로움, 참신함
- expansion 확대, 확장
- repetitive 반복되는
- unremarkable 평범한
- sufficient 충분한
- subjective 주관적인
- evolve 진화하다
- presumably 추정하건대
- allocate (특정 목적을 위해 공식적으로) 할당하다

20 독해＞세부 내용 찾기＞내용 (불)일치   답 ③

| 출처 | 2020 국가직 9급

| 난도 | 중

분석

네 번째 문장에서 두브로브니크시는 크루즈 관광을 억제하려고 노력해 왔다고 했으므로, 글의 내용과 일치하지 않는 것은 ③ '두브로브니크시는 크루즈 여행을 확대하려고 노력해 왔다.'이다.

① 두 번째 문장에서 도시의 주요 관광명소가 80피트 중세 시대 벽으로 둘러싸인 해안가의 Old Town이라고 했으므로, 글의 내용과 일치한다.
② 세 번째 문장에서 크루즈 배가 정박하면 Old Town은 탱크톱을 입은 관광객들이 거리를 활보한다고 했으므로, 글의 내용과 일치한다.
④ 다섯 번째 문장에서 돈벌이에 대한 유혹에 옛 시가지의 많은 집주인들이 자신들의 집을 에어비앤비(숙박업소)로 바꾸도록 자극해서, 성벽으로 둘러싸인 마을 일부를 거대한 하나의 호텔이 되게 했다고 했으므로, 글의 내용과 일치한다.

해석

크로아티아의 두브로브니크시는 엉망인 상태이다. 이곳의 관광명소가 80피트의 중세 시대 성벽으로 둘러싸인 해안가의 옛 시가지이기 때문에 이 달마티아 해안 마을은 방문객들을 잘 받아들이지 못한다. 그리고 크루즈 선이 이곳에 정박하면, 탱크톱을 입은 관광객 무리가 석회암으로 덮인 거리를 활보하면서 옛 시가지의 분위기를 너저분하게 만든다. 그렇다. 두브로브니크시는 크루즈 관광을 억제하려고 적극적으로 대책을 강구했지만, 어떤 것도 끊임없이 몰려드는 관광객 무리로부터 옛 시가지를 구할 수는 없을 것이다. 설상가상으로, 돈벌이에 대한 유혹에 옛 시가지의 많은 집주인들이 자신들의 집을 에어비앤비(숙박업소)로 바꾸도록 자극해서, 성벽으로 둘러싸인 마을 일부를 거대한 하나의 호텔이 되게 했다. 옛 시가지에서 지역 주민처럼 '진짜' 두브로브니크를 경험하기 원하는가? 여러분은 이곳에서 그것을 발견하지 못할 것이다. 앞으로도.

어휘

- attraction (사람을 끄는) 명소
- legion (특정한 유형의) 많은 사람들; 군단, 부대
- miasma (지저분한 · 불쾌한) 공기[기운]
- clad ~(옷)을 입은
- limestone 석회암
- blanketed ~로 덮인
- proactive 사전 대책을 강구하는
- perpetual 끊임없이 계속되는, 영원한
- swarm (사람 · 동물의) 무리, 떼
- lure 유혹
- turn over (권리 · 책임 등을) 넘기다
- walled 벽이 있는, 벽으로 둘러싸인; 성벽으로 방비한

04 제9회 기출 섞은 모의고사

01	02	03	04	05	06	07	08	09	10
①	④	④	①	④	①	②	①	④	③
11	12	13	14	15	16	17	18	19	20
③	④	②	③	③	②	①	④	②	③

01 어휘>단어 　　　　　　　　답 ①

| 출처 | 2017 지방직 9급

| 난도 | 상

분석

but 앞부분에서 '맛이 없다'고 했고, but 다음에 'by adding condiments'로 미루어 빈칸에는 ① 'palatable(맛있는)'이 적절하다.
② 분해될 수 있는
③ 마실 수 있는
④ 민감한, ~할 수 있는

해석

메인 요리는 별로 맛이 없었지만, 나는 조미료를 넣어 더 맛있게 만들었다.

어휘

• flavor 풍미, 향미, 맛
• condiment 조미료, 양념

02 어휘>단어 　　　　　　　　답 ④

| 출처 | 2018 국회직 8급

| 난도 | 상

분석

식물에 유전자가 조작된 바이러스를 주입하면, 바이러스라는 항원을 비활성화시키고, 싸우기 위해 항체가 생성된다. 따라서 ④ 'antibodies(항체)'가 가장 적절하다.
① 미생물
② 해충
③ 독약, 독물

해석

ZMapp은 식물에 유전자 변형 바이러스를 주입함으로써 만들어진다. 이것은 식물 세포들이 에볼라 바이러스의 항체를 생산하도록 하며, 그 후에 과학자들이 이것들을 추출하고 정제한다. ZMapp은 일부 사람들에게 제공되었지만, 그것은 비교적 검증되지 않았고, 안전성과 효능은 알려지지 않았다.

어휘

• inject 주입하다
• extract 추출하다
• efficacy 효험

03 어휘>어구 　　　　　　　　답 ④

| 출처 | 2020 지방직(서울시) 9급

| 난도 | 중

분석

밑줄 친 make a case for는 '~에 대해 (긍정적인) 의견을 주장하다'라는 뜻으로, 그 의미가 가장 가까운 것은 ④ 'strongly suggested(강력하게 제안하다)'이다.
① ~에 반대하다
② ~을 꿈꾸다
③ 전적으로 배제하다

해석

프란체스카가 여름휴가를 집에서 보내겠다고 주장한 후에, 불편한 침묵이 저녁 식탁 위에 내려앉았다. 로버트는 지금이 그녀에게 자신의 거창한 계획을 말할 적기인지 확신이 없었다.

어휘

• fall on ~에 떨어지다
• grandiose (너무) 거창한

04 어휘>단어 　　　　　　　　답 ①

| 출처 | 2022 국가직 9급

| 난도 | 중

분석

밑줄 친 unravel은 '(미스터리 등을) 풀다'라는 뜻으로, 이와 의미가 가장 가까운 것은 ① 'solve(풀다)'이다.
② 창조하다
③ 모방하다
④ 알리다, 광고[홍보]하다

해석

수년 동안, 형사들은 쌍둥이 형제의 갑작스러운 실종에 대한 미스터리를 풀기 위해 애썼다.

어휘

• detective 형사, 수사관
• disappearance 실종, 잠적

05 어법>비문 찾기 　　　　　　　　답 ④

| 출처 | 2021 국회직 8급

| 난도 | 상

분석

부사절에서 유래한 분사구문은 주절의 주어가 분사의 행위자일 때에는 현재분사를 쓰고, 분사의 행위를 받을 때에는 과거분사를 쓴다. If endorsing은 주절의 주어(the rules)가 행위를 받는 수동의 의미이므로, If endorsing은 If (being) endorsed가 되어야 한다.

① are being은 진행 수동으로 '~되어지고 있는 중이다'로 적절하다.
② '주장 동사(state)+that+주어+(should)+동사원형' 구문으로 당위성과 미래 지향성을 의미한다.
③ 명사 preference(우선권, 선호도)는 직접목적어로 적절하게 사용되었다.

해석

유럽에서는, 긍정적 차별에 대한 규정들이 각 나라에서 논의되고 있다. 그 규정들은 여성이 경영진의 총 40% 비율이 될 때까지, 더 나은 자격을 갖춘 남성 후보자가 없는 한, 기업은 여성에게 비상임직에 대한 우선권을 주어야만 한다고 규정하고 있다. 그 법률안은 그 규정을 무시하는 기업에 대한 벌금 부과를 가능하도록 하였다. 그 규정이 승인된다면, 규정이 시행되기까지는 7년이 걸릴 것이다.

어휘

- discrimination 차별(=apartheid, segregation)
- non-executive posts 비상임직
- boardroom 중역회의실, 경영진
- endorse 지지하다, 보증하다, 승인하다
- come into force 시행되다, 효력을 발생하다

2점 UP 포인트

'주어+주장, 요구, 명령, 제안, 조언, 권고 동사+that+주어+(should)+동사원형' 구문

- 주장, 제안 동사 : insist, state, propose, suggest 등
  예) I insisted that she (should) leave at once.
  나는 그녀가 즉시 떠나야 한다고 주장했다.
  → insist는 미래의 당위성을 나타낼 때만 should를 사용한다.
  예) Mary suggested that he (should) postpone his plans.
  메리는 그에게 계획을 연기할 것을 제안했다.
  → suggest가 '제안하다'라는 의미로 쓰인 경우에는 should가 올 수 있으나 '암시하다'라는 의미로 쓰인 경우에는 should가 오지 않는다.
- 요구 동사 : require, request, demand 등
  예) He demanded that the immigration system (should) be fixed immediately.
  그는 이민 제도가 즉시 고쳐질 것을 요구했다.
- 명령 동사 : order, command 등
  예) The king commanded that the slave (should) be set free.
  왕은 노예를 석방하라고 명령했다.
- 조언, 권고 동사 : advise, recommend, ask 등
  예) I recommend that you (should) see a lawyer.
  저는 당신이 변호사를 만나 볼 것을 권합니다.

06 독해>대의 파악>요지, 주장 답 ①

| 출처 | 2020 지방직(서울시) 9급
| 난도 | 중

분석

제시문의 도입부에서 진화론적 입장에 따라 소비하는 양에 비해 기여하는 게 없는 노인들에게 자원이 적게 분배되는 것이 합리적이라는 내용이 전개되지만, 일곱 번째 줄의 But 이하부터 노인들의 정신적 지주로서의 역할을 설명하며 어조가 전환된다. 가족 주변에 소란스러운 일이 발생하면 노인들이 중심을 잡아주어 그들이 물질적으로 소비하는 것에 대해 행동으로 보상하고 있다는 것이다. 따라서 이 글의 요지로 적절한 것은 ① 'Seniors have been making contributions to the family(노인들은 가족에 기여해 왔다).'이다.

---

② 현대 의학은 노인들의 역할에 초점을 맞추고 있다.
③ 가족 내에서 자원을 잘 분배하는 것이 가족의 번영을 결정한다.
④ 대가족은 제한된 자원의 대가를 치르게 한다.

해석

진화론적으로, 생존을 희망하는 종이라면 자신의 자원을 신중하게 관리해야 한다. 그것은 음식이나 먹기 좋은 것들은 먼저 양육자들과 전사들, 사냥꾼들, 농부들, 건설자들과 아이들에게 돌아가고, 노인들에게는 그다지 남아있는 게 없다는 것을 뜻한다. 노인들은 기여하는 것보다는 소비하는 게 더 많아 보일 수 있다. 그러나 현대 의학으로 인해 평균 수명이 늘어나기 전에도 가정에는 보통 조부모와 심지어 증조부모까지 있었다. 그것은 노인들이 물질적으로 소비한 것을 행동으로 돌려주는데, 그들이 종종 가족 주변에 휘몰아치는 소동에서 침착하고 합리적인 중심을 제공하기 때문이다.

어휘

- evolutionarily 진화론적으로, 진화로
- call ~에 대한 요구
- goody 먹기 좋은 것, 매력적인 것
- life expectancy 기대 수명, 평균 수명
- leveling 침착한
- tumult 소란, 소동
- swirl 소용돌이치다, 빙빙 돌다
- allocate 할당하다
- prosperity 번영, 번성
- come at a cost 대가가 따르다

07 어법>정문 찾기 답 ②

| 출처 | 2021 지방직(서울시) 9급
| 난도 | 중

분석

병렬구조와 needless to say 구문을 물어보는 문제이다. 문장에 and/but/or가 있는 경우 병렬형식을 반드시 확인해야 하는데 attempted와 had가 병렬구조를 이루어 올바르게 쓰였다. 또한, needless to say는 '~는 말할 것도 없이'라는 뜻의 관용표현으로 알맞게 쓰였다.

① 'become+형용사'의 형태를 물어보는 문제로, 2형식 동사 become 뒤에는 형용사 보어가 와야 하므로, unpredictably는 unpredictable이 되어야 한다.
③ 'upon ~ing' 구문을 물어보는 문제이다. 'upon ~ing'는 '~하자마자'의 의미로, Upon arrived는 Upon arriving이 되어야 한다.
④ enough의 위치와 후치 수식을 물어보는 문제이다. 부사 enough는 수식하는 형용사 혹은 부사를 뒤에서 수식한다. 따라서 enough comfortable은 comfortable enough가 되어야 한다. '명사+주어+동사' 구조에서 주어+동사가 명사(something)을 후치 수식하는 것으로 올바르게 쓰였다.

해석

① 나의 다정한 딸이 갑자기 예측불허로 변했다.
② 그녀는 새로운 방법을 시도했고, 말할 것도 없이 다른 결과가 나왔다.
③ 그는 도착하자마자 새로운 환경을 충분히 활용했다.
④ 그는 자신이 하고 싶은 일에 대해 나에게 말할 수 있을 만큼 충분히 편안함을 느꼈다.

어휘

- sweet-natured 다정한, 상냥한
- unpredictably 예언할 수 없게, 예측할 수 없게
- take advantage of ~을 이용하다, ~을 기회로 활용하다

08 독해>빈칸 완성>단어 · 구 · 절   답 ①

| 출처 | 2021 법원직 9급

| 난도 | 중

분석

빈칸 앞 문장에서 'And so, if a fluffy little seed pakage like this falls in a spruce or beech forest, the seed's life is over before it's even begun(그래서 만약 이런 솜털 같은 작은 씨앗 꾸러미가 가문비나무나 너도밤나무 숲에 떨어지면, 씨앗의 삶은 시작도 하기 전에 끝난다).'라고 했으므로, 문맥상 빈칸에는 작은 씨앗 꾸러미가 가문비나무나 너도밤나무 숲에 떨어지는 것보다 ① 'prefer settling in unoccupied territory(빈 지역에 정착하기를 선호한다)'가 적절하다.

② 초식동물의 먹이로 선택되었다

③ 인간의 개입을 피하려고 진화했다

④ 겨울까지 낙엽으로 덮여 있다

해석

버드나무와 포플러의 씨앗은 너무 작아서 솜털에서 두 개의 작고 어두운 점을 발견할 수 있다. 이 씨앗들 중 하나는 무게가 0.0001그램 밖에 나가지 않는다. 이렇게 약한 에너지를 비축해서, 묘목은 수증기가 다 떨어지기 전에 겨우 1~2밀리미터만 자랄 수 있고 어린잎을 이용해 스스로 만든 양분에 의존해야 한다. 하지만 그것은 작은 새싹을 위협할 경쟁이 없는 곳에서만 효과가 있다. 그것에 그늘을 드리우는 다른 식물들은 새로운 생명을 즉시 소멸시킬 것이다. 그래서 만약 이런 솜털 같은 작은 씨앗 꾸러미가 가문비나무나 너도밤나무 숲에 떨어진다면, 씨앗의 삶은 시작도 하기 전에 끝난다. 그래서 버드나무와 포플러들은 빈 지역에 정착하기를 선호한다.

어휘

• willow 버드나무

• minuscule 아주 작은, 소문자, 필사 초서체

• fluffy 솜털 같은, 솜털로 덮인, 폭신폭신한

• meagre[=meager] 빈약한, 메마른, 결핍한

• seedling 묘목, 어린 나무

09 독해>대의 파악>제목, 주제   답 ④

| 출처 | 2021 지방직(서울시) 9급

| 난도 | 중

분석

이 글은 '디지털 전환(digital turn)'의 정의와 사회적 현실에서의 역할, 개인에게 미치는 영향에 대해 서술하고 있으므로, 글의 제목으로 가장 적절한 것은 ④ 'Digitalization Within the Context of Social Reality(사회적 현실의 맥락 안에서의 디지털화)'이다.

① SNS에서 정체성 재구성

② 언어적 전환 대 디지털 전환

③ 디지털 시대의 정보 공유 방법

해석

'전환'의 정의는 디지털 전환을 우리가 사회적 현실에서 디지털화의 역할에 집중할 수 있도록 하는 분석 전략으로써 묘사한다. 분석적 관점으로 보면, 디지털 전환은 디지털화의 사회적 의미를 분석하고 토론하는 것을 가능하게 한다. 따라서 '디지털 전환'이라는 용어는 한 사회 내에서 디지털화의 역할에 초점을 맞춘 분석적 접근 방식을 의미한다. 만약 언어적 전환이 언어를 통해 현실이 구성된다는 인식론적 가정에 의해 정의된다면, 디지털 전환은 사회적 현실이 점점 디지털화에 의해 정의된다는 가정에 기반을 둔다. 소셜 미디어는 사회적 관계의 디지털화를 상징한다. 개인들은 점점 더 소셜 네트워킹 사이트(SNS)에서 신원 관리에 참여한다. SNS는 다방향적인데, 이는 사용자가 서로 접속하고 정보를 공유한다는 것을 의미한다.

10 독해>글의 일관성>글의 순서   답 ③

| 출처 | 2020 국회직 8급

| 난도 | 상

분석

주어진 글의 마지막 부분에서 정치는 유형 재화의 분배에 관한 논쟁을 해결하는 것이라고 하였고, 이를 (B)에서 This로 받는다. 이후 (A)의 정치가 분배(distribution)에만 관련이 있다는 생각은 (B)의 누진 과세와 복지 시책을 받으므로, (B) 다음에 (A)가 이어진다. (A)에서 정치에서 포스트 이데올로기 논쟁의 증가는 (C)에서 현대 정치 토론의 주제를 소개하는 내용과 연결되므로, 주어진 글 다음에 이어질 글의 순서는 ③ '(B) - (A) - (C)'가 적절하다.

해석

우선, 정치는 무엇인가? 이 질문에 대한 고전적인 대답 중 하나는 정치는 누가 무엇을, 언제, 그리고 어떻게 얻는가에 관한 것이다. 이 관점에서 보면 정치는 본질적으로 유형 재화의 분배에 관한 논쟁을 해결하는 것이다.

(B) 이것은 제2차 세계대전 이후 시대에서 정치의 공정한 정의였을지도 모르는데 그 시대는 비교적 중앙집권화된 국가에 의한 누진 과세와 복지 시책의 출시, 전통적인 좌 · 우 이념적 분열에 기초한 정당 정치제도를 보는 시대였다.

(A) 하지만 정치가 오로지, 다시 말해 주로 분배에만 관련이 있다는 생각은 지난 30년 이상 동안 도전을 받아왔다. 가치관과 생활양식에 대한 '포스트 이데올로기' 논쟁의 중요성이 증가하면서 정치는 물질적 자원만큼이나 정체성과 문화에 관한 것이거나, 그 이상이 될 수 있다는 점을 시사한다.

(C) 우리의 현대 정치 토론의 대부분은 환경, 성별, 성적 권리, 이민, 안보 등의 좌 혹은 우로 깔끔하게 분류되지 않는 이슈들을 중심으로 다룬다.

어휘

• contestation 논쟁; 쟁점, 주장

• characterization 묘사, 정의

• progressive taxation 누진 과세

• cleavage (사람들 · 집단 사이의) 분열

• salience 특징, 중요점

• revolve around ~을 중심으로 다루다

11 표현>일반회화   답 ③

| 출처 | 2017 지방직 7급

| 난도 | 중

분석

오늘 퇴근 전에 견적서를 보내주겠다는 내용과 빈칸 다음 배송날짜에 대한 언급이 있으므로 빈칸에 가장 적절한 것은 ③ 'Do you ship door-to-door(집까지 배송해 줄 수 있나요)?'이다.

① 견적서가 정확한가요?

② 대충 가격을 말씀해 주실 수 있나요?

④ 배달이 늦어진 주된 이유가 뭔가요?

해석

제인 폭스 : 안녕하세요. 전 Prime Company의 제인 폭스인데요. 김 선생님과 통화할 수 있나요?

테드 김 : 안녕하세요. 폭스씨. 제가 테드 김입니다.

제인 폭스 : 안녕하세요. 김 선생님. 제가 귀사의 Comport 책상을 다수 주문하고 싶어요.

테드 김 : 물론이지요. 몇 개나 주문 하시겠어요?

제인 폭스 : 이번 달 말까지 75개를 주문하려고요. 주문 전에 견적서를 보내주실 수 있나요?

테드 김 : 물론이지요. 제가 오늘 퇴근 전에 보내드릴게요.

제인 폭스 : 그렇게 해주세요. 집까지 배송해 주실 수 있나요?

테드 김 : 물론이지요. 배송 날짜는 도착지의 위치에 따라 달라지지만 우리는 일반적으로 2주 안에 배달이 가능합니다.

어휘

- place an order 주문하다
- estimate 견적서
- ship door-to-door 집까지 배송해 주다

---

12 표현>일반회화 　　　　　　　　 답 ④

| 출처 | 2017 지방직 7급

| 난도 | 중

분석

어떤 메시지가 와 있는지에 대한 응답으로 모든 방이 예약되었다는 대답은 어색한 대화 흐름이다.

해석

① A : 무슨 일이죠? 오늘 아침 왜 시무룩해 보이나요?

B : 그렇게 보여요? 몸이 약간 안 좋아서요.

② A : 이번 여름에 어디로 여행할지 결정했나요?

B : 글쎄요. 저는 이 결정에 대해 어떤 제안도 환영합니다.

③ A : 수도꼭지가 다시 그렇게 심하게 새다니 믿을 수가 없네요.

B : 수도세가 많이 나오겠네요.

④ A : 351호실인데요. 저한테 온 메시지가 있나요?

B : 체크해 보겠습니다... 오늘은 모든 방이 예약되어 있네요.

어휘

- under the weather 몸이 안 좋은
- faucet (수도) 꼭지

---

13 어법>영작하기 　　　　　　　　 답 ②

| 출처 | 2020 국가직 9급

| 난도 | 중

분석

'주장, 요구, 명령, 제안' 동사 다음에 that절이 오는 경우 that절의 동사는 '(should)+동사원형'이 되어야 하므로 동사원형 cease가 적절하게 사용되었다. cease는 자/타동사 둘 다 가능한데, 제시된 문장에서는 자동사로 쓰였다.

① raise는 '~을 올리다'라는 의미의 타동사로 목적어가 필요하다. have raised 다음에 목적어가 없으므로 수동태인 have been raised 또는 '(사건 등이) 발생하다'는 의미의 자동사인 arise를 써서 have arisen으로 고쳐야 한다.

---

③ 주절의 시제는 과거인데 종속절의 시제가 미래여서 비문이다. 주절의 시제가 과거일 경우 종속절의 시제는 과거 또는 과거완료가 되어야 하므로 will blow를 문맥상 과거시제인 blew로 고쳐야 한다.

④ survive는 자동사로 '살아남다', 타동사로 '~보다 더 오래 살다'라는 뜻으로, 주어진 우리말에 '살아남는다'고 제시되었으므로 자동사로 사용되어야 한다. 따라서 수동태인 are survived를 능동태인 survive로 고쳐야 한다.

어휘

- command 명령하다, 지시하다
- cease 중지하다, 그만두다
- harsh 혹독한, 가혹한

---

14 어법>영작하기 　　　　　　　　 답 ③

| 출처 | 2017 지방직 7급

| 난도 | 중

분석

소유격 관계대명사 of which 다음에 오는 명사 앞에는 한정사가 있어야 하므로 정관사 the가 필요하다. 또한 '다음 목록에서'는 to the following list보다 전치사 from을 사용하여 from the following list로 고치는 것이 적절하다.

① 'A or B'에서는 B에 수일치를 시켜야 하므로 단수 동사 does를 사용한 것은 적절하다.

② 'No sooner had+주어+p.p. ~ than+주어+과거동사' 구문을 묻는 문제이다. no sooner가 문두에 위치하면서 주어와 동사가 도치되었다.

④ other than은 '~이외에'라는 의미의 전치사이고 the fact 다음 동격의 접속사 that 역시 어법상 적절하다.

---

15 독해>빈칸 완성>연결어 　　　　　　 답 ③

| 출처 | 2019 서울시 9급

| 난도 | 중

분석

주어진 빈칸은 앞 문장과 해당 문장의 논리적 관계를 연결하는 접속부사 자리이다. 빈칸 앞 문장은 학령 인구에 비해 교육비 지출이 적은 아프리카 일부 지역에 대한 내용이 서술되어 있고, 빈칸 다음에는 미국은 학령 아동 대비 교육비 지출이 크다는 상반된 내용을 서술하고 있다. 따라서 빈칸에는 상반되는 두 가지 사실을 연결할 때 쓰는 ③ 'Conversely(반대로)'가 적절하다.

① 그럼에도 불구하고

② 게다가

④ 비슷하게

해석

한 국가의 부는 교육에서 중심적인 역할이므로, 국가의 자금과 자원 부족은 시스템을 약화시킬 수 있다. 사하라 사막 이남 아프리카의 정부들은 전 세계 공공자원의 2.4퍼센트만을 교육에 사용하지만, 학령 인구 중 15퍼센트가 그곳에 거주한다. 반대로, 미국은 전 세계에서 지출되는 모든 돈의 28퍼센트를 교육비에 쓰고 있지만, 학령 인구의 4퍼센트만이 거주하고 있다.

어휘

- funding 자금, 자금 제공[재정 지원]
- school-age population 학령 인구

16 독해>글의 일관성>단어의 쓰임 　답 ②

| 출처 | 2019 법원직 9급

| 난도 | 상

분석

제시문은 현대화 사회로 가면서 노인의 지위가 약화되고 있다는 내용이다. 글의 문맥상 ②에는 산업화가 진행되면서 현대 사회가 노인들을 저평가하고 있다는 내용이 적절하므로, 'revalue(재평가하다)'가 아니라 'devalue(평가절하하다)'가 되어야 한다.

해석

> 노화에 관련된 근대화 이론에 의하면, 노인의 지위는 사회가 현대화될수록 약화된다. 노인의 지위는 수렵채집 사회에서 낮았다. 그러나 안정적인 농경 사회에서 극적으로 상승했는데, 연장자가 토지를 통제했기 때문이다. 산업화에 들어서면서, 현대 사회는 노년층을 <u>재평가하는(→ 평가절하하는)</u> 경향이었다. 노화에 대한 근대화 이론은 노년층의 역할과 지위는 기술 발전과 반비례 관계라고 한다. 도시화와 사회유동성 같은 요소들이 가족 해체 경향을 보이는 반면, '기술적 변화'는 노년층의 지혜나 삶의 경험을 평가절하하는 추세이다. 일부 연구자들은 현대화의 중요 요소들은, 사실, 다양한 사회에서 노인 지위 하락과 대체적으로 관련 있다는 것을 발견했다.

어휘

- modernization theory 근대화 이론
- revalue 재평가하다, 다시 높이 평가하다
- inversely 역비례하여, 반대로
- disperse 해산하다

17 독해>세부 내용 찾기>내용 (불)일치 　답 ①

| 출처 | 2019 지방직 9급

| 난도 | 중

분석

두 번째 문장에서 '독기가 방의 안팎 어느 쪽에 더 많은지에 따라 창문을 열거나 닫다.'라고 했으므로, 글의 내용과 일치하지 않는 것은 ① 'In the nineteenth century, opening windows was irrelevant to the density of miasma(19세기에 창문을 여는 것은 독기의 밀도와 관련이 없었다.)'이다.

② 19세기에 귀족들은 나쁜 공기가 있는 곳에 살지 않는다고 믿어졌다.

　→ 'it was believed that ∼'을 통해 알 수 있다.

③ 백신은 사람들이 미생물과 박테리아가 질병의 진짜 원인이라는 것을 깨닫고 난 뒤 개발되었다.

　→ 'This new view of disease ∼'를 통해 알 수 있다.

④ 상처와 찰과상을 깨끗하게 하는 것은 사람들이 건강을 유지하는 데 도움을 줄 수 있다.

　→ 마지막 문장을 통해 알 수 있다.

해석

> 19세기 가장 존경받는 건강 의학 전문가들은 주장하기를, 질병이 나쁜 공기를 뜻하는 고급 용어인 '독기'에서 야기되는 것이라고 했다. 서양 사회의 보건 체계는 이러한 가정을 기초로 한 것으로, 즉 질병 예방을 위해 방 안팎 어느 쪽에 독기가 더 많은지에 따라 창문을 열거나 닫았다. 귀족들은 나쁜 공기가 있는 지역에 살지 않으므로, 의사는 질병을 옮길 수 없다고 믿었다. 그 이후로 세균에 대한 개념이 생겨났다. 이전에는 모든 사람들이 나쁜 공기가 사람들을 아프게 한다고 믿었다. 그러다 거의 하룻밤 사이에 사람들은 진짜 질병을 유발하는 미생물과 박테리아라고 불리는 보이지 않는 무언가가 있다는 걸 깨닫기 시작했다. 질병에 대한 이 새로운 관점은 의학에 전면적인 변화를 가져와서, 의사들은 소독제를 쓰고 과학자들은 백신과 항생제를 발명했다. 그러나 똑같이 중대하게 세균에 대한 생각은 평범한 사람들에게 그들의 삶에 영향을 끼칠 수 있는 힘을 주었다. 오늘날, 여러분이 건강을 유지하기를 원한다면, 손을 씻고, 물을 끓이고, 음식을 철저하게 조리하거나 베인 상처와 찰과상을 요오드로 소독해야 한다.

어휘

- miasma (지저분한 · 불쾌한) 공기[기운/냄새]
- pass along 전달하다
- quarter 구역
- come along 생기다, 나타나다
- sweeping 전면적인, 포괄적인
- antiseptic 소독약
- antibiotic 항생제, 항생물질
- momentously 중요하게, 중대하게
- thoroughly 완전히, 철저하게
- scrape 찰과상, 긁힌 자국
- iodine 요오드

18 독해>글의 일관성>문장 삽입 　답 ④

| 출처 | 2022 국가직 9급

| 난도 | 상

분석

주어진 문장이 'Thus(따라서)'로 시작하므로, 주어진 문장 앞에서는 혈액이 뇌로 더 잘 순환될 수 있는 상황을 제시해 주어야 하므로, ③ 다음에서 '앉거나 서 있는 대신 신체를 수평으로 하거나 누울 때 가해지는 지속적인 중력은 혈액이 다리가 아닌 등에 고이기 때문에 사람들이 더 잘 견딜 수 있는 경향이 있다.'라고 했으므로, 문맥상 주어진 문장이 들어갈 위치로 가장 적절한 곳은 ④이다.

해석

> 사람들은 다양한 방식으로 중력(g-force)에 노출될 수 있다. 그것은 등을 두드릴 때처럼 신체의 한 부위에만 영향을 미치는 국부적인 것일 수 있다. 그것은 또한 자동차 충돌사고 시 겪는 강한 힘처럼 순간적일 수도 있다. 중력의 세 번째 유형은 지속적인, 즉 최소 몇 초 동안 이어질 수도 있다. 전신에 걸친 지속적인 중력이 사람들에게 가장 위험하다. 신체는 보통 지속적인 중력보다 국소적이거나 순간적인 중력을 더 잘 견뎌내는데, 지속적인 중력은 혈액이 다리로 몰려 신체 나머지 부분에서 산소를 빼앗기 때문에 치명적일 수 있다. 앉거나 서 있는 대신 신체를 수평으로 하거나 누울 때 가해지는 지속적인 중력은 혈액이 다리가 아닌 등에 고이기 때문에 사람들이 더 잘 견딜 수 있는 경향이 있다. 따라서 혈액과 생명을 주는 산소는 심장이 뇌로 순환시키기 더 쉽다. 우주 비행사와 전투기 조종사 같은 일부 사람들은 중력에 대한 신체 저항을 증가시키기 위해 특별한 훈련 연습을 받는다.

어휘

- circulate 순환시키다, 보내다
- gravitational force 중력, 인력
- localize 국한시키다[국부적이 되게 하다]
- momentary 순간적인
- withstand 견디다, 참다
- deadly 치명적인
- deprive 빼앗다, 부족하게 하다
- horizontal 가로의, 수평의
- tend to ~하는 경향이 있다
- pool 모이다, 고이다
- astronaut 우주비행사
- undergo 받다, 겪다
- resistance 저항

---

19 독해>세부 내용 찾기>내용 (불)일치 　답 ②

| 출처 | 2019 국가직 9급
| 난도 | 중

분석

두 번째 문장에서 식량 부족이 아닌 잉여 농산물을 처리하기 위해 시작되었다고 언급하므로, 글의 내용과 일치하지 않는 것은 ② 'The US government began to feed poor children during the Great Depression despite the food shortage(미국 정부는 식량 부족에도 불구하고 대공황 동안 가난한 아이들에게 식량 공급을 하는 것을 시작했다).'이다.

① 일하는 여성의 증가가 급식의 확장을 촉진시켰다.
　→ 세 번째 문장에서 언급하고 있다.
③ 미국 학교 급식 시스템은 현재 빈곤 가정 어린이들에게 음식을 제공하는 데 도움을 주고 있다.
　→ 아홉 번째 문장에서 언급하고 있다.
④ 점심을 제공하는 기능이 가정에서 학교로 옮겨지고 있다.
　→ 마지막 문장에서 언급하고 있다.

해석

> 최초의 정부 음식 서비스 프로그램은 1900년대 경 유럽에서 시작했다. 미국의 프로그램은 대공황으로부터 시작되었는데, 당시 잉여 농산물의 활용 필요성과 빈곤 가정 어린이들에 대한 급식 제공 관심이 맞물린 상황이었다. 제2차 세계대전 당시와 그 후에는 일하는 여성의 수가 폭발적으로 증가하면서 더 광범위한 프로그램이 필요하게 되었다. 한때 가정에서 담당했던 점심이 학교 급식으로 변경되었다. 국가적인 학교 급식 프로그램은 이와 같은 노력의 결과이다. 이 프로그램은 연방정부의 지원을 받아 취학 연령 어린이들에게 식사를 제공하도록 고안되었다. 제2차 세계대전 말부터 1980년대 초까지 학교급식에 대한 재정 지원이 꾸준하게 확대되었다. 오늘날 이것은 미국 전역 거의 10만 개의 학교에서 아이들에게 급식을 제공하는 데 도움을 준다. 이것의 첫 번째 기능은 모든 학생에게 영양가가 있는 점심을 제공하는 것이다. 두 번째는 불우한 아이들에게 아침과 점심 둘 다 영양가 높은 음식을 제공하는 것이다. 학교 급식의 역할은 예전에 가정에서 담당했던 기능을 대체하는 데서 나아가 오히려 그 기능이 확대되었다.

어휘

- date from ~로부터 시작되다
- surplus 과잉
- commodity 상품, 물품
- fuel 부채질하다, 자극하다

- federally 연방제로
- nutritious 영양가가 높은
- underprivileged 혜택을 못 받는, 불우한
- if anything 어느 편인가 하면, 오히려

---

20 독해>글의 일관성>무관한 어휘 · 문장 　답 ③

| 출처 | 2020 국회직 8급
| 난도 | 상

분석

제시문은 도입부에서 불안장애의 하나인 비행기 공포증을 소개하고 있으며, 이를 통해 앞으로 필자가 불안장애에 대해 서술하려고 하는 것을 파악할 수 있다. ①에서는 다른 상황형 공포증처럼 두려움은 처한 위험과 균형이 맞지 않다는 불안장애의 일반적인 특징을 설명한다. 이후 미국에서 비행기 여행은 안전하다는 내용과 함께 ②에서 학자의 통계적 수치를 그 근거로 든다. 그 다음 문장에서는 대조의 연결사 In contrast를 사용하여 실제로는 교통사고 사망률이 가장 높다는 내용이 이어지는데, ③에서는 성공적인 비행 경험을 하고 나서도 사람들이 계속해서 비행을 두려워하는 원인에 대해서는 밝혀진 게 거의 없다는 내용이므로, 문맥상 앞뒤가 연결되지 않는다. 또한 ③ 다음 문장은 역접의 연결사 But으로 연결되어 통계가 공포증을 잠재우기에 충분하지 않다는 내용이 오는데, 이때 통계는 ③ 앞 문장의 8만 5천분의 1을 가리키는 것이므로 글의 흐름상 어색한 문장은 ③이다.

해석

> 비행에 대한 두려움, 즉 비행기 공포증은 일종의 불안장애이다. 일반 대중의 40% 정도가 비행을 무서워하며, 2.5%는 임상 공포증으로 분류되는데, 비행하기를 피하거나 상당히 고통스럽게 비행하는 상태를 말한다. 다른 상황 공포증들의 경우처럼, 두려움(비행기 공포증)은 처하게 된 위험과 불균형하다. 미국의 민간 항공기로 여행하는 것은 대단히 안전하다. 노스웨스턴 대학교의 경제학과 부학과장인 이언 새비지에 따르면, 1년간 매일 500마일을 비행한 사람의 치사율 위험은 1/85,000으로 예상했다. 그에 반해서, 고속도로 여행은 전국 교통 시설 사망자의 94.4%를 차지한다. 성공적인 비행을 접하고 나서도 사람들을 계속해서 두렵게 하는 것에 대해서는 거의 알려지지 않았다. 그러나 많은 사람들에게 있어 통계는 공포증을 잠재우기에는 충분하지 않다. 미국 불안 및 우울증 협회(ADAA)는 유발 계기를 식별하고 그것을 진정하는 데 도움을 주는 8가지 단계를 제안한다. 이 단계를 작성한 임상 심리학자 마틴 세이프는 공포증을 구성하는 다양한 조건들을 알려준다. 그중에는 공황장애, 사회 불안장애, 강박장애가 있다. 어떤 사람들에게는 호흡 운동, 항불안제, 인지행동치료가 효과가 있다. 하지만 그것들이 모두에게 효과가 있는 것은 아니다.

어휘

- aviophobia 비행기 공포(증)
- phobia 공포증
- distress (정신적) 고통, 괴로움
- disproportionate to ~와 균형이 맞지 않는
- fatality 치사율; 사망자
- associate [흔히 직함에 쓰여] 준(準)[부/조]-
- account for (부분 · 비율을) 차지하다; 설명하다
- quell (강렬하거나 불쾌한 감정을) 가라앉히다; (반란 · 소요 등을) 진압하다
- defuse (긴장 · 위험 등을) 진정시키다; (폭탄의) 뇌관을 제거하다
- obsessive compulsive disorder 강박장애

05 제10회 기출 섞은 모의고사

01	02	03	04	05	06	07	08	09	10
②	④	①	②	①	②	①	①	④	③
11	12	13	14	15	16	17	18	19	20
②	②	③	①	②	④	④	①	③	②

01 어휘>어구   답 ②

| 출처 | 2021 국회직 8급

| 난도 | 중

분석

밑줄 친 at large는 '아직 잡히지 않은, 오리무중인'의 뜻이므로, 전체적인 문맥을 볼 때, 의미가 가장 가까운 것은 ② 'not yet confined(아직 붙잡히지 않은)'이다.
① 약속이 없지 않은, 자유롭지 않은
③ 그룹으로 변장한(술 취한), 속임수의
④ 사람들과 함께 사라진

해석

아직 잡히지 않은 채 공격을 감행하려 단단히 결심한 다른 자들에 의해서, 그 독약이 우리가 알지 못하는 어딘가로 옮겨졌을 수도 있다고 심각하게 염려된다.

어휘

• disengaged 약속이 없는
• confined 감금된, 구속된
• disguised 변장한
• vanish 사라지다

02 어휘>단어   답 ④

| 출처 | 2019 국회직 8급

| 난도 | 중

분석

기본적으로는 단어 뜻을 알고 있는지 묻는 문제이지만, 문맥을 통해 insipidness의 의미를 파악해야 한다. insipidness는 문맥상 동요의 특징 중 하나여야 하며, 이것이 없어야 딸의 관심을 끌 수 있으므로 다소 부정적인 의미여야 한다. 이 둘을 모두 만족시키는 선지는 ④ 'blandness(단조로움)'이다.
① 장황한 비난, 장광설
② 활력
③ 포기, 태만

해석

그 노래는 많은 동요에 들어있는 지루함이 없기 때문에 내 딸의 관심을 끌지도 모른다.

어휘

• engage (주의·관심을) 사로잡다
• insipidness 재미없음, 김빠짐

03 어휘>어구   답 ①

| 출처 | 2019 지방직 9급

| 난도 | 중

분석

밑줄 친 keep abreast of는 '최근 정황을 잘 챙겨 알아두다'의 뜻으로 이와 의미가 가장 가까운 것은 ① 'be acquainted with(~을 알다)'이다.
② ~에 의해 영감을 받다
③ ~을 믿고 있다
④ ~을 멀리하다

해석

이러한 일일 업데이트는 독자들을 통제하려는 정부의 계속되는 시도에 따라, 독자들이 시장의 최근 정황을 알도록 돕기 위해 고안되었다.

어휘

• be designed to ~하도록 만들어지다
• under control 통제되는

04 어휘>단어   답 ②

| 출처 | 2020 지방직(서울시) 9급

| 난도 | 중

분석

빈칸 뒷부분에서 '온도가 올라가면 물 역시 뜨거워진다'라는 표현으로 미루어 빈칸에는 열의 차단과 관련된 표현이 나올 것임을 추론할 수 있다. 따라서 플라스틱병이 단열 처리가 되지 않아 기온이 올라가면 병 안에 있는 물 온도 역시 올라갈 것으로 이어지는 것이 자연스러우므로, 빈칸에는 ② 'insulated(단열처리가 된)'가 적절하다.
① 위생의, 위생적인
③ 재활용할 수 있는
④ 방수의, 방수가 되는

해석

플라스틱병에 관련된 문제는 그것이 단열처리가 되지 않아서 기온이 상승하기 시작하면 병 안의 물도 함께 뜨거워진다는 것이다.

05 어법>비문 찾기   답 ①

| 출처 | 2021 국회직 8급

| 난도 | 상

분석

주어와 동사의 수 일치를 묻는 문제이다. 접속사 as 절의 주어 dissatisfaction with working conditions or with the nature of the job이 단수이므로, 동사 mount는 단수형 mounts가 되어야 한다.
② 'so ~ that' 구문은 '너무나 ~해서 결국 …하다'의 뜻으로, 문맥상 적절하게 사용되었다.

③ those who were the most idealistic and driven은 '가장 이상적이며 의욕적인 사람들'이라는 뜻이다. 'those who'는 '~하는 사람들'의 뜻으로 복수 동사로 받는다.

④ 감정 타동사의 현재분사 형태는 감정을 일으키는 원인과 연결되고, 감정을 느끼는 대상(주로 사람)은 과거분사 형태와 연결된다. 따라서 감정을 유발하는 요인(the realization)은 can be disappointing and demoralizing이 적절하다.

해석

> 직업만족도는 중년기에는 보편적이지 않다. 어떤 사람들에게는 일이 점차 스트레스가 되어가고 있는데, 직장 여건이나 직업 특성에 대한 불만족이 커지기 때문이다. 어떤 경우에는 여건들이 너무 나빠져서 번아웃(극도의 피로)이나 직업을 바꿀 결심으로 이어지기도 한다. 번아웃은 근로자가 자신의 일에서 불만족, 환멸, 좌절, 피곤함을 느낄 때 경험한다. 번아웃은 다른 사람을 돕는 것과 관련된 일에서 자주 발생하는데, 일 시작 초기에는 가장 이상적이며 의욕이 넘쳤던 그런 사람들에게 종종 타격을 가한다. 어떤 면에서 보면 그러한 근로자들은 자기 일에 지나치게 몰두해 있어서, 빈곤이나 의료지원 같은 거대한 사회문제에 대해 그들이 진척시킬 수 있는 게 그다지 많지 않다(기여하지 못한다)는 걸 알게 되면 실망과 사기 저하로 이어질 수 있다. 그로 인하여, 그들이 직업에 입문할 때 가졌던 이상은 비관주의, 그리고 어떤 문제에 대한 의미 있는 해결책 제시가 불가능하다는 태도로 바뀐다.

어휘

- dissatisfaction 불만
- mount 늘다, 증가하다
- disillusionment 환멸
- weariness 권태, 피로
- idealistic 이상적인
- driven 동기를 부여받은, 추진력을 갖춘, 의욕이 넘치는
- be overcommitted to ~ 지나치게 몰두하다(전념하다)
- make a dent 진척시키다
- demoralize 사기를 저하시키다
- pessimism 비관론, 염세주의

06　독해>대의 파악>요지, 주장　답 ②

| 출처 | 2018 지방직 9급
| 난도 | 중

분석

글의 중반부에서 스스로가 중요한 사람이 되어야 중요한 사람들에게서 도움을 받을 수 있다고 했고, 후반부에서 스스로가 훌륭한 사람이 된다면 그러한(중요한) 사람들과 인맥을 형성하기가 더욱 쉬워진다고 했다. 즉, 좋은 네트워크를 형성하기 위해서 단순히 중요한 사람을 만나는 것이 중요하지 않고, 먼저 본인이 성과를 내야 한다는 것이 이 글의 요지이다. 따라서 정답은 ② 'Building a good network starts from your accomplishments(좋은 네트워크 형성은 여러분의 성과로부터 시작한다).'이다.

① 후원은 성공적인 경력을 위해서 필요하다.

③ 강력한 네트워크는 여러분의 성공을 위한 전제조건이다.

④ 여러분의 통찰력과 결과물은 여러분이 인적 네트워크 형성 전문가가 되면서 성장한다.

해석

> 나의 학생들은 종종 그들이 좀 더 중요한 사람을 만나기만 한다면, 그들의 능력이 향상될 것이라고 믿는다. 그러나 여러분이 이미 세상에 가치있는 무언가를 내놓지 않았다면, 그러한 사람들과 만나는 것은 상당히 어려운 일이다. 그것(세상에 내놓은 중요한 무언가)이 바로 자문가나 후원자의 호기심을 자극하는 것이다. 성취는 단지 받기만 하는 것이 아니라 여러분에게도 무언가 주어야 할 것이 있다는 것을 보여준다. 인생에서 적당한 사람을 알게 되는 것은 확실히 도움이 된다. 하지만 그들이 여러분을 얼마나 열심히 도와줄지와 어디까지 위험을 감수할지는 여러분이 그들에게 무엇을 제공하는가에 달려 있다. 강력한 인적 네트워크 구축은 여러분에게 인적 네트워크 형성 전문가가 되는 것을 요구하지 않는다. 그것은 단지 여러분이 무언가에 전문가가 되기를 요구한다. 좋은 인맥을 쌓으면, 그들은 아마 여러분의 경력을 발전시켜줄지도 모른다. 만약 여러분이 좋은 성과를 낸다면, 그러한 인맥을 쌓기 훨씬 더 쉬울 것이다. 명함이 아닌, 여러분의 통찰력과 결과물이 대변할 수 있도록 하라.

어휘

- remarkably 매우, 몹시
- pique (호기심 등을) 자극하다, 불쾌하게 하다
- go to bat for ~을 도와주다
- stick one's neck out for ~을 위해 위험을 무릅쓰다

07　어법>정문 찾기　답 ①

| 출처 | 2022 국가직 9급
| 난도 | 중

분석

문장의 주어가 '말(A horse)'이고 feed는 '먹이를 주다'라는 뜻의 타동사이므로, 수동태(should be fed)로 적절하게 쓰였다. 또한 주어(A horse)와 대명사(its)의 수일치도 적절하다.

② 분사구문의 주어는 주절의 주어와 동일한 경우에만 생략할 수 있다. 여기서 주절의 주어는 '나의 모자(My hat)'고, 부사절의 주어는 '나(I)'이므로 부사절의 주어와 be 동사를 생략할 수 없다. 따라서 while walking은 while I was walking이 되어야 한다.

③ 주어(She)가 정치 만화가(political cartoonist)로 '알려진' 것이므로, 수동태로 쓰는 것이 적절하다. 따라서 She has known은 She has been known이 되어야 한다.

④ good은 형용사로 '좋은'이라는 의미, well은 부사로 '잘'이라는 의미이다. 여기서는 과거분사인 done을 수식하므로, good(형용사)은 well(부사)이 되어야 한다.

해석

> ① 말은 개별적인 필요와 일의 성질에 따라 먹이를 공급받아야 한다.
> ② 내가 좁은 길을 걷는 동안, 바람에 모자가 날아갔다.
> ③ 그녀는 경력 내내 정치만화가로 주로 알려져 왔다.
> ④ 어린아이들조차도 잘된 일에 대해서는 칭찬받기를 좋아한다.

어휘

- individual 각각[개개]의
- primarily 주로(=chiefly)
- compliment 칭찬하다

08 독해>세부 내용 찾기>의미 파악   답 ①

| 출처 | 2019 국회직 8급

| 난도 | 상

분석

중국의 사업 추진력으로 미루어 보았을 때, 달에 도달하는 목표를 이룰 국가는 현재 중국으로 보인다는 내용의 제시문이다. 밑줄 친 문장은 '달에서 오는 다음 번 음성 전송은 중국어일 확률이 높다.'이므로, 그 의미가 가장 가까운 것은 ① 'Chances are China will be the next to land a manned spaceship on the moon(중국이 달에 유인 우주선을 착륙시킬 다음번 국가일 가능성이 있다.)'이다.

② 모든 우주비행사의 표준어로 중국어가 채택될 가능성이 높다.

③ 다음에 달에 도착하는 사람이 누구이든 그 도착을 중국에 먼저 알려줄 가능성이 있다.

④ 중국은 우주비행사들이 달에서 자국의 공식 언어를 완벽하게 말할 수 있도록 교육할 것이다.

해석

오늘날, 중국은 달의 저편에 자국민을 보내기에 — 이르면 2020년대 후반에 도달하고자 하는 목표이다 — 가장 좋은 위치를 차지하고 있는 나라이며, 그렇게 된다면 우리 75억 전체를 대표하게 된다. 중국의 우위는 중국 당국이 모든 거대한 프로젝트들을 밀고 나가는 데에 있어서 편집광적으로 한 가지에만 집중하는 방식에 크게 기인하는데, 예를 들면 2008년 올림픽이나, 계속해서 뻗어나가는 철도망과 지하철망, 세계적인 일대일로 사업(BRI)이 있다. 경제, 사회의 모든 측면을 완전히 통제하는 하향식 시스템은 중국의 위대한 업적을 실현시킬 수 있게 한다. 조안 존슨 프리스 미 해군대학 교수는 CNN Thursday에서 말하기를, "달에서 오는 다음번 음성 전송은 중국어일 확률이 높다."라고 했다.

어휘

• edge 우위, 유리함

• monomaniacally 편집광적으로, 한 가지에만 몰두하여

• sprawling 제멋대로 뻗어나가는

• Belt and Road Initiative 일대일로 사업(유럽, 아시아, 아프리카 대륙을 연결하는 중국의 기반 시설 개발과 투자전략)

• exert (권력·영향력을) 가하다[행사하다]

• odds (어떤 일이 일어날) 가능성, 가망

• transmission 전송

• Mandarin 표준 중국어

09 독해>글의 일관성>문장 삽입   답 ④

| 출처 | 2021 법원직 9급

| 난도 | 중

분석

주어진 문장의 'the tiny seeds mature and grow tall and crops for the people(씨앗은 성숙하고 크게 자라며, 사람들을 위해 작물로 재배된다.)'로 미루어 보아 문장 앞부분에 부족과 작은 씨앗에 대한 설명이 나와야 한다. ④ 앞의 문장에서 one seed, this one seed가 처음으로 언급되었으므로, 주어진 문장이 들어가기에 적절한 곳은 ④이다.

해석

푸에블로 인디언 문화에서 옥수수는 사람들에게 생명의 상징이다. '태양과 빛의 할머니' Corn Maiden이 이 선물을 가져와 사람들에게 삶의 힘을 주었다. 옥수수가 태양에 의해 생명을 부여받으면서, Corn Maiden은 태양의 불을 인간의 몸으로 가져와, 자연을 통해 인간에게 그의 사랑과 힘의 많은 표상들을 준다. 각각의 Maiden은 옥수수 씨앗을 가져와 아이를 사랑으로 길러내듯이 보살피고, 이 씨앗은 부족 전체를 영원히 부양해 줄 것이다. 부족의 사랑과 힘으로 작은 씨앗은 성숙하고 크게 자라며 사람들을 위해 작물로 재배된다. Corn Maidens의 영혼은 부족 사람들과 영원히 함께 있다.

어휘

• representation 표현, 표상, 나타내는, 대표

• nurture (잘 자라도록) 양육하다, 보살피다

• sustain 살아가게 하다, 지속시키다

10 독해>대의 파악>제목, 주제   답 ③

| 출처 | 2020 국가직 9급

| 난도 | 중

분석

글의 도입부에서 많은 사람들이 근무 이외에 개인적인 생활을 위해 시간을 내려고 애쓰면서 일이 강박이 되었다는 일반적인 견해가 등장하지만, 세 번째 문장의 But 이후 젊은 근로자들이 이에 반발하며 유연성을 요구하고 있다고 했다. 따라서 글의 주제로 적절한 것은 ③ 'increasing call for flexibility at work(근무의 유연성 요구 증가)'이다.

① 급여를 인상시키는 방법

② 불평등의 축소에 대한 강박

④ 긴 휴가가 있는 생활의 장점

해석

많은 사람들에게 일은 강박이 되었다. 사람들이 급여를 위해 하는 일 외에 아이들, 열정, 애완동물, 혹은 어떤 종류의 생활을 위해서든 시간을 내려고 애쓰면서 이는 극도의 피로, 불행, 성 불평등을 초래했다. 하지만 점점 더 많은 젊은 근로자들이 이에 반발하고 있다. 그들 중 더 많은 이들이 유연성을 기대하고 요구하는데, 예를 들어 원격 근무, 늦은 출근이나 이른 퇴근, 혹은 운동이나 명상을 위해 시간을 내는 것과 더불어 신생아를 위한 유급 휴가와 긴 휴가 기간 등을 요구한다. 그들의 생활의 나머지 부분은 특정한 장소나 시간에 얽매이지 않은 채 전화기 상에서 일어난다. 일이라고 해서 다를 것이 있겠는가?

어휘

• obsession 강박 관념

• inequity 불공평

• paycheck 급료

• push back 반발하다; 미루다

• remotely 원격으로, 멀리서

• tied to ~에 얽매이다

11 표현>일반회화   답 ②

| 출처 | 2015 서울시 7급

| 난도 | 중

분석

안으로 들어가 보자고 말하는 B의 제안을 A는 거부하고 있다. 규칙을 무시하고 공용정원에 들어가자고 하는 제안을 거부한 것에 대해 ② 'Do you abide by rules like that(넌 그런 규칙을 준수해)?'라고 대답하는 것이 흐름상 적절하다.

① 넌 그처럼 법을 무시해?

③ 넌 그처럼 거기에 습관적으로 들어가?

④ 넌 그처럼 규칙을 위반해?

해석

> A : 이 주변에 이런 길들에 길 중간에는 이 신비한 공동의 정원들이 있어. 그 정원들은 작은 마을들 같아.
>
> B : 들어가 보자.
>
> A : 오, 그러지 마. 요는 말이야. 주변에 사는 사람들만 들어갈 수 있는 사유지야.
>
> B : 아. 넌 그런 법을 준수해?

어휘

• communal 공동으로 사용하는

• abide by ~을 따르다, 준수하다

• act contrary to ~ ~을 위반하다

12 표현>일반회화   답 ②

| 출처 | 2015 지방직 7급

| 난도 | 중

분석

전화 통화를 하는 상황에서 A가 데이비드 호건씨는 통화중이며, 기다릴 것인지 묻는 것으로 보아 ② 'put me through(~에게 연결해 주다)'가 들어가는 것이 적절하다.

해석

> A : Advanced Components 회사입니다. 안녕하세요.
>
> B : 안녕하세요. 판매부서의 데이비드 호건씨를 연결해 주시겠습니까?
>
> A : 잠깐만요. 죄송하지만 지금 통화중입니다. 기다리시겠습니까 아니면 나중에 다시 전화하시겠습니까?
>
> B : 다시 전화겠습니다. 안녕히 계세요.

13 어법>영작하기   답 ③

| 출처 | 2017 지방직 9급

| 난도 | 중

분석

sick과 wounded는 형용사로 tend의 목적어가 될 수 없다. 따라서 the sick and wounded가 되어야 한다.

① 'not A but B'와 'It ~ that' 강조 용법을 이용한 표현이다.

② 'cannot ~ too 구문'으로 '아무리 ~해도 지나치지 않다'라는 의미의 관용표현이다.

④ To make matters worse는 '설상가상으로'라는 관용표현이다.

어휘

• perplex 당황하게 하다

• tend 돌보다, 보살피다

14 어법>영작하기   답 ①

| 출처 | 2015 지방직 7급

| 난도 | 중

분석

그가 혼란에 빠져있는 상태이므로 covering을 (Being) covered로 고쳐야 한다.

② 주어인 he와 분사구문인 walking의 관계를 유추하면 된다. 그가 걷는 능동의 의미이므로 walking along the road는 As he walked along the road로 바꿀 수 있다. 따라서 walking이 올바르게 사용되었다.

③ 'with+목적어+목적격 보어' 형태의 구문이다. 이때 목적격 보어로는 형용사, 전치사구, 분사가 오는데 open은 그 자체로 '뜬'이라는 형용사의 의미가 있어 그대로 사용한다.

④ 주어인 she가 직접 손을 흔든 능동의 의미이므로 waving goodbye는 As she waved goodbye로 바꿔 쓸 수 있다. 따라서 waving이 바르게 사용되었다.

15 독해>글의 일관성>단어의 쓰임   답 ②

| 출처 | 2019 국회직 8급

| 난도 | 상

분석

밑줄 친 perishability는 '금방 사라져버리는 사멸성'의 뜻으로, 대중이 원하는 바로 그때에만 효용성이 있다는 의미로 유추해볼 수 있다. 이를 가장 잘 표현하는 단어는 시기의 중요성을 묘사하는 ② 'temporal sensitivity(시간의 민감성)'이다.

① 대량 소비

③ 기술적 의존성

④ 무제한적인 효용

해석

> 오락은 필수품이 아닌 사치품이다. 영화는 직장까지 태워주는 믿을만한 탈 것이 아니며, 다운로드 받은 노래는 일주일 동안 가족을 먹여 살리지 못한다. 사람들은 시간, 돈, 하고 싶은 욕구가 있을 때만 오락거리를 소비할 것이다. 그 욕구는 여러 가지 변수를 통해서 생겨나지만, 일단 그 욕구가 있다면 지금이라도 소비하는 것이 좋다. 오락은 대중이 그것을 원할 때 1분 먼저, 1초 이후가 아닌 바로 그때 이용 가능해야만 한다. 업계에 던져지는 가장 큰 시련은 바로 이런 사멸성이다. 대규모 투자가 필요한 자동차나 가정용품의 동향은 몇 년에 걸쳐 변동한다. 이러한 산업은 제품 수명에 있어 선형 경로(고정된 단계별 추이)를 따를 수 있으며, 새로운 버전, 모델, 스타일을 만드는 데 더 많은 시간이 걸린다. 오락은? 오늘의 인기 있는 것은 내일 진부한 것으로 식어버릴 수 있다. 소비하는 대중이 변덕스럽기 때문에 그들의 관심에 편승하려면 즉시 당신의 모든 영향력을 동원할 필요가 있다.

어휘

• variable 변수

• perishability 사멸성

• ebb and flow 성쇠를 되풀이하다, 변동하다

• fickle 변덕스러운, 변화가 심한

• take advantage of ~에 편승하다, 이용하다

| 16 | 독해 > 대의 파악 > 제목, 주제 | 답 ④ |

| 출처 | 2016 지방직 9급

| 난도 | 중

분석

진보적, 보수적 두 집단 이익(profit)이라는 단어가 상반된 의미를 나타내고 있음을 말하는 글이다. 마지막 문장에서 양편의 편견으로부터 오는 과잉 일반화는 이익과 인간의 능력 사이의 관계를 이해하는 데 도움이 되지 않는다고 했으므로, 글의 제목으로 가장 적절한 것은 ④ 'Polarized Perceptions of Profit(이익에 대한 양극화된 인식)'이다.

① 이익과 정당 사이의 관계

② 누가 이익으로부터 혜택 받는가

③ 왜 이익을 만드는 것은 바람직하지 않은가

해석

'이익(profit)'이라는 단어만큼 그렇게 많은 미묘한 난센스와 혼동으로 오염된 단어는 거의 없다. 나의 진보적인 친구들에게 근본적으로 그 단어는 존경할 수 없는 무가치한 행동에서 나온 수익을 의미한다. 최소한으로 말하면 탐욕과 이기심이며, 최대한으로 말하면 수백만 명의 무력한 희생자들에 대한 가혹한 배신을 의미한다. 이익은 가장 가치 없는 행위에 대한 장려금이다. 나의 보수적인 친구들에게 그것은 최고의 애정을 담은 용어로 효율성과 분별력을 의미한다. 그들에게 이익은 가치 있는 행위에 대한 궁극적인 장려금이다. 물론 양편의 함축적 의미는 약간의 장점을 가진다. 왜냐하면 이익은 탐욕과 이기적인 활동들로부터 나오기도 하고, 분별 있고 효율적인 활동들로부터 나오기도 하기 때문이다. 그러나 양편의 편견으로부터 오는 과잉 일반화는 우리가 이익과 인간의 능력 사이의 관계를 이해하는 데 조금도 도움이 되지 않는다.

어휘

• taint 더럽히다, 오염시키다

• subtle 미묘한, 난해한

• confusion 혼동, 혼란

• connote 암시하다, 의미하다, 내포하다

• proceeds 수익, 수입, 결과

• royal screwing 가혹한 배신

• conservative 보수적인

• endearment 친애, 애정

• overgeneralization 과잉 일반화

• in the least 조금도 ~않다

• competence 적성, 자격, 능력

• polarize 양극화하다

| 17 | 독해 > 세부 내용 파악 > 내용 (불)일치 | 답 ④ |

| 출처 | 2020 지방직(서울시) 9급

| 난도 | 중

분석

여섯 번째 문장에서 해양의 산성화는 산호초 성장보다 산호초 모래의 용해에 더욱 영향을 줄 것이라고 했으므로, 글의 내용과 일치하지 않는 것은 ④ 'Ocean acidification affects the growth of corals more than the dissolution of coral reef sands(해양의 산성화는 산호초 모래의 용해보다 산호의 성장에 더 큰 영향을 주었다.)'이다.

① 산호초의 뼈대는 탄산염 모래로 만들어진다.

→ 첫 번째 문장에서 언급하였다.

② 산호는 부분적으로 해양 산성화에 적응할 수 있다.

→ 마지막 문장에서 산호초가 해양의 산성화에 부분적으로 적응한다고 했으므로 글의 내용과 일치한다.

③ 인간이 배출한 이산화탄소는 전 세계 해양 산성화의 원인이 되었다.

→ 세 번째 문장과 네 번째 문장에서 설명하고 있다.

해석

수천 년 동안 산호와 다른 암초 유기체들이 분해된 뒤 쌓인 탄산염 모래는 산호초 뼈대를 만드는 재료이다. 하지만 이 모래는 바닷물의 화학적 구성에 쉽게 영향을 받는다. 해양은 이산화탄소를 흡수하면서 산성화되어 어느 시점에 이르러 탄산염 모래가 용해되기 시작한다. 전 세계 해양은 인간이 배출한 이산화탄소의 약 3분의 1을 흡수했다. 모래가 용해되는 속도는 상층 해수의 산성도와 밀접한 관계가 있으며, 해양의 산성화에 산호의 성장보다 열 배나 더 민감했다. 다시 말해서, 해양의 산성화는 산호의 성장보다 산호초 모래의 용해에 더욱 영향을 줄 것이다. 이것은 아마도 자신의 환경을 바꾸고 해양의 산성화에 부분적으로 적응하는 산호초의 능력을 반영하는 반면, 모래의 용해는 적응할 수 없는 지구 화학적 과정이다.

어휘

• carbonate sand 탄산염 모래

• breakdown 분해

• organism 유기체

• make-up 구성 (요소)

• acidify 산성화되다

• dissolve 용해되다

• overlie ~위에 가로놓이다

• modify (더 알맞도록) 변경하다, 바꾸다

• adjust 적응하다, 조정[조절]하다

• geochemical 지구 화학적

• adapt (새로운 용도·상황에) 맞추다[조정하다]

18 독해>빈칸 완성>연결어 답 ①

| 출처 | 2020 국회직 8급
| 난도 | 상

분석

연결사 삽입 문제는 빈칸의 앞뒤 문맥을 이용해서 순접인지, 역접인지 파악해야 한다. (A) 앞 문장에서 통신과 정보를 가로채고 접근할 수 있는 법적 권한이 있지만 이를 위한 기술적 능력이 부족하다고 했고, (A) 다음에서 새로운 연구 결과는 감시기관들이 데이터 블랙아웃으로 어려움을 겪고 있다는 주장은 잘못되었다고 언급하므로, (A)에는 역접 접속사 However나 Nevertheless가 들어갈 수 있다. (B) 앞 문장에서는 FBI 국장의 주장은 잘못되었다는 내용이, 다음 문장에서는 사물인터넷이 엄청난 감시 기회를 제공한다는 내용이 전개되므로 논지가 전환된다는 것을 알 수 있다. 따라서 (B)에는 상반·대조의 연결사인 On the contrary가 들어가는 것이 적절하다.

해석

2013년 스노든의 폭로가 정부 감시 프로그램의 범위를 밝힌 이후로, 기술 회사들에 의한 단대단 암호화 사용이 증가함에 따라, 신기술 사용 용의자 추적 능력을 확보하기 위해 더 많은 권한 부여에 대한 정당화 모색이 정보기관들이 하는 기본적인 주장이었다. 예를 들어, 2014년 가을의 한 연설에서 FBI 국장 제임스 코미는 다음과 같이 주장했다. "법은 기술에 따라가지 못했으며, 이 단절로 인해 중대한 공공안전 문제가 발생했습니다. 우리는 그것을 '고잉 다크(Going Dark)'라고 부릅니다. 우리는 법원 결정에 따라 통신과 정보를 가로채고 접근할 수 있는 법적 권한이 있지만, 종종 그렇게 하기 위한 기술적 능력이 부족합니다." (A) 그러나 하버드 대학교가 어제 발표하고, 휴렛 재단이 후원한 새로운 연구 결과는 감시기관들이 데이터 정전(상실)으로 어려움을 겪고 있다는 주장은 잘못되었음을 밝히고 있다. (B) 그와 반대로 연결된 장치(소위 말하는 사물인터넷)는 유저들의 데이터 마이닝을 이용하는 데 의존하는 사업 모델을 가진 기술 회사들에 의해 엄청난 감시 기회를 제공하고 있다고 한다. 유저들이 IoT 데이터를 견고하게 암호화하지 않도록 그들에게 인센티브를 제공하면서 말이다.

어휘

- surveillance 감시, 원격 감시
- end–to–end 단대단(단말 장치에서 단말 장치로의 통신, 호스트 컴퓨터의 제어를 받지 않음)
- encryption 암호화
- Going Dark 고잉 다크. 암호화를 포함한 보안기술 발달로 사법기관이 영장을 집행한 뒤에도 범죄 용의자나 테러리스트들에 대한 정보를 수집하지 못해 어려움을 겪고 있다는 FBI의 주장을 말한다.
- pursuant (규칙·법률 같은) ~에 따른, 따라서(to)
- debunk (생각·믿음 등이) 틀렸음을 밝히다
- Internet of Things(IoT) 사물인터넷(여러 사물에 정보통신 기술이 융합되어 실시간으로 데이터를 인터넷으로 주고받는 기술)
- data–mining 데이터 마이닝(대규모 자료를 토대로 새로운 정보를 찾아내는 것)
- robustly 견고하게, 강건하게

19 독해>빈칸 완성>단어·구·절 답 ③

| 출처 | 2019 국회직 8급
| 난도 | 상

분석

빈칸 앞부분의 Although로 시작하는 부사절은 임기제한이 기각되었다는 내용이므로, 주절에는 임기제한을 지지한다는, 혹은 긍정적으로 평가하는 내용이 들어가야 한다. 이를 충족하는 선지는 ③ 'want to see more open contests(더 많은 공개 경선을 보기 원하는)'이다. 해당 문장 앞에서 상황은 변할 수 있다는 내용이 however로 연결되면서 임기제한을 소개했으므로, however 앞쪽에서 현직 의원들의 재선 가능성이 많다는 언급과 연결해 본다면 임기제한을 지지하는 이유는 재선이 아닌 다양한 후보자의 경쟁을 원한다는 것으로 유추할 수 있다.
① 여론을 수렴하기 위해 모든 노력을 기울이는
② 선거구 내 다수가 원하는 방향을 지지하는
④ 그들의 유권자의 견해를 고려하는

해석

의회 의원들은 그들의 의석을 빼앗으려는 도전자들보다 분명한 이점을 가지고 있다. 현재 구성원들은 재직 중으로, 이미 그 사무실을 차지하고 있는 재선 후보자들이다. 이처럼 그들은 그 지역이나 주 주민들이 그들을 알고 있으므로, 인지도가 있다. 그들은 무료 우송 특권(franking privilege)을 사용할 수 있는데, 이는 우편물을 무료로 사용할 수 있는 것으로, 유권자들에게 그들의 견해를 알리거나 조언을 구하기 위해 뉴스 레터를 보낸다. 현직 의원들은 전통적으로 표를 얻기 위한 선거 자금과 자원봉사자들을 더 쉽게 구할 수 있었다. 현직 의원의 90%가 재선되는 것은 놀라운 일이 아니다. 그러나 상황은 고정적이지 않다. 입법자들은 다른 공직에 출마하고, 공석은 사망이나 퇴직, 사임으로도 생긴다. 개인의 연임 가능한 횟수를 제한하는 임기제한이 대법원에서 기각되었지만, 그 생각은 더 많은 공개 경선을 보기 원하는 유권자들의 지지를 계속해서 받고 있다.

어휘

- incumbent 재임자
- franking privilege (연방 의회 의원에게 허용되는) 무료 우송의 특권
- constituent 유권자, 주민
- static 고정적인
- consecutive 연이은

20 독해>글의 일관성>글의 순서 답 ②

| 출처 | 2019 지방직 9급
| 난도 | 상

분석

주어진 글은 세계를 이해하는 방법이 무엇인지를 묻는 것으로 시작하고 있다. 따라서 질문에 대한 대답으로 주어진 글에서 언급한 현상을 이해하는 방법론을 이야기하는 (A)가 첫 번째 순서로 적절하다. 다음으로는 (A)에서 언급된 stripped down에 대해 when I say "stripped down"이라고 구체적으로 설명하는 (C)가 뒤따라야 하며, 결론을 내는 연결사 thus를 통해 경제학자의 말을 인용하여 이런 현상에 대해 마무리 짓는 (B)가 오게 된다.

해석

> 우리의 뇌리에서 떠나지 않는 생각이 있다. 아마 모든 것은 다른 모든 것에 영향을 줄 수 있기 때문에, 우리가 어떻게 세계를 이해할 수 있을까? 하지만 만약 우리가 그런 걱정에 짓눌린다면, 우리는 결코 전진할 수 없을 것이다.
> (A) 내게 친숙한 모든 분야들은 그것을 이해하기 위해서 세상의 캐리커처를 그린다. 현대 경제학자들은 '모델'을 구축함으로써 이 작업을 수행하는데, 이 모델들에게는 바깥 현상에 대한 설명들이 모두 의도적으로 제거되어 있다.
> (C) 내가 '불필요한 것을 모두 뺀'이라고 말할 때, 나는 실제로 가장 기본적인 것만 남겼다는 것을 의미한다. 우리 경제학자들 사이에서는 한두 개의 인과적 요소에 초점을 맞추고, 다른 것들은 배제시키는 게 드물지 않은데, 우리는 실제 이런 측면들이 작용하고, 상호작용하는 법에 대하여 이해할 수 있게 되기를 바란다.
> (B) 따라서 경제학자 존 메이너드 케인스는 우리의 주제를 다음과 같이 묘사했다. "경제학은 현대 세계와 관련된 모델 선택 기술과 결합된 모델의 관점에서 사고의 과학이다."

어휘

- haunt 계속 문제가 되다[괴롭히다], 뇌리에서 떠나지 않다
- make sense 이해가 되다
- be weighed down 짓눌리다
- make progress 나아가다, 진전하다
- stripped down 불필요한 것을 모두 뺀, 가장 기본적인[꼭 필요한] 것만 남긴
- in terms of ~의 면에서는
- relevant 관련 있는, 적절한
- exclude 제외[배제]하다

Average Level(종합난도) 정답 및 해설

01	02	03	04	05	06	07	08	09	10
④	①	②	②	④	②	③	④	④	③
11	12	13	14	15	16	17	18	19	20
①	④	①	②	①	①	③	②	④	①

01 어휘 > 어구 답 ④

| 출처 | 2021 국가직 9급

| 난도 | 중

분석

빈칸 다음의 the police station으로 미루어 볼 때 문맥상 시위자들의 행위로 가장 적절한 표현은 ④ 'break into(침입하다, 난입하다)'이다.

① ~줄을 서다, 일렬로 서다

② 바닥[동]이 나다, ~을 나눠 주다

③ ~을 계속하다

해석

한 무리의 젊은 시위대가 경찰서에 침입하려고 시도했다.

어휘

• demonstrator 시위 참가자, 논쟁자

• attempt 시도하다

02 어휘 > 단어 답 ①

| 출처 | 2021 지방직 9급

| 난도 | 중

분석

빈칸 앞부분에서는 번아웃에 대해 언급하고 있으며, 뒷부분에서 번아웃에서 벗어날 수 있는 방법들(Regularly unplug. Reduce unnecessary meetings. Exercise. Schedule small breaks during the day)이 열거되고 있으므로, 빈칸에 가장 적절한 것은 ① 'fixes(해결책들)'이다.

② 손해, 피해

③ 상

④ 문제, 복잡(화)

해석

우리는 번아웃(극도의 피로)의 대가에 대해 잘 알고 있다. 즉, 에너지, 동기부여, 생산성, 참여와 헌신이 직장에서나 가정에서나 모두 타격을 입을 수 있다. 그리고 해결책들 중 많은 것들이 상당히 직관적이다. 정기적으로 코드를 뽑아라. 불필요한 회의를 줄여라. 운동을 하라. 낮에 잠깐 동안의 휴식을 일정에 넣어라. 비록 여러분이 직장을 벗어날 수 없어도 휴가를 가져라. 왜냐하면 가끔은 여러분이 자리를 비우지 않을 수 없기 때문이다.

어휘

• take a hit 타격을 입다

• fairly 상당히

• intuitive 직감에 의한, 직감하는

• afford ~할 여유가 있다, ~할 수 있다

03 어휘 > 어구 답 ②

| 출처 | 2018 국가직 9급

| 난도 | 중

분석

빈칸 다음 문장에서 누구나 음악을 감상할 수 있지만, 음악가가 되려면 재능이 필요하다는 상반된 서술이 나오므로, 빈칸에는 ② 'a far cry from(~와는 거리가 먼, 전혀 다른)'이 적절하다.

① ~와 동등하게

③ ~여하에 달린

④ ~의 서막

해석

음악 감상과 록스타가 되는 것과 전혀 다른 것이다. 누구나 음악을 들을 수 있지만, 음악가가 되는 것은 재능이 필요하다.

04 어휘 > 단어 답 ②

| 출처 | 2020 소방직 9급

| 난도 | 하

분석

밑줄 친 imprecise는 '부정확한'의 뜻으로, 의미가 가장 가까운 것은 ② 'inexact(부정확한, 정밀하지 않은)'이다.

① 정확한

③ 암시된, 내포된

④ 통합적인

해석

> 지진과 같은 자연재해를 미리 예상하는 것은 이용 가능한 데이터가 한정적이기 때문에 부정확한 과학이다.

---

05 독해>세부 내용 찾기>내용 (불)일치 답 ④

| 출처 | 2021 국가직 9급

| 난도 | 중

분석

마지막 문장에서 'slavery was also an institution in many African nations, especially before the colonial period(노예제도는 특히 식민지 시대 이전에 대다수 아프리카 국가들에서 존재했던 관습이었다).'라고 했으므로, 글의 내용과 일치하는 것은 ④ 'Slavery existed even in African countries(노예제도는 아프리카 국가들에도 존재했다).'가 적절하다.

① 아프리카 노동자들이 자발적으로 신세계로 이동했다.

② 유럽인들은 노예 노동을 이용한 최초의 사람들이었다.

③ 아랍 노예제는 더 이상 어떠한 형태로도 존재하지 않는다.

해석

> 수입 노동의 가장 악명 높은 사례는 당연히 대서양 노예무역인데, 천만 명에 달하는 아프리카인 노예들을 대규모 농장에서 일하도록 신세계(아메리카 대륙)로 데려왔다. 그러나 유럽인들이 노예제도를 가장 대규모로 실행했을 수도 있지만, 노예를 자신들의 지역사회로 데려온 건 유럽인들만은 아니었다. 일찍이 고대 이집트인들은 그들의 피라미드 건설에 노예노동을 이용했고, 초기 아랍의 탐험가들은 종종 노예 무역상이었으며, 아랍의 노예제도는 20세기까지 계속되었고, 사실상 몇몇 지역에서는 여전히 지속되고 있다. 아메리카 대륙에서 일부 원주민 부족들은 다른 부족의 원주민들을 노예로 삼았으며, 또한 노예제도는 특히 식민지 시대 이전에 대다수 아프리카 국가들에서 존재했던 관습이었다.

어휘

- notorious 악명 높은
- enslave 노예로 만들다
- plantation 대규모 농장
- slavery 노예제
- indeed 사실상
- tribe 부족
- institution 관습, 제도
- colonial 식민지의

---

06 어법>정문 찾기 답 ②

| 출처 | 2019 지방직 9급

| 난도 | 중

분석

부사절 접속사 lest는 'lest+(should)+동사원형'의 형태로 '~하지 않도록'이라는 부정의 의미를 가지고 있다. 이때 should는 생략할 수 있으므로 동사원형인 be가 온 것은 올바르다.

① 'charge A with B'는 'A를 B라는 이유로 비난하다, 고소하다'의 의미로, 전치사 with의 목적어로 동사 use가 아닌 동명사 using이 와야 한다.

③ make는 타동사로 목적어에 해당하는 the shift가 있으므로 능동형을 사용해야 하며, '~하는 것이다'라는 뜻이 되려면 be 동사의 보어가 될 수 있는 to부정사 또는 동명사가 와야 한다. 따라서 made를 to make 혹은 making으로 고쳐야 한다.

④ 수량을 나타내는 one of the 뒤에는 복수형 명사가 온다. 따라서 cause를 causes로 고치며, '가장 중요한'의 의미는 동사 lead가 아닌 형용사 leading으로 써야 한다.

해석

> ① 신문은 그녀가 회삿돈을 그녀 자신의 목적을 위해 사용했다고 비난했다.
> ② 수사는 의혹이 발생하지 않기 위해서 극도로 조심스럽게 다뤄져야만 했다.
> ③ 이 과정을 가속화하는 또 다른 방법은 새로운 시스템으로 전환하는 것이다.
> ④ 화석연료를 태우는 것은 기후 변화의 주된 원인 중 하나이다.

어휘

- suspicion 혐의[의혹]
- fossil fuels 화석연료

2점 UP 포인트

'lest ~ should(~하지 않도록)' 구문

- lest+주어+(should)+동사원형=for fear+(that)+주어+(should)+동사원형

  예 He worked hard lest he (shoul) fail.

  = He worked hard for fear (that) he (should) fail.

  그는 실패하지 않도록 열심히 일했다.

- 주의 : 부정의 의미가 포함되어 있기 때문에 부정어 not을 사용하지 않는다.

  예 He worked hard lest he should not fail. (×)

  → He worked hard lest he should fail.

---

07 독해>대의 파악>요지, 주장 답 ③

| 출처 | 2021 소방직 9급

| 난도 | 하

분석

제시문에서 면접 시간이나 면접 요청 시 답장을 빠르게 해야 하거나, 의견을 제시할 때 근거를 밝혀야 한다는 내용들은 언급하고 있지 않다. 제시문은 면접 시 면접관에게 감사 표현을 간단명료하게 해야 함에 대해 말하고 있다.

해석

> 여러분이 감사하고 있다는 것을 보여주기 위해, 방에 들어가서 면접을 할 때 즉시 '감사합니다.'라고 해야 한다. 이것은 많은 사람들이 하지 않고, 잊어버리는 단계이지만, 여러분이 그것을 하면, 다른 지원자들보다 수준이 더 높음을 보여주는 것이다. 그래서 면접관에게 다음과 같은 말을 해야 한다. "면접에 초대해 주셔서 감사합니다. 이런 유용한 직책에 대해 시간을 내서 저와 말씀해주신 데 대해 감사드립니다." 여러분은 자신의 말을 과장하거나 그것을 화려하게 꾸미려고 노력할 필요가 없다. 대신, 면접관에게 간단명료하게 감사를 표현하면 된다.

어휘

- demonstrate 입증하다, 표현하다
- forego 앞서가다, (하고 싶은 것을) 포기하다
- candidate 지원자, 후보자
- fluff up 부풀리다
- fancy 장식적인, 화려한
- gratitude 감사, 보은의 마음

08 어법>비문 찾기 답 ④

| 출처 | 2019 소방직 9급

| 난도 | 하

분석

what are our most valuable assets는 관계사절로, 앞에 있는 명사들을 꾸며야 하는데, what절은 명사를 꾸미는 역할을 할 수가 없으므로 what을 관계대명사 that 또는 which로 바꿔야 한다.

① writing은 a grand lady를 수식하고 있으며 '수표를 쓰고 있는 나이 든 여성'이라는 능동의 의미이므로 현재분사인 writing이 바르게 쓰였다.

② even, still, far, a lot, much는 비교급을 강조하는 부사이다. 제시문에서는 비교급인 more universal and accessible을 수식하는 much가 적절하게 사용되었다.

③ 복합관계대명사인 whatever는 'any/which+명사+that'으로 바꿔 쓸 수 있으며 '어떤 ~일지라도'의 의미를 갖는다. 따라서 whatever riches he or she possesses는 any riches that he or she possesses로 바꿔 쓸 수 있으며 이 때 riches가 that의 선행사로 적절함을 알 수 있다.

해석

사람들은 자선가라는 단어를 생각할 때, 진주목걸이를 한 할머니가 숫자 0으로 가득 찬 수표를 작성하는 모습을 상상하기 쉽다. 그러나 자선의 근본적 의미는 훨씬 보편적이고 접근하기 쉽다. 다시 말해, 그것은 "액수가 큰 수표를 작성하는 것"이 아니다. 그보다 자선가는 그 또는 그녀가 소유한 부와의 차이를 두려고 애쓴다. 특히 오늘날 우리들 대부분에게, 그것은 돈이 아니라, 우리에게 가장 가치 있는 자산인 우리의 재능, 우리의 시간, 우리의 결정, 우리의 몸, 우리의 에너지 같은 것들이다.

어휘

• philanthropist 자선가

• be apt to ~하기 쉽다, 걸핏하면 ~하다

09 독해>글의 일관성>문장 삽입 답 ④

| 출처 | 2019 지방직 9급

| 난도 | 상

분석

첫 문장에서는 행복한 뇌가 단기에 집중하는 경향이 있다는 점이 제시되었고, 두 번째 문장에서는 장기적인 목표를 성취할 수 있게 하는 단기적인 목표를 숙고하라고 조언한다. 주어진 문장의 the same, at work가 힌트이며 앞부분에는 적용할 만한 하나의 생각이, 뒷부분에는 업무와 관련되어 그 생각이 적용된 예시가 와야 한다. 적용할 만한 같은 생각(thinking)은 ② 이후 체중 감량과 관련한 예로 나와 있으며, 관련된 이야기는 ④의 앞까지 이어진다. 그리고 그 다음 문장에 업무(at work)와 관련되어 직업적 분야(profession)에 적용하는 예시가 제시되므로, 주어진 문장은 ④에 들어가는 것이 적절하다.

해석

행복한 뇌는 단기적인 것에 집중하는 경향이 있다. 그것이 사실이라면, 결국 장기적인 목표를 성취할 수 있게끔 하는, 우리가 성취할 수 있는 단기적 목표들을 숙고하는 것은 좋은 생각이다. 예를 들어, 만일 여러분이 6개월 동안 30파운드를 감량하고 싶다면, 그 목표에 이르게 하는 더 적은 무게를 빼는 것과 연관시킬 수 있는 단기적 목표는 무엇이겠는가? 그것은 여러분이 매주 2파운드를 감량할 때마다 여러분 자신에게 상을 주는 것과 같은 간단한 어떤 것일 수 있다. 같은 생각이 업무성과 향상과 같은 많은 목표들에 적용될 수 있다. 전체 목표를 더 세분화하고 더 단기적인 부분들로 쪼갬으로써, 우리는 업무에서 목표의 거대함에 압도되는 대신 서서히 증가하는 성취에 집중할 수 있다.

어휘

• any number of 많은, 얼마든지

• that being the case 그것이 사실인 이상, 사실이 그렇다면

• get there 달성하다

• increment 증가

• overwhelm 압도하다

• enormity 엄청남[막대함], 심각함

• profession 직업, 업무, 전문직

10 독해>글의 일관성>무관한 어휘·문장 답 ③

| 출처 | 2020 지방직(서울시) 9급

| 난도 | 중

분석

제시문은 첫 번째 문장이 주제문으로, 철학자는 인류학에 별다른 관심을 가지지 않는다는 것이 중심 내용이다. 하지만 ③은 철학자들이 인류학이나 심리학 같은 다른 분야에서 영감을 얻는다는 내용이므로 글의 흐름과 맞지 않는다.

해석

철학자들은 인류학자들이 철학에 대해 가지고 있는 것만큼 인류학에 관심을 가지지는 않는다. 영향력 있는 현대 철학자들은 그들의 연구에 인류학적 연구를 거의 고려하지 않는다. 사회과학 철학을 전공으로 하는 사람들은 인류학적 연구에서 얻은 사례를 고려하거나 분석할 수 있지만, 이는 주로 개념적 요점이나 인식론적 차이를 설명하거나 인식론적 또는 윤리적 함의를 비판하기 위해서 행해진다. 사실, 우리 시대의 위대한 철학자들은 종종 인류학이나 심리학 같은 다른 분야에서 영감을 끌어냈다. 철학을 공부하는 학생들은 좀처럼 인류학을 연구하거나 진지한 관심을 보이지 않는다. 그들은 과학의 실험적 방법에 대해 배우기도 하지만, 인류학적 현장 연구에 대해서는 거의 배우지 않는다.

어휘

• anthropology 인류학

• influential 영향력 있는, 영향력이 큰

• contemporary 현대의, 당대의; 동시대의

• take into account ~을 고려하다

• specialize in ~을 전문으로 하다

• illustrate 설명하다, 예증하다

• epistemological 인식론의

• distinction 차이, 대조

• implication 함축, 함의

• fieldwork 현장 연구

11 표현>일반회화   답 ①

| 출처 | 2021 국가직 9급
| 난도 | 하

분석

전날 마감 근무를 하면서 부엌 청소가 제대로 되어 있지 않은 상황에서 나눈 대화문이다. 부엌의 위생 상태를 지적하는 A에게 B의 적절한 대답으로는, ① 'I won't let it happen again(다시는 이런 일이 일어나지 않게 할게요).'이 가장 적절하다.

② 계산서를 지금 드릴까요?
③ 그래서 제가 어제 그걸 잊어버린 거예요.
④ 당신이 정확한 주문을 받도록 확실히 할게요.

해석

> A : 어젯밤에 여기 있었나요?
> B : 네. 마감 근무를 했어요. 왜요?
> A : 오늘 아침에 주방이 엉망인 상태였어요. 스토브에 음식이 튀어 있었고, 제빙그릇은 냉동고에 있지 않았어요.
> B : 제가 청소 체크리스트 점검을 잊어버린 것 같아요.
> A : 깨끗한 주방이 얼마나 중요한지 알잖아요.
> B : 죄송합니다. 다시는 이런 일이 일어나지 않게 할게요.

어휘

• spatter 튀기다
• ice tray 제빙그릇
• freezer 냉동고
• go over ~을 점검하다

12 표현>일반회화   답 ④

| 출처 | 2019 국가직 9급
| 난도 | 중

분석

'Do you mind~?'로 질문할 경우 긍정은 'No(네; 좋아요)', 부정은 'Yes(아니요; 싫어요)'이다. B가 'Never mind(괜찮아요).'라고 했으므로, 'I'm very busy right now(저는 지금 매우 바쁩니다).' 대신 'Go ahead(계속하세요).'가 되어야 한다.

해석

> ① A : 해외여행을 갈 예정이야. 하지만 난 다른 나라에서 머무는 게 익숙지 않아.
>   B : 걱정하지 마. 곧 익숙해질 거야.
> ② A : 나는 사진 대회에서 상 받고 싶어.
>   B : 받을 거라고 확신해. 행운을 빌게!
> ③ A : 가장 친한 친구가 세종시로 이사 갔어. 그녀가 너무 보고 싶어.
>   B : 그래. 네 기분이 어떨지 알 것 같아.
> ④ A : 잠시 이야기해도 괜찮을까요?
>   B : 신경 쓰지 마세요. 저는 지금 매우 바쁩니다.

어휘

• get accustomed to ~에 익숙해지다
• in no time 곧, 당장에
• keep one's fingers crossed 행운을 빌다

13 어법>영작하기   답 ①

| 출처 | 2018 지방직 9급
| 난도 | 중

분석

a few days ago와 과거시제(went)가 적절하게 사용되었다. went는 대표적인 1형식 동사로 목적어가 필요하지 않다. 따라서 전치사 to를 사용해서 목적지(the station)를 전치사구로, to see off는 '~하기 위해서'라는 to부정사의 부사적 용법으로 사용한 1형식 문장이다.

② The spoiled boy의 spoiled는 타동사 spoil의 과거분사형으로 '버릇없이 자란'을 의미한다. make believe는 '~인 체(척)하다'라는 관용표현으로 대명사 it을 삭제해야 한다.
③ 과거부터 현재까지의 경험을 나타내는 현재완료시제(have never been)가 적절히 사용되었다. 하지만 'look forward to ~ing'는 '~을 학수고대하다, 간절히 기다리다'라는 관용표현으로 전치사 to 다음에는 동명사인 going을 사용해야 한다.
④ 흥미를 불러일으키는 무언가(anything)를 의미하므로 '흥미를 갖는'이라는 과거분사인 interested가 아닌 '흥미를 불러일으키는'의 현재분사 interesting이 적절하다.

14 어법>영작하기   답 ②

| 출처 | 2020 경찰(순경) 1차
| 난도 | 하

분석

관계대명사로 연결하기 전 두 문장은 각각 'She had a teddy bear.', 'Both of the teddy bear's eyes were missing.'이다. 중복되는 명사는 a teddy bear이며 두 번째 문장에서 소유격으로 쓰였으므로 사물 소유격 관계대명사인 whose로 바꾼 후 첫 번째 문장의 a teddy bear 뒤에 위치시켜 후치 수식하도록 한 올바른 문장이다.

① so는 부사여서 기본적으로 다음에 형용사나 부사가 와야 한다. 따라서 people을 삭제하거나 so를 한정사인 such로 고쳐야 한다.
③ easy의 최상급은 easiest이므로 most를 삭제해야 한다. most와 −est를 중복해서 사용할 수 없다.
④ 준사역동사 get은 목적어와 목적격 보어의 관계가 능동인 경우에는 to부정사나 현재분사를, 수동인 경우에는 과거분사를 쓴다. 아이들이 스스로 옷을 입는 것이 아닌 옷이 부모에 의해 입혀진다는 의미이므로 과거분사인 dressed가 목적격 보어로 와야 한다.

어휘

• missing (제자리나 집에 있지 않고) 없어진
• make the[one's] bed 잠자리를 정돈하다

15 독해>빈칸 완성>연결어   답 ①

| 출처 | 2020 경찰(순경) 1차
| 난도 | 중

분석

연결사를 고르는 문제이다. 두 빈칸 모두 접속부사 자리이므로 앞 문장과 해당 문장의 관계를 살펴야 한다.

(A) 앞 문장은 이성적 판단이 도덕적 행위의 필수 조건이라는 내용이고, 해당 문장은 이 주장을 벗어나 실제 현상에서는 다양한 관점이 존재할 수 있다고 이야기하고 있다. 두 문장은 논조가 반대이므로 역접의 접속부사 'However(그러나)'가 들어가야 한다.

(B) 앞 문장은 각 개인이 도덕적 문제 상황에서 다양한 관점을 가질 수 있다는 내용이고, 해당 문장은 마찬가지로 타인에게 영향을 끼치는 방식에 대해 한 가지 정답은 존재하지 않는다고 이야기하고 있다. 두 문장은 같은 내용을 paraphrasing(재진술)한 것이므로 부연·강조의 접속부사 'That is(말하자면, 즉)'가 들어가야 한다.

② 게다가 – 그렇지 않으면
③ 간단히 말하면 – 결국
④ 특히 – 그렇기는 하지만

해석

도덕적 행위자의 가장 분명하고 두드러지는 특징은 이성적인 사고 능력이다. 이는 어떠한 형태의 도덕적 행위자에 대해서건 논란의 여지가 없는 필수적인 조건인데, 우리는 모두 이성적인 사고능력이 없는 사람은 자신의 행동에 도덕적으로 책임질 수 없다는 것을 인정하기 때문이다. (A) 그러나, 만일 우리가 이 도덕적 행위자에 대한 논란의 여지가 없는 핵심적인 특징을 넘어선다면, (터무니없이 이상적인 것과는 대조적으로) 실제 살아 있는 도덕적 행위자 개인의 가장 두드러진 특징은 도덕적 문제가 있는 모든 상황에서도 도덕적 행위자로서의 인간이라면 누구든지 다양한 견해를 제시한다는 사실이다. (B) 말하자면, "도덕적 행위자로서의 인간이 다른 사람들에게 영향을 끼치고자 하는 기본적인 방법은 무엇인가?"라는 질문에 대해 전부 적용되는 대답은 없다. 대신에, 도덕적 행위자들은 이러한 '다른 사람들'이 누구냐에 따라 다양한 방식으로 '그들'에게 영향을 주기를 바란다.

어휘

• salient 가장 두드러진, 핵심적인, 현저한
• moral agent 도덕적 행위자로서의 인간
• capacity 능력; 수용력
• rational 이성적인, 합리적인
• uncontested 논란[반대]이 없는
• incapable of ~할 수 없는
• reasoned 논리 정연한, 이성에 의거한
• flesh-and-blood 살아 있는, 실체가 있는
• ridiculously 터무니없이, 우스꽝스럽게
• bear on ~와 관련되다
• one-size-fits-all 널리 적용되는, 두루 통용되도록 만든

16 독해>빈칸 완성>단어·구·절   답 ①

| 출처 | 2018 소방직 9급
| 난도 | 하

분석

첫 문장에서 '사람들은 종종 통제할 수 없는 것들을 통제할 수 있는 것처럼 행동한다.'라고 하였고, 빈칸 앞부분에서 그 예로 '사람들은 상대방이 유능하다기보다 무능해 보일 때 운에 좌우되는 게임에 더 많은 돈을 건다.'라고 했으므로, 문맥상 빈칸 다음에는 '카드 한 벌에서 무작위로 뽑은 카드의 그림을 통제해서 약한 상대방을 이용할 수 있다고 믿는다.'가 적절하므로, 빈칸에는 ① 'random(무작위의)'이 적절하다.

② 인기 있는, 대중적인
③ 계획된, 정연한
④ 의도적인, 고의로 한

해석

우리의 통제 욕구가 너무나 강력해서 사람들은 종종 통제할 수 없는 것들을 통제할 수 있는 것처럼 행동한다. 예를 들어, 사람들은 상대방이 유능하다기보다 무능해 보일 때 운에 좌우되는 게임에 더 많은 돈을 거는데, 그것은 마치 그들이 한 벌의 카드에서 무작위적으로 뽑은 카드 그림을 통제해서 약한 상대를 이용할 수 있다고 믿는 것과 같은 것이다. 마찬가지로, 사람들은 만약 그들의 복권번호를 직접 고른다면 복권에 당첨될 것에 좀 더 확신을 느낀다.

어휘

• uncontrollable 어쩔 수 없는, 제어할 수 없는
• incompetent 무능한, 쓸모없는, 부적당한

17 독해>세부 내용 찾기>지칭 추론   답 ③

| 출처 | 2021 소방직 9급
| 난도 | 하

분석

③은 '자고 있는 동거인'을 가리키고, 나머지 ①, ②, ④는 '그레고리 베어'를 가리킨다.

해석

블루밍턴의 소방관, 그레고리 베어가 집에서 잠자리에 들려고 할 때, 그는 이웃집에 화재가 발생한 것을 알아차렸다. 비록 그(그레고리 베어)는 근무 중이 아니어서 그의 보호용 옷과 장비를 가지고 있지 않았지만, 그는 즉시 행동으로 옮겼다. 911 센터에 화재를 신고한 후, 그는 창문으로 빠져나오려고 애쓰고 있는 이웃 여자를 발견했다. 방충망을 제거하고 그녀의 탈출을 도운 후, 그(그레고리 베어)는 다른 거주민이 내부에 남아있다는 것을 알게 되었다. 집 앞쪽은 불타고 있어서, 베어는 연기나 불이 없는 뒤쪽을 통해 들어가서 자고 있는 동거인을 깨워 그(자고 있는 동거인)를 집 밖 안전한 곳으로 데리고 나왔다. 그 현장에 온 소방관들은 두 명의 거주민을 구조한 것에 대한 공로를 베어에게 돌렸다. 검토 후에 그(그레고리 베어)의 행동은 블루밍턴 소방청의 연례 시상식 연회에서 공로를 인정받을 것이다.

어휘

• off duty 근무 중이 아닌
• leap into 뛰어오르다, ~에 이르다
• banquet 연회, 향연

18 독해>글의 일관성>글의 순서 답 ②

| 출처 | 2021 법원직 9급
| 난도 | 중

분석

주어진 글의 마지막 문장 'This is a common fallacy(이것은 일반적인 오류이다.)'의 지시대명사를 받을 문장은 (B)로, 'It is because ~ market.'의 it이 앞 문장을 이어받아 '그것은 경쟁사에서 인하된 가격을 청구하면 시장의 하위층을 끌어들이기 때문이다.'라는 해석으로 이어진다. 그런 다음, (C)에서 문단 도입부에 'You also, ironically, ~' 부분에서 '또한 아이러니하게도 ~'로 시작하여 (B)에서 설명한 고객에 대한 내용을 이어받을 수 있다. 마지막으로는 (A)에서 문두에 'It is, therefore, ~'라고 접속부사로 시작하여 주어진 글을 마무리 짓고 있으므로, 주어진 글 다음에 이어질 글의 순서는 ② '(B) – (C) – (A)'가 적절하다.

해석

사람들은 낮은 가격이나 경쟁사보다 낮은 가격을 책정함으로써, 더 많은 고객을 얻을 것이라고 추측한다. 이것은 일반적인 오류이다.

(B) 그것은 경쟁사에 비해 인하된 가격을 매기게 되면, 고객 시장의 하위층을 끌어들이기 때문이다. 이러한 고객은 더 적은 비용으로 더 많은 것을 원하며, 종종 여러분의 사업에서 더 많은 시간과 간접비를 차지한다. 그들은 또한 여러분이 가장 다루기 어려울 것이며 그들을 계속 행복하게 하는 것도 어려울 수 있다.

(C) 또한 아이러니하게도, 더 나은 고객들을 쫓아버리게 되는데 그들은 더 높은 품질의 제품이나 서비스에 대해 더 비싼 가격을 지불하려고 하기 때문이다. 우리는 많은 경쟁사들이 시장에 나와 지속 가능하지 않은 일일 가격을 매기는 것을 보았다. 그들은 종종 그들의 할당량을 채우기 위해 고군분투하다가, 곧 포기하고 다른 일을 하게 된다.

(A) 따라서 시작할 때 더 적은 양으로 더 높은 이윤의 제품 및 서비스를 갖는 것이 훨씬 좋다. 여러분은 어쩔 수 없이 가격을 낮추기 위해 언제든지 협상할 수 있지만, 인상을 협상할 수 있는 경우는 드물다.

어휘

- fallacy 틀린 생각 (인식상의) 오류
- the lower end 하위층, 하위권
- overhead 간접비, 위에, 간접의, 간접비의, 상공의
- sustainable 지속 가능한, 지탱할 수 있는
- quota 쿼터, 할당, 정원, 물량

19 독해>대의 파악>요지, 주장 답 ④

| 출처 | 2019 법원직 9급
| 난도 | 중

분석

제시문은 독창적인 사고를 위한 리더의 역할에 관한 글이다. 본문에서 리더 자신이 본보기가 되어야 하고, 틀을 벗어나도록 격려하고 힘을 실어주어야 하며, 마지막으로 그런 사람들에게 적절한 보상을 해주어야 한다고 설명하고 있으므로, 필자의 주장으로 가장 적절한 것은 ④ '팀원에게 창의적인 사고를 할 수 있는 토대를 만들어줘야 한다.'이다.

해석

독창적인 사고에 영감을 주는 문화 창조란 궁극적으로 사람들이 능력을 최대한 발휘하도록 격려하고 변화를 추진하도록 힘을 실어주는 것이다. 리더로서, 여러분은 변화가 어려운 시기에 지원해야 하며, 그 지원은 여러분이 만든 본보기, 장려하는 행동, 보상하는 성과에 대한 것이다. 우선 여러분이 만든 모범적 사례에 대해 생각해 보라. 여러분 자신은 일관되게 독창적으로 행동하는 사람의 모델인가? 여러분은 스스로 앞으로 나가 책임과 의무를 지고, 해결에 집중하며 호기심을 표시하는가? 다음으로, 틀에서 벗어날 준비가 된 사람들을 격려하고 힘을 실어줄 방법을 찾아라. 그들의 노력을 여러분이 잘 알고 있음을 알게 해라. 그들이 아이디어를 다듬고, 감수할 만한 가치가 있는 위험을 결정하는 데 도움을 주어라. 그리고 가장 중요한 것은, 어떤 성취에 대해 보상할지 신중하게 염두에 두어라. 안전한 선택을 한 사람만 인정할 것인가? 아니면, 능력을 최대한 발휘하기 위해 노력하고, 독창적인 행동을 보여주었으나 공격적인 목표에 미치지 못한 사람들에게도 보상할 것인가?

어휘

- out-of-the-box 발군의, 격이 다른
- stretch (능력을) 최대한 발휘하다
- empower 권한을 주다, 자율권을 주다
- accountability 의무
- fall short of ~에 미치지 못하다, 미흡하다

20 독해>대의 파악>제목, 주제 답 ①

| 출처 | 2021 법원직 9급
| 난도 | 중

분석

도입부 'Language gives individual identity and a sense of belonging(언어는 개인의 정체성과 소속감을 준다.)'에서 제시문의 방향성을 파악하고, 'Moreover, children who know the true value of their mother tongue will not feel like they are achievers when they speak a foreign language(게다가 모국어의 진정한 가치를 아는 아이들은 외국어를 할 때 자신이 성취자라고 느끼지 않을 것이다.)'에서 제시문이 말하고자 하는 주제를 알 수 있다. 따라서 제시문의 주제로 적절한 것은 ① 'the importance of mother tongue in child development(아동발달에서 모국어의 중요성)'이다.

② 아동의 외국어 학습에 미치는 영향
③ 아동의 자존감 향상 방안
④ 언어 분석의 효율성

해석

언어는 개인의 정체성과 소속감을 준다. 아이들이 자랑스럽게 그들의 언어를 배우고 가정과 이웃에서 그것을 말할 수 있을 때, 아이들은 높은 자존감을 갖게 될 것이다. 게다가, 모국어의 진정한 가치를 아는 아이들은 외국어를 말할 때 자신이 성취자라고 느끼지 않을 것이다. 자아 정체성과 자존감이 향상되면서 아동의 수업 성적 또한 향상되는데, 이런 아이는 언어적 소외감에 대한 걱정을 덜고 등교하기 때문이다.

어휘

- identity 정체성, 자신, 신원, 신분; 독자성, 동질감
- marginalization 소외, 사회에서 소외감

02 제12회 기출 섞은 모의고사

01	02	03	04	05	06	07	08	09	10
③	④	④	①	②	②	②	②	②	①
11	12	13	14	15	16	17	18	19	20
②	②	④	④	②	①	④	②	③	②

01 어휘>어구 답 ③

| 출처 | 2020 경찰(순경) 1차
| 난도 | 하

분석

밑줄 친 contain은 타동사로 '~을 함유하다, 포함하다'라는 뜻이 익숙하나, 그 외에 두 가지 뜻이 더 있다. 모두 타동사로 쓰이며, '(감정을) 억누르다/참다', '(좋지 않은 일을) 방지하다/억제하다'라는 뜻이 있다. 문맥상 양보를 나타내는 종속접속사 although의 연결을 보아, 전염병을 '막으려고' 노력했다는 의미로 쓰였고, '포함하다' 외에 다른 뜻을 몰랐다고 하더라도 해석을 통해 그 의미를 충분히 유추할 수 있다. 따라서 contain과 의미가 가장 가까운 것은 ③ 'prevent the spread of(~의 확산을 막다)'이다.
① 포함하다
② ~로 고통받다
④ 전송하다, 전염시키다

해석

비록 의사들이 전염병을 억제하려고 분투했음에도 불구하고, 그것은 전 세계를 휩쓸었다.

어휘

• struggle (나쁜 상황 · 결과를 막기 위해) 싸우다
• epidemic 유행병, 전염병
• sweep (거칠게) 휩쓸고 가다, 휘몰아치다
• spread 확산, 전파

02 어휘>단어 답 ④

| 출처 | 2020 국가직 9급
| 난도 | 중

분석

밑줄 친 conspicuous는 '눈에 잘 띄는, 뚜렷한'의 뜻으로, 문맥상 화산의 특징을 설명하는 서술이므로, conspicuous와 동의어이며 화산의 특징을 묘사할 수 있는 단어는 ④ 'noticeable(뚜렷한, 현저한)'이다.
① 수동적인, 소극적인
② 수증기가 가득한, 수증기 같은
③ 위험한

해석

옐로우스톤이 사실상 화산 작용에 의해 만들어졌다는 것은 오래전부터 알려져 있었으며, 화산의 한 가지 특징은 일반적으로 눈에 잘 띈다는 것이다.

어휘

• volcanic 화산 작용에 의해 만들어진, 화산의
• in nature 사실상, 현실적으로

03 어휘>어구 답 ④

| 출처 | 2019 지방직 9급
| 난도 | 중

분석

밑줄 친 engrossed in은 '~에 몰두한'의 뜻으로, 이와 의미가 가장 가까운 것은 ④ 'preoccupied with(~에 사로잡힌)'이다.
① ~에 의해 향상된
② ~에 대해 냉담한
③ ~에 의해 안정된

해석

시간은 지루한 오후 수업 시간 동안에는 눈곱만큼 줄어드는 것 같고, 뇌가 매우 재미있는 무언가에 몰두할 때는 경주하는[빠르게 흘러가는] 것 같다.

어휘

• slow to a trickle 눈곱만큼 줄어들다

04 어휘>단어 답 ①

| 출처 | 2019 소방직 9급
| 난도 | 하

분석

'화재의 위험으로부터 생명과 재산을 구하는'이라는 뜻이 되어야 하므로, 빈칸에는 ① 'perils(위험)'가 적절하다.
② 대피처, 대피
③ 개관, 개요
④ 보호구역, 피난처

해석

소방서는 화재의 위험으로부터 생명과 재산을 구하는 일에 전념하고 있다. 인명구조가 사건 현장의 최우선 과제다.

어휘

• be dedicated to ~에 전념하다
• priority 우선순위, 우선권
• incident scene 사건 현장

05　독해>대의 파악>제목, 주제　　　답 ②

| 출처 | 2019 서울시 9급

| 난도 | 하

분석

첫 문장에서 핵심 소재인 정보재와 가격을 제시하고, 마지막 문장에서 정보재는 생산비용이 아니라 소비자 가치에 의해 가격이 책정된다는 주제를 서술하고 있다. 따라서 이 모든 것을 포함하는 적절한 제목은 ② 'Pricing the Information Goods(정보재의 가격 책정)'이다.

① 저작권 보호
③ 지적 재산권으로서의 정보
④ 기술적 변화에 드는 비용

해석

경제학자들은 정보재의 생산이 높은 고정비용과 낮은 한계비용을 수반한다고 말한다. 정보재의 초본을 생산하는 비용은 상당할 수 있지만, 추가 사본을 제작(혹은 복제)하는 비용은 크지 않다. 이러한 종류의 비용 구조는 많은 중요한 의미를 가진다. 예를 들어, 비용 기반의 가격 책정은 효과가 없다. 단가의 10~20퍼센트 가격 인상은 단가가 0인 경우에는 의미가 없다. 여러분의 생산비용이 아닌 소비자 가치에 따라 정보재의 가격을 책정해야 한다.

어휘

- information good 정보재
- fixed cost 고정비용(생산량의 변동 여하에 관계없이 불변적으로 지출되는 비용)
- marginal cost 한계비용(생산물을 한 단위 추가로 생산할 때 필요한 총 비용의 증가분)
- substantial 상당한, 많은
- negligible 무시해도 될 정도의, 보잘 것 없는
- implication 영향, 결과, 의미
- markup 가격 인상
- unit cost 단가

06　어법>비문 찾기　　　답 ②

| 출처 | 2021 법원직 9급

| 난도 | 중

분석

'출판을 위해 시를 제출하는 것'은 문장의 주어이므로, submit은 submitting이 되어야 한다.

① their work in print에서 their는 문장의 children을 받는다.
③ which poems they are most proud of에서 which는 의문형용사로 '그들이 자부하는 어떤 시'로 해석되며 어법상 적절하다.
④ publicly showcase their accomplishment에서 showcase는 동사(전시하다)로 쓰였으므로, 동사를 수식하는 부사로써 publicly가 적절하다.

해석

글쓰기를 즐기는 아이들은 종종 자신의 작품을 인쇄물로 보는 것에 흥미를 느낀다. 한 가지 비공식적인 접근법은 그들의 시를 타이핑해서 인쇄하고 게시하는 것이다. 혹은 많은 아동 작가들의 시를 복사한 문집을 만들 수도 있다. 하지만 진정으로 헌신적이고 야심적인 아이들에게 있어서, 출판을 위해 시를 제출하는 것은 가치 있는 목표이다. 그리고 아이들의 원시를 인쇄하는 몇 가지 웹과 인쇄 자료들이 있다. 아동 시인이 원고 제출 프로토콜(스타일, 형식 등)에 익숙해질 수 있도록 도와줘라. 그들이 가장 자랑스러워하는 시를 고르게 해서, 모든 것의 복사본을 제출하게 하고, 부모님의 허락을 받도록 하라. 그러고 나서 그들의 작품이 채택되고 인쇄되어 나올 때 함께 축하하라. 그들을 축하하고, 그들의 성취를 공개적으로 보여주며, 널리 알려라. 성공은 성공을 고무시킨다. 그리고 물론, 만약 그들의 작업이 거절당한다면, 지원과 격려를 해줘라.

07　독해>세부 내용 찾기>내용 (불)일치　　　답 ②

| 출처 | 2018 국가직 9급

| 난도 | 상

분석

네 번째 문장에서 컴퓨터와 7,500달러를 받는다고 했으므로, 글의 내용과 일치하지 않는다.

① 두 번째, 세 번째 문장에서 모든 학생이 4년 동안 전액 장학금을 받는다고 했으므로, 글의 내용과 일치한다.
③ 여섯 번째 문장에서 언급한 커쉬너 학장의 의견이 올바르게 서술되어 있다.
④ 마지막 문장에서 우수 학생들에게만 장학금을 주는 학교가 서술되어 있으므로, 글의 내용과 일치한다.

해석

맥컬리 오너스 대학(MHC) 학생들은 높은 등록금에 대한 스트레스를 받지 않는다. 등록금이 무료이기 때문이다. 맥컬리와 소수의 몇몇 군 사관학교, 직업 대학, 단과 대학, 음악 대학에서는 학생 전원이 전액 장학금을 4년 내내 받는다. 맥컬리 학생들은 또한 노트북 한 대와 7,500달러의 "기회 자금"을 받는데 그것은 연구, 업무 경험, 유학 프로그램과 인턴십 등을 수행하기 위한 것이다. "가장 중요한 것은 무료 등록금이 아니라, 빚을 짊어지지 않고 공부하는 자유이다."라고 맥컬리 오너스 대학의 학장 앤 커쉬너는 말한다. 그녀는 또 말하기를, 빚 부담은 "학생들이 대학에서 하는 선택들과 타협하게 하며, 우리는 그들에게 그것으로부터 자유로울 기회를 준다."라고 했다. 모든 학생에게 무료 등록금을 제공하는 학교들은 드물다. 하지만 더 많은 교육기관들이 높은 성적을 받은 등록자들에게 장학금을 제공하고 있다. 인디애나 대학교 블루밍턴 캠퍼스 같은 기관들은 우수한 평점과 학업 성적이 뛰어난 학생들에게 자동적으로 장학금을 제공한다.

어휘

- tuition 등록금
- a handful of 소수의, 한 줌의, 몇몇의
- service academy 군 사관학교
- conservatory 음악 학교
- pursue 추구하다, 밀고 나가다, 수행하다
- on one's back ~의 등에 지고 있는
- dean 학장, 원장
- burden 부담, 짐
- compromise 절충하다, 타협하다
- enrollee 등록자, 가입자

• automatic award 자발적[자체] 상금
• stellar 특출한

---

08 어법>정문 찾기   답 ②

| 출처 | 2018 지방직 9급
| 난도 | 중

분석

가정법이 쓰인 문장에서 if가 생략되어 주어와 동사가 도치되었다. 현재 사실의 반대를 가정하는 가정법 과거에서 if절의 be동사는 주어의 인칭과 수에 상관없이 were를 사용해야 하며, 주절의 동사는 '조동사 과거(would/could/should/might)+동사원형'으로 나타낸다.

① contact는 타동사로서 목적어가 필요하다. 따라서 me가 목적어가 되려면 전치사 to를 삭제해야 한다. 종속절 I gave you last week의 동사 give는 대표적인 4형식 동사이므로 이 문장은 직접목적어가 없는 불완전한 문장이다. 따라서 email address가 선행사이자 목적어 역할을 하며, 선행사인 email address와 I 사이에 목적격 관계대명사가 생략된 경우이다.

③ allow는 to부정사를 목적격 보어로 가지는 대표적인 5형식 동사이므로, 목적격 보어 to continue가 적절하게 사용되었다. 또한 목적어인 people은 단수와 복수로 모두 사용되므로 문장 내의 힌트를 활용해서 수 일치를 결정해야 한다. 관계대명사절에서 their offices라고 언급되므로, 이 문장의 people은 복수로 사용되었음을 유추할 수 있다. 따라서 관계대명사의 동사는 복수인 선행사 people과 수가 일치해야 하므로 is가 아닌 are가 적절하다.

④ attempt의 목적어로 to부정사가 적절하게 사용되었지만 '~하면 할수록 더욱 ~하다'라는 의미인 'the 비교급+주어+동사, the 비교급+주어+동사'의 구조이므로, worst가 아닌 비교급인 worse가 적절하다.

해석

① 제가 지난주에 드렸던 이메일로 연락해 주세요.
② 물이 없다면, 지구상의 모든 생명체는 멸종될 것이다.
③ 노트북은 사람들이 회사가 아닌 곳에서도 계속해서 업무를 진행할 수 있도록 한다.
④ 그들이 실수에 관해서 설명하면 할수록, 이야기는 더욱 부정적으로 들렸다.

어휘

• contact 연락, 접촉; 연락하다
• creature 생명이 있는 존재, 생물
• extinct (동·식물 등의 종류가) 멸종된

---

09 독해>글의 일관성>무관한 어휘·문장   답 ②

| 출처 | 2021 법원직 9급
| 난도 | 하

분석

제시문은 소설의 장점에 대해 설명하고 있다. ①, ③, ④ 모두 소설의 용도에 대한 설명으로 흐름상 자연스러운 내용이지만, ②는 소설의 내용이 아닌, 논점에서 어긋나는 문장이다.

해석

소설은 많은 용도를 가지고 있는데, 그중 하나가 공감대를 형성하는 것이다. TV나 영화를 볼 때, 여러분은 다른 사람들에게 일어나는 일들을 보고 있다. 산문소설은 26개의 글자(알파벳)와 몇 개의 구두점으로 쌓아 올린 것이다. 그리고 여러분은 여러분만의 상상력을 발휘하여 세상을 만들고, 그곳에서 살면서 다른 눈으로 바깥을 바라본다. 여러분은 사물을 느끼고, 그렇지 않다면 결코 알지 못할 장소와 세계를 방문하게 된다. 다행스럽게도, 지난 10년 동안, 세계에서 가장 아름답고 알려지지 않은 많은 장소들이 주목받았다. 저 밖에 있는 다른 사람들도 모두 또 하나의 '나'라는 것을 알게 된다. 여러분은 다른 누군가가 되고 있고, 여러분이 여러분의 세계로 되돌아가면, 약간 달라질 것이다.

어휘

• empathy 공감, 감정이입
• a handful of 소수의
• punctuation mark 구두점
• put in the spotlight 주목 받다

---

10 독해>대의 파악>제목, 주제   답 ①

| 출처 | 2020 경찰(순경) 1차
| 난도 | 상

분석

첫 번째 문장과 두 번째 문장에서 단어를 쌍으로 묶어서 학습할 경우 우선 기억력을 강화시킨다는 장점을 소개하고 있다. 세 번째 문장의 however 이후, 두 단어가 함께 나왔다는 사실을 기억하는 과정에서 원하지 않는 속성의 항목을 상기시키는 것을 억누르는 과정을 동반하게 되고, 이는 필요할 때 그 단어를 떠올리는 것을 더 힘들게 만든다는 문제점을 설명하고 있다. 따라서 글의 제목으로 가장 적절한 것은 단어 쌍 학습의 장점과 문제점을 둘 다 포함하고 있는 ① 'The Advantage and Disadvantage of Studying Word Pairs(단어 쌍 학습의 장점과 단점)'이다.
② 단어 쌍을 연결시키는 기술
③ 단어 쌍 연상의 중요성
④ 단어 쌍 연습의 적절한 방법

해석

'red/blood', 'food/radish' 같이 단어를 쌍으로 학습한 후에, 'red'라는 단서가 제공되면 'blood'를 함께 떠올린다고 상상해보라. 이러한 연상 활동은 두 단어를 함께 떠올릴 수 있는 기억력을 강화시키므로 다음번에 'red'라는 단어가 주어지면 'blood'를 떠올리는 것이 더 쉬워질 것이다. 하지만 놀랍게도, 'blood'가 'red'와 함께 나왔다고 기억해내는 것은 또한 'food'라는 단어가 주어졌을 때 'radish'를 떠올리는 것을 후에 더 어렵게 만들기도 한다! 'red/blood'라는 조합을 학습할 때 피 이외의 최근에 접한 '붉은 것들'을 떠올리지 않게 하는 것이 필요한데, 그렇게 해야 여러분 머릿속이 여러분이 찾는 단어를 떠올리는 데 방해되는 관련 없는 단어들로 어지럽혀지지 않기 때문이다. 하지만 'radish' 같이 원치 않는 항목이 떠오르는 것을 억누르는 데는 대가가 따른다. 그것들은 나중에 상기할 경우에, 심지어 '붉음'과 아무런 관련 없어 보이는 단서인 'food'에도 쉽게 떠오르지 않는다.

어휘

• cue (무엇을 하라는) 신호, 단서
• recall 상기하다, 기억해내다
• remarkably 현저하게, 몹시, 매우, 놀랍게도
• suppress 억제하다, 억누르다

- retrieval 되찾아옴, 회수; 검색
- encounter 맞닥뜨리다, 마주치다
- be littered with (보통 좋지 않은 것이) 많이 들어 있다
- irrelevance 무관함, 무관한 것
- interfere with ~을 방해하다
- have nothing to do with ~와는 관계가 없다

---

11 | 표현>일반회화 | 답 ②

| 출처 | 2018 국가직 9급
| 난도 | 하

분석

A는 B에게 운전하는 방법을 알려달라고 요청하고 있다. 운전 경험이 없지만 '~을 더는 기다릴 수 없다'고 말하는 의도는 빨리 운전을 시작하고 싶다는 뜻이므로, 빈칸에는 '시작하다'의 의미인 ② 'get one's feet wet(이제 막 시작하다)'이 들어가는 것이 적절하다.

① 미루다, 연기하다
③ 엔진오일을 교체하다
④ 펑크 난 타이어를 교체하다

해석

A : 너 운전할 줄 알아?
B : 물론이지. 나 운전 잘 해.
A : 나에게 운전하는 법 좀 가르쳐줄 수 있어?
B : 너 임시 운전면허증 가지고 있니?
A : 응, 바로 지난주에 받았어.
B : 자동차를 운전해 본 적이 있어?
A : 아니, 하지만 난 <u>시작하는</u> 것을 기다릴 수가 없어.

어휘

- learner's permit 임시 운전면허증
- be behind the steering wheel 운전하다(운전대 앞에 앉다)
- flat tire 펑크 난 타이어

---

12 | 표현>일반회화 | 답 ②

| 출처 | 2021 국가직 9급
| 난도 | 하

분석

A가 감기에 걸린 B에게 비강 스프레이를 추천하는 상황의 대화문이다. 비강 스프레이를 써봤느냐는 A의 질문 이후, 대화의 마지막에 B가 'I don't like to put anything in my nose, so I've never used it(나는 코에 무엇이든 넣는 걸 싫어해서, 사용해 본 적이 없어).'라고 했으므로, B는 비강 스프레이 종류를 좋아하지 않아 사용하지 않았다는 것을 알 수 있다. 따라서 빈칸에 적절한 것은 ② 'No, I don't like nose spray(아니, 난 비강 스프레이를 싫어해).'이다.

① 응. 근데 도움이 되지 않았어.
③ 아니, 약국이 닫았어.
④ 응, 얼마나 써야 해?

해석

A : 감기약 먹어봤니?
B : 아니, 나는 그냥 코를 많이 풀어.
A : 비강 스프레이 써봤어?
B : 아니, 난 비강 스프레이를 싫어해.
A : 그거 효과가 좋아.
B : 아니, 괜찮아. 나는 코에 무엇이든 넣는 걸 싫어해서, 사용해 본 적이 없어.

어휘

- blow one's nose 코를 풀다
- nose spray 비강 스프레이

---

13 | 어법>영작하기 | 답 ④

| 출처 | 2018 국가직 9급
| 난도 | 중

분석

원급 비교의 부정인 'not so[as] ~ as(~만큼 …하지 않다)' 구문이 사용되었다. 이때 'not so[as] ~ as' 사이에는 원급이 와야 하므로, stingier는 stingy가 되어야 한다.

① be good at은 '~에 능숙하다'라는 표현으로, 전치사 다음에 동명사 getting의 쓰임은 올바르다. get across도 '~을 (~에게) 전달하다, 이해시키다'의 의미로 적절하게 쓰였다.
② 주어 traffic jams가 복수이므로 동사 are가 주어의 수에 맞춰 적절하게 사용되었다. 또한 'more ~ than any other + 단수 명사' 구문은 올바른 최상급 표현이며, 비교 대상인 traffic jams와 those의 수 일치도 올바르다.
③ 동명사 주어 'making eye contact~'와 동사 is의 수 일치가 올바르다. the person 뒤에 목적격 관계대명사 whom이 생략된 형태이다.

어휘

- turn out ~이 드러나다
- stingy 인색한

---

14 | 어법>영작하기 | 답 ④

| 출처 | 2021 국가직 9급
| 난도 | 하

분석

'또한 그러하다'는 표현은 긍정문의 경우는 so를 사용하며, so 뒤에서 도치된다. 이때 동사가 일반 동사이면 do를 대신 써서 도치해야 하는데, 주어가 her son이고 동사가 일반 동사의 과거형인 loved이므로 did를 사용하여 올바르게 쓰였다.

① 'look forward to ~ing'는 '~하기를 고대하다'의 뜻으로, 이때 to는 전치사이며 목적어로 동명사가 와야 하므로 to receive는 to receiving이 되어야 한다.
② rise는 '오르다, 올라가다'라는 뜻의 자동사이므로 rise는 raise가 되어야 한다.
③ '~할 만한 가치가 있다'는 'be worth ~ing'를 써야 하므로, worth considered는 worth considering이 되어야 한다.

---

15 독해>빈칸 완성>연결어 답 ②

| 출처 | 2021 소방직 9급
| 난도 | 하

분석

(A) 빈칸 (A) 앞에서는 마음의 준비를 함으로써 상황을 원만하게 풀어갈 수 있다는 내용을 소개하였으며, (A) 다음에서 상세한 상황들을 예로 들어 부연 설명하고 있으므로, (A)에는 For example이 적절하다.

(B) 빈칸 (B) 앞에는 '모든 것을 통제할 수 없다.'라는 내용이 오고 (B) 다음에서 '한 가지만은 통제할 수 있다.'라는 반대되는 내용을 기술하고 있으므로, (B)에는 역접의 However가 적절하다.

① 그에 반해서 – 그러므로
② 그에 반해서 – 그럼에도 불구하고
④ 예를 들면 – 게다가

해석

마음의 준비는 사회적 상황을 포함한 많은 상황에서 훌륭한 조언이 된다. 여러분이 면접을 보러 가려 하든, 디너 파티에 가려고 하든, 약간의 마음의 준비는 일을 더 순탄하게 풀리도록 해줄 것이다. (A) 예를 들어, 여러분은 새로 만날 여러 사람들과 성공적으로 대화하고 있는 자신의 모습을 상상할 수도 있다. 또는 호의적인 시선을 마주치며, 대화를 이어가기 위해 질문하는 모습을 상상할 수도 있을 것이다. 물론, 여러분이 모든 것을 통제할 수는 없다. (B) 하지만, 여러분이 통제할 수 있는 한 가지는 여러분 자신의 행동이다. 약간의 마음의 준비는 사회적 상황에서 여러분이 최고의 자신이 되기 위해 침착함을 느끼는 데 도움을 줄 것이다.

어휘

• preparation 준비
• picture 상상하다, 그리다
• self 모습, 본모습

16 독해>빈칸 완성>단어·구·절 답 ①

| 출처 | 2020 경찰(순경) 1차
| 난도 | 중

분석

(A)는 동사 suggest를 사용해 주절의 내용을 요약·정리해주는 종속절(분사구문)에 위치해 있으므로, 주절의 내용을 바탕으로 빈칸에 들어갈 수 있는 단어를 유추할 수 있다. 주절에서 '중간 수준의 역경을 직면한 사람들의 정신건강이 역경을 거의 겪지 않은 사람들보다 더 건강하다'고 했으므로, 적정한 양의 스트레스가 긍정적인 효과를 가져와야 한다. ②, ④는 문맥상 적절하지 않으며, 스트레스에 대한 반응과 관련된 효과이어야 하므로, 빈칸에는 ① 'resilience(회복력)'가 적절하다. (B), (C)에도 '회복력'을 넣어 문맥상 자연스러운지 확인하는 것도 잊지 말아야 한다.

② 인상
③ 창의성
④ 우울증

해석

37개의 주요한 부정적 사건에 대한 참가자들의 노출을 측정한 한 연구는 인생의 역경과 정신건강 사이의 곡선 관계를 발견했다. 높은 수준의 역경은, 예상대로, 취약한 정신건강을 예측했지만, 중간 수준의 역경에 직면했던 사람들은 역경을 거의 겪지 않은 사람들보다 더 건강했는데, 이는 적정한 양의 스트레스가 (A) 회복력을 길러줄 수 있다는 것을 시사했다. 후속 연구는 평생 겪는 역경의 양과 실험에서 주어진 스트레스 요인에 대한 피실험자의 반응 사이에서 비슷한 관련성을 발견했다. 중간 수준의 역경이 가장 큰 (B) 회복력을 기대하게 했다. 그러므로, 적당한 수준의 스트레스를 해결하려는 노력은 미래에 스트레스 상황을 직면했을 때의 (C) 회복력을 기를 수 있다.

어휘

• curvilinear 곡선으로 이루어진
• adversity 고난, 역경
• as expected 예상대로
• intermediate 중간의
• suggest 시사[암시]하다
• moderate 적절한, 적정한
• foster 조성하다, 발전시키다
• follow-up 후속, 뒤따르는, 잇따른
• stressor 스트레스 요인
• grapple with ~을 해결하려고 노력하다

17 독해>글의 일관성>글의 순서 답 ④

| 출처 | 2021 소방직 9급
| 난도 | 중

분석

주어진 글의 마지막 부분에서 'synthesis of tissue(조직의 합성)'을 언급했는데, (C)에서 조직의 합성에 대해 설명하고 있으므로 주어진 글 다음에 (C)가 오는 것이 적절하다. (C)의 마지막 부분에 '변화가 진행되고 있지 않다는 것을 뜻하는 것은 아니다.'라고 했는데, (A)에서 they are happening으로 받고 있다. 또한 (A)의 마지막 부분에서 체지방이 많은 경우에는 몸의 변화를 알아차리지 못할 수 있다고 했고, (B)가 이를 부연 설명하고 있다. 따라서 주어진 글 다음에 이어질 글의 순서로 적절한 것은 ④ '(C) – (A) – (B)'이다.

해석

몸이 근육을 재건할 때, 근육은 힘과 능력 또한 증가시킨다. 보통 오래된 조직은 새로운 조직의 합성 전에 제거된다. 많은 양의 단백질을 섭취하는 것은 새로운 조직의 합성에 도움이 되는 원료를 제공하는 데 도움이 될 것이다.

(C) 새로운 조직의 합성에 있어, 신체의 변화를 보기 시작하는 데는 시간이 조금 걸릴 것이라는 사실을 염두에 두어라. 하지만, 이것은 변화가 진행되고 있지 않다는 것을 뜻하는 것은 아니다.

(A) 변화는 일어나고 있다. 여러분이 알아챌 정도의 상당한 변화가 일어날 때까지 알아보지 못하는 것뿐이다. 이는 여러분에게 체지방이 많을 때 특히 그러하다.

(B) 여러분의 몸은 끊임없이 지방을 태우고 새로운 조직을 만드는데, 이것이 자신이 여전히 똑같아 보인다는 생각을 들게 한다.

어휘

• rebuild 재건하다

• tissue 조직

• discard 버리다, 제거하다

• synthesis 합성

| **18** | 독해>세부 내용 찾기>내용 (불)일치 | 답 ② |

| **출처** | 2018 국가직 9급

| **난도** | 중

분석

일시적 불면증은 부적절한 수면 환경 외에도 수면 시간, 심각한 우울증, 혹은 스트레스에 의해 생길 수 있다고 했으므로, 글의 내용과 일치하지 않는 것은 ② 'Transient insomnia occurs solely due to an inadequate sleep environment(일시적 불면증은 오직 부적절한 수면 환경에 의해서만 발생한다).'이다.

① 불면증은 그 기간에 의해서 분류될 수 있다.

→ 한 달을 기준으로 한 달 이내로 지속되는 급성 불면증과 한 달 이상 지속되는 만성 불면증으로 분류할 수 있다.

③ 급성 불면증은 일반적으로 스트레스와 관련되어 있다고 알려져 있다.

→ 급성 불면증은 스트레스와 관련된 질병으로 알려져 있다고 언급하고 있다.

④ 만성 불면증 환자들은 환각으로 고통받을지도 모른다.

→ 만성 불면증의 영향으로 근육 약화, 환각, 정신적 피로를 제시했다.

해석

> 불면증은 일시적인, 급성인, 혹은 만성적인 것으로 분류될 수 있다. 일시적인 불면증은 일주일 이내로 지속되며, 다른 질병, 수면 환경의 변화, 수면 시간, 심각한 우울증, 혹은 스트레스에 의해서 생길 수 있다. 졸음, 정신 운동 기능 장애 같은 결과들은 수면 결핍의 결과와 비슷하다. 급성 불면증은 한 달 이내의 기간 동안 지속적으로 숙면을 취할 수 없다. 급성 불면증은 잠드는 데 또는 계속 잠자는 데 문제가 있을 때, 혹은 잠자고 나도 상쾌하지 않을 때 발생한다. 이러한 문제들은 수면을 위한 충분한 기회와 환경에도 불구하고 발생하며 주간 활동에 손상을 줄 수도 있다. 급성 불면증은 또한 단기 불면증이나 스트레스 관련 불면증으로도 알려져 있다. 만성 불면증은 한 달 이상 지속되는데, 다른 질병에 의해서 생기거나, 그 자체가 일차 질병이 되기도 한다. 스트레스 호르몬 수치가 높거나 사이토카인* 수치에 변화가 있는 사람들은 다른 사람들보다 만성 불면증에 걸리기 쉽다. 그 영향은 원인에 따라서 다양할 수 있다. 만성 불면증의 영향은 근육 약화, 환각, 그리고/혹은 정신적 피로를 포함한다. 만성 불면증은 또한 복시를 일으킬 수도 있다.
>
> *사이토카인 : 면역 체계의 특정 세포에서 방출되는 분자 덩어리

어휘

• insomnia 불면증

• classify 분류하다

• transient 일시적인

• acute 급성의

• chronic 만성의

• disorder 장애, 무질서

• depression 우울증, 불경기

• impaired 손상된, 제 기능을 못하는

• psychomotor 정신 운동의

• deprivation 결핍, 결여

• circumstance 상황

• weariness 피로, 권태

| **19** | 독해>대의 파악>요지, 주장 | 답 ③ |

| **출처** | 2021 법원직 9급

| **난도** | 중

분석

제시문은 아이들이 싸울 때, 보호자가 가까이서 지켜보면서 그들의 갈등을 해결할 수 있도록 가이드를 제시해야 한다는 내용을 담고 있다. 대개 주제의 핵심 키워드는 문두와 문미를 보면 되는데, 문두의 'If your kids fight every time they play video games, make sure you're close enough to be able to hear them when they sit down to play(자녀들이 비디오 게임을 할 때마다 싸운다면, 아이들이 게임을 하기 위해 앉을 때 여러분이 아이들이 하는 말을 들을 수 있을 만큼 충분히 가까이 있는지 확인하라).'와 문미의 'They should also learn to revisit problems when solutions are no longer working(그들은 또한 해결책이 더 이상 작동하지 않을 때 문제를 다시 검토하는 법을 배워야 한다).'에서 주제와 요지를 알 수 있다. 따라서 제시문의 요지는 ③ 'Help your kids learn to resolve conflict(여러분의 아이들이 갈등을 해결하는 법을 배우도록 도와라).'이다.

① 여러분의 아이들에게 그들의 시험을 평가해 달라고 요청하라.

② 여러분의 아이들이 서로 경쟁하도록 하라.

④ 여러분의 아이들에게 논쟁에서 이기는 법을 가르쳐라.

해석

> 자녀들이 비디오 게임을 할 때마다 싸운다면, 아이들이 게임을 하기 위해 앉을 때 여러분이 아이들이 하는 말을 들을 수 있을 만큼 충분히 가까이 있는지 확인하라. 그들이 사용하는 특정한 단어나 목소리 톤을 듣고, 그것이 더 격해지기 전에 개입하려고 노력하라. 일단 화가 진정되면, 아이들을 앉히고 탓하거나 비난하지 말고 그 문제에 대해 의논해 보라. 아이들 각각에게 말할 기회를 주고, 중단하지 않고, 그들 스스로 문제를 해결하도록 노력하게 하라. 초등학생이 될 때까지, 아이들은 어떤 해결책들이 윈-윈 해결책이고, 어떤 것들이 시간이 지남에 따라 작동해서 서로를 만족시킬 수 있는지 평가할 수 있게 된다. 그들은 또한 해결책이 더 이상 작동하지 않을 때 문제를 다시 검토하는 법을 배워야 한다.

어휘

• intervene 개입하다, 끼어들다

• temper 성격, 기질, 화

• uninterrupted 연속적인, 끊임없는

• school age 취학 연령, 의무 교육 연한

• evaluate (양·가치·품질 등을) 평가하다[감정하다]

20 독해>빈칸 완성>단어 · 구 · 절   답 ②

| 출처 | 2018 국가직 9급

| 난도 | 중

분석

키셔 패드브헌은 인도 교육의 문제를 외딴 지역의 학생들이 좋은 교사와 콘텐츠에 접근성이 떨어지는 데에 있다고 지적하고 있으며, 밑줄 친 문장에서 그 해결책을 제시하고 있으므로, 빈칸에는 교육의 지역 차이를 해소할 수 있다는 ② 'to bridge the gap through virtual classrooms(가상 수업을 통해 그 간격을 메운다)'가 적합하다.

① 교사 훈련 기관의 질을 향상한다

③ 학생들이 디지털 기술에 익숙하게 한다

④ 자격 있는 교육자들을 전국 각지에 위치시킨다

해석

뭄바이에 있는 에버론 교육의 창립자인 키셔 패드브헌은 자신의 사업을 국가 건설로 본다. 인도의 2억 3천만에 달하는 학생 연령층(유치원부터 대학까지)의 인구는 세계에서 가장 큰 규모 중의 하나이다. 정부는 830억 달러를 교육에 소비하고 있지만, 거기에는 심각한 격차가 존재한다. "충분한 교사와 충분한 교사 훈련 기관이 없어요."라고 키셔는 말한다. "인도에서 외딴 지역의 어린이들에게 결여된 것은 좋은 교사에 대한 접근성, 질 좋은 콘텐츠에 대한 노출이에요." 에버론 교육의 해결책은 무엇인가? 그 회사는 양방향 영상과 음향을 갖춘 위성 네트워크를 사용해서 <u>가상 수업을 통해 그 간격을 메운다.</u> 네트워크는 인도에 있는 28개 주 가운데 24개 주의 1,800개의 대학과 7,800개의 학교에 연결되어 있다. 디지털화된 수업부터 대망을 품은 공학자를 위한 입학시험 준비까지 모든 것을 제공하며, 구직자들을 위한 훈련 과정도 있다.

어휘

- nation-building 국가 건설
- institute 기관, 연구소
- exposure to ~에 대한 노출
- satellite network 위성 네트워크
- two-way 쌍방향의
- digitized 디지털화된
- prep 예습, 사전준비
- aspire 열망하다, 대망을 품다
- job-seeker 구직자

03 제13회 기출 섞은 모의고사

01	02	03	04	05	06	07	08	09	10
①	①	③	③	④	③	④	②	①	④
11	12	13	14	15	16	17	18	19	20
④	②	④	④	④	④	②	④	④	②

01 어휘>단어 답 ①

| 출처 | 2019 서울시 9급

| 난도 | 중

분석

밑줄 친 pejorative는 '경멸적인, 비난투의'라는 뜻으로, 의미가 가장 가까운 것은
① 'derogatory(경멸하는, 비판적인)'이다.
② 외향적인
③ 의무적인
④ 불필요한, 쓸모없는

해석

정당성은 문제의 행동에 대한 책임을 인정하면서도, 그에 관련된 경멸적인 특성을 부정하는 설명이다.

어휘

• justification 타당한 이유, 정당성
• account 설명

02 어휘>단어 답 ①

| 출처 | 2019 지방직 9급

| 난도 | 중

분석

밑줄 친 excavate는 '발굴하다'의 뜻으로 이와 의미가 가장 가까운 것은
① 'exhume(파내다)'이다.
② (짐을) 싸다
③ 지우다
④ 기념하다, 축하하다

해석

나는 이 문서들을 지금은 죽어서 매장되어, 발굴될 필요가 있는 감성의 유물로 보게 되었다.

어휘

• relic 유물, 유적
• sensibility 감성[감수성]
• excavate 발굴하다; 출토하다

03 어휘>단어 답 ③

| 출처 | 2019 경찰(순경) 2차

| 난도 | 중

분석

주어진 빈칸은 도서와 문화유산 자료들을 수식하는 관계대명사절의 동사 자리이다. 문맥상 빈칸에는 ③ 'complement(보완하다)'가 적절하다.
① 약화시키다, 희석시키다
② 수갑[족쇄]을 채우다
④ 무능력하게 하다

해석

코텍 대학교 도서관은 기존의 수집품을 확장하고 보완하는 도서 및 다른 문화유산 자료의 기증을 환영합니다.

어휘

• heritage 유산
• extend 확장하다, 연장하다
• existing 기존의, 현재 사용되는

04 어휘>단어 답 ③

| 출처 | 2020 경찰(순경) 1차

| 난도 | 중

분석

문맥을 통해 정답을 찾을 수 없는, 즉 제시된 숙어를 알고 있어야 풀 수 있는 문제이다. 첫 번째 문장에서 look a person square in the face는 '~의 얼굴을 똑바로 쳐다보다'라는 뜻의 숙어이며, 이때 square는 동사 look을 뒤에서 수식하는 부사로서 '똑바로, 정면으로'라는 뜻이다. 두 번째 문장의 square a circle에서 동사 square는 '사각형으로 만들다'라는 뜻으로, square a circle은 '원을 사각으로 만들다', 즉 '불가능한 일을 하다'라는 뜻을 가지는 숙어이다.
① ~의 환심을 사려고 하다, 자초하다
② 머리 위로, 머리 위의
④ 추적하다, 추적하여 밝혀내다

해석

• 나는 그녀의 얼굴을 똑바로 쳐다보았다.
• 내 마음을 풀어주는 것은 원을 네모로 만들려는 것과 같았다. 즉, 그것은 불가능했다.

어휘

• square a circle 원을 사각으로 만들다, 불가능한 일을 하다

05 독해>세부 내용 찾기>지칭 추론   답 ④

| 출처 | 2021 소방직 9급

| 난도 | 하

분석

④는 건물 사용자들을 가리키고, 나머지 ①, ②, ③은 화재대피훈련을 가리킨다.

해석

건물 내 화재안전관리계획을 테스트하는 방법인 소방훈련은 관련된 모든 사람들을 위한 훈련으로 간주된다. 직원, 학생, 방문객을 포함하여 건물에 있는 모든 사람은 그것들(화재대피훈련)을 따라야 한다. 그것들(화재대피훈련)은 건물 이용자들이 대체 대피로를 알고 기억할 수 있도록 돕고, 소방관들이 대피 역할을 연습할 수 있도록 해준다. 소방훈련의 단점들을 파악하여 시정할 수 있다. 그것들(화재대피훈련)은 계획된 행사지만, 건물 사용자에게 일반적으로 사전 경고를 해서는 안 된다. 이렇게 해야 화재 경보음이 들릴 때 그들(건물 사용자들)은 정상적으로 반응할 것이며 부자연스럽게 준비되지 않도록 될 것이다. 잘못된 화재 경보 작동과 대피는 계획되지 않은 것이어서 화재대피훈련에는 해당되지 않는다.

어휘

- fire drill 화재대피훈련
- comply with 지키다, 준수하다, 순응하다
- fire warden 방화담당관, 소방 감독관
- evacuation 대피
- advance warning 사전경고
- ensure 반드시 ~하게[이게] 하다, 보장하다
- activation 활동

06 어법>비문 찾기   답 ③

| 출처 | 2019 경찰(순경) 2차

| 난도 | 하

5형식 사역동사/지각동사를 수동태로 전환할 경우, 사역동사의 목적격 보어에 나온 동사원형은 to부정사 형태로 바뀌므로 'We were made to copy the script.'가 되어야 한다.

① 가정법 조건절 were it not for/had it not been for의 대용표현으로 but for나 without을 쓸 수 있다.

② 부사절 'As the ~ done'을 분사구문으로 축약한 형태로 주절의 주어와 부사절의 주어가 다른 독립분사구문으로 쓰였다.

④ 준동사의 시제는 본동사보다 한 시제 앞설 때 완료형으로 쓴다. 따라서 절로 전환할 때 동사인 seemed보다 더 과거를 나타내야 하므로 과거완료형으로 올바르게 쓰였다.

해석

① 너의 도움이 없었다면, 나는 어려움을 겪었을 거야.
② 그 일이 끝나자 나는 할 일이 아무것도 없었다.
③ 그들은 우리로 하여금 그 대본을 복사하게 시켰다.
④ 그는 아팠던 것처럼 보였다.

07 독해>대의 파악>요지, 주장   답 ④

| 출처 | 2021 법원직 9급

| 난도 | 중

분석

지문은 세균의 이점을 설명하는 내용으로, 'When we come in contact with most germs, our body destroys them, which in turn strengthens our immune system and its ability to further fight off disease(우리가 대부분의 세균과 접촉할 때, 우리 몸은 그들을 파괴하고, 그 결과 우리의 면역 체계와 질병 퇴치능력이 강화된다).'라고 한 다음, 'these 'good germs' actually make us healthier(이러한 유익균이 실제로 우리를 더 건강하게 만든다).'라고 했으므로, 글의 요지는 ④ '과도하게 세균을 제거하려고 하는 것이 오히려 면역 능력을 해친다.'가 적절하다.

해석

어떤 희생을 치르더라도 세균을 피하는 게 요즘 추세이다. 우리는 욕실과 부엌, 공기를 소독한다. 우리는 세균을 죽이기 위해 손을 소독하고 구강청결제로 입안을 헹군다. 되도록 많은 사람들과의 접촉을 피하고 세균 감염에 대한 두려움으로 악수조차 하지 않는 사람들도 있다. 내 생각에는 어떤 사람들은 마음을 제외한 모든 것을 정화한다고 해도 무방할 것 같다. '무균실 속의 소년' 이야기를 기억하는가? 면역 체계 없이 태어난 그 아이는 사람들과의 접촉을 차단당한 채 완전히 무균 상태인 방에서 살아야 했다. 물론, 모든 사람들이 합리적인 수준의 청결함과 개인위생 상태를 유지하기 위해 신중하게 조치해야 하지만, 많은 경우, 너무 지나친 것은 아닐까? 우리가 대부분의 세균과 접촉할 때, 우리 몸은 그것들을 파괴하고, 그 결과 우리의 면역 체계와 질병 퇴치능력이 강화된다. 따라서 이러한 '유익균'은 실제로 우리를 더 건강하게 만든다. 모든 세균을 피하고 소독한 환경에서 사는 게 가능하다고 해도, 우리는 '무균실 속의 소년'처럼 되지 않을까?

어휘

- at all cost 무슨 일이 있어도
- disinfect 소독[살균]하다, (컴퓨터의) 바이러스를 제거하다
- sanitize 위생 처리하다, 살균하다(=disinfect)
- the Boy in the Bubble 무균실 속의 소년
- germ 세균, 미생물, 싹, 배아, (발생ㆍ발달의) 기원
- go overboard 극단에 흐르다, 지나치게 열중하다
- sterile 살균한, 소독한

08 어법>비문 찾기   답 ②

| 출처 | 2020 소방직 9급

| 난도 | 하

분석

관계대명사 that은 계속적 용법으로 사용할 수 없으므로 which로 바꾸어야 한다. 관계대명사가 계속적 용법이라는 것은 앞의 콤마를 통해 알 수 있다.

① 분사구문(being ravaged)을 통해 접속사 없이 두 문장을 연결해주고 있으며 타동사인 ravage의 목적어가 없으므로 수동 분사구문(being ravaged)이 적절하게 사용되었다.

③ 주어인 State and federal authorities가 애쓰고 있는 것이므로 struggle의 능동형이 적절하게 사용되었다.

④ '~로서'의 의미로 전치사 as가 적절하게 사용되었다.

해석

> 호주는 불타고 있으며, 수십 년 만에 최악의 산불로 황폐화되고 있다. 현재까지, 전국적으로 총 23명이 화재로 사망했다. 이 치명적인 산불은 9월부터 맹위를 떨치고 있는데 이미 약 500만 헥타르의 토지가 불타고 1,500채 이상의 가옥이 파괴되었다. 주 정부와 연방 당국은 화재 진압을 위해 예비군 3,000명을 배치했지만, 캐나다를 비롯한 다른 나라들의 소방 지원에도 불구하고, 여전히 어려움을 겪고 있다. 불길을 부채질하는 것은 지속적인 더위와 가뭄인데, 많은 사람들이 기후 변화를 올해 자연재해 강도의 주요 요인으로 지목하고 있다.

어휘

- ravage 파괴, 황폐화시키다, 유린하다
- blaze 불; 불타다, 길을 내다
- rage 맹렬히 계속되다, 격노
- deploy 배치하다
- reservist 예비군
- intensity 강렬함, 격렬함

09 독해>세부 내용 찾기>내용 (불)일치 답 ①

| 출처 | 2018 지방직 9급
| 난도 | 중

분석

마지막에서 세 번째 문장에서 "~ said that doctors should 'not proceed at this time'(의사들이 '이 시점에서 진행해서는' 안 된다고 말했다)."라고 했으므로, 글의 내용과 일치하지 않는 것은 ① 'Doctors were recommended to immediately go ahead with embryo editing for enhancement(의사들은 개선을 위해 배아 편집을 즉시 진행할 것을 권고 받았다).'이다.
② 최근 미국의 과학계는 우생학 관련 토론에 참여했다.
→ 여섯 번째 문장에서 미국의 과학기구가 우생학 논의에 참여했음을 알 수 있다.
③ 중국 과학자들은 심각한 혈액 질환을 예방하고자 인간배아를 변형했다.
→ 첫 번째 문장에서 중국 과학자들이 잠재적인 혈액 질환을 제거하기 위해서 배아를 변형했다고 언급하고 있다. 잠재적 가능성을 제거하는 것은 'prevent(예방하다)'와 의미가 같다.
④ '맞춤형 아기(designer babies)'는 생식세포 변형 과정의 또 다른 용어이다.
→ 세 번째 문장에서 언론매체는 germline modification을 designer babies라고 표현하길 선호한다고 했으므로, 둘은 같은 대상을 지칭한다.

해석

> 중국 과학자들이 아기뿐만 아니라 그 아기의 모든 후손의 잠재적인 치명적 혈액 질환을 제거하기 위해 인간 배아를 변형했을 때 종으로서의 우리는 새로운 국면을 맞이하게 되었다. 연구자들은 이 과정을 '생식세포 변형(germline modification)'이라고 부른다. 언론매체는 '맞춤형 아기(designer babies)'라고 표현하는 것을 더 선호한다. 그러나 우리는 그것을 있는 그대로 '우생학'이라 불러야 한다. 그리고 우리 인류는 우리가 그것을 사용할지 말지 결정해야 한다. 지난달 미국의 과학계가 개입했다. 미국 국립과학원과 국립의학원 합동 위원회는, '합리적인 대안이 없는 경우'에 심각한 질병을 야기하는 유전자에 대한 배아수정을 지지했다. 하지만 이미 건강한 아이를 더욱 건강하게 하거나 더 키가 크게 만드는 경우 같은 '개선'을 위한 변형에 대해서는 더 신중했다. 이 위원회는 공공토론을 추천했으며, 의사들이 '이 시점에서 진행해서는' 안 된다고 말했다. 위원회가 주의를 촉구하는 데는 그럴 만한 이유가 있다. 우생학의 역사는 억압과 비참함으로 가득하다.

어휘

- enter a new phase 새로운 국면에 접어들다
- human embryo 인간배아
- germline modification 생식세포 변형
- weigh in (논의·언쟁·활동 등에) 끼어들다, 관여하다, 거들다
- reasonable 타당한, 사리에 맞는, 합리적인
- alternative 대안, 선택 가능한 것; 대안적인, 대체의
- wary of ~를 경계하는, 조심하는
- urge caution 주의를 촉구하다
- oppression 억압, 압박, 억제, 학대, 심한 차별
- misery 고통, 빈곤, 비참함

10 독해>글의 일관성>문장 삽입 답 ④

| 출처 | 2018 지방직 9급
| 난도 | 상

분석

주어진 문장은 둘 중 하나가 항복하지 않는 특정 상황을 가정하고 이 경우에 경기가 종료되는 방법을 제시하고 있다. 따라서 문장의 앞부분에서는 경기가 종료되기 위한 조건이 언급되어야 글의 흐름이 논리적이다. 'Contenders continued until one of two collapsed(경쟁자들은 둘 중 하나가 쓰러질 때까지 계속했다).'에서 경기가 종료되는 조건이 나오므로 이 문장의 다음인 ④가 정답이다.

해석

> 고대의 올림픽은 마치 오늘날의 경기들처럼 운동선수들에게 그들의 건강함과 우월함을 입증할 기회를 제공하였다. 고대 올림픽 경기는 약자를 탈락시키고 강자를 찬미하기 위해 고안되었다. 승자들은 극한의 상황으로 내몰렸다. 마치 현대와 같이 사람들은 익스트림 스포츠를 즐겼다. 인기 있는 경기 중 하나가 33회 올림픽에 추가되었다. 이것은 판크라티온, 즉 레슬링과 권투의 극한 조합이다. 그리스어로 *pankration*은 "온전한 힘"을 의미한다. 선수는 금속 징이 박힌 가죽끈을 착용했는데, 이것은 상대방을 엉망으로 만들 수 있다. 이 위험한 형태의 레슬링은 시간이나 무게 제한이 없다. 이 경기에서는 오직 두 가지 규칙만 적용된다. 첫 번째, 선수들은 엄지손가락으로 눈을 찌르는 것은 허용되지 않는다. 두 번째, 깨물면 안 된다. 그 외의 것들은 정정당당한 방법이라고 여겨진다. 경기는 권투경기와 동일한 방식으로 결정되었다. 경쟁자들은 둘 중 하나가 쓰러질 때까지 계속했다. 만약 둘 중 누구도 항복하지 않는다면, 두 사람은 누군가 하나가 녹다운될 때까지 주먹을 날려야 했다. 오직 강하고 가장 결의가 굳은 선수만 이 경기에 도전할 수 있었다. 상대방의 손가락을 부러뜨림으로써 별명을 얻은 "Mr. Fingertips"와 레슬링하는 것을 상상해보라!

어휘

- blow (손·무기 등으로) 세게 때림, 강타, (슬픔·절망으로 인한) 충격
- knock out (권투의) 녹아웃[K.O.]시키다, 때려눕히다
- fitness 신체 단련, (신체적인) 건강
- superiority 우월성, 우세
- glorify 미화하다, 영웅을 찬양하다, 무를 숭상하다
- brink (벼랑·강가 등의) 끝, (위험하거나 흥미로운 상황이 발생하기) 직전
- stud 못[징], 작은 금속 단추
- mess (지저분하고) 엉망[진창]인 상태, (많은 문제로) 엉망인 상황
- gouge (난폭하게) 찌르다[박다]
- contender (어떤 것을 두고 겨루는) 도전자[경쟁자]
- collapse (의식을 잃고) 쓰러지다, 주저앉다, 실패하다, 붕괴하다

11 표현>일반회화 답 ④

| 출처 | 2020 국가직 9급

| 난도 | 하

분석

④에서 요리 대회에서 입상했다는 A의 말에 대한 응답으로 마치 자신이 상을 탄 것처럼 얘기하는 B의 대답은 대화의 흐름상 어색하다.

해석

① A : 납부 기한이 언제입니까?
　 B : 다음 주까지 내셔야 합니다.
② A : 이 짐을 부쳐야 할까요?
　 B : 아니요, 비행기에 들고 탈 만큼 충분히 작습니다.
③ A : 우리 언제 어디서 만날까요?
　 B : 제가 8시 30분에 당신 사무실로 데리러 가겠습니다.
④ A : 요리 대회에서 상 탔어요.
　 B : 당신이 없었다면 전 그것을 못 했을 거예요.

어휘

- payment 지급, 납입
- due (돈을) 지불해야 하는
- check in (비행기 등을 탈 때) ~을 부치다
- pick up ~를 (차에) 태우러 가다, 태우다

12 표현>일반회화 답 ②

| 출처 | 2019 국가직 9급

| 난도 | 하

분석

빈칸 다음에서 A가 'You pick one up with your chopsticks like this and dip it into the sauce(이렇게 젓가락으로 하나를 집어서 소스에 담그세요).'라고 먹는 방법을 설명하고 있으므로, 빈칸에는 딤섬을 어떻게 먹어야 하는지를 묻는 ② 'how do I eat them(그것들은 어떻게 먹어야 하죠?)'이 가장 적절하다.
① 그것들은 얼마죠
③ 그것들은 얼마나 매운가요
④ 그것들은 어떻게 요리하나요

해석

A : 딤섬 좀 드시겠어요?
B : 네, 감사합니다. 맛있어 보이네요. 안에 뭐가 들었죠?
A : 이건 돼지고기랑 다진 채소가 들어 있고, 저건 새우가 들어 있습니다.
B : 그리고, 음, 이것들은 어떻게 먹어야 하죠?
A : 이렇게 젓가락으로 하나를 집어서 소스에 담그세요. 쉬워요.
B : 알겠습니다. 한번 먹어볼게요.

13 어법>영작하기 답 ④

| 출처 | 2019 경찰(순경) 2차

| 난도 | 하

분석

동격절을 이끄는 that이 올바르게 쓰였으며 be accompanied by는 '~를 동반하다'의 의미이다.
① 목적어 the girl을 수식하는 분사는 목적어와의 관계가 능동일 경우 현재분사, 수동일 경우 과거분사를 쓴다. 소녀가 앉아 있는 능동의 관계이므로 sat이 아닌 sitting을 써야 한다.
② '~하는 데 (시간이) 걸리다'를 표현할 때 'it+takes+시간+to부정사' 구문을 쓰므로 That이 아닌 It이 주어가 되어야 한다.
③ 분사구문 annoying의 주어는 she로 그녀는 소음에 의해 짜증을 느끼는 대상이므로 과거분사 Annoyed가 와야 한다.

14 어법>영작하기 답 ④

| 출처 | 2017 국가직 9급

| 난도 | 중

분석

'If I had given up~'에서 if가 생략되면서 had가 앞으로 나간 도치 구문으로 Had I given up이라고 사용한 것은 맞는 표현이다. 하지만 의미상 '이렇게 훌륭한 성과를 얻지 못했을 것이다'라고 했기 때문에 couldn't have achieved로 사용해야 한다.
① 시간이나 조건의 부사절에서는 현재시제가 미래시제를 대신하며 as soon as라는 접속사가 이끄는 부사절 안에 현재시제 receive를 사용한 것은 맞는 표현이다.
② 'should[=ought to]+have+p.p.'는 '~했어야 했는데(하지 않아서 유감스럽다)'의 의미이다.
③ 'Because he has been abroad~'라는 부사절을 분사구문으로 바꾼 형태이다. 부사절의 시제가 주절 시제보다 앞서 있으므로 완료형 분사구문을 사용한 것은 맞는 형태이다.

어휘

- headquarter 본사
- form 형성하다
- boyhood 소년 시절
- fluently 유창하게
- achieve 성취하다
- splendid 훌륭한

15 독해>글의 일관성>무관한 어휘·문장   답 ④

| 출처 | 2020 소방직 9급
| 난도 | 중

분석

제시문은 소셜미디어가 갖는 순기능에 대한 내용이므로, 소셜미디어의 부작용을 언급한 ④는 문맥상 적절하지 않다.

해석

소셜미디어는 사람들이 의사소통하거나 사회적 네트워크에 참여하는 것을 지원하는 웹사이트나 응용프로그램이다. 다시 말해, 사회적인 상호작용을 허용하는 어떤 웹사이트든지 소셜미디어로 여겨질 수 있다. 우리는 페이스북이나 트위터 등과 같은 거의 모든 소셜미디어 네트워크 사이트들에 익숙하다. 소셜미디어는 우리가 사회적인 세계와 쉽게 의사소통하게 해준다. 만약 우리가 그것을 부주의하게 다룬다면, 큰 피해를 주는 위험한 매개체가 된다. 우리는 수년간 연락하지 못했던 우리 주변의 사람들과 즉각적으로 연결될 수 있다고 생각한다.

어휘

- application 응용프로그램, 적용, 응용
- interaction 상호작용
- carelessly 부주의하게

16 독해>빈칸 완성>단어·구·절   답 ④

| 출처 | 2019 서울시 9급
| 난도 | 중

분석

빈칸 앞 문장에서 양심적인 사람들은 비양심적인 사람들이 겪게 되는 비효율적인 경험을 피할 수 있다고 했으므로, 문맥상 빈칸에는 ④ 'sidestep stress(스트레스를 피하다)'가 적절하다.
① 차질을 해결하다
② 철저하게 일하다
③ 규범을 따르다

해석

"매우 양심적인 직원들은 우리보다 일련의 일을 더 잘합니다."라고 양심을 연구하는 일리노이 대학교의 심리학자 브렌트 로버츠는 말한다. 로버츠는 그들의 성공이 '위생' 요인 덕분이라고 여긴다. 양심적인 사람들은 자신의 삶을 잘 정리하는 경향이 있다. 체계적이지 못하고 비양심적인 사람들은 파일을 뒤져 올바른 문서를 찾는 데 20~30분을 소비할 수도 있는데, 이런 비효율적인 경험을 양심적인 사람들은 피하려는 경향이 있다. 기본적으로, 사람들은 양심적으로 행동함으로써, 그들이 그렇지 않을 경우 스스로 만들 수 있는 스트레스를 피한다.

어휘

- conscientious 양심적인
- disorganized 체계적이지 못한
- root (무엇을) 찾기 위해 파헤치다[뒤지다]
- folk (일반적인) 사람들
- setback 차질
- thorough 철저한, 전체의
- sidestep 회피하다, 피하다

17 독해>빈칸 완성>단어·구·절   답 ②

| 출처 | 2020 법원직 9급
| 난도 | 하

분석

이러한 유형의 문제는 글의 흐름을 잘 따라가면 된다. 정확하게 그 단어의 뜻이 문맥과 어울리는지보다, 맥락상 부정적인 단어가 들어갈 것인지, 긍정적인 단어가 들어갈 것인지를 판단하는 것이 도움이 된다.
(A) because로 연결된 인과관계의 종속절에서 그들은 자신감에 차 있고 기여할 기회를 즐긴다고 하였다. 이러한 특성으로 나타나는 결과는 기꺼이 팀 활동에 참여하는 것이다.
(B) because로 연결된 인과관계가 성립하기 위해서, 그들이 문제를 악화시키는 이유로는 실패한다는 믿음을 가지고 있어야 한다.
(C) '시도하다'는 해석상으로도 말이 안 되고, 문법상으로도 불가능하다. attempt는 뒤에 명사가 아닌 to부정사가 바로 나오는 동사이다.

해석

자존감이 높은 사람들은 자신의 기술과 능력에 대한 자신감이 있으며 삶이 그들에게 주는 고난에 맞서는 것을 즐긴다. 그들은 (A) 기꺼이 팀을 이뤄 일하는데, 왜냐하면 그들은 자신감에 차 있고 (팀에) 기여할 기회를 즐기기 때문이다. 그러나 자존감이 낮은 사람들은 어색함과 수줍음을 느끼며 자기 자신을 표현하지 못하는 경향이 있다. 종종 그들은 회피 전략을 선택함으로써 문제를 악화시키는데, 왜냐하면 그들은 자신이 어떤 일을 하더라도 실패한다는 믿음을 (B) 가지고 있기 때문이다. 거꾸로, 그들은 자신들의 하찮음을 숨기기 위해 허풍을 떨고 거만한 행동을 보여줌으로써 자존감 부족을 채울지도 모른다. 게다가 그러한 사람들은 자신의 성공을 외부의 요인을 찾음으로써 설명하는 반면, 자존감이 높은 사람들은 자신의 성공을 내부적 특성 (C) 때문이라고 여긴다.

어휘

- confidence 자신감, 확신
- competence 능력
- challenge 고난, 역경
- sure of oneself 확신에 찬
- compound 악화시키다
- opt for ~을 선택하다
- compensate for 보상하다, 보충하다
- boastful 뽐내는, 허풍을 떠는
- arrogant 거만한, 오만한
- cover up 숨기다[은폐하다]
- unworthiness 가치 없음, 하찮음
- account for 설명하다, 처리하다
- attribute A to B A(결과)가 B(원인) 때문이라고 여기다

18 독해>글의 일관성>글의 순서 답 ④

| 출처 | 2016 서울시 9급
| 난도 | 중

분석

제시문은 사건의 시간 순서로 글이 진행되고 있다. (D) '로자 파크스가 버스를 탔고 (B) 인종 차별법에 따라 버스 뒷좌석에 앉을 것을 요구받았으나 (C) 거부하자 경찰에게 신고하였다. (A) 그녀는 유죄 선고를 받고 382일간 몽고메리 버스의 보이콧을 촉발시켰다.'라고 진행하는 것이 적절하다.

해석

(D) 1955년 12월 1일 로자 파크스는 앨라배마주 몽고메리 시내에 있는 상점에서 일을 마치고 집으로 가는 시내버스에 올랐다.

(B) 그 당시의 인종 차별법에 따르면, 아프리카계 미국인(흑인)이었던 로자 파크스는 버스의 뒷좌석에 앉아야 했다. 그녀는 백인만을 위한 구역을 침범한 것으로 비난받았고, 버스 운전기사는 그녀에게 법을 지키도록 설득하려고 했다.

(C) 대신에, 로자 파크스는 태도와 좌석을 그대로 유지했다. 마침내, 운전기사는 경찰을 부를 것이라고 그녀에게 경고했다. 로자 파크스는 대답하기를, "어서 경찰을 부르세요."라고 했다.

(A) 로자 파크스는 체포되어 감옥에 보내졌고 유죄 선고를 받고 벌금을 부과받았다. 그녀는 벌금 납부를 거절했다. 그녀의 경험은 382일간의 몽고메리 시내버스 불매운동을 촉발시켰다.

어휘

• jail 교도소, 감옥; 투옥하다
• convict 유죄를 선고하다
• fine 벌금을 부과하다
• set off 출발하다, 유발하다, 터뜨리다
• boycott 불매운동
• segregation 분리, 차별
• be accused of ~로 비난받다, 기소되다
• encroach (시간, 권리 등을) 침해하다
• mien (감정) 표정, 태도

19 독해>대의 파악>제목, 주제 답 ④

| 출처 | 2020 법원직 9급
| 난도 | 중

분석

제시문은 주제가 글의 시작과 끝에 등장하는 양괄식 구조의 글이다. 첫 번째 문장에서 핵심 소재로 '만들어내는 능력'을, 주제로 '인간이 가진 능력은 창조성이다'를 파악할 수 있으며, 마지막 문장에서 이 주제를 다시 언급하여 '인간이 가진 창조성'을 강조하고 있다. 핵심 소재와 주제를 모두 포함하는 제목으로는 ④ 'Creativity : a Unique Trait Human Species Have For Survival(창의력 : 인간이 생존을 위해 가지고 있는 독특한 특성)'이 적절하다.

① 인간의 창의력은 어디에서 오는가?
② 영장류의 신체적인 특징은 무엇인가?
③ 다른 종들보다 뛰어난 호모사피엔스의 신체적 장점들

해석

확실히, 다른 어떤 종도 황당한 것부터 심하게 터무니없는 것에 이르기까지 새롭고 독창적인 것을 고안해 낼 수 있는 우리의 능력을 주장할 수 없다. 다른 동물들도 무언가를 만든다. — 새들은 복잡한 둥지를 조립하고, 비버는 댐을 만들고, 개미는 정교한 터널망을 판다. 푸엔테스는 말하기를, "그러나 비행기, 기이하게 기울어진 고층빌딩과 치아 펫은 정말 인상적이에요."라고 한다. 그는 진화적인 관점에서 덧붙이기를, "창의력이란 두 다리로 걷는 것, 큰 두뇌, 사물을 조작하는 데 참 좋은 손과 마찬가지로 우리의 도구 세트의 일부분이죠." 큰 송곳니나 발톱, 날개나 다른 명백한 신체적 이점이 없는, 육체적으로 볼품없는 영장류에게 있어서, 창의력은 위대한 보완책이었으며, 더 나아가서, 적어도 현재의 호모 사피엔스의 생존을 보장하는 것이다.

어휘

• lay claim to ~에 대한 권리를 주장하다
• ridiculous 웃기는, 말도 안 되는, 터무니없는
• assemble 조립하다
• standpoint 관점, 견지
• tool kit 도구 세트
• unprepossessing 매력 없는, 호감을 주지 못하는
• equalizer 동등하게 하는 것, 동점골

20 독해>빈칸 완성>단어 · 구 · 절 답 ②

| 출처 | 2019 서울시 9급
| 난도 | 중

분석

제시문은 지구의 생태학적 위기에 대한 책임이 균일하게 분배되지 않고 있다고 비판하고 있다. 가장 부유한 42명이 가장 가난한 37억 명의 재산을 합한 만큼 소유하고, 이들은 훨씬 더 환경에 영향을 미치고 있다는 내용으로, 빈칸에는 이러한 불평등을 묘사하는 ② 'the accumulation of wealth in fewer pockets(보다 소수의 주머니에 부를 축적하는)'이 적절하다.

① 여전히 우리가 도달할 수 있는 더 나은 세상
③ 기후 변화에 대한 효과적인 대응
④ 생존 가능성이 더 큰 미래에 대한 불타는 욕망

해석

기후 변화, 삼림 벌채, 광범위한 공해, 생물 다양성에 있어 여섯 번째 대량 멸종, 이 모두는 오늘날 우리 세계, 즉 '인류세'로 알려진 시대에 살고 있다는 것을 정의한다. 이러한 위기는 지구의 생태학적 한계를 훨씬 넘어서는 생산과 소비에 의한 것이라고 뒷받침되고 있지만, 책임은 공평하게 공유되고 있지 않다. 세계에서 가장 부유한 42명은 가장 빈곤한 37억 명의 재산만큼 소유하고 있으며, 그들은 훨씬 더 큰 환경적 영향을 초래하고 있다. 그리하여 일부는 끝없는 성장과 보다 소수의 주머니에 부를 축적하는 자본주의의 논리를 반영하여 생태계의 황폐화와 증가하는 불평등의 시대를 묘사하기 위해 '자본세'라는 용어 사용을 제안했다.

어휘

• deforestation 삼림 벌채
• biodiversity 생물 다양성
• underpin 뒷받침하다, 근거를 대다
• exceed 초과하다
• blame 책임, 탓
• viable 실행 가능한, 생존 가능한

04 제14회 기출 섞은 모의고사

01	02	03	04	05	06	07	08	09	10
①	②	④	②	①	③	③	②	②	③
11	12	13	14	15	16	17	18	19	20
①	③	④	④	④	④	④	②	④	①

01 어휘>단어 답 ①

| 출처 | 2019 국가직 9급

| 난도 | 하

분석

밑줄 친 discern은 '구별하다. 식별하다'의 뜻으로, 의미가 가장 가까운 것은 ① 'distinguish(구별하다)'이다.

② 강화하다

③ 약화시키다

④ 버리다. 포기하다

해석

Natural Gas World 구독자들은 그 산업에서 무엇이 일어나고 있는지에 대하여 정확하고 신뢰할 만한 중요한 사실과 수치를 받게 되므로, 그들은 사업과 관련된 문제를 완전히 구별할 수 있을 것이다.

02 어휘>단어 답 ②

| 출처 | 2021 국가직 9급

| 난도 | 중

분석

밑줄 친 vexed는 '짜증 난. 화난'의 뜻으로, 의미가 가장 가까운 것은 ② 'annoyed(짜증 난. 약이 오른)'이다.

① 냉담한. 무정한

③ 평판이 좋은

④ 자신감 있는

해석

이 소설은 사업을 시작하기 위해 학교를 그만두는 제멋대로인 10대 청소년의 화가 난 부모에 관한 것이다.

어휘

• vexed 화가 난. 짜증난. 골치 아픈

• unruly 제멋대로인, 다루기 힘든

03 어휘>단어 답 ④

| 출처 | 2018 소방직 9급

| 난도 | 하

분석

빈칸 다음에서 'with nearly unlimited destructive power(거의 무제한적이며 파괴적인 힘을 가진)'라고 부연 설명하고 있으므로, 빈칸에 들어갈 가장 적절한 것은 ④ 'terrifying(끔찍한)'이다.

① 미묘한

② 보통의

③ 들뜬

해석

불은 채 한 시간도 안 되어 여러분의 집과 모든 재산을 파괴시킬 수 있다. 그리고 그것은 숲 전체를 잿더미로 만들 수도 있다. 불은 거의 무제한적이며 파괴적인 힘을 가진 끔찍한 무기다.

어휘

• pile 더미, 다발

• destructive 파괴적인

04 어휘>단어 답 ②

| 출처 | 2019 서울시 9급

| 난도 | 중

분석

기대 수명에 대한 서술어를 고르는 문제이다. 빈칸 다음에서 '치명적인 질병들이 예방, 치료가 가능하거나 완전히 퇴치되었다'라고 부연 설명하고 있으므로, 기대 수명이 72세에 있다고 추론할 수 있다. 따라서 빈칸에 적절한 것은 ② 'hovers(맴돌다)'이다.

① 축소시키다

③ 시작하다

④ 악화시키다

해석

일반적으로 말해서, 2018년에 살고 있는 사람들은 현대를 인류 역사 전체에 비교해 봤을 때 꽤 운이 좋다. 기대 수명은 약 72세에 맴돌고, 천연두나 디프테리아 같은 불과 1세기 전에 만연했고 치명적이었던 질병들은 예방, 치료가 가능하거나 혹은 완전히 퇴치되었다.

어휘

• generally speaking 일반적으로 말해서

• life expectancy 기대 수명

• smallpox 천연두

• diphtheria 디프테리아

• eradicate 근절하다, 퇴치하다

05 독해>대의 파악>제목, 주제   답 ①

| 출처 | 2022 국가직 9급
| 난도 | 중

분석

첫 번째 문장에서 'Lasers are possible because of the way light interacts with electrons(레이저는 빛이 전자와 상호작용하는 방식 때문에 발생 가능하다).'라고 레이저의 발생 원리를 제시한 한 후에, 구체적으로 전자의 특징과 전자가 빛에 반응하여 특정 파장을 방출하는 방식을 설명하고 있다. 따라서 제시문의 제목으로 가장 적절한 것은 ① 'How Is Laser Produced(레이저는 어떻게 생성되는가)?'이다.
② 레이저는 언제 발명되었는가?
③ 레이저는 어떤 전자들을 방출하는가?
④ 전자들은 왜 빛을 반사하는가?

해석

레이저는 빛이 전자와 상호작용하는 방식 때문에 가능하다. 전자는 특정 원자 또는 분자의 특정한 에너지 준위 혹은 상태로 존재한다. 에너지 준위는 고리 또는 핵 주위의 궤도로 상상할 수 있다. 외부고리의 전자는 내부 고리의 전자보다 에너지 준위가 높다. 전자는, 예를 들어, 섬광과 같은 에너지 주입에 의해 더 높은 에너지 준위로 상승할 수 있다. 전자가 외부에서 내부 에너지 준위로 떨어지면, '잉여' 에너지가 빛으로 발산된다. 발산된 빛의 파장 또는 색은 방출되는 에너지의 양과 정확하게 관계있다. 사용되는 특정 레이저 재료에 따라 (전자에 동력을 제공하거나 자극하기 위해) 특정 파장의 빛이 흡수되고, (전자가 초기 준위로 떨어질 때) 특정 파장이 방출된다.

어휘

- electron 전자
- energy level [물리] 에너지 준위, 맹렬히 활동하는 힘
- characteristic of ~에 특유한, 정말 ~다운
- atom 원자
- molecule 분자
- orbit 궤도
- nucleus 핵
- bump up 올리다, 인상하다
- injection 주입, 투여
- a flash of light 섬광
- drop from ~에서 떨어지다[떨어뜨리다]
- give off 발산하다, 방출하다, 뿜다
- wavelength 파장
- emit 발산하다, 방출하다, 내뿜다
- be related to ~와 관계가 있다
- absorb 흡수하다
- fall back to ~까지 후퇴하다
- initial 초기의, 처음의

06 어법>비문 찾기   답 ③

| 출처 | 2021 국가직 9급
| 난도 | 중

분석

전치사 to 이후에는 명사나 명사구[절]이 와야 하는데, believe의 목적어가 없는 불완전한 절이 목적어로 왔으므로, 선행사를 포함하는 관계사로서 명사절을 이끌 수 있는 what이 되어야 한다.
① 타동사 realize의 뒤에 목적어가 없고, 주어 its potential은 '인식되는' 대상이므로 to부정사의 수동 형태가 쓰인 것은 적절하다.
② involve는 동명사를 목적어로 취하는 완전타동사이다. creating은 타동사 involve의 목적어로 쓰였으므로 동명사 creating이 쓰인 것은 적절하다.
④ made 앞에 is가 생략된 수동태이다. Valuable vacant land 단수 주어에 맞춰 be동사가 is로 수 일치되어 is made가 되었으며, 목적격 보어로 형용사 productive가 쓰인 것은 적절하다.

해석

도시 농업(UA)은 오랫동안 도시에서는 자리가 없는 비주류 활동이라고 무시되어 왔다. 그러나 그것의 잠재력이 인식되기 시작하고 있다. 사실, 도시 농업(UA)은 식량 자립에 관한 것이다. 그것은 일자리 창출을 포함하며, 특히 가난한 사람들을 위한 식량 불안정에 대한 반응이다. 많은 사람들이 믿는 것과는 반대로, 도시 농업(UA)은 모든 도시에서 발견되는데, 그곳에서 이것은 때때로 눈에 띄지 않거나, 때로는 확연히 보인다. 주의 깊게 살펴보면, 대도시에서는 사용되지 않는 공간이 거의 없다. 가치 있는 공터는 거의 방치된 곳이 없고, 공식적으로든 비공식적으로든 종종 점유되어 있으며, 생산적이다.

어휘

- agriculture 농업
- dismiss 묵살하다, 일축하다, 치부하다
- fringe 비주류의, 주변의, 둘레 가장자리
- self-reliance 자립, 자기 의존
- insecurity 불안정
- obvious 명백한, 분명한
- idle 비어있는, 노는
- take over 탈취, 인계; 차지하다, 인수하다

07 독해>세부 내용 찾기>내용 (불)일치   답 ③

| 출처 | 2021 소방직 9급

| 난도 | 중

분석

네 번째 문장에서 연회 이후가 아닌 연회가 시작되기 전에 춤을 춘다고 하였으므로, 글의 내용과 일치하지 않는 것은 ③이다.

해석

롭부리 지역 여관 주인인 용유트는 1989년 지역 원숭이들을 위한 첫 번째 뷔페를 열었고, 이 축제는 현재 매년 수천 명의 관광객들을 끌어 모으고 있다. 롭부리 사람들은 원숭이들을 너무 숭배하기 때문에 매년 그들은 오래된 크메르 신전의 폐허에서 원숭이들을 위해 사치스러운 축제를 연다. 3,000마리 이상의 원숭이들이 긴 탁자 위에 과일, 야채, 찹쌀이 차려진 연회에 참석한다. 연회가 열리기 전에 롭부리 현지인들은 원숭이를 기리기 위해 노래하고, 연설하며, 원숭이 춤을 춘다. 롭부리 사람들은 원숭이들이 하누만의 원숭이 군대의 후손이라고 믿는데, 전설에 따르면, 하누만은 램 군주의 아내를 악마로부터 구했다고 한다. 그때부터, 원숭이들은 행운을 가져온다고 여겨져 왔고, 비록 그들이 혼란을 일으키고 사람들을 강탈하는 경향이 있더라도, 도시에서 그들이 원하는 곳으로 돌아다닐 수 있게 되었다.

어휘

• revere 숭배하다, 존경하다
• extravagant 사치스러운, 호화로운
• banquet 연회, 향연
• roam 어슬렁거리다
• mug (공공장소에서) 강도질하다

08 어법>정문 찾기   답 ②

| 출처 | 2019 경찰(순경) 2차

| 난도 | 하

분석

5형식 'find + 목적어 + 목적격 보어' 구문에서 목적어와 목적격 보어의 관계가 능동이므로, 현재분사형인 enjoying이 올바르게 쓰였다.

① 상관접속사 'not only A but (also) B'가 절을 연결할 때, 부정부사구 not only가 문두로 오면 주어와 동사가 도치된다. 따라서 'Not only is she modest, but she is also polite.'로 고치는 것이 적절하다.
③ 문장의 주어 'The number(~의 수)'은 단수 취급하므로 동사는 are가 아닌 is가 되어야 한다. 따라서 'The number of crimes in the cities is steadily decreasing.'으로 고치는 것이 적절하다.
④ 비교급을 나타내는 higher가 이미 있으므로 more를 삭제해야 한다. 따라서 'The car insurance rates in urban areas are higher than those in rural areas.'로 고치는 것이 적절하다.

해석

① 그녀는 겸손할 뿐만 아니라 예의 바르다.
② 나이가 들면서 내가 고전 음악을 좋아한다는 것을 알게 되었다.
③ 도시에서 일어나는 범죄 건수는 꾸준히 감소하고 있다.
④ 도시 지역에서의 자동차 보험료는 시골에서보다 훨씬 높다.

어휘

• modest 겸손한, 얌전한
• steadily 꾸준하게
• insurance rate 보험료

09 독해>글의 일관성>문장 삽입   답 ②

| 출처 | 2019 경찰(순경) 2차

| 난도 | 상

분석

주어진 문장에는 역접의 접속부사 However가 있으며, 주어진 문장의 내용은 이성이란 자기중심적이지 않을 수 있다는 것이다. 그러므로 주어진 문장의 앞부분에는 이성은 자기중심적이라는 내용이, 뒷부분에는 이성이란 자기중심적이지 않다는 내용이 와야 한다. ① 다음 문장에는 이성이 자기중심적이라는 내용이 있으므로, 주어진 문장이 들어갈 수 없으며, ② 다음의 세 문장은 이성에 관한 설명으로 따로 떨어질 수 없다. 따라서 글의 흐름상 주어진 문장이 들어가기에 적절한 곳은 ②이다.

해석

합리적인 행위에 대한 개념은 꽤 복잡하게 보일 수 있다. 그것은 혼합 개념이다. 합리적인 행동이란 비합리적이지 않은 행위이다. 비합리적인 행위도 합리적인 행위로 여겨지는데, 다시 말해, 여러분 혹은 여러분이 마음을 쓰는 사람들에게 해로운 결과를 만들지 않는(만든다고 생각되지 않는) 행동은 합리적인 것이다. 따라서 합리성은, 간접적으로라도, 비합리적인 행동의 자기중심적인 특징을 포함한다. 하지만 합리적인 행위에 대한 개념은 또한 이성에 대한 개념을 포함하며, 이성은 자기중심적일 필요가 없다. 누구라도 여러분의 행동으로부터 이득을 얻을 것이라는 사실(믿음)이 이성이다. 이성은 여러분이나 여러분이 관심 있는 사람들에게 오는 이익에 관한 사실(믿음)에만 국한되지는 않는다. 그러므로 여러분에게 해로운 결과를 끼치는(끼친다고 여겨지는) 행위는, 여러분이 그것 들을 상관하지 않는다고 하더라도, (여러분이 생각하기에) 다른 사람들에게 보상하는 이득이 있다면, 합리적일 수 있다.

어휘

• hybrid 혼합
• count as ~이라 간주되다[간주하다]
• egocentric 이기적인, 자기중심적인
• incorporate 포함하다
• reason 이성, 판단력
• consequence 결과
• compensating 보상하는, 상쇄하는

10 독해>글의 일관성>단어의 쓰임   답 ③

| 출처 | 2019 법원직 9급

| 난도 | 중

분석

제시문은 과속에 대한 내용으로, 속도가 느린 차량은 바로 정지할 수 있지만 속도가 빠른 차량은 멈추는 데 먼 거리가 필요하다고 설명하고 있다. 따라서 ③은 short가 아니라 long으로 바꿔야 한다.

해석

대부분의 치명적 사고는 과속 때문에 생긴다. 가속은 인간의 자연스러운 잠재의식이다. 기회가 주어진다면, 인간은 무한대의 속도를 달성하려고 할 것이다. 그러나 다른 사람들과 도로를 공유할 때, 우리는 항상 몇 대 혹은 다른 차량의 뒤에 있다. 속도가 증가하면 사고 가능성과 사고 시 부상의 정도 또한 높아진다. 빠른 차는 느린 차보다 사고 가능성이 더 높으며 부상의 정도 또한 클 가능성이 있다. 속도가 높아지면, 위험도 더 커진다. 고속에서, 차량은 더 긴 제동거리가 필요하다. 속도가 느린 차량은 즉시 멈추지만 고속 차량은 정지하는 데 더 먼 거리가 필요하고, 운동의 제1법칙 때문에 짧은(→ 긴) 거리를 미끄러진다. 빠른 속도로 움직이는 차량은 충돌 시 더 큰 충격을 받게 되고 이런 이유로 더 심각하게 부상을 입을 것이다. 더 빠른 속도로 운전하면서, 앞으로 일어날 일에 대한 판단 능력도 줄어들어 판단 착오를 하게 되고 결국 충돌사고가 일어나게 된다.

어휘

• infinity 무한대
• severity 심함, 엄격함
• prone ~하기 쉬운
• skid 미끄러지다
• hence 이런 이유로

① 다른 필요한 건 없으세요
② 방 번호를 알 수 있을까요
④ 애완동물이 허용될까요

해석

A : 로열 포인트 호텔 예약실에 전화 주셔서 감사합니다. 제 이름은 샘입니다. 무엇을 도와드릴까요?
B : 안녕하세요, 방 하나 예약하려고 하는데요.
A : 저희는 디럭스 룸과 럭셔리 스위트 룸 두 종류의 방을 제공하고 있습니다.
B : 둘의 차이점은 무엇이죠?
A : 우선, 스위트 룸은 굉장히 큽니다. 침실 이외에도 주방, 거실, 그리고 식당이 있습니다.
B : 그 방은 비쌀 것 같아요.
A : 네, 1박에 200불이 더 나갑니다.
B : 그러면 저는 디럭스 룸으로 할게요.

어휘

• suite (호텔의) 스위트 룸(연결된 몇 개의 방으로 이루어진 공간)
• in addition to ~에 더하여, 게다가
• in that case 그런 경우에는[그렇다면]

---

11 표현>일반회화 　　　　　 답 ①

| 출처 | 2019 경찰(순경) 2차
| 난도 | 하

분석

①에서 A가 B에게 어제 본 영화가 어땠는지 묻는데 B는 영화 내용을 스포하지 말아달라고 A에게 당부하고 있으므로, 문맥상 어색하다.

해석

① A : 어제 본 영화는 어땠어?
　 B : 잠깐. 그 영화 내용을 나에게 스포하지 말아줘.
② A : 제임스, 올해 너의 목표는 뭐야?
　 B : 음, 나는 바이올린 연주를 배우고 싶어.
③ A : 피터, 네 그룹 프로젝트는 어떻게 되어 가고 있니?
　 B : 썩 좋지 않아. 내가 생각했던 것보다 더 힘들어.
④ A : 네 모자 멋지다. 어디에서 났어?
　 B : 지난 주 토요일에 벼룩시장에서 샀어.

어휘

• spoil 망치다, (영화) 내용을 유출하다(재미있는 영화의 결말 등을 미리 말해버려서 재미나 즐거움을 깨뜨린다는 뜻)
• flea market 벼룩시장

---

12 표현>일반회화 　　　　　 답 ③

| 출처 | 2020 국가직 9급
| 난도 | 하

분석

빈칸의 질문 이후 A의 답변이 스위트 룸에 대한 특징을 설명하고 있으므로, 빈칸에는 두 방의 차이점을 묻는 내용인 ③ 'What's the difference between them(둘의 차이점은 무엇이죠)?'이 적절하다.

---

13 어법>영작하기 　　　　　 답 ④

| 출처 | 2017 지방직 9급
| 난도 | 중

분석

prefer를 이용하여 선호를 표현할 때는 'prefer ~ing/명사 to ~ing/명사'로 표현하거나 'prefer to부정사 rather than (to) 동사원형'으로 표현한다. 따라서 'I prefer staying home to going out on a snowy day.'로 고치는 것이 적절하다.
① 'make it a rule to부정사'는 '~하는 것을 규칙으로 하다'라는 표현이다.
② 동작 동사가 신체 일부와 함께 쓰일 경우 정관사 the를 신체 일부 표현 앞에 쓴다.
③ owing to는 '~때문에'를 의미하며, by는 정도 차이를 나타내는 전치사이다.

---

14 어법>영작하기 　　　　　 답 ④

| 출처 | 2016 국가직 9급
| 난도 | 상

분석

'A도 아니고, B다'는 'not A but B' 구문을 사용해 표현할 수 있다. 따라서 not 뒤로 'the strongest of the species, nor the most intelligent'가 언급된 후, or가 아닌 but이 와야 한다.
① remember은 to부정사와 동명사를 모두 목적어로 취할 수 있다. 과거에 이미 했던 것을 기억한다고 표현할 때는 동명사를, 앞으로 할 것을 기억하고 있다고 표현할 때는 to부정사를 사용한다. 따라서 '파티에서 그녀를 만난 것을 기억하지 못했다'를 영작할 때 remember 뒤로 동명사 형태인 meeting이 오는 것이 적절하다.
② 'take+사람 목적어+기간'으로 표현하면 '~에게 … (만큼의) 기간이 걸리게 하다'라는 의미가 되므로 적절한 문장이다.
③ 'blow+목적어+목적격 보어' 구문으로, my umbrella의 안쪽이 바깥쪽으로 뒤집힌 것이므로 inside out으로 표현한 것은 적절하다.

15 독해>세부 내용 찾기>지칭 추론 　　　답 ④

| 출처 | 2020 소방직 9급

| 난도 | 하

분석

④는 소방관을 나타내고, 나머지 ①, ②, ③은 노인을 가리킨다.

해석

런던 소방대는 재빨리 현장으로 달려갔고 노인이 저지선에 접근할 무렵 소방관들은 사건을 진압하고 있었다. 그(노인)는 현장의 소방관 중 한 명에게 자신이 2차 세계대전 동안에 런던 Auxiliary Fire Service의 보조소방대원이었다고 말했다. 현재 93세인 그(노인)는 런던이 57일 밤 연속으로 폭격 당했던 블리츠 기간 동안 화재와 싸웠던 것을 아직도 기억하고 있었다. 그(노인)는 소방관에게 그가 도울 일이 없느냐고 물었다. 소방관은 그 순간 자신이 적절한 반응을 할 준비가 되어 있지 않다는 것을 알게 되었고 그(소방관)는 그 노인이 저지선을 통과하는 것만을 도왔다. 후에, 그 소방관은 차를 마시며 노인의 이야기를 함께 나누기 위해 노인을 소방서로 초대했다.

어휘

• fire brigade 소방대

• contain 억누르다, 억제하다

• incident 일, 사건

• cordon 저지선

• auxiliary 보조의, 예비의

16 독해>빈칸 완성>연결어 　　　답 ④

| 출처 | 2019 지방직 9급

| 난도 | 중

분석

(A) 종속절의 소리가 시각적인 내용과 일치한다는 내용과 가상현실이 무너진다는 주절의 내용을 연결하는 종속접속사 자리이다. 문맥상 'Unless(그렇지 않으면)'가 들어가야 주제에서 벗어나지 않고 '소리가 시각적 장면과 일치하지 않으면 가상체험이 무너진다.'라고 해석된다.

(B) 빈칸 앞에서 가상현실을 통해 농구 경기를 관람하는 것보다 텔레비전으로 보는 편이 낫다고 말하고 있으므로, 현재 기술에는 한계가 있음을 알 수 있다. 빈칸이 있는 문장에서 'simply inadequate~' 표현을 통해 다른 경우에서도 마찬가지로 아직 적합하지 않다고 했으므로, 빈칸에는 'Unfortunately(불행하게도)'가 적절하다.

① 만약 ~라면 – 대조적으로

② 만약 ~하지 않다면 – 결과적으로

③ 만약 ~라면 – 마찬가지로

해석

오늘날 가상현실(VR) 경험의 시각적 요소를 만드는 기술은 폭넓게 접근 가능해지고 가격이 저렴해지고 있다. 하지만 효과적으로 작동하기 위해, 가상현실은 시각적인 것 이상이 되어야 한다. 여러분이 듣고 있는 것이 보이는 것과 확실히 일치하지 (A) 않는다면, 가상체험은 무너진다. 농구 경기를 생각해보도록 하자. 만일 선수들, 코치들, 아나운서들과 관중들 모두 그들이 경기장 가운데에 앉아 있는 것처럼 들린다면, 텔레비전으로 경기를 보는 것이 낫다 — 여러분은 마치 '거기'에 있는 것처럼 느낄 것이다. (B) 불행하게도, 오늘날의 오디오 장비와 널리 사용되고 있는 녹음 및 재생 형식은 멀리 떨어진 행성에서의 전투, 경기장에서의 농구 경기 또는 거대한 콘서트홀의 첫 번째 열에서 듣는 교향곡의 소리를 확실하게 재현하는 일에 아직 적합하지 않다.

어휘

• be well on the way to ~를 거의 다 해가다, 진척되어 가다

• convincingly 설득력 있게, 확실하게

• break apart 산산조각나다

• may as well ~하는 편이 더 낫다

• inadequate 불충분한, 부적당한

• symphony 교향곡

17 독해>대의 파악>제목, 주제 　　　답 ④

| 출처 | 2021 국가직 9급

| 난도 | 상

분석

세계 자본주의의 영향과 반응에 관한 내용의 글이다. 세계화가 좋은 결과를 가지고 오긴 했지만, 저임금 노동자들을 착취하고 독점적 형태의 자본주의가 되었다고 말한다. 그리고 이로 인해 자발적으로 민간단체 등에 가입하거나, 국제적 연합 세력 등이 생겨나는 등 여러 사회적 반응들이 나타났다고 기술하고 있으므로, 글의 주제로 가장 적절한 것은 ④ 'The exploitative characteristics of global capitalism and diverse social reactions against it(세계 자본주의의 착취 성격과 그에 대한 다양한 사회적 반응들)'이다.

① 과거 개발도상국에서 세계화의 긍정적인 현상

② 20세기의 사회주의의 쇠퇴와 자본주의의 발생

③ 세계 자본 시장과 좌익 정치 조직 사이의 충돌

해석

20세기 후반에 사회주의는 서구와 개발도상국의 광범위한 지역에서 후퇴하고 있었다. 시장 자본주의 발전이라는 새로운 국면 동안, 세계의 무역 패턴은 점점 상호 연결되었고, 정보 기술의 진전은 규제가 해제된 금융 시장이 순식간에 국가 경계를 초월하여 거대한 자본의 흐름을 바꿀 수 있다는 것을 의미했다. '세계화'는 무역을 활성화하고, 생산성 향상을 장려하고, 가격을 낮췄지만, 비평가들은 그것이 저임금 노동자들을 착취했고 환경 문제에 무관심하며, 제3세계를 독점적인 형태의 자본주의에 종속시켰다고 주장했다. 이러한 과정에 대해 항의하고자 했던 서구 사회의 많은 급진주의자들은 소외된 좌익 정당들이 아니라 자발적인 단체, 구호 단체 그리고 다른 비정부 조직들에 가입했다. 환경 운동 자체는 세계가 서로 연결되어 있다는 인식에서 성장했으며, 확산되면, 분노한 국제적 이익 연합 세력들이 부상했다.

어휘

• retreat 후퇴, 철수

• interlink 연결하다

• deregulate 규제를 철폐하다

- boundary 경계
- allege 주장하다
- indifferent 무관심한
- subject A to B A를 B에 복종[종속]시키다
- monopolistic 독점적인
- marginalize ~을 (특히 사회의 진보에서) 처지게 하다, 사회에서 소외하다
- interconnect 연결하다
- diffuse 확산한, 흩어진, 퍼지다, 확산하다
- coalition 연합(체)
- exploitative 착취적인

---

18 독해>글의 일관성>글의 순서 답 ②

| 출처 | 2019 서울시 9급
| 난도 | 상

분석

② 모든 문단에 마이크로박쥐가 포함되어 있으므로 중심 소재는 '마이크로박쥐'가 된다. 따라서 이 생물에 대한 개괄적인 설명인 (B)가 처음에 와야 하는데, 마이크로박쥐의 작은 눈 때문에 먹이를 찾는 데 어려움이 있을 것 같다는 내용 다음에 역접 접속사 but으로 시작되는 (D)에서 사실 마이크로박쥐가 잘 볼 수 있다고 하는 내용이 나와야 한다. 그 다음으로, (D)에 소개된 반향정위법의 원리를 설명하는 (A)가 그 뒤를 따르는 것이 자연스럽다. 마지막으로 반향정위법에 대해 좀 더 자세히 설명하는 (C)로 마무리되어야 한다.

해석

(B) 북아메리카에서 발견되는 곤충을 먹는 작은 박쥐인 마이크로박쥐는 어둠 속에서 길을 찾고 먹이를 찾아내는 데 도움이 될 것 같지 않은 아주 작은 눈을 가지고 있다.

(D) 하지만 실제로 마이크로박쥐는 쥐나 다른 작은 포유동물들만큼 잘 볼 수 있다. 박쥐의 야행성 습성은 우리가 생각하는 것보다 밤에 먹이를 먹고 비행하는 것을 훨씬 더 쉽게 만들어주는 특별한 능력인 반향정위법에 의해 도움을 받는다.

(A) 어둠 속에서 길을 찾기 위해서, 마이크로박쥐는 입을 벌린 상태로 사람은 들을 수 없는 높은 음조의 끽끽거리는 소리를 내며 비행한다. 이러한 소리들 중 일부는 나뭇가지 또는 앞에 있는 다른 장애물들뿐만 아니라 날아다니는 곤충으로부터도 반향된다. 박쥐는 이 메아리를 듣고 그 앞에 있는 물체들의 이미지를 즉각적으로 머릿속에 그려낸다.

(C) 반향정위법, 즉 '소나'라고 불리는 이 능력을 사용해서 마이크로박쥐는 모기나 다른 가능한 먹잇감들에 대해 많은 것을 알아낼 수 있다. 반향정위법은 극도로 정확하게 마이크로박쥐가 움직임, 거리, 속도, 행동, 형태를 감지할 수 있게 해준다. 박쥐들은 또한 인간의 머리카락만큼 가느다란 장애물도 감지해서 피할 수 있다.

어휘

- navigate 길을 찾다
- high-pitched 아주 높은
- squeak 끼익[깩/찍]하는 소리
- echo off 메아리로 튕겨 내다
- obstacle 장애물
- instantaneous 즉각적인
- spot 발견하다, 찾다
- echolocation 반향 위치 측정, 반향정위
- perceive 감지[인지]하다
- nocturnal 야행성의

---

19 독해>글의 일관성>무관한 어휘·문장 답 ④

| 출처 | 2021 국가직 9급
| 난도 | 중

분석

전체적으로 번아웃의 개념을 설명하는 글로, 번아웃이라는 용어의 개념을 감정 고갈, 개인적 성취감의 결여, 비인격화라는 세 가지 차원으로 나누어 설명하고 있다. ④는 번아웃과 반대되는 동기부여에 관한 내용이므로, 글의 흐름상 가장 어색한 문장이다.

해석

번아웃(burnout)이라는 용어는 업무 압박으로부터 '마모(소진)되는' 것을 의미한다. 번아웃은 일상의 업무 스트레스 요인이 직원들에게 피해를 준 결과로 생기는 만성적인 질환이다. 가장 널리 채택된 번아웃의 개념화는 사회복지 노동자들에 대한 연구에서 마슬락과 그녀의 동료들에 의해 개발되었다. 마슬락은 번아웃이 세 가지 상호 관련된 차원으로 구성되어 있다고 보았다. 첫 번째 차원인 '감정 고갈'은 사실상 번아웃 현상의 핵심이다. 노동자들은 피곤하고, 좌절하고, 기진맥진하거나 직장에서 더 이상 일할 수 없다고 느낄 때 '감정 고갈'을 겪는다. 번아웃의 두 번째 차원은 개인적 성취감의 결여이다. 이러한 번아웃 현상의 측면은 자신을 실패자로 보면서 효과적으로 직무 요건을 달성할 수 없다고 여기는 노동자들을 말한다. 감정 노동자들은 신체적으로 지쳤지만 높은 동기부여를 받고 업무에 임한다. 번아웃의 세 번째 차원은 비인격화이다. 이러한 차원은 일의 한 부분으로, 타인들(예를 들면, 고객, 환자, 학생)과 대면하여 의사소통해야 하는 노동자들만 관련 있다.

어휘

- burnout 극도의 피로, (로켓 등의) 연료소진
- wear out 못 쓰게 되다, 지치다
- chronic condition 만성질환
- take a[its] toll ~에 큰 피해[타격]를 주다
- dimension 규모, 차원
- face ~을 마주 대하다, 직면하다
- used up 몹시 지친
- depersonalization 몰개인화, 비인격화
- relevant 관련 있는, 적절한, 연관된, 관계가 있는

20 독해>빈칸 완성>단어 · 구 · 절   답 ①

| 출처 | 2020 경찰(순경) 1차
| 난도 | 상

분석

제시문은 사상 최대의 오보를 낸 시카고 트리뷴지의 기사를 소개하며, 예측이 빗나간 이유에 대해 설명한다. 시카고 트리뷴지는 여론조사를 확신해 편집을 너무 빨리 마감했고, 유선전화 여론조사가 갖는 특수성을 파악하지 못하여 듀이를 선호하는 유권자층, 즉 대표적이지 않은 집단으로 여론조사를 실시했다는 두 가지 문제점이 있었다. 비록 이러한 결과는 우연이었지만, 시카고 트리뷴지가 듀이의 승리를 당연시한 선택편향의 위험성과 잠재력을 보여주었다고 하였다. 따라서 빈칸에는 결국 이러한 선택편향으로 인해 시카고 트리뷴지가 다른 사람들에게도 듀이가 승리하도록 영향을 끼치게 만든다는 ① 'encouraging others to hop on the bandwagon(다른 사람들에게 시류에 편승하게끔 부추김)'이 적절하다.
② 사람들에게 주객전도하라고 격려함
③ 대중들에게 약자가 되라고 선동함
④ 미국 성인들에게 부동층 유권자가 되도록 유도함

해석

> 선택편향과 관련하여 거의 틀림없이 역대급 사례는 '듀이가 트루먼을 이기다'라는 1948년 시카고 트리뷴지의 당황스러운 헤드라인이라는 결과를 초래했다. 실상은 해리 트루먼이 그 상대(듀이)를 이겼다. 당시 모든 주요 정치 여론조사는 토마스 듀이가 대통령에 당선될 것이라고 예상했다. 시카고 트리뷴지는 선거 결과가 나오기 전에 편집을 마감했는데, 편집자들이 여론조사 결과가 정확할 것이라고 확신했기 때문이었다. 통계 전문가들은 두 가지 이유에서 틀렸다. 첫째로, 그들은 선거보다 너무 앞서서 여론조사를 마무리했고, 트루먼은 특히나 선거 전 마지막 며칠 간 사람들을 결집시키는 데 성공했다. 둘째로, 실시된 유선전화 여론조사는 듀이에게 호의적이었는데 1948년에 일반적으로 유선전화는 더 부유한 가정에 있었고, 듀이는 주로 엘리트 유권자들 사이에서 인기가 있었기 때문이었다. 시카고 트리뷴지의 불명예스러운 헤드라인을 초래한 선택편향은 우연이지만, 그것은 다른 사람들에게 시류에 편승하게끔 부추김으로써 그들의 마음과 정신에 영향을 끼치기 원하는 이해당사자들에게는 선택편향의 위험성과 잠재력을 보여준다.

어휘

- arguably 거의 틀림없이
- all-time 시대를 초월하여
- selection bias 선택편향
- trounce 완파하다
- go to press 편집을 마감하다, 인쇄에 들어가다
- statistician 통계 전문가, 통계학자
- in advance of (~보다) 미리, 사전에
- energize 활성화하다, 활기를 띠게 하다
- infamous 악명 높은, 오명이 난, 불명예스러운
- stakeholder 이해당사자, 주주
- hop on the bandwagon (정치 운동 · 선거 따위에서) 우세한 편에 붙다, 시류를 타다[편승하다]
- wag the dog 왝더독(개의 꼬리가 몸통을 흔든다, 즉 주객이 바뀌었음을 뜻함)
- instigate 부추기다, 선동하다
- underdog (이기거나 성공할 가능성이 적은) 약자[약체]
- swing voter 부동층 (유권자)

05 제15회 기출 섞은 모의고사

01	02	03	04	05	06	07	08	09	10
①	①	①	②	④	④	④	②	①	②
11	12	13	14	15	16	17	18	19	20
③	②	②	①	①	②	③	④	④	②

01　어휘>단어　　답 ①

| 출처 | 2020 국가직 9급

| 난도 | 하

분석

밑줄 친 candid는 '솔직한'의 뜻으로 이와 의미가 가장 가까운 것은 ① 'frank(솔직한)'이다.
② 논리적인, 타당한
③ 암시된, 포함되는
④ 열정적인, 열렬한

해석

솔직한 고객 리뷰 및 가격대와 함께 전자레인지 모델 및 스타일에 대한 광범위한 목록은 가전제품 비교 웹사이트에서 이용할 수 있다.

어휘

• extensive (다루는 정보가) 광범위한, 폭넓은
• microwave oven 전자레인지
• price range 가격대
• appliance (가정용) 기기

02　어휘>단어　　답 ①

| 출처 | 2020 지방직(서울시) 9급

| 난도 | 하

분석

밑줄 친 shunned은 '외면받다'의 뜻으로 이와 의미가 가장 가까운 것은 ① 'avoided(외면받다)'이다.
② 경고받다
③ 처벌받다
④ 모방되다

해석

학교 불량배는 반에서 다른 학생들로부터 외면받는 게 어떤 것인지 알지 못했다.

어휘

• school bully 학교에서 아이들을 괴롭히는 학생

03　어휘>어구　　답 ①

| 출처 | 2019 국가직 9급

| 난도 | 중

분석

밑줄 친 disclosed는 '폭로하다, 드러내다'의 뜻으로 이와 의미가 가장 가까운 것은 ① 'let on(누설하다)'이다.
② 면해주다, 터뜨리다
③ 약해지다, 누그러지다
④ 실망시키다, 늦추다

해석

비록 그 여배우가 그녀의 경력에서 많은 혼란을 겪었지만, 그녀는 결코 누구에게도 자신이 행복하지 않다는 것을 드러내지 않았다.

어휘

• turmoil 혼란, 소란

04　어휘>단어　　답 ②

| 출처 | 2019 소방직 9급

| 난도 | 하

분석

첫 번째 문장에서 '고층화재의 가장 큰 문제들 중 하나는 화재진압활동과 거주자 대피를 위한 계단을 (동시에) 사용하는 것이다.'를 통해 사용과 관련 있는 단어임을 파악한다. 다음 내용에서는 입주자들이 지시사항을 따르지 않고 구분 없이 계단을 사용하고 있으므로 ② 'simultaneous(동시의)'라는 단어가 가장 자연스럽다.
① 기발한
③ 자만하는, 허세 부리는
④ 매우 신중한, 꼼꼼한, 지나치게 세심한

해석

고층화재에서 가장 큰 문제들 중 하나는 화재진압활동과 거주자 대피를 위한 계단을 동시에 사용하는 것이다. 많은 훈련 자료들은 소방관들이 하나의 계단은 대피용으로 다른 계단은 화재 진압용으로 정하도록 해왔다. 이것은 효과가 없었는데, 거주자들이 가장 가까운 비상구로 탈출하기 때문이었다.

어휘

• a high-rise fire 고층화재
• simultaneous 동시의
• stairwell 계단통(건물 내부에 계단이 나 있는 공간)
• suppression 진압, 억제
• occupant 사용자, 점유자
• evacuation 대피

05 독해>세부 내용 찾기>내용 (불)일치   답 ④

| 출처 | 2021 국가직 9급

| 난도 | 하

분석

제시문에서 'The driest deserts, such as Chile's Atacama Desert, have parts that receive less than two millimeters of precipitation a year(칠레의 아타카마 사막 같은 가장 건조한 사막에는 1년에 강수량이 2mm 미만인 곳들이 있다).'라고 했으므로, ④ 'The Atacama Desert is one of the rainiest deserts(아타카마 사막은 비가 가장 많이 내리는 사막 중 하나이다.)'가 글의 내용과 일치하지 않는다.

① 각 대륙에 적어도 하나의 사막이 있다.

② 사하라는 세계에서 가장 큰 뜨거운 사막이다.

③ 고비 사막은 차가운 사막으로 분류된다.

해석

사막은 지구 육지의 1/5 이상을 덮고 있으며, 모든 대륙에서 발견된다. 일 년에 25센티미터(10인치) 미만의 비가 오는 곳은 사막으로 여겨진다. 사막은 메마른 땅이라고 불리는 광범위한 지역의 일부이다. 이러한 지역들은 '수분 부족'인 상태인데, 이 지역들에서는 자주 연간 강수량으로 받는 수분보다 증발을 통해서 잃는 수분이 더 많을 수 있다는 것을 의미한다. 사막은 뜨겁다는 일반적 개념에도 불구하고, 차가운 사막도 있다. 세계에서 가장 큰 뜨거운 사막인 북아프리카의 사하라 사막은 낮 동안 섭씨 50도(화씨 122도)의 온도에 달한다. 하지만 아시아의 고비 사막이나 세계에서 가장 큰 남극과 북극의 극지방 사막과 같은 어떤 사막은 항상 차갑다. 다른 사막들에는 산이 많다. 오직 20퍼센트의 사막들만이 모래로 뒤덮여 있다. 칠레의 아타카마 사막 같은 가장 건조한 사막에는 1년에 강수량이 2mm(0.08인치) 미만인 곳들이 있다. 그러한 환경은 너무 황량하고 다른 세상 같아서 심지어 과학자들은 화성의 생명체에 대한 단서를 찾기 위해 그것들을 연구해왔다. 반면에, 몇 년에 한 번씩, 유난히 비가 많이 오는 시기는 'super blooms'를 만들어 낼 수 있는데, 심지어 아타카마 사막조차도 야생화들로 뒤덮이게 된다.

어휘

- continent 대륙
- moisture deficit 수분 부족
- evaporation 증발
- precipitation 강수, 강수량
- conception 이해, 개념
- Antarctic 남극
- Arctic 북극
- mountainous 산이 많은, 산지의
- otherworldly 비현실적인, 초자연적인
- super bloom 슈퍼 블룸(사막에 일시적으로 들꽃이 많이 피는 현상)
- blanketed in~ ~이 짙게 드리운, 두껍게 내려앉은

06 어법>비문 찾기   답 ④

| 출처 | 2019 지방직 9급

| 난도 | 중

분석

④ injure는 타동사로 '부상입히다'라는 의미이다. 목적어가 없으므로, 주어인 보행자가 부상을 당한다는 의미인 수동태가 되어야 한다. 따라서 과거분사 injured로 바꿔야 한다.

① lose는 현재시제 동사로 주어와 수를 일치시켜야 한다. 주어는 27만 명 이상의 보행자들이므로 복수 동사 lose가 올바르게 쓰였다.

② 결과를 나타내는 to부정사의 부사적 용법으로, 평소처럼 집을 나서고 그 결과로 다시 돌아오지 못했다는 내용을 담고 있다.

③ 원급 비교 구문인 'as+원급+as' 사이에는 형용사나 부사가 들어가므로, 형용사 high가 올바르게 사용되었다.

해석

매년 27만 명 이상의 보행자들이 전 세계 도로 위에서 목숨을 잃는다. 많은 사람들은 여느 때처럼 집을 떠나서 다시 돌아오지 못한다. 전 세계적으로 보행자는 전체 도로 교통 사망자의 22%를 차지하는데, 일부 국가에서는 이 비율이 전체 도로 교통 사망자의 3분의 2를 차지할 만큼 높다. 수백만 명의 보행자들이 치명적이지 않은 상해를 입고, 일부는 영구적인 장애를 갖게 된다. 이러한 사고들은 경제적 어려움뿐만 아니라 많은 고통과 슬픔을 야기한다.

어휘

- pedestrian 보행자
- lose one's life 목숨을 잃다, 죽다
- constitute ~이 되다, ~을 구성하다[이루다]
- fatality 사망자, 치사율
- proportion 비율, 부분

07 독해>대의 파악>제목, 주제   답 ④

| 출처 | 2020 지방직(서울시) 9급

| 난도 | 하

분석

이 글은 루이 14세가 자신의 위엄을 떨칠 수 있는 궁전을 베르사유에 지었는데, 원래 그곳은 작은 오두막 한 채만이 있었으나 50년에 걸친 공사 끝에 화려한 방들로 가득한 거대한 궁전으로 변모했다는 내용이다. 따라서 글의 제목으로는 오두막에서 궁전으로 변하는 과정을 표현하는 ④ 'Versailles: From a Humble Lodge to a Great Palace(베르사유: 초라한 오두막에서 거대한 궁전으로)'가 적절하다.

① 그리스 신들의 진짜 얼굴

② 거울의 방 vs. 아폴로의 방

③ 운하가 베르사유에 단지 물 이상의 것을 가져왔는가?

해석

루이 14세는 자신의 위대함에 걸맞는 궁전이 필요해서 베르사유에 거대한 새 집을 짓기로 결정했는데, 그곳에는 아주 작은 사냥꾼 오두막 한 채가 있었다. 거의 50년에 걸친 노동 후에 이 작은 사냥꾼 오두막은 4분의 1마일 길이의 웅장한 궁전으로 탈바꿈했다. 운하를 파서 강에서 물을 끌어오고 습지대를 배수했다. 베르사유는 공들여 장식한 방들로 가득했는데, 유명한 '거울의 방'이 그것이다. 그곳에는 17개의 거대한 거울이 17개의 커다란 창문 맞은편에 배열되어 있으며, 또한 '아폴로의 방'에는 순은으로 만들어진 왕좌가 놓여 있다. 아폴로, 주피터, 그리고 넵튠과 같은 그리스 신들의 조각상 수백여 점이 정원에 있는데, 각각의 신은 루이 14세의 얼굴을 하고 있다.

어휘

- lodge 오두막
- transform (모습 · 성격을 더 좋게) 완전히 바꿔 놓다[탈바꿈시키다]
- canal 운하, 수로
- marshland 습지대
- elaborate 정성을 들인, 정교한
- solid 순-, 순수한(다른 물질이 섞이지 않은)
- throne 왕좌, 왕위
- humble 변변찮은, 작은, 겸손한

---

08   어법>정문 찾기   답 ②

| 출처 | 2021 국가직 9급

| 난도 | 중

분석

② but 이하는 현재완료의 계속적 용법으로 주절에는 현재완료, 종속절에는 과거시제가 쓰여야 한다. have lived의 현재완료 시제와 since I started의 과거 시제가 모두 바르게 쓰였다.

① 간접의문문 어순 문제이다. 이 경우 어순이 '의문사+주어+동사'로 되어야 하므로, where should you visit → where you should visit가 되어야 한다.

③ 감정동사 문제에서 주체가 감정을 일으키는 경우 현재분사를 쓰고, 주체가 감정의 대상이 되는 경우 과거분사를 쓴다. 소설은 흥미진진한 감정을 일으키는 것이므로 excited → exciting이 되어야 한다.

④ 부가의문문 문제이다. 부정문일 때 긍정 부가의문문, 긍정문일 때 부정 부가의문문을 사용한다. 동사가 isn't인 부정문이므로, 긍정 부가의문문으로 바뀌어 doesn't → is it이 되어야 한다.

해석

① 이 안내 책자는 여러분이 홍콩에서 어디를 방문해야 하는지를 알려준다.
② 나는 대만에서 태어났지만, 일을 시작한 이래로 나는 한국에서 살고 있다.
③ 그 소설은 너무 재밌어서 나는 시간 가는 것을 잊고 버스를 놓쳤다.
④ 서점들이 더 이상 신문을 판매하지 않는 것은 놀랄 일이 아니야, 그렇지?

어휘

- lose track of time 시간 가는 줄 모르다
- carry (가게에서 품목을) 취급하다

---

09   독해>대의 파악>요지, 주장   답 ①

| 출처 | 2019 소방직 9급

| 난도 | 하

분석

욕실은 덥고 습기가 많아 약을 보관하는 장소로 적절하지 않다는 내용이므로, 필자의 주장으로 가장 적절한 것은 ① '올바른 장소에 약을 보관하라.'이다.

해석

많은 사람들이 그들의 약을 욕실에 보관한다. 하지만 이 인기 있는 장소는 사실 약을 보관하기에 가장 나쁜 장소 중 하나이다. 욕실 보관장은 따뜻하고 습한 경향이 있는데, 이 환경은 약의 분해 과정을 촉진시킨다. 이것은 특히 알약과 캡슐에 적용된다. 열과 습기에 노출되면 유통기한 전에 약의 효능이 떨어질 수 있다. 예를 들어, 따뜻하고 습기가 많은 환경에서 아스피린 알약은 아세트산(식초)으로 분해되어 위를 자극할 수 있다. 대신 약들을 아이들의 손이 닿지 않는 서늘하고 건조하며 안전한 곳에 보관하라. 부적절하게 보관된 약은 독성이 생긴다는 것을 명심하라.

어휘

- potent 강력한
- expiration date 유통기한
- muggy 후텁지근한
- acetic acid 아세트산
- improperly 부적절하게

---

10   독해>글의 일관성>글의 순서   답 ②

| 출처 | 2021 소방직 9급

| 난도 | 중

분석

② 주어진 글은 '어떤 이들은 주유소의 존재 이유가 지역 주민들에게 서비스를 제공하기 위한 것이라고 생각할지도 모른다.'로 끝난다. 따라서 그 뒤에는 이러한 생각은 모순된다는 (B)가 오고, 그 다음에는 (B)내용과 이어지도록 밀집도가 높은 이유를 설명하는 (A)가 와야 한다. 마지막으로 밀집도에 영향을 주는 요소들을 설명하는 (C)가 오는 것이 적절하다.

해석

캘리포니아 만 지역의 샌프란시스코 주변에는 수백 개의 주유소가 있다. 어떤 이는 주유소가 지역 이웃들에게 서비스를 제공하기 위해 퍼졌다고 생각할지도 모른다.
(B) 그러나 이 생각은 일반적인 관찰에 의해 반박된다. 여러분이 주유소를 방문할 때마다, 거의 항상 근처에 다른 주유소가 있고 종종 바로 길 건너편에도 있다. 일반적으로 주유소는 밀집해있다.
(A) 이러한 현상은 부분적으로 인구 밀집 때문이다. 주유소는 옥수수밭처럼 인구가 적은 지역보다는 도시처럼 수요가 많은 곳에서 더 흔할 것이다.
(C) 게다가, 많은 요소들이 작용하고 있다. 주유소의 위치 지정은 수요, 부동산 가격, 인구증가 추정치, 주유 용이성 등 공급 고려 사항들을 포함하는 최적화 문제다.

어휘

- spread out 몸을 뻗다, 넓은 공간을 쓰다
- clustering 뭉치기
- sparsely 드문드문, 성기게
- contradict (진술, 보도 따위를) 부정하다
- vicinity 부근, 인근

- clustered 무리를 이룬, 군생(群生)한
- play 운용, 작용, 영향
- optimization 최적화
- real estate 부동산
- refueling 연료 보급(용)의

11 표현>일반회화   답 ③

| 출처 | 2021 지방직(서울시) 9급

| 난도 | 하

분석

③에서 A의 '방학이 굉장히 빨리 지나가 버렸어.'라는 말에 B가 동의하고 나서 '방학이 몇 주째 계속되고 있어.'라고 했으므로, ③의 대화가 흐름상 가장 어색하다.

해석

① A : 오늘 내가 해야 하는 이 연설 때문에 너무 떨려.
    B : 가장 중요한 건 침착함을 유지하는 거야.
② A : 그거 알아? 민수랑 유진이 결혼할 거야!
    B : 잘됐네! 걔네 언제 결혼하는데?
③ A : 두 달간의 방학이 그냥 일주일처럼 지나가 버렸어. 새 학기는 코앞으로 다가왔고.
    B : 내 말이. 방학이 몇 주째 계속되고 있어.
④ A : '물'을 프랑스어로 뭐라고 하니?
    B : 기억이 날 듯 말 듯 하는데, 기억이 안 나네.

어휘

- tie the knot 결혼하다
- be around the corner 목전에 닥치다, 임박하다
- drag on 질질 끌다, 계속되다
- on the tip of one's tongue 혀끝에서 맴도는, 기억이 날 듯 안 나는

12 표현>일반회화   답 ②

| 출처 | 2020 지방직(서울시) 9급

| 난도 | 하

분석

어디로 가는지 묻는 질문에 식료품점으로 향한다고 대답한 ②의 대화가 흐름상 가장 자연스럽다.

해석

① A : 지금 몇 시인지 아세요?
    B : 죄송하지만, 저는 요즘 바빠요.
② A : 이봐, 어디로 가는 길이야?
    B : 우리는 식료품점으로 가.
③ A : 저 이것 좀 도와주시겠어요?
    B : 좋아요. 박수쳐 드리겠습니다.
④ A : 제 지갑 본 사람 있어요?
    B : 오랜만입니다.

어휘

- head (특정 방향으로) 가다[향하다]
- be off to ~로 떠나다

13 어법>영작하기   답 ②

| 출처 | 2016 기상직 9급

| 난도 | 하

분석

② 걱정이 기우로 드러났다는 것은 걱정이 드러나지 않았다는 것을 의미하므로 to be founded → to be unfounded로 고치는 것이 적절하다.
① get이라는 5형식 동사 다음에 온 it은 my car를 가리키며 차는 수리를 당하는 대상이므로 목적격 보어 자리에 과거분사 repaired가 와야 한다.
③ lie는 자동사 '눕다, 놓여 있다'의 의미일 때, lie-lay-lain으로 활용한다. 'She lay on her back.'에서 lay는 lie의 과거형으로 적절하게 사용되었다.
④ sixty miles an hour에서 an은 per를 의미한다.

2점 UP 포인트

동사 lie와 lay의 활용

- lie-lied-lied : [자동사] 거짓말하다
   예 I'm ashamed to say that I lied to her.
     말하기 부끄럽지만, 나는 그녀에게 거짓말을 했다.
- lie-lay-lain : [자동사] 눕다, 놓여 있다
   예 I lay awake all night.
     나는 밤새 잠이 깬 채 누워 있었다.
- lay-laid-laid : [타동사] ~을 놓다
   예 He laid a hand on my back.
     그는 내 등에 손을 얹었다.

14 어법>영작하기   답 ①

| 출처 | 2016 지방직 9급

| 난도 | 하

분석

① 'would rather A than B' 구문은 'B보다 차라리 A를 하는 편이 낫다'는 의미이다. A와 B를 비교하는 병렬구문에서 A와 B의 형태는 동일해야 하므로 going → go가 되어야 한다.
② 'be unwilling to'는 '~하기를 꺼리다'라는 의미로, 이때 to는 to부정사이므로 뒤에 동사원형을 취한 것은 적절하다.
③ '~해야 소용없다'를 의미하는 구문인 'it's no use ~ing'가 적절하게 사용되었다.
④ '너무 ~해서 …하다'를 의미하는 구문인 'so+형용사/부사+that' 구문이 적절하게 사용되었다.

15 독해>대의 파악>제목, 주제   답 ①

| 출처 | 2021 법원직 9급

| 난도 | 중

분석

제시문은 동물이 혼자 사냥하는 것보다 무리로 뭉쳐서 사냥하는 것이 훨씬 효율적이며 협력하는 것이 동물들에게 더 큰 이점을 제공한다는 내용이므로, 글의 주제로 적절한 것은 ① 'benefits of being social in animals(동물에 있어 무리를 이루는 것의 이점)'이다. 글의 주제를 알 수 있는 문장으로는, 'they could interact with the world more effectively(더 효과적으로 세계와 상호작용할 수 있다).'와 'if animals band together in a group, they can catch and kill animals bigger than they are(만약 동물들이 한 무리로 뭉친다면, 그들은 자신보다 더 큰 동물들을 잡고 죽일 수 있다).'가 있다.

② 협동 행동의 단점
③ 동물과 인간의 공통적 특성
④ 짝짓기와 번식의 경쟁

해석

많은 동물들은 홀로 지내지 않는다. 그들은 함께 생활하고 일함으로써 더 효과적으로 세계와 상호작용할 수 있다는 사실을 발견했는데, 어쩌면 자연이 그들을 위해 발견한 것일지도 모른다. 예를 들어, 만약 동물이 홀로 먹이를 사냥한다면 자신보다 훨씬 작은 동물들만 잡고 죽이고 먹을 수 있지만, 만약 동물들이 한 무리로 뭉친다면 그들은 자신보다 더 큰 동물들을 잡고 죽일 수 있다. 한 무리의 늑대는 말을 죽일 수 있고, 그 무리는 매우 잘 먹을 수 있다. 그러므로 동물들은 홀로 일하는(사냥하는) 것보다 함께 한다면, 같은 숲에 있는 동종의 동물들이 더 많은 음식을 얻을 수 있다. 협력에는 다른 이점이 있다. 동물들은 서로에게 위험을 경고할 수 있고, (만약 따로따로 탐색한 다음, 먹이를 찾는 데 성공한 동물을 따라간다면) 더 많은 먹이를 찾을 수 있으며, 심지어 병들거나 다친 개체들을 어느 정도는 보살필 수 있다. 동물들이 멀리 떨어져 사는 것보다 무리를 지어 살면 짝짓기와 번식에도 더 용이하다.

어휘

• loner 혼자 있기를 더 좋아하는 동물(사람)
• band together 무리를 이루다
• a pack of wolves 한 무리의 늑대
• alert 알리다, 주의를 환기시키다
• separately 별도로, 각자, 따로, 분리하여
• mating 짝짓기
• reproduction 번식
• far apart 멀리 떨어져서

---

16 독해 > 대의 파악 > 요지, 주장   답 ②

| 출처 | 2020 경찰(순경) 1차
| 난도 | 중

분석

제시문은 일부 심리학자들의 통념을 먼저 소개한 후 대조(역접)의 연결사인 Nevertheless 이후부터 글의 핵심 내용이 제시되는 구조로 이루어져 있다. 일부 심리학자들은 문제 해결에 진전이 없는 시기가 지나면 특정한 지식이나 경험 없이도 갑작스럽게 새로운 방식이 발견되어 문제를 해결할 수 있다고 주장한다(통념). 이에 반해 실험적인 연구는 실패한 경험 이후 새로운 정보로 생긴 다른 관점으로 인해 통찰력을 얻을 수 있다고 하였으므로, 글쓴이의 주장과 가장 일치하는 것은 ②이다.

해석

일부 심리학자들은 통찰력이란 어떤 사람이 과거의 경험에 너무 집중하여 갇혀버렸다고 여겨지는 진전 없는 시간이 지난 후, 문제를 재구성한 결과물이라고 믿는다. 그 문제를 표현하는 새로운 방식은 갑작스럽게 발견되어, 종전에는 생각해내지 못했던 해결책으로 가는 다른 방향으로 이어진다. 그러한 문제 상황에서는 통찰력을 얻는 데에 어떠한 특정한 지식이나 경험도 요구되지 않는다고 주장되어 왔다. 사실, 우리는 경험에서 벗어나서 정신이 자유롭게 돌아다니도록 놓아두어야 한다. 그럼에도 불구하고, 실험적인 연구들은 통찰력이 실제로는 평범한 분석적 사고의 결과임을 보여주었다. 문제를 재구성하는 것은 문제 해결 과정에서 성공하지 못한 시도로 인해 야기될 수 있는데, 사람이 생각하는 동안 새로운 정보를 가져오도록 이끈다. 새로운 정보는 해결책을 찾는 과정에서 전혀 다른 관점에 기여할 수 있어서, '아하 경험(깨달음의 경험)'을 생산한다.

어휘

• insight 통찰력, 이해, 간파
• restructure 재구성하다, 재조직하다
• get stuck 갇히다, 꼼짝 못하게 되다
• represent 나타내다, 표현하다
• heretofore 지금까지는, 이전에는
• break away (~에서) 달아나다
• wander 헤매다
• analytical 분석적인
• attempt 시도, 노력
• Aha! Experience 총체적 경험(문제의 해결이나 상황적 구조에 대한 갑작스러운 통찰이 생기는 순간의 총체적인 경험)

---

17 독해 > 빈칸 완성 > 단어 · 구 · 절   답 ③

| 출처 | 2020 지방직(서울시) 9급
| 난도 | 중

분석

빈칸 다음 표현이 빈칸의 표현과 동격이라는 점을 알면 쉽게 해결할 수 있다. 빈칸 다음에서 완전히 인식할 수 없는 것도 물려받는다고 하였고, 그 이후에서 이와 관련된 일상생활 방식, 문제 해결 방식, 전통을 지키는 방식 등의 추상적인 것들을 예로 들면서 부연하므로, 빈칸에 들어갈 가장 적절한 것은 ③ 'much less concrete and tangible(훨씬 덜 구체적이고 만질 수 없는)'이다.
① 우리 일상생활과는 아주 관련 없는
② 우리의 도덕규범에 반하는
④ 엄청난 금전적 가치를 가진

해석

우리 모두는 무언가를 물려받는다. 어떤 경우, 그것은 돈이나 재산이 될 수도 있고, 할머니의 웨딩드레스나 아버지의 공구 세트 같이 집안의 가보가 될 만한 물건일 수도 있다. 하지만 그 외에도 우리는 모두 다른 어떤 것, 다시 말해 훨씬 덜 구체적이고 만질 수 없는 어떤 것, 심지어 우리가 완전히 인식할 수도 없는 것도 물려받는다. 그것은 일상 업무를 하는 방식일 수도 있고, 특정 문제를 해결하거나 도덕적 문제를 스스로 결정하는 방식일 수도 있다. 그것은 휴일을 보내는 특별한 방식이거나 특정한 날 소풍가는 전통일 수도 있다. 그것은 우리 사고에 중요하거나 중심이 되는 것이거나 혹은 우리가 아주 오랫동안 무심코 받아들인 사소한 것일 수도 있다.

어휘

• inherit 상속받다, 물려받다
• property 재산, 소유물, 부동산
• heirloom (집안의) 가보
• casually 무심코, 문득, 우연히, 아무 생각 없이
• unrelated 관련[관계] 없는
• of value 가치 있는
• monetary 금전상의

18 독해>글의 일관성>문장 삽입

답 ④

| 출처 | 2017 국가직 9급

| 난도 | 상

분석

주어진 문장에 'This inequality(불평등)'가 있는 것으로 미루어 보아, 주어진 문장 앞에는 '불평등'에 관한 내용이 온다는 것을 알 수 있다. ④ 앞의 문장이 사냥꾼에게 가장 안 좋은 부분들이 남겨질 수 있다는 불평등에 관한 내용에 해당한다.

해석

사냥에서 동물이 죽었을 때 생기는 단순한 분배 상황을 살펴보자. 사람들은 그 동물을 얻는 데 사냥꾼들이 한 일의 양에 따라 그 동물이 분배될 것으로 예상할지 모른다. 어느 정도까지는 이 원칙이 적용되지만, 다른 사람들(사냥하지 않은 사람들) 역시 그들의 권리를 가지고 있다. 각 사람은 사냥꾼과의 관계에 따라 한 몫을 받는다. 예를 들어, 캥거루 한 마리가 사냥당했을 때, 사냥꾼들은 그것의 중요한 부분들을 자신들의 친족들에게 줘야 하며 가장 안 좋은 부분들이 사냥꾼 자신들에게 남겨질 수도 있다. 이 불평등은 그들이 다른 사람들이 사냥한 동물에서 더 좋은 몫을 자신들의 차례에 받음으로써 상쇄된다. 결국에는 최종 결과가 각 사람들에게 실질적으로 동일하지만, 이 제도를 통해 친족 의무의 원칙과 음식을 나누는 도덕성이 강조되었다.

어휘

• inequality 불균형, 불평등
• kill 사냥한[사냥해서 죽인] 동물
• distribution 분배
• portion out ~을 분배하다
• kinfolk 친척
• net result 최종 결과
• substantially 상당히, 실질적으로
• principle 원칙
• kinship 친족 관계
• obligation 의무
• morality 도덕성
• emphasize 강조하다

19 독해>세부 내용 찾기>내용 (불)일치

답 ④

| 출처 | 2019 국가직 9급

| 난도 | 중

분석

마지막 문장에서 '자연스럽고 재치 있는 방식으로 인종 편견을 공격했다.'라고 했으므로, 글의 내용과 일치하지 않는 것은 ④ '휴스는 인종 편견을 엄숙한 문체로 공격하였다.'이다.

① 첫 번째 문장의 관계사절 in which many African-American students have pursued their academic disciplines를 통해 제시문과 일치하는 것을 확인할 수 있다.
② 세 번째 문장 Hughes incorporated authentic dialect in his work라는 부분을 통해 제시문과 일치하는 것을 확인할 수 있다.
③ 세 번째 문장에서 created characters and themes that reflected elements of lower-class black culture라고 했으므로, 제시문과 일치하는 것을 확인할 수 있다.

해석

랭스턴 휴스는 미주리 주의 조플린에서 태어나 많은 아프리카계 미국 학생들이 학문을 추구하는 링컨 대학교를 졸업했다. 18세에, 휴스는 그의 가장 널리 알려진 시 중 한 편인 'Negro Speaks of Rivers.'를 출간했다. 창의적이고 실험적이었던 휴스는 그의 작품에 실제 방언을 포함했고, 블루스와 재즈의 리듬과 분위기를 아우르기 위해 전통적인 시의 형태에 맞추었으며 하층 계급의 흑인 문화 요소들을 반영하는 캐릭터와 주제를 만들었다. 심각한 내용과 유머러스한 스타일을 융합하는 능력으로, 휴스는 자연스럽고 재치 있는 방식을 통해 인종 편견을 공격했다.

어휘

• pursue 추구하다, 계속하다, 뒤쫓다
• discipline 학문
• incorporate (일부러) 포함하다
• authentic 진짜의, 정확한
• dialect 방언, 사투리
• cadence 억양, (시의) 운율, 리듬
• fuse A with B A와 B를 융합하다

20 독해>글의 일관성>무관한 어휘 · 문장

답 ②

| 출처 | 2021 소방직 9급

| 난도 | 중

분석

②는 유전 공학이 질병을 멈추는 데 도움이 되며 많은 사람들이 지지하고 있다는 내용이므로, GE 식품의 위험성을 논하는 전체 맥락과는 맞지 않는다.

해석

식품 및 섬유 제품의 유전 공학은 인간, 동물, 환경, 그리고 지속 가능한 유기 농업의 미래에 본질적으로 예측 불가능하고 위험하다. 영국의 분자과학자인 마이클 안토니우 박사가 지적한 것처럼 유전자 접합은 이미 '유전자공학(GE) 박테리아, 효모, 식물, 동물에서 예상치 못한 독성 물질의 생성'이라는 결과를 낳았다. 그래서 많은 사람들이 치명적인 질병들을 멈추는 데 도움을 줄 수 있는 유전공학을 지지한다. GE 식품과 농작물의 위험은 기본적으로 인간의 건강 위험, 환경 위험 그리고 사회 경제적 위험이라는 세 가지 범주로 분류된다. GE 제품의 이미 입증된 위험성과 발생 가능한 위험성을 간단히 검토하기만 한 것으로도 모든 GE 식품과 농작물의 전 세계적인 활동 중단이 왜 필요한지에 대해 설득력 있게 주장한다.

어휘

• genetic engineering 유전 공학
• inherently 본질적으로
• gene-splicing 유전자 접합
• yeast 효모
• moratorium 활동 중단, 정지

9급 공무원 공개경쟁채용 필기시험 답안지

컴퓨터용 흑색사인펜만 사용

책형	㉮	㉯
	㉰	㉱

[필적감정용 기재]
* 아래 예시문을 옮겨 기재하시기 바랍니다

예시 : 본인은 ○○○(응시자성명)임을 확인함

필적감정용 기재

기 재 란

성명	
자필성명	본인 성명 기재
응시직렬	
응시지역	
시험장소	

응시번호

생년월일

※ 시험감독관 서명
(성명을 정자로 기재할 것)

적색 볼펜만 사용

제( )회 모의고사

문번	①	②	③	④
1	①	②	③	④
2	①	②	③	④
3	①	②	③	④
4	①	②	③	④
5	①	②	③	④
6	①	②	③	④
7	①	②	③	④
8	①	②	③	④
9	①	②	③	④
10	①	②	③	④
11	①	②	③	④
12	①	②	③	④
13	①	②	③	④
14	①	②	③	④
15	①	②	③	④
16	①	②	③	④
17	①	②	③	④
18	①	②	③	④
19	①	②	③	④
20	①	②	③	④

제( )회 모의고사

문번	①	②	③	④
1	①	②	③	④
2	①	②	③	④
3	①	②	③	④
4	①	②	③	④
5	①	②	③	④
6	①	②	③	④
7	①	②	③	④
8	①	②	③	④
9	①	②	③	④
10	①	②	③	④
11	①	②	③	④
12	①	②	③	④
13	①	②	③	④
14	①	②	③	④
15	①	②	③	④
16	①	②	③	④
17	①	②	③	④
18	①	②	③	④
19	①	②	③	④
20	①	②	③	④

제( )회 모의고사

문번	①	②	③	④
1	①	②	③	④
2	①	②	③	④
3	①	②	③	④
4	①	②	③	④
5	①	②	③	④
6	①	②	③	④
7	①	②	③	④
8	①	②	③	④
9	①	②	③	④
10	①	②	③	④
11	①	②	③	④
12	①	②	③	④
13	①	②	③	④
14	①	②	③	④
15	①	②	③	④
16	①	②	③	④
17	①	②	③	④
18	①	②	③	④
19	①	②	③	④
20	①	②	③	④

제( )회 모의고사

문번	①	②	③	④
1	①	②	③	④
2	①	②	③	④
3	①	②	③	④
4	①	②	③	④
5	①	②	③	④
6	①	②	③	④
7	①	②	③	④
8	①	②	③	④
9	①	②	③	④
10	①	②	③	④
11	①	②	③	④
12	①	②	③	④
13	①	②	③	④
14	①	②	③	④
15	①	②	③	④
16	①	②	③	④
17	①	②	③	④
18	①	②	③	④
19	①	②	③	④
20	①	②	③	④

제( )회 모의고사

문번	①	②	③	④
1	①	②	③	④
2	①	②	③	④
3	①	②	③	④
4	①	②	③	④
5	①	②	③	④
6	①	②	③	④
7	①	②	③	④
8	①	②	③	④
9	①	②	③	④
10	①	②	③	④
11	①	②	③	④
12	①	②	③	④
13	①	②	③	④
14	①	②	③	④
15	①	②	③	④
16	①	②	③	④
17	①	②	③	④
18	①	②	③	④
19	①	②	③	④
20	①	②	③	④

9급 공무원 공개경쟁채용 필기시험 답안지

컴퓨터용 흑색사인펜만 사용

책 형		
	가	
나		다
	라	

[필적감정용 기재]
* 아래 예시문을 옮겨 기재하시기 바랍니다
예시 : 본인은 ○○○(응시자성명)임을 확인함

기 재 란

성 명	본인 성명 기재
자필성명	
응시직렬	
응시지역	
시험장소	

응시번호

생년월일

※ 시험감독관 서명
(성명을 정자로 기재할 것)
적색 볼펜만 사용

제( )회 모의고사

문번	①	②	③	④
1	①	②	③	④
2	①	②	③	④
3	①	②	③	④
4	①	②	③	④
5	①	②	③	④
6	①	②	③	④
7	①	②	③	④
8	①	②	③	④
9	①	②	③	④
10	①	②	③	④
11	①	②	③	④
12	①	②	③	④
13	①	②	③	④
14	①	②	③	④
15	①	②	③	④
16	①	②	③	④
17	①	②	③	④
18	①	②	③	④
19	①	②	③	④
20	①	②	③	④

제( )회 모의고사

문번	①	②	③	④
1	①	②	③	④
2	①	②	③	④
3	①	②	③	④
4	①	②	③	④
5	①	②	③	④
6	①	②	③	④
7	①	②	③	④
8	①	②	③	④
9	①	②	③	④
10	①	②	③	④
11	①	②	③	④
12	①	②	③	④
13	①	②	③	④
14	①	②	③	④
15	①	②	③	④
16	①	②	③	④
17	①	②	③	④
18	①	②	③	④
19	①	②	③	④
20	①	②	③	④

제( )회 모의고사

문번	①	②	③	④
1	①	②	③	④
2	①	②	③	④
3	①	②	③	④
4	①	②	③	④
5	①	②	③	④
6	①	②	③	④
7	①	②	③	④
8	①	②	③	④
9	①	②	③	④
10	①	②	③	④
11	①	②	③	④
12	①	②	③	④
13	①	②	③	④
14	①	②	③	④
15	①	②	③	④
16	①	②	③	④
17	①	②	③	④
18	①	②	③	④
19	①	②	③	④
20	①	②	③	④

제( )회 모의고사

문번	①	②	③	④
1	①	②	③	④
2	①	②	③	④
3	①	②	③	④
4	①	②	③	④
5	①	②	③	④
6	①	②	③	④
7	①	②	③	④
8	①	②	③	④
9	①	②	③	④
10	①	②	③	④
11	①	②	③	④
12	①	②	③	④
13	①	②	③	④
14	①	②	③	④
15	①	②	③	④
16	①	②	③	④
17	①	②	③	④
18	①	②	③	④
19	①	②	③	④
20	①	②	③	④

제( )회 모의고사

문번	①	②	③	④
1	①	②	③	④
2	①	②	③	④
3	①	②	③	④
4	①	②	③	④
5	①	②	③	④
6	①	②	③	④
7	①	②	③	④
8	①	②	③	④
9	①	②	③	④
10	①	②	③	④
11	①	②	③	④
12	①	②	③	④
13	①	②	③	④
14	①	②	③	④
15	①	②	③	④
16	①	②	③	④
17	①	②	③	④
18	①	②	③	④
19	①	②	③	④
20	①	②	③	④

9급 공무원 공개경쟁채용 필기시험 답안지

책형

㉮ ㉯
㉰ ㉱

[필적감정용 기재]
* 아래 예시문을 옮겨 기재하시기 바랍니다.
예시 : 본인은 OOO(응시자성명)임을 확인함

기 재 란

성명	본인 성명 기재
자필성명	
응시직렬	
응시지역	
시험장소	

응시번호

생년월일

※ 시험감독관 서명
(성명을 정자로 기재할 것)

적색 볼펜만 사용

문번	제( )회 모의고사			
1	①	②	③	④
2	①	②	③	④
3	①	②	③	④
4	①	②	③	④
5	①	②	③	④
6	①	②	③	④
7	①	②	③	④
8	①	②	③	④
9	①	②	③	④
10	①	②	③	④
11	①	②	③	④
12	①	②	③	④
13	①	②	③	④
14	①	②	③	④
15	①	②	③	④
16	①	②	③	④
17	①	②	③	④
18	①	②	③	④
19	①	②	③	④
20	①	②	③	④

문번	제( )회 모의고사			
1	①	②	③	④
2	①	②	③	④
3	①	②	③	④
4	①	②	③	④
5	①	②	③	④
6	①	②	③	④
7	①	②	③	④
8	①	②	③	④
9	①	②	③	④
10	①	②	③	④
11	①	②	③	④
12	①	②	③	④
13	①	②	③	④
14	①	②	③	④
15	①	②	③	④
16	①	②	③	④
17	①	②	③	④
18	①	②	③	④
19	①	②	③	④
20	①	②	③	④

문번	제( )회 모의고사			
1	①	②	③	④
2	①	②	③	④
3	①	②	③	④
4	①	②	③	④
5	①	②	③	④
6	①	②	③	④
7	①	②	③	④
8	①	②	③	④
9	①	②	③	④
10	①	②	③	④
11	①	②	③	④
12	①	②	③	④
13	①	②	③	④
14	①	②	③	④
15	①	②	③	④
16	①	②	③	④
17	①	②	③	④
18	①	②	③	④
19	①	②	③	④
20	①	②	③	④

문번	제( )회 모의고사			
1	①	②	③	④
2	①	②	③	④
3	①	②	③	④
4	①	②	③	④
5	①	②	③	④
6	①	②	③	④
7	①	②	③	④
8	①	②	③	④
9	①	②	③	④
10	①	②	③	④
11	①	②	③	④
12	①	②	③	④
13	①	②	③	④
14	①	②	③	④
15	①	②	③	④
16	①	②	③	④
17	①	②	③	④
18	①	②	③	④
19	①	②	③	④
20	①	②	③	④

문번	제( )회 모의고사			
1	①	②	③	④
2	①	②	③	④
3	①	②	③	④
4	①	②	③	④
5	①	②	③	④
6	①	②	③	④
7	①	②	③	④
8	①	②	③	④
9	①	②	③	④
10	①	②	③	④
11	①	②	③	④
12	①	②	③	④
13	①	②	③	④
14	①	②	③	④
15	①	②	③	④
16	①	②	③	④
17	①	②	③	④
18	①	②	③	④
19	①	②	③	④
20	①	②	③	④

9급 공무원 공개경쟁채용 필기시험 답안지

문번	제( )회 모의고사			
1	①	②	③	④
2	①	②	③	④
3	①	②	③	④
4	①	②	③	④
5	①	②	③	④
6	①	②	③	④
7	①	②	③	④
8	①	②	③	④
9	①	②	③	④
10	①	②	③	④
11	①	②	③	④
12	①	②	③	④
13	①	②	③	④
14	①	②	③	④
15	①	②	③	④
16	①	②	③	④
17	①	②	③	④
18	①	②	③	④
19	①	②	③	④
20	①	②	③	④

9급 공무원 공개경쟁채용 필기시험 답안지

컴퓨터용 흑색사인펜만 사용

책형

㉮
㉯
㉰
㉱
㉲

[필적감정용 기재]
* 아래 예시문을 옮겨 기재하시기 바랍니다
예시 : 본인은 ○○○(응시자성명)임을 확인함

기 재 란

성명	
자필성명	본인 성명 기재
응시직렬	
응시지역	
시험장소	

응시번호

생년월일

※ 시험감독관 서명
(성명을 정자로 기재할 것)

적색 볼펜만 사용

문번	제 ( )회 모의고사			
1	①	②	③	④
2	①	②	③	④
3	①	②	③	④
4	①	②	③	④
5	①	②	③	④
6	①	②	③	④
7	①	②	③	④
8	①	②	③	④
9	①	②	③	④
10	①	②	③	④
11	①	②	③	④
12	①	②	③	④
13	①	②	③	④
14	①	②	③	④
15	①	②	③	④
16	①	②	③	④
17	①	②	③	④
18	①	②	③	④
19	①	②	③	④
20	①	②	③	④

문번	제 ( )회 모의고사			
1	①	②	③	④
2	①	②	③	④
3	①	②	③	④
4	①	②	③	④
5	①	②	③	④
6	①	②	③	④
7	①	②	③	④
8	①	②	③	④
9	①	②	③	④
10	①	②	③	④
11	①	②	③	④
12	①	②	③	④
13	①	②	③	④
14	①	②	③	④
15	①	②	③	④
16	①	②	③	④
17	①	②	③	④
18	①	②	③	④
19	①	②	③	④
20	①	②	③	④

문번	제 ( )회 모의고사			
1	①	②	③	④
2	①	②	③	④
3	①	②	③	④
4	①	②	③	④
5	①	②	③	④
6	①	②	③	④
7	①	②	③	④
8	①	②	③	④
9	①	②	③	④
10	①	②	③	④
11	①	②	③	④
12	①	②	③	④
13	①	②	③	④
14	①	②	③	④
15	①	②	③	④
16	①	②	③	④
17	①	②	③	④
18	①	②	③	④
19	①	②	③	④
20	①	②	③	④

문번	제 ( )회 모의고사			
1	①	②	③	④
2	①	②	③	④
3	①	②	③	④
4	①	②	③	④
5	①	②	③	④
6	①	②	③	④
7	①	②	③	④
8	①	②	③	④
9	①	②	③	④
10	①	②	③	④
11	①	②	③	④
12	①	②	③	④
13	①	②	③	④
14	①	②	③	④
15	①	②	③	④
16	①	②	③	④
17	①	②	③	④
18	①	②	③	④
19	①	②	③	④
20	①	②	③	④

문번	제 ( )회 모의고사			
1	①	②	③	④
2	①	②	③	④
3	①	②	③	④
4	①	②	③	④
5	①	②	③	④
6	①	②	③	④
7	①	②	③	④
8	①	②	③	④
9	①	②	③	④
10	①	②	③	④
11	①	②	③	④
12	①	②	③	④
13	①	②	③	④
14	①	②	③	④
15	①	②	③	④
16	①	②	③	④
17	①	②	③	④
18	①	②	③	④
19	①	②	③	④
20	①	②	③	④

9급 공무원 공개경쟁채용 필기시험 답안지

컴퓨터용 흑색사인펜만 사용

책형		
㉮	㉯	
㉰	㉱	
㉲		

[필적감정용 기재]

* 아래 예시문을 옮겨 기재하시기 바랍니다

예시 : 본인은 ○○○(응시자성명)임을 확인함

기 재 란

성 명	본인 성명 기재
자필성명	
응시직렬	
응시지역	
시험장소	

응시번호

⓪ ① ② ③ ④ ⑤ ⑥ ⑦ ⑧ ⑨

생년월일

⓪ ① ② ③ ④ ⑤ ⑥ ⑦ ⑧ ⑨

※ 시험감독관 서명
(성명을 정자로 기재할 것)

적색 볼펜만 사용

제( )회 모의고사

문번	①	②	③	④
1	①	②	③	④
2	①	②	③	④
3	①	②	③	④
4	①	②	③	④
5	①	②	③	④
6	①	②	③	④
7	①	②	③	④
8	①	②	③	④
9	①	②	③	④
10	①	②	③	④
11	①	②	③	④
12	①	②	③	④
13	①	②	③	④
14	①	②	③	④
15	①	②	③	④
16	①	②	③	④
17	①	②	③	④
18	①	②	③	④
19	①	②	③	④
20	①	②	③	④

제( )회 모의고사

문번	①	②	③	④
1	①	②	③	④
2	①	②	③	④
3	①	②	③	④
4	①	②	③	④
5	①	②	③	④
6	①	②	③	④
7	①	②	③	④
8	①	②	③	④
9	①	②	③	④
10	①	②	③	④
11	①	②	③	④
12	①	②	③	④
13	①	②	③	④
14	①	②	③	④
15	①	②	③	④
16	①	②	③	④
17	①	②	③	④
18	①	②	③	④
19	①	②	③	④
20	①	②	③	④

제( )회 모의고사

문번	①	②	③	④
1	①	②	③	④
2	①	②	③	④
3	①	②	③	④
4	①	②	③	④
5	①	②	③	④
6	①	②	③	④
7	①	②	③	④
8	①	②	③	④
9	①	②	③	④
10	①	②	③	④
11	①	②	③	④
12	①	②	③	④
13	①	②	③	④
14	①	②	③	④
15	①	②	③	④
16	①	②	③	④
17	①	②	③	④
18	①	②	③	④
19	①	②	③	④
20	①	②	③	④

제( )회 모의고사

문번	①	②	③	④
1	①	②	③	④
2	①	②	③	④
3	①	②	③	④
4	①	②	③	④
5	①	②	③	④
6	①	②	③	④
7	①	②	③	④
8	①	②	③	④
9	①	②	③	④
10	①	②	③	④
11	①	②	③	④
12	①	②	③	④
13	①	②	③	④
14	①	②	③	④
15	①	②	③	④
16	①	②	③	④
17	①	②	③	④
18	①	②	③	④
19	①	②	③	④
20	①	②	③	④

제( )회 모의고사

문번	①	②	③	④
1	①	②	③	④
2	①	②	③	④
3	①	②	③	④
4	①	②	③	④
5	①	②	③	④
6	①	②	③	④
7	①	②	③	④
8	①	②	③	④
9	①	②	③	④
10	①	②	③	④
11	①	②	③	④
12	①	②	③	④
13	①	②	③	④
14	①	②	③	④
15	①	②	③	④
16	①	②	③	④
17	①	②	③	④
18	①	②	③	④
19	①	②	③	④
20	①	②	③	④

좋은 책을 만드는 길, 독자님과 함께하겠습니다.

2024 기출로 뽀개는 초격차 모의고사 영어

개정1판1쇄 발행	2023년 07월 10일 (인쇄 2023년 05월 25일)
초 판 발 행	2022년 07월 20일 (인쇄 2022년 06월 28일)
발 행 인	박영일
책 임 편 집	이해욱
편 저	SD 공무원시험연구소
편 집 진 행	신보용 · 전혜리
표지디자인	박종우
편집디자인	박지은 · 곽은슬
발 행 처	(주)시대고시기획
출 판 등 록	제10-1521호
주 소	서울시 마포구 큰우물로 75 [도화동 538 성지 B/D] 9F
전 화	1600-3600
팩 스	02-701-8823
홈 페 이 지	www.sdedu.co.kr

I S B N	979-11-383-5213-0 (13350)
정 가	18,000원

우리 인생의 가장 큰 영광은
결코 넘어지지 않는 데 있는 것이 아니라
넘어질 때마다 일어서는 데 있다.

- 넬슨 만델라 -